新编
办公室文书写作
要领与范本全书

（第2版）

付传　林爽◎编著

扫一扫，获
取本书例文

中国纺织出版社有限公司

内 容 提 要

本书凝练概括地介绍了各种机关团体、企事业单位普遍使用的通用公文基本文种的写法，为每一文种选配了不同类型的例文并逐一进行了简评，还对各文种的写作方法作了言简意赅的小结。本书严格按照最新《党政机关公文处理工作条例》、《党政机关公文格式》等规范文件进行篇章布局。另外，通过微信"扫一扫"功能，读者可轻松下载书中全部例文，稍加改动便可使用，大幅度提高了工作效率。本书可为各类公文写作人员提供最新案头参考，也可为广大初学者提供公文范本。

图书在版编目（CIP）数据

新编办公室文书写作要领与范本全书 / 付传，林爽编著 . -- 北京：中国纺织出版社有限公司，2022. 6

ISBN 978-7-5180-8937-6

Ⅰ . ①新… Ⅱ . ①付…②林 Ⅲ . ①公文—写作

Ⅳ . ① H152.3

中国版本图书馆 CIP 数据核字（2021）第 202390 号

责任编辑：于磊岚　　　　特约编辑：张 瑜
责任校对：高 涵　　　　　责任印制：储志伟

中国纺织出版社有限公司出版发行

地址：北京市朝阳区百子湾东里A407号楼　邮政编码：100124

销售电话：010—67004422　传真：010—87155801

http://www.c-textilep.com

中国纺织出版社天猫旗舰店

官方微博 http://weibo.com/2119887771

天津千鹤文化传播有限公司印刷　各地新华书店经销

2016年9月第1版　2022年6月第2版第1次印刷

开本：710×1000 1/16　印张：28

字数：587千字　定价：68.00元

前 言
Preface

为大专院校相关专业师生以及党政机关、企事业单位、社会团体的办公室文秘人员提供一部具有重要参考价值的公文教学用书及公文写作参考用书，一直是作者从事公文写作与处理教学、科研工作的动力所在。在系统梳理课程团队及国内公文领域最新研究成果的基础上，作者紧密围绕大专院校公文教学需求及办公室文秘人员的工作需求，精心架构了本书的框架体系。整体来看，本书的特点主要有以下三个方面：

（1）文种类型全面且每一文种内部细分明确。本书不仅关注《党政机关公文处理工作条例》规定的法定15类文种，还结合办公室工作需要，系统、深入地选取了60类常用文种。这些文种基本能够满足各级各类人群对公文写作文种类型的需求。

（2）内容设计科学。在对每一文种基础知识进行介绍的基础上，通过配备例文范本、例文简评、写作小结，满足教学群体及办公室文秘人员对某一问题的纵深思考需求。例文范本皆是党政机关、企事业单位、社会团体近几年发布的文件，且通过正规渠道获得，保证了例文范本的新颖性与规范性。写作小结更是本书作者结合多年公文教学、科研实践得出的规律性认识，具有重要的参考借鉴价值。

（3）参与本书结构体例策划的主体多元。除了吸纳校内专家及出版社各位编辑的意见外，本书作者利用MPA公文写作授课时机，与MPA学员进行深入交流，了解各级各类工作人员对公文写作与处理工作的建议、需求，进而融入本书体例中；也利用对外培训时机，了解各级各类办公室文秘人员在公文写作与处理实践中面临的难题，并群策群力思考解决问题的对策，进而将思考成熟的内容融入本书章节中。上述工作的开展，不仅增强了本书的实用性，更开辟了一条多元主体参与教材建设的渠道。

2015年第十四届中国公文学术年会上，作者向大会提交了"行政公文学省级精品课资源共享平台建设研究"一文并做大会发言，得到了与会专家的好评。上述平台建设的根本目的在于及时、准确地传播公文写作教学、科研取得的最新成果。

为有序推进上述平台建设工作，课程组制作了《公文写作规范》慕课。该慕课已在中国大学 MOOC 平台上线 5 期，选课人数已超过 5 万人次，并于 2019 年获评黑龙江省精品线上课程。慕课建设中最重要的工作之一是撰写脚本。本书是《公文写作规范》慕课脚本撰写的重要参考书。

尽管作者对本书尽心竭力，但限于水平，疏漏难免，恳请广大专家学者不吝赐教。

编著者

2021 年 5 月

目 录
Contents

上编　法定公文写作解析

第一章　决议 / 2

一、决议的用法 / 2

二、决议实例简评 / 3

三、决议写作小结 / 7

第二章　决定 / 8

一、决定的用法 / 8

二、决定实例简评 / 9

三、决定写作小结 / 19

第三章　命令（令）/ 20

一、命令（令）的用法 / 20

二、命令（令）实例简评 / 22

三、命令（令）写作小结 / 27

第四章　公报 / 28

一、公报的用法 / 28

二、公报实例简评 / 29

三、公报写作小结 / 43

第五章　公告 / 44

一、公告的用法 / 44

二、公告实例简评 / 45

三、公告写作小结 / 53

第六章　通告 / 54

一、通告的用法 / 54

二、通告实例简评 / 54

三、通告写作小结 / 56

第七章　意见 / 57

一、意见的用法 / 57

二、意见实例简评 / 58

三、意见写作小结 / 65

第八章　通知 / 65

一、通知的用法 / 65

二、通知实例简评 / 67

三、通知写作小结 / 82

第九章　通报 / 83

一、通报的用法 / 83

二、通报实例简评 / 85

三、通报写作小结 / 95

第十章　报告 / 96

一、报告的用法 / 96

二、报告实例简评 / 98

三、报告写作小结 / 109

第十一章　请示 / 110

一、请示的用法 / 110

二、请示实例简评 / 112

三、请示写作小结 / 114

第十二章　批复 / 115

一、批复的用法 / 115

二、批复实例简评 / 117

三、批复写作小结 / 120

第十三章　议案 / 121

一、议案的用法 / 121

二、议案实例简评 / 122

三、议案写作小结 / 125

第十四章　函 / 126

一、函的用法 / 126

二、函实例简评 / 127

三、函写作小结 / 131

第十五章　纪要 / 132

一、纪要的用法 / 132

二、纪要实例简评 / 133

三、纪要写作小结 / 140

下编　常用公文写作

第十六章　规范性文书 / 142

一、指示 / 142

二、条例 / 145

三、规定 / 170

四、办法 / 177

五、章程 / 187

六、规则 / 203

七、制度 / 212

八、细则 / 216

九、守则 / 227

十、准则 / 229

十一、规程 / 233

十二、公约 / 237

十三、须知 / 242

十四、通则 / 246

第十七章　计划性文书 / 253

一、计划 / 253

二、规划 / 257

三、纲要 / 272

四、方案 / 278

五、应急预案 / 282

六、工作安排 / 297

七、工作要点 / 300

八、工作建议 / 302

九、工作设想 / 304

第十八章　总结性文书 / 307

一、总结 / 307

二、工作汇报 / 312

三、述职报告 / 315

四、心得体会 / 318

第十九章　会议文书 / 323

一、会议日程 / 323

二、会议须知 / 327

三、大会主持词 / 329

四、开幕词 / 332

五、闭幕词 / 335

六、会议贺信 / 339

七、会议祝辞 / 340

八、会议记录 / 342

九、会议新闻 / 348

第二十章　礼仪性文书 / 349

一、欢迎词 / 349

二、欢送词 / 352

三、领导讲话稿 / 354

四、祝酒词 / 359

五、答谢词 / 363

六、演讲稿 / 366

七、慰问信 / 368

八、公开信 / 370

九、倡议书 / 372

十、感谢信 / 374

十一、请柬 / 377

十二、讣告 / 378

十三、唁电 / 379

十四、悼词 / 381

第二十一章　人事管理文书 / 384

一、先进事迹 / 384

二、任职公示 / 390

三、处分决定 / 393

四、聘书 / 395

第二十二章　其他文书 / 396

一、简报 / 396

二、启事 / 406

三、喜报 / 408

四、海报 / 409

五、大事记 / 411

六、声明 / 415

参考文献 / 426

附录一 / 427

附录二 / 433

后记 / 439

上编

法定公文写作解析

第一章 决议

扫一扫，获
取本章例文

一、决议的用法

（一）决议的含义及类别

决议是国家权力机关、政党、社会团体把某些重要事项交由法定会议讨论通过而形成的具有决策性、权威性的一种公文。经常使用"决议"的，是党的领导机关和国家权力机关。

按内容分，决议主要有两类：

一是批准性决议。这种决议主要用于批准文件，这些文件（报告、计划、预决算等）只有经过批准，方才有效，才可公布实行。

二是部署性决议。这种决议公布的决策，是对某项重要工作的安排部署。

（二）决议的写法

1. 标题

决议的标题一般应写成三项式，具体写法有两种：一是"会议名称＋事由＋文种"；二是"发文机关＋事由＋文种"。例如《中国共产党第十九次全国代表大会关于十八届中央委员会报告的决议》，福建省人大常委会 2020 年 3 月审议通过《关于切实保护关心爱护医务人员、营造尊医重卫良好风尚的决议》，《四川省第十三届人民代表大会第四次会议关于四川省国民经济和社会发展第十四个五年规划和二〇三五年远景目标纲要的决议》等。

2. 成文日期

决议的成文日期应写成题注的形式，即在标题下方的居中位置依次标注"年月日＋会议名称＋'通过'"，前后一般要加圆括号。如决议的标题中包含会议名称，题注中有时只标注"年月日＋'通过'"。《中国共产党第十九次全国代表大会关于十八届中央委员会报告的决议》的成文日期用题注的形式标注为"2017 年 10 月 24 日中国共产党第十九次全国代表大会通过"。

3. 正文

决议的正文采用第三人称语气进行写作。

（1）批准性决议。正文可写两部分：一是表态，即表明批准、通过所审议的文件；二是就有关工作阐明看法、对相关机构及人员提出要求、发出号召。

（2）部署性决议。正文含三部分：一是做出决议的原因、根据、目的、必要性等；二是对某项工作的安排部署；三是结尾，或提出要求，或进行必要的说明。

二、决议实例简评

（一）批准性决议

【例文】

第十三届全国人民代表大会第二次会议
关于最高人民法院工作报告的决议

（2019年3月15日第十三届全国人民代表大会第二次会议通过）

第十三届全国人民代表大会第二次会议听取和审议了最高人民法院院长周强所作的工作报告。会议充分肯定最高人民法院的工作，同意报告提出的2019年工作安排，决定批准这个报告。

会议要求，最高人民法院要以习近平新时代中国特色社会主义思想为指导，全面贯彻党的十九大和十九届二中、三中全会精神，牢固树立"四个意识"，坚定"四个自信"，做到"两个维护"，毫不动摇坚持党的绝对领导，坚持以人民为中心，围绕党和国家工作大局，忠实履行宪法法律赋予的职责，着力维护国家政治安全、确保社会大局稳定、促进社会公平正义、保障人民安居乐业，全面深化司法体制改革，加强过硬队伍建设，巩固"基本解决执行难"成果，更好发挥人民法院审判职能，为决胜全面建成小康社会提供更高水平司法保障，以优异成绩庆祝中华人民共和国成立70周年！

【简评】

例文标题为标准的三项式，起到了标题显旨的作用。正文内容比较简短，用语凝练概括，结构清晰合理。正文部分主要交代了两项内容：一是决议批准通过的内容；二是大会要求的具体内容。从篇章布局来看，该决议的内容重在第二部分，以要求式尾语作结，突出了做好上述工作的重要目的及意义。

（二）部署性决议

【例文】

山东省人民代表大会常务委员会关于加强新时代
检察机关法律监督工作的决议

（2019年9月27日山东省第十三届人民代表大会常务委员会第十四次会议通过）

山东省第十三届人民代表大会常务委员会第十四次会议听取和审议了省人民检察院关于全省检察机关全面加强法律监督工作情况的报告。会议认为，加强新时代检察机关法律监督工作，对于保障法律统一正确实施，促进严格执法和公正司法，服务经济社会高质量发展具有重要意义。为进一步监督和支持全省各级检察机关依法履行法律监督职责，增强法律监督工作实效，根据宪法和法律规定，结合我省实际，特作如下决议：

一、全省各级检察机关要深入学习贯彻习近平新时代中国特色社会主义思想和全面依法治国新理念新思想新战略，始终坚持党对政法工作的绝对领导，坚持国家法律监督机关的宪法定位，坚持以人民为中心，自觉接受本级党委、上级检察机关的领导和本级人大及其常委会的监督，积极适应国家司法体制改革、诉讼制度改革的新形势新任务，依法独立行使检察权，忠实履行各项法律监督职责，统筹推进刑事、民事、行政、公益诉讼"四大检察"全面协调充分发展，为开创新时代现代化强省建设新局面提供法治保障。

二、刑事检察监督工作是宪法和法律赋予检察机关的一项重要职责。全省各级检察机关应当积极适应以审判为中心的刑事诉讼制度改革，严格执行罪刑法定、疑罪从无、证据裁判原则和认罪认罚从宽制度、非法证据排除规则，从源头预防冤错案件，加强人权司法保障。

加强对刑事立案和侦查活动的监督，通过引导侦查、退回补充侦查、自行补充侦查、重大疑难案件听取检察机关意见等方式，依法监督纠正有案不立、违法立案、立而不查、以罚代刑、插手民事经济纠纷以及刑讯逼供、违法取证、滥用强制措施、违法查封扣押冻结涉案款物等违法行为。

加强对刑事审判活动的监督，通过提出抗诉、检察建议等监督方式，依法纠正定罪不当、量刑失衡、审判程序违法和枉法裁判等问题，做到不枉不纵、罪责刑罚相适应。

加强对刑罚执行、社区矫正、监管工作的监督和羁押必要性审查，充分发挥巡回检察、派驻检察的作用，强化检察机关发现、纠正违法功能，依法纠正违法减刑、假释、暂予监外执行以及脱管漏管、体罚虐待被监管人、超期羁押等行为。

依法履行对司法工作人员职务犯罪的侦查职能，对司法工作人员利用职权侵犯公民权利、损害司法公正的犯罪案件，以及按照法律规定应由检察机关直接受理的其他重大犯罪案件，进行立案侦查，严肃查处刑讯逼供、非法取证、徇私枉法等职务犯罪。

三、民事检察监督工作是依法平等保护当事人合法权益的重要手段。全省各级检察机关应当坚持以人民群众司法需求为导向，全面开展民事检察监督工作，维护社会公平正义和司法权威。

加强生效裁判结果监督，对确有错误的民事生效判决、裁定，损害国家利益、社会公共利益的生效调解书，以及民事审判活动中的违法行为，依法提出抗诉或检察建议。

加强虚假诉讼监督，审查发现虚假诉讼案件，依法提出抗诉或检察建议，对涉嫌违法犯罪的，移送有关机关依法处理。

加强民事执行监督，依法监督消极执行、选择性执行、超标的执行以及违法拍卖、滥用终本次执行程序等问题，规范法院执行工作，推动解决执行难问题。

四、行政检察监督工作是保证依法公正审理行政案件、明确行政责任、规范行政行为的重要手段。全省各级检察机关应当充分履行行政诉讼和行政执法检察监督职责，积极构建多元化行政检察工作新格局，促进依法行政和公正司法。

加强对行政诉讼裁判结果、审判程序以及执行、行政非诉执行活动的监督，通过提出抗诉、检察建议等监督方式，依法纠正行政案件受理、审理、裁决、执行过程中的违法行为。

强化对行政权力的制约和监督，探索建立相关工作机制，对履行职责中发现的行政机关违法行使职权或者不行使职权行为，依法督促纠正。

建立实施行政检察年度报告制度，通过综合分析行政执法、行政审判和行政执行工作中存在的制度缺失、管理漏洞、失职渎职等倾向性、典型性、普遍性问题，定期向本级党委、人大常委会报告，向政府、监察机关、法院提出意见建议。

五、检察机关提起公益诉讼制度是新时代维护国家利益和社会公共利益的重要举措。全省各级检察机关应当充分运用督促起诉、支持起诉、提出检察建议、提起公益诉讼等监督方式，全面加强公益诉讼工作。

对生态环境和资源保护、食品药品安全、英雄烈士权益保护等领域损害社会公共利益的行为，依法督促、支持法律规定的机关、有关组织等适格主体提起诉讼。对适格主体不提起诉讼或者缺乏适格主体的，检察机关依法向人民法院提起民事公益诉讼。

对生态环境和资源保护、食品药品安全、国有财产保护、国有土地使用权出让等领域负有监督管理职责的行政机关失职渎职等行政违法行为，致使国家利益或者社会公共利益受到侵害的，依法向行政机关提出检察建议，督促其依法履行职责。行政机关逾期不依法履行职责，检察机关依法向人民法院提起行政公益诉讼。

在开展法律监督工作中，注重研究发现教育、就业、安全生产、道路交通安全、文物和文化遗产保护、网络信息安全、金融等领域存在的侵犯国家利益和社会公共利益问题，依法提出监督意见。

六、全省各级检察机关应当围绕未成年被害人保护、涉罪未成年人教育感化挽救、未成年人权益维护等特殊领域，加强对校园欺凌、性侵未成年人等违法犯罪侦查、审判、刑事执行等活动的监督；对侵犯未成年人诉讼权利、涉罪未成年人监管和社区矫正工作不规范、失职渎职、脱管漏管等行为，以及涉及未成年人民事行政诉讼活动中的违法行为，依法提出监督意见。

七、全省各级执法、司法机关应当主动接受检察机关的法律监督，积极配合、支持检察机关查阅案卷材料、调查核实等工作，认真办理检察机关提出的监督事项，共同健全政府信息平台与司法网络互联互通、案件线索双向移送、处理结果反馈等工作机制。对检察机关提出的监督意见，应当按照监督意见办理并书面回复。

侦查机关对检察机关移送的犯罪线索、退回补充侦查意见、提出的立案监督和侦查活动监督意见，应当依法办理并及时书面反馈结果；依法向检察机关提供相关业务信息数据及案件材料；配合检察机关做好刑事案件信息通报、案件移送、协查等工作。

审判机关对检察机关提出监督的案件，应当依法及时立案、公正审判；对检察机关提出的财产保全、证据保全建议，应当依法及时采取保全措施；对检察机关提出裁判文书释法说理不充分的监督意见，应当做出书面补充说明；对检察机关提出的依法规范审判、执行活动的监督意见，应当及时办理并书面回复。

刑罚执行和监管机关应当配合检察机关做好刑事执行监督工作，实现监管信息、监控视频的互联互通、在线监督，畅通减刑、假释、暂予监外执行等刑罚变更执行以及社区矫正、监管工作的监督渠道。

行政执法机关应当积极推进行政执法与刑事司法的有序衔接，对检察机关要求移送刑事案件的意见，应当认真办理并及时书面反馈处理情况；推动行政执法与行政检察、公益诉讼检察信息共享平台建设，依法向检察机关开放相关行政执法信息和数据库；配合检察机关开展公益诉讼工作，完善公益诉讼诉前会议、第三方评估等工作机制，主动履职纠错，共同推动检察建议落实和公益诉讼裁判执行。

八、全省各级人民政府、监察机关、公安机关、司法行政机关、新闻媒体应当加强与检察机关的沟通联系，为检察机关开展法律监督工作提供必要的支持和保障。

人民政府应当依法支持检察机关履行法律监督职责，将办理检察机关法律监督意见与法治政府建设一体推进，提高依法行政的能力和水平；要切实保障检察工作经费，改善检察机关办案条件，满足法律监督工作需要。

监察机关应当加强与检察机关的工作衔接，建立完善信息通报、线索移送等工作机制，对公职人员不依法接受配合法律监督、涉嫌职务违法和职务犯罪的问题线索，依法依规进行处置。

公安机关对于以暴力、威胁、限制人身自由、聚众围攻等方式干扰、阻碍检察机关办理法律监督案件的违法犯罪行为，应当依法追究法律责任。

司法行政机关应当加快公共法律服务体系建设，积极协调公证、仲裁、律师事务所、法律服务所配合法律监督工作，为检察机关开展的法律援助、公益保护和化解矛盾纠纷等工作提供支持保障。积极推进生态环境损害等领域司法鉴定机构建设，探索实行对公益诉讼等重大典型案件先鉴定、后付费工作机制。

新闻媒体应当通过多种形式，加强对检察机关开展法律监督工作、典型案例的宣传报道，提高法律监督工作的社会知晓度，引导社会公众通过法律途径表达合理诉求。

公民、法人和其他组织应当积极配合检察机关的法律监督工作，依法提供相关信息、资料和举报线索，对经核实采用的重要线索，检察机关应当依照有关规定给予奖励。

九、全省各级检察机关应当全面落实司法责任制，以规范监督行为、提升监督能力、增强监督质效为重点，着力解决法律监督理念滞后、办案机制不健全、司法行为不规范等问题，不断提高法律监督工作的规范化、精细化、智能化水平。

加强检察权运行监督制约机制建设，强化案件管理、检务督察，加强对案件的流程监控、质量评查、分析研判和绩效考核；充分发挥检察官联席会议、专业咨询会议、检察委员会会议对案件质量的监督把关作用，严格执行司法责任追究制度；主动接受外部监督和相关执法、司法机关的制约，严肃查处和纠正失职渎职、违法违规办案行为。

加强队伍素质能力建设，深化检察机关内设机构改革，组建专业化检察官办案团队，强化检察官办案主体地位，加强检察人员教育培训和业务研修，全面提升检察队伍的政治素质、业务素质和职业道德素质。

加强检察信息化建设，充分运用大数据、人工智能等现代科技手段，全面提升网上办案和智能辅助应用水平；深入推进检务公开，健全"一站式"综合性服务平台，为人民群众提供高效便捷的法律服务。

十、全省各级检察机关依法履行法律监督职责，有关单位和个人应当依法配合协助。

对有关单位、个人拒绝协助调查，或无正当理由拒不接受、逾期不回复监督意见的，检察机关应当依法采取措施，必要时向其主管部门或上级机关通报，提出责令纠正、追究责任的检察建议。

对涉及国家机关及其工作人员的重大违法案件，检察机关应当依法向本级人大常委会报告备案；对公职人员失职渎职涉嫌职务违法和职务犯罪的，依法移送监察机关追究责任。

对以暴力、威胁、限制人身自由、聚众围攻等方式干扰、阻碍检察人员依法行使监督职权的，检察机关应当及时采取措施予以制止，涉嫌违法犯罪的，公安机关应当依法处理。

十一、监督、支持检察机关依法开展法律监督工作，是各级人大及其常委会的一项重要职权，对全面推进依法治国、推动国家治理体系和治理能力现代化具有重要意义。全省各级人大及其常委会要按照宪法和法律的规定，通过听取和审议专项工作报告或者开展执法检查、工作视察、专题调研、备案审查，组织询问、质询、特定问题调查等方式，监督和支持检察机关依法开展法律监督工作，加强对有关机关接受配合法律监督工作情况的监督，促进依法行政和公正司法，不断提升法律监督工作质效和司法公信力。

本决议自公布之日起施行。2009年11月28日山东省第十一届人民代表大会常务委员会第十四次会议通过的《山东省人民代表大会常务委员会关于加强人民检察院法律监督工作的决议》同时废止。

【简评】

部署性决议正文的写作通常采用分条列项式写法，以清晰地告知阅文者决议部署的具体内容。例文开篇交代了行文背景，以"特作如下决议"这一模式化语言转入正文写作，衔接有序，过渡自然。例文最后以说明式尾语作结，为决议的顺利实施奠定了文本基础。

三、决议写作小结

（一）用语简洁凝练

从总体来看决议的篇幅都比较简短，这就要求公文拟稿人在遣词造句过程中把握简洁凝练的原则，为决议的正文"瘦身"。

（二）注意行文规范

决议正文通常采用"总分总"式结构，首先明确行文背景，然后阐述具体内容，最后概括性地提出相关要求。决议的正文也经常采用分条列项式写法，以达到撮要显旨之功效。

第二章　决定

扫一扫，获
取本章例文

一、决定的用法

（一）决定与决议

《党政机关公文处理工作条例》对决定的功能作如下阐述：决定"适用于对重要事项做出决策和部署、奖惩有关单位和人员、变更或者撤销下级机关不适当的决定事项"。

决定和决议是近似文种，在写作实践中，一定要区分二者的差异性。这些差异性大致表现在四个方面：

一是内容有所不同。决议涉及的内容原则性、理论性较强；而决定涉及的内容相对比较具体，实践性更强一些。

二是形成程序有所不同。决议的形成必须经过会议讨论通过；而决定虽然有时也要经过会议讨论通过，但没有规定必须如此。

三是表达方式有所不同。决议的一个突出特点在于"议"，所以较多使用议论；决定则较多用来布置工作、提出要求，不一定要展开充分的议论。

四是成文日期标写有所不同。决议的成文日期，用括号标写在标题下方，有时还要包括会议名称；决定既可以这样标写，也可以像一般公文一样，将成文日期标写在正文之后。

（二）决定的特点

1. 权威性

决定是一种权威性很强的下行文。决定是上级机关针对重要事项和重大行动，经重要会议或领导班子研究通过后，对所辖范围内的工作所做的安排。决定一经发布，就对收文单位具有很强的约束力，必须遵照执行。

2. 指挥性

决定在对重要事项进行决策时，也提出工作任务、具体措施和实施方案，要求收文单位依照执行。决定通过对原则、任务、措施、方案的确定和安排，指挥下属单位统一思想、统一行动，从而保证工作的顺利开展，并取得预期效果。

3. 全局性

决定一般不是向某一个具体单位发出的，行文对象有一定的普遍性。这是由于决定所涉及的事项和解决的问题，具有全局性的意义。如依法行政、西部开发等，都是事关全局的重要问题。即使有时涉及的事件比较具体，其意义也必然是全局性的。

（三）决定的写法

1. 标题

决定的标题一般采取公文标题的常规模式，即"发文机关＋主要内容＋文种"的写法，如《国务院关于加快发展现代职业教育的决定》。标题中有时可在主要内容部分加书名号，如《全国人民代表大会常务委员会关于修改〈中华人民共和国军事设施保护法〉的决定》，但标题中一般不得使用其他标点符号。

2. 正文

正文采用公文常用的结构，由开头、主体、结尾三部分组成。

开头一般写发布决定的背景、根据、目的、意义等。如果是批准某一文件的决定，则写明批准对象的名称。如果是表彰、惩戒性的决定，开头部分则要叙述基本事实，也就是先进事迹或事故情况，篇幅要比一般决定长一些。

主体写决定事项。用于指挥工作的决定，这部分要提出工作任务、措施、方案、要求等，内容复杂时要用小标题或条款显示出层次。用于批准事项的决定，这部分要表达批准意见，如有必要，还可对批准此事项的根据和意义予以阐述。用于表彰或惩戒的决定，这部分要写明表彰决定和奖励种类，或处分决定和处罚方法。

结尾比较简单，主要用来写执行要求或希望号召。

二、决定实例简评

（一）指挥性决定

【例文】

国务院关于授权和委托用地审批权的决定

国发〔2020〕4号

各省、自治区、直辖市人民政府，国务院各部委、各直属机构：

为贯彻落实党的十九届四中全会和中央经济工作会议精神，根据《中华人民共和国土地管理法》相关规定，在严格保护耕地、节约集约用地的前提下，进一步深化"放管服"改革，改革土地管理制度，赋予省级人民政府更大用地自主权，现决定如下：

一、将国务院可以授权的永久基本农田以外的农用地转为建设用地审批事项授权各省、自治区、直辖市人民政府批准。自本决定发布之日起，按照《中华人民共和国土地管理法》第四十四条第三款规定，对国务院批准土地利用总体规划的城市在建设用地规模范围内，按土地利用年度计划分批次将永久基本农田以外的农用地转为建设用地的，国务院授权各省、自治区、直辖市人民政府批准；按照《中华人民共和国土地管理法》第四十四条第四款规定，对在土地利用总体规划确定的城市和村庄、集镇建设用地规模范围外，将永久基本农田以外的农用地转为建设用地的，国务院授权各省、自治区、直辖市人民政府批准。

二、试点将永久基本农田转为建设用地和国务院批准土地征收审批事项委托部分省、自治区、直辖市人民政府批准。自本决定发布之日起，对《中华人民共和国土地管理法》第四十四条第二款规定的永久基本农田转为建设用地审批事项，以及第四十六条第一款规定的永久基本农田、永久基本农田以外的耕地超过三十五公顷的、其他土地超过七十公顷的土地征收审批事项，国务院委托部分试点省、自治区、直辖市人民政府批准。首批试点省份为北京、天津、上海、江苏、浙江、安徽、广东、重庆，试点期限1年，具体实施方案由试点省份人民政府制定并报自然资源部备案。国务院将建立健全省级人民政府用地审批工作评价机制，根据各省、自治区、直辖市的土地管理水平综合评估结果，对试点省份进行动态调整，对连续排名靠后或考核不合格的试点省份，国务院将收回委托。

三、有关要求。各省、自治区、直辖市人民政府要按照法律、行政法规和有关政策规定，严格审查把关，特别要严格审查涉及占用永久基本农田、生态保护红线、自然保护区的用地，切实保护耕地，节约集约用地，盘活存量土地，维护被征地农民合法权益，确保相关用地审批权"放得下、接得住、管得好"。各省、自治区、直辖市人民政府不得将承接的用地审批权进一步授权或委托。

自然资源部要加强对各省、自治区、直辖市人民政府用地审批工作的指导和服务，明确审批要求和标准，切实提高审批质量和效率；要采取"双随机、一公开"等方式，加强对用地审批情况的监督检查，发现违规问题及时督促纠正，重大问题及时向国务院报告。

国务院
2020 年 3 月 1 日

【简评】

指挥性决定是发文机关用来部署重大工作的决定，是针对带有全局性的某一方面工作或某一类问题，用来统一思想认识，提出工作任务，明确工作方针，阐述基本原则，或提出工作的方案、步骤、措施和要求。

这份决定由标题、主送机关、正文、发文机关以及成文日期等部分构成。总体上看，全文结构严谨、逻辑清晰、篇章布局合理，达到了理周辞切的行文效果。

决定常用标准的三项式标题，例文标题与其完全吻合。发文机关为"国务院"，事由为"授权和委托用地审批权"，文种为"决定"。例文标题凝练地概括了文件的主旨，即"授权和委托用地审批权"，可以说是题出旨见，令人一目了然。

指挥性决定作为部署某项工作的决定，其正文部分的写作通常包括三个部分：

一是简要说明做出决定的意义、目的、背景和根据等。例文开篇即交代了行文的目的和依据，并用公文首段常用的模式化语言"在……前提下，现决定如下"引出该决定正文内容的写作，这一方面体现了公文用语的规范性，同时也使得文件内容丝丝入扣，合情合理。

二是决定的内容、事项。对某项工作的安排部署尽在其中，此部分写作为撮要显旨，通常采用分条列项式写法，并以概括凝练的语言作为段首或小标题来显示段旨。例文中即从三个方面说明了决定内容，简明扼要，用语凝练。

三是决定的结尾。通常利用最后的自然段强调工作的重要性、艰巨性或各单位相关的责任，同时对各有关方面提出执行要求。例文最后段落的写作符合这样的要求。

（二）法规性决定

【例文一】

中华人民共和国国务院令

第718号

现公布《国务院关于修改〈烈士褒扬条例〉的决定》，自公布之日起施行。

总理　李克强

2019年8月1日

国务院关于修改《烈士褒扬条例》的决定

国务院决定对《烈士褒扬条例》作如下修改：

一、将第三十八条改为第十条，修改为："军队评定的烈士，由中央军事委员会政治工作部送国务院退役军人事务部门备案。"

二、增加一条，作为第十一条："按照本条例规定评定为烈士的，由国务院退役军人事务部门负责将烈士名单呈报党和国家功勋荣誉表彰工作委员会。"

三、增加一条，作为第十二条："烈士证书以党和国家功勋荣誉表彰工作委员会办公室名义制发。"

四、将第十条改为第十三条，修改为："县级以上人民政府每年在烈士纪念日举行颁授仪式，向烈士遗属颁授烈士证书。"

五、将第十一条改为第十四条，并将第二款中的"颁发烈士证书的县级人民政府退役军人事务部门"修改为"领取烈士证书的烈士遗属户口所在地县级人民政府退役军人事务部门"。

本决定自公布之日起施行。

《烈士褒扬条例》根据本决定作相应修改并对条文序号作相应调整，重新公布。

【简评】

在我国，除了国家权力机关具有制定法律、地方性法规的权力外，国务院可以制定行政法规，国务院各部委可以制定部门规章，地方政府还可以制定地方行政规章。这些法规性文件在公布实施后，如果需要做局部修改，通常都由制发机关写作决定，在文中逐一说明修改之处，然后用公布令予以公布。例文即是由第718号《中华人民共和国国务院令》发出的。

需要说明的是，国家权力机关及其常设机关不仅可以使用决定修改、补充、废止有关的法规性文件，而且还可以使用决定来直接发布有关法规。

从上述例文可以看出，该决定的使命是对《烈士褒扬条例》进行修改。

正文有三个层次：一是明确了被修改文件的标题。二是修改条款的具体内容。写作中也做到了按照条款划分自然段，且每一条款的修改都要写明是"删去"、"增加"、"合并"还是"修改为"，以求明确清晰。如例文中"一、将第三十八条改为第十条，修改为：……"、"二、增加一条，作为第十一条：……"便是很好的例证。三是结尾，一定要写明生效施行的日期。

【例文二】

全国人民代表大会关于建立健全香港特别行政区维护国家安全的法律制度和执行机制的决定

（2020年5月28日第十三届全国人民代表大会第三次会议通过）

第十三届全国人民代表大会第三次会议审议了全国人民代表大会常务委员会关于提请审议《全国人民代表大会关于建立健全香港特别行政区维护国家安全的法律制度和执行机制的决定（草案）》的议案。会议认为，近年来，香港特别行政区国家安全风险凸显，"港独"、分裂国家、暴力恐怖活动等各类违法活动严重危害国家主权、统一和领土完整，一些外国和境外势力公然干预香港事务，利用香港从事危害我国国家安全的活动。为了维护国家主权、安全、发展利益，坚持和完善"一国两制"制度体系，维护香港长期繁荣稳定，保障香港居民合法权益，根据《中华人民共和国宪法》第三十一条和第六十二条第二项、第十四项、第十六项的规定，以及《中华人民共和国香港特别行政区基本法》的有关规定，全国人民代表大会做出如下决定：

一、国家坚定不移并全面准确贯彻"一国两制"、"港人治港"、高度自治的方针，坚持依法治港，维护宪法和香港特别行政区基本法确定的香港特别行政区宪制秩序，采取必要措施建立健全香港特别行政区维护国家安全的法律制度和执行机制，依法防范、制止和惩治危害国家安全的行为和活动。

二、国家坚决反对任何外国和境外势力以任何方式干预香港特别行政区事务，采取必要措施予以反制，依法防范、制止和惩治外国和境外势力利用香港进行分裂、颠覆、渗透、破坏活动。

三、维护国家主权、统一和领土完整是香港特别行政区的宪制责任。香港特别行政区应当尽早完成香港特别行政区基本法规定的维护国家安全立法。香港特别行政区行政机关、立法机关、司法机关应当依据有关法律规定有效防范、制止和惩治危害国家安全的行为和活动。

四、香港特别行政区应当建立健全维护国家安全的机构和执行机制，强化维护国家安全执法力量，加强维护国家安全执法工作。中央人民政府维护国家安全的有关机关根据需要在香港特别行政区设立机构，依法履行维护国家安全相关职责。

五、香港特别行政区行政长官应当就香港特别行政区履行维护国家安全职责、开展国家安全教育、依法禁止危害国家安全的行为和活动等情况，定期向中央人民政府提交报告。

六、授权全国人民代表大会常务委员会就建立健全香港特别行政区维护国家安全的法律制度和执行机制制定相关法律，切实防范、制止和惩治任何分裂国家、颠覆国家政权、组织实施恐怖活动等严重危害国家安全的行为和活动以及外国和境外势力干预香港特别行政区事务的活动。全国人民代表大会常务委员会决定将上述相关法律列入《中华人民共和国香港特别行政区基本法》附件三，由香港特别行政区在当地公布实施。

七、本决定自公布之日起施行。

【简评】

从上述例文可以看出，该决定的使命是直接发布"关于建立健全香港特别行政区维护国家安全的法律制度和执行机制"方面的法规。其正文的写作与"修改有关法规性文件的决定"相比有不同之处。

直接发布法规的决定的正文一般包括如下三个层次：

一是正文首先交代制发此决定的原因和目的。并常以"为了……做出如下决定"的句式引出下层内容。例文"为了维护国家主权、安全、发展利益……全国人民代表大会做出如下决定"便明确了制发此决定的原因和目的。

虽然"修改有关法规性文件的决定"也可在此部分写明修改的目的、依据，但其常用的写法还是开门见山地直接写出被修改文件的标题。

二是法规性决定的具体条款。要做到层次清楚、语句准确严密。此处发布的"法规性决定的具体条款"是全新的，而"修改有关法规性文件的决定"中的具体条款是在原有法律、法规基础上进行的修补。

三是要求式结尾，或者写决定生效施行的时间要求，或者对有关方面提出要求。例文最后写明了决定生效施行的时间要求，目的明确、态度坚决、责任清晰，这就为顺畅地执行此法规性决定提供了有力支撑。"修改有关法规性文件的决定"的结尾处一般仅写明生效施行的日期。

（三）知照性决定

【例文】

全国人民代表大会常务委员会关于第十三届全国人民代表大会
第三次会议召开时间的决定

（2020年4月29日第十三届全国人民代表大会常务委员会第十七次会议通过）

2020年2月24日，第十三届全国人民代表大会常务委员会第十六次会议决定，适当推迟召开第十三届全国人民代表大会第三次会议，具体开会时间由全国人民代表大会常务委员会另行决定。综合考虑各方面因素，第十三届全国人民代表大会常务委员会第十七次会议决定：中华人民共和国第十三届全国人民代表大会第三次会议于2020年5月22日在北京召开。

【简评】

知照性决定是发文机关用来布置安排重要事项或重大行动，并告知全社会或有关方面的决定。它的写作目的只在于发布某一信息，要求一般读者的只是了解，通常并无直接的执行要求。在写作上，它的篇幅相对较短，文字简约。

该知照性决定由标题、正文以及通过的日期三部分内容构成。

由于此类决定一般通过新闻媒体公开发布，在格式上通常省略主送机关、抄送机关等要素，所以常以题注的形式，即在标题之下附加圆括号，内注"某年月日某会议通过"字样，阐述会议名称及通过日期。

此种决定一般篇幅较短，所以要求其用语高度凝练，明确清晰。

（四）表彰性决定

【例文】

吉林省人民政府关于表彰全省林业
生态保护绩效考核先进单位和先进个人的决定

吉政函〔2014〕110号

各市（州）人民政府，长白山管委会，各县（市）人民政府，省政府各厅委办、各直属机构：

近年来，在省委、省政府的正确领导下，全省各级林业部门、有关单位和广大林业工作者，以邓小平理论、"三个代表"重要思想、科学发展观为指导，按照"发展现代林业、建设生态文明、促进科学发展"的总体要求，强化措施，开拓进取，攻坚克难，做了大量卓有成效的工作，野生东北虎、豹、东北红豆杉等濒危物种种群数量明显恢复和增长；野生动植物的栖息地面积不断扩大；湿地保护与恢复实现较大突破；森林病虫害防治水平持续提高，得到国际国内广泛关注和较高赞誉。同时，涌现出一大批业绩突出、成绩显著、群众公认的先进单位和个人。

为表彰先进，鼓舞士气，激发干劲，进一步推动全省林业生态保护工作再上新台阶，省政府决定，授予长春××高新技术产业开发区林业局等10个单位为"吉林省林业生态保护绩效考核先进单位"，颁发奖牌；授予王××等100名同志为"吉林省林业生态保护绩效考核先进个人"，颁发奖励证书。希望受表彰的先进单位和先进个人珍惜荣誉，戒骄戒躁，发扬成绩，再接再厉，在林业生态保护工作中再创佳绩。

全省各级林业部门、有关单位和广大林业系统干部职工要以受表彰的先进单位和先进个人为榜样，学习他们牢记宗旨，不辱使命，积极投身生态文明建设的责任意识；学习他们爱岗敬业，淡泊名利，无私奉献的优秀品质；学习他们顽强拼搏，锐意进取，力争上游的优良作风，认真贯彻党的十八届三中、四中全会和省委十届三次、四次全会精神，立足新起点，着眼新形势，把握新任务，不断谱写林业生态保护事业新篇章，为构建和谐吉林、生态吉林、美丽吉林，推动全省经济社会可持续发展做出新的更大的贡献。

　　附件：1.吉林省林业生态保护绩效考核先进单位名单（略）
　　　　　2.吉林省林业生态保护绩效考核先进个人名单（略）

　　　　　　　　　　　　　　　　　　　　　　　　　吉林省人民政府
　　　　　　　　　　　　　　　　　　　　　　　　　2014年12月22日

【简评】

这是一份由地方政府发布的对相关单位和众多人员进行表彰的决定。

表彰性决定是发文机关用来表彰先进的正式文件。被表彰的对象必须事迹突出、具有典型的代表性，发文机关制发这种决定的目的是树立榜样、引导人们学习先进。

从上述例文可以看出，此类决定的正文一般包括三层：一是表彰奖励的根据、目的；二是表彰奖励的决定；三是对被表彰者提出的希望以及对广大群众学习先进的号召。

在表彰奖励决定部分，若表彰奖励的个体或单位数量过多，一般选择其中某一个体为代表，然后在此个体名称后加"等"字以及表彰奖励的总计数量，这一方法使得正文的写作更趋合理，如例文中"长春××高新技术产业开发区林业局等10个单位"、"王××等100名同志"便是如此，达到了表意清楚的目的。表彰奖励的名单通常以附件形式出现。

（五）处理性决定

【例文】

国务院关于大兴安岭特大森林火灾事故的处理决定

1987年5月6日至6月2日，在林业部直属的大兴安岭森工企业，发生了特大森林火灾。这场森林大火，给国家和人民的生命财产造成了重大损失，是建国以来最严重的一次。

这起特大火灾事故的发生，主要是由于企业管理混乱、纪律松弛、违反规章制度、违章作业和领导上严重官僚主义所造成的。这次火灾充分暴露了这个地区护林防火制度和措施很不落实，防火力量严重不足，消防设备、工具和手段准备很差，以致火灾发生后不能及时彻底扑灭，小火酿成大火，造成了建国以来损失最为惨重的特大火灾事故。这次大火不仅烧掉了许多森林资源，而且烧毁了城镇、民房、贮木场、仓库和火车站，造成职工、居民死亡193人，伤226人，使许多人丧失了家园。这次火灾造成的直接和间接的经济损失目前还难以完全计算清楚。要将这样大面积火烧后的森林恢复起来，没有相当长的时间是难以办到的。这场大火给这一地区生态环境造成的危害也是严重的。

森林防火工作是林业部的主要职责之一。大兴安岭特大森林火灾事故的发生，充分暴露了林业部领导对这项重要工作没有给予应有重视，也没有吸取近年来频频发生森林火灾的教训，对国家的森林资源和人民的生命财产不负责任。这是严重的官僚主义和重大的失职行为。林业部主要负责同志对此负有不可推诿的重大责任。但是，从这场大火燃烧起，一直到彻底扑灭的25天内，林业部主要负责同志没有任何自我批评和检讨，只是在中央和国务院领导同志多次批评后，才作了表态性的检查。

为了严肃认真地处理这次火灾事故，国务院全体会议决定：

一、撤销杨钟的林业部部长职务，提请全国人大常委会审议批准。

二、责成林业部和大兴安岭扑火前线总指挥部对这次特大森林火灾进行认真调查，总结经验教训，提出改进措施，并对其他负有直接责任的人员进行严肃处理，同时处理情况报国务院。

三、国务院对在这次特大火灾事故中死亡的人员表示沉痛的哀悼，对受伤人员和死亡人员的家属致以深切的慰问。并将采取措施组织灾区人民重建家园，恢复生产。

四、国务院高度赞扬在这次灭火抢险斗争中做出了重要贡献的人民解放军指战员、森林警察、公安消防人员和职工群众以及有关部门，并责成有关各级人民政府对军队和地方的先进集体和个人，给予表彰和奖励。

五、责成林业部和各级人民政府对所属林业企业的防火制度、防火组织进行认真整顿，建立严格的岗位责任制，并落实到人。要加强职工队伍的思想建设、组织建设和法制教育、提高职工对防火重要性的认识。对防火队伍、设备、工具和手段要进行充实和加强，彻底改变目前极其薄弱的状况。

国务院认为，多年来，林业系统的全体职工，包括大兴安岭林业管理局的职工，在艰苦的条件下，为我国林业资源的开发做出了重大贡献。这是应该充分肯定的。但是必须看到目前林业部领导工作中存在的严重失误，他们特别应当从南方森林乱伐，北方森林大火的事实中认真吸取应有的教训。国务院严肃处理这次事故，既是维护人民和国家利益所必需，也是进一步加强和改善林业工作所必需。希望林业部及其所属单位各级领导同志振奋精神，切实总结教训，制定切实改进工作作风、坚决克服官僚主义的具体措施；希望林业系统的广大职工团结一致，在自己的工作岗位上为我国林业资源的保护和开发继续努力奋斗；大兴安岭林业管理局及其所属企业事业单位，更要认真吸取教训，改善领导，健全制度，严格纪律，加强管理，组织好重建家园和恢复生产的工作。

大兴安岭林区特大火灾事故，也是对全国其他部门和各企业事业单位的一个严重警告。安全生产是全国一切经济部门特别是生产企业的头等大事。各企业及其主管机关的行政领导，都要十分重视安全生产，万万不可掉以轻心。要采取一切可能的措施，保障国家和职工群众生命财产的安全，严防事故发生。在生产劳动中，发生某些确实不能预料和不能抵抗的不幸事故是难于完全避免的，但是这决不能成为我们对国家和人民的生命财产不负责任的借口。要坚决反对严重不负责任和做官当老爷的官僚主义的恶劣作风，坚决纠正玩忽职守、违章作业、粗心大意、漫不经心的恶劣行为。

我们的社会主义国家和社会主义制度，要求我们尽一切努力，在组织生产劳动和其他活动中避免和消除一切伤亡事故，否则就是违背了我们工人阶级的立场和社会主义的革命人道主义精神。对于一切重大的责任事故，都必须严肃处理，追究有关人员的行政的和法律的责任，对任何人都不得姑息宽容。

各企业及其主管部门要重视发挥职工代表大会，工会，保卫机构和科技人员对安全生产的监督作用。对工人、技术人员和专家关于安全情况、安全措施的批评和建议，必须认真对待。对于揭发控告忽视安全生产现象的职工和技术人员，绝不允许打击报复；如有打击报复者必须严肃处理。一切重大事故均应及时如实上报，不得隐瞒和歪曲。

国务院相信，在党中央领导下，只要各级政府依靠广大人民群众认真贯彻执行各项制度和措施，我国整个生产安全和劳动保护状况就一定会得到改善，重大事故将会大大减少，亿万劳动人民勤俭建国、奋发向上的积极性一定会大大提高，从而为实现社会主义现代化的伟大事业做出更大的贡献。

【简评】

处理性决定一般也称惩戒决定，与表彰奖励性决定相对应。从上述例文可以看出，处理性决定的正文一般有如下三个层次：一是惩戒处理的根据、原因及目的，通常要简洁清楚地介绍事故或错误事实及其原因、后果和危害；二是处罚决定，要写明处分、处罚的名称；三是结尾，可以提出普遍性的要求。

该例文堪称处理性决定例文中的经典之作。例文从大兴安岭特大森林火灾事故本身入手，交代了火灾事故的原因、后果及危害，并在此基础上利用较大篇幅写作处理依据和具体处理事项，最后提出普遍性要求。在结构上符合处理性决定的写作要求，在内容上无任何冗余累赘之处，在篇章布局上做到了最优化，在词汇选用上符合处理性决定的用语要求。

（六）变更性决定

【例文】

关于撤销××市房产管理局×市房管〔20××〕47号文件的决定

20××年6月9日，我局应××县房产局的申请做出了《关于注销何××、何××、何××所持<房屋所有权证>的决定》（×市房管〔20××〕47）。后经查实，××县房产局在申请中出现笔误，将×房权证××县字第00005792号《房屋所有权证》、×房××县共字第00000062号《房屋共有权证》、×房××县共字第00000063号《房屋共有权证》写成了×房×字第00005792号《房屋所有权证》、×房×字第000062号《房屋共有权证》、×房×字第0000632号《房屋共有权证》，导致我局在×市房管〔20××〕47号文件中发生错误。

鉴于上述原因，我局决定撤销××市房产管理局×市房管〔20××〕47号文件。

20××年×月×日

【简评】

变更性决定是发文机关用来变更或者撤销下级机关不适当的决定事项时使用的决定。

公文应发挥其法规约束、领导指导、宣传教育、公务联系以及依据凭证作用。在实际行文中若出现与法律、法规、上级文件相抵触的文件，或由于工作疏忽带来文件关键内容的严重错误，其不但不能发挥公文应有的作用，反而会给日常工作的开展带来诸多不便。在此情况下变更性决定便应运而生了。

从上述例文可以看出，变更性决定的正文主要包括撤销文件的缘由，做出的具体撤销决定（要严肃郑重地宣布撤销文件的全部内容还是其中的某一部分内容）。有的变更性决定还用专用尾语"特此决定"做结。

该例文标题在引用拟撤销文件名称时，仅引用了发文字号，这一点不仅符合标题引用规定，也使得在文本上介绍的东西能够很好地应用到现实写作中。这在简化引用对象的同时，使现行公文标题的主旨更清晰。

三、决定写作小结

（一）表达方式要恰当

写作法规性决定、指挥性决定，由于内容比较复杂，在表达方式上应当以说明为主，适当结合议论。说明文字用来表达决定的具体内容、事项与要求，而议论文字通常用来明确篇或段的主旨，起到突出核心内容的作用。奖惩性决定常用说明文字表述事物经过，当涉及事物的性质、意义、后果或影响时才涉及议论性文字。

（二）结构形式要多元

决定结构形式的多元化是由决定内容的多样性所决定的。

法规性决定可分为"修改有关法规性文件"的决定以及"直接发布有关法规"的决定。前者虽分条列项来写，但内容比较单一，即将原法律、法规中的某些条款"修改为"或"删去"等，思路简单，一目了然，一般篇幅不长。后者通常按照决定的背景、目的、决定事项以及决定要求这一思路进行写作。由于发布的是全新的法规，所以在具体决定事项部分，通常采用"撮要分条式"写法，一般内容较多，篇幅较长。

知照性决定由于内容单一，文字简短，所以多采用"篇段合一"的结构形式。指挥性决定作为部署某项重大工作的决定，其篇幅通常长于其他类别的决定。其内容较知照性决定充盈，篇幅较长。

奖惩性决定要视表彰奖励或惩处的对象的多少来安排结构。若对象数量过多，自然采用附件形式，反之，则正常行文即可。

变更性决定旨在有依据地交代变更原因及具体变更事项，但作为撤销某一文件时常用的文种形式，其篇幅一般较短，能清楚地表述事实即可。

（三）文种使用要区分

决定"适用于对重要事项做出决策和部署"，通知适用于"传达要求下级机关执行……的事项"，意见"适用于对重要问题提出见解和处理办法"。因为这三个文种都具有向下级机关布置安排工作，提出工作的原则、要求和做法的共性，因此有必要对其使用情形进行区分。

1.指挥性决定

容易与另两者混淆的决定是指挥性决定。指挥性决定往往是发文机关就带有全局性的某一方面工作或某一类问题（往往是一项新工作或者新举措）做出重大安排而形成的明确而又具有原则的决定。它通常要统一思想认识，提出工作任务，确定工作方针，阐述基本原则，甚或提出工作的方案、步骤、措施和要求。立足全局、事由重大、内容相对比较原则、篇幅一般较长是指挥性决定的特点。

2.指示性通知

易与另两者混淆的通知是指示性通知。指示性通知是上级机关向下级机关布置带有普遍性的工作、做出相应指示时使用的通知。其所布置的工作或者是对一项已开展的常规工作进行补充完善，或者是对此前通过指挥性决定提出的具有方向性、原则性的新工作或新举措做出具可操作性的具体安排。事由可大可小、内容可重可轻、要求明确具体、便于下级执行，是指示性通知的特点。

3. 下行意见

意见行文方向灵活，可以上行、下行和平行。而以独立文件形式直发的下行意见与指挥性决定、指示性通知最为相似，都可以向下级机关直接布置工作。三者的不同在于，指挥性决定和指示性通知都是把上级机关确定成型的原则想法或具体做法交代给下级机关，要求其贯彻执行；而下行意见通常是针对没有先例和经验的新情况或新问题提出见解、方案与处理办法，它具有方向性和指导性，是告诉下级机关工作的原则和方向，一般没有十分明确的具体要求，下级机关可结合实际情况相对灵活地贯彻执行。

第三章　命令（令）

扫一扫，获取本章例文

一、命令（令）的用法

命令简称令，是具有发布权限的上级机关对下发布的带有鲜明强制特征的指挥性公文。

命令（令）"适用于公布行政法规和规章、宣布施行重大强制性措施、批准授予和晋升衔级、嘉奖有关单位和人员"。

（一）命令（令）的发布权限

命令（令）有发布权限的严格要求：

1. 国家主席有权发布命令

《宪法》第八十条明确规定："中华人民共和国主席根据全国人民代表大会的决定和全国人民代表大会常务委员会的决定，公布法律，任免国务院总理、副总理、国务委员、各部部长、各委员会主任、审计长、秘书长，授予国家的勋章和荣誉称号，发布特赦令，宣布进入紧急状态，宣布战争状态，发布动员令。"

由此可知两点：一是全国人大和全国人大常委会的决定在前，而国家主席据此发令在后；二是国家主席令涉及范围较广，有公布令、任免令、嘉奖令、特赦令、动员令等。

2. 国务院及其各部委可以发布命令

《宪法》第八十九条规定：国务院可以"根据宪法和法律，规定行政措施，制定行政法规，发布决定和命令"；第九十条规定：国务院"各部、各委员会根据法律和国务院的行政法规、决定、命令，在本部门的权限内，发布命令、指示和规章"。

3. 县及县以上地方各级政府可以发布命令

《宪法》第一百零七条规定："县级以上地方各级人民政府依照法律规定的权限，管理本行政区域内的经济、教育、科学、文化、卫生、体育事业、城乡建设事业和财政、民政、公安、民族事务、司法行政、监察、计划生育等行政工作，发布决定和命令。"

4. 乡镇级人民政府也可以发布命令

《中华人民共和国地方各级人民代表大会和地方各级人民政府组织法》第六十一条规定：乡镇级人民政府有权"发布决定和命令"。

另外，依照《党政机关公文处理工作条例》，党的机关可单独发布命令，也可与同级行政机关联合发文。中央军委作为党和国家领导军事工作的最高机关，其具有发布命令的权限是不言而喻的。至于其他单位和个人，都没有发布命令的权限。

（二）命令（令）的特点

（1）强制性。命令（令）是公文中最具强制特征的文种。受令者必须无条件地绝对服从、迅速坚决地执行命令。

（2）权威性。命令（令）一方面表现着发令机关不可更改的意志，另一方面对受令者具有极强的约束作用，受令者必须令行禁止。

（3）严肃性。命令（令）的行文一定要严肃、慎重，非用不可方才用；不能滥发命令，以免影响其权威性。命令（令）在行文上必须结构严谨、语气坚定、文句简洁、词语有力。

（三）命令（令）的分类

（1）从内容与作用来分，命令（令）主要有四类：一是公布令，主要用来公布法律、行政法规和规章；二是行政令，是国家行政机关用来宣布施行重大强制性行政措施的；三是嘉奖令，是表彰、奖励有突出贡献的集体和个人时使用的命令；四是任免令，是任免国家工作人员职务时使用的一种命令。

（2）从外观形式来分，命令有两类：一是带附件的命令，即命令之后必有附件。公布令通常都属这类命令，前令后法，法随令出。二是不带附件的命令，所有内容尽在命令正文之中。

（四）命令（令）的写法

1. 标题

命令（令）的标题主要有两种写法：一种为"发令机关（或发令人职务）＋文种"；另一种为"发令机关＋事由＋文种"。在撰拟标题时，前者在文种部分一般用"令"，如"中华人民共和国国务院令"、"中华人民共和国国家主席令"等；后者的文种部分一般用"命令"，如"中国人民解放军驻澳门部队进驻澳门特别行政区的命令"等。此用法一方面符合语言逻辑，另一方面又使得公文标题简洁、清晰。

　　2. 主送机关

　　面向社会公开发布的公布令，可以省略主送机关；具有特定受令者、执行者的命令，必须标明主送机关。

　　3. 正文

　　（1）公布令。一般在一个自然段中写三层意思：一是公布的内容，二是公布的依据，三是公布的要求。

　　（2）行政令。一般写三部分：一是发令缘由，二是命令事项，三是执行要求。

　　（3）嘉奖令。嘉奖令正文必须写三层内容：一是嘉奖缘由。先要清晰扼要地说明被嘉奖对象的先进事迹，包括时间、地点、事件、被嘉奖对象的表现、事件结果及其影响等。事迹要真实、简明；然后对事迹给以简要评价，评价要适度。二是嘉奖决定。通常给予被嘉奖对象的奖励有授予荣誉称号、记三等功、记二等功、记一等功、晋级和物质奖励等。三是希望、号召式尾语。

　　4. 签署

　　命令必须签署领导人的姓名和日期。

二、命令（令）实例简评

（一）公布令

【例文】

中华人民共和国国务院令

第721号

　　《中华人民共和国食品安全法实施条例》已经 2019 年 3 月 26 日国务院第 42 次常务会议修订通过，现将修订后的《中华人民共和国食品安全法实施条例》公布，自 2019 年 12 月 1 日起施行。

总理　李克强

2019 年 10 月 11 日

【简评】

　　该公布令的标题由发令机关"中华人民共和国国务院"与文种"令"两部分组成。公布令多用这种标题。标题下面正中位置是"令号"。公布令的正文通常很短，一般是在一个自然段中写清三层意思：

　　一是公布的内容。即被公布的法律、行政法规和规章的名称，如例文的《中华人民共和国食品安全法实施条例》。

　　二是公布的依据。用以说明公布对象是由何机关、何会议、何时批准或通过的。

如例文中的"已经……通过"，便说明了这一点。

三是公布的要求。明确文件在生效、施行方面的时间要求。公布令的实施时间一般有两种写法：一是发令时间与施行时间不同，如例文"现将修订后的《中华人民共和国食品安全法实施条例》公布，自2019年12月1日起施行"；二是公布与施行为同一时间，即"现予公布，自公布之日起施行"。

（二）行政令

【例文】

××市人民政府关于切实做好森林防火工作的命令

本政发〔2014〕15号

各自治县、区人民政府，×钢，市政府有关委办局、直属机构：

为有效预防和控制森林火灾发生，确保全市森林资源和人民生命财产安全，根据《中华人民共和国森林法》《森林防火条例》等法律法规，市政府现就切实做好森林防火工作命令如下：

一、明确森林防火期时限。每年10月1日至翌年5月31日为森林防火期。其中：每年4月1日至5月20日、10月1日至11月20日为森林防火戒严期；每年4月1日至4月7日、5月1日至5月10日为森林防火特别戒严期。

二、落实森林防火各项责任。森林防火工作实行各级政府行政首长负责制。各级政府主要领导为森林防火工作第一责任人，分管领导为主要责任人，林业行政主管部门主要负责人为具体责任人。各级主要负责人要亲自部署森林防火工作。各级政府要明确森林防火工作目标，层层签订责任状，切实将森林防火责任落实到有关部门、单位和个人。（略）

三、加强对森林防火工作的组织领导。各县（区）必须以对国家和人民生命财产高度负责的态度，从发展经济、稳定社会、保护生态环境的大局出发，高度重视全市的森林防火工作，真正把森林防火工作作为一项重点工作认真抓好抓实。（略）

四、完善森林防火应急预案和响应机制。各县（区）要尽快制定和完善处置森林火灾应急预案，建立森林火灾分级响应机制。一旦发生森林火灾，要按照预案和响应机制快速反应，在最短时间内做到组织领导到位、技术指导到位、物资保障到位、扑火人员到位。（略）

五、严格林区野外火源管理。各县（区）要按照国务院《森林防火条例》规定，严格野外用火管理。要组织开展好查处野外违规违法用火专项整治行动。在森林防火期内，因防治病虫鼠害、冻害、计划烧除等特殊情况确需野外用火的，应当经县级政府批准，并按照要求采取防火措施，严防失火。（略）

六、确保森林防火资金投入。各县（区）要建立稳定的森林防火投入机制，将森林防火基础设施建设纳入各地国民经济和社会发展规划，将森林防火预防和扑救

经费作为公共财政支出纳入同级财政预算。（略）

七、加强依法治火工作力度。各县（区）要严格按照《中华人民共和国森林法》和《森林防火条例》等法律法规，坚持依法治火、依法管火，加大对森林火灾肇事者的打击力度。对发生的各种森林火灾按照"事故原因不查清不放过、事故责任者得不到处理不放过、整改措施不落实不放过、教训不吸取不放过"的原则，依法从严从快查处森林火灾案件，从严追究火灾肇事者责任。（略）

八、规范各项管理制度。各县（区）要高度重视森林防火值班调度和信息报告工作。各级政府主要负责人要及时掌握本地火情动态，各级森林防火指挥部办公室要坚持24小时值班和领导带班制度。对国家和省森林防火指挥部办公室要求核查卫星监测到的热点，必须在1小时内反馈情况。要保证森林防火报警电话"12119"及时处置，确保信息畅通。要严格按照《××市处置森林火灾应急预案》，认真执行森林火灾报告时限和归口上报制度，逐级准确及时上报火情、火灾，坚决杜绝瞒报、漏报、迟报现象发生。

九、加强森林防火宣传。各县（区）要广泛开展全民森林防火宣传教育活动，提高林区广大群众防火意识和紧急避险能力，提高全民森林防火、爱林护林责任意识和法制观念，使森林防火宣传工作走进林区、走进乡村、走进千家万户。各级宣传、通信等部门要组织利用舆论媒体、移动通信等广泛宣传《中华人民共和国森林法》《森林防火条例》等法律法规和森林防火知识及"12119"森林防火报警电话，播放森林火灾典型案件，发布公益广告及预警信息，形成全社会重视、关心和支持森林防火工作的良好氛围。

××市人民政府

2014年3月29日

【简评】

这份行政令由标题、主送机关、正文及成文日期构成。

行政令是国家行政机关用来宣布施行重大强制性行政措施的。国务院及其各部委、乡及乡以上地方各级政府，都可以发布行政令。例文就是某市政府发布的行政命令。发布行政令必须注意的一点，就是所宣布施行的必须是辖区内的重大强制性的行政措施。行政令是直接要求受令者去"行"的命令，故而正文要写的清楚明白，具有可操作性。

首先应根据需要，有选择地写出发布命令的原因、根据、目的、意义、必要性等。如例文的目的是"为有效预防和控制森林火灾发生，确保全市森林资源和人民生命财产安全，根据《中华人民共和国森林法》《森林防火条例》等法律法规，市政府现就切实做好森林防火工作命令如下"。

其次，要清楚明白地写出命令何机关于何时间及何地点强制执行何种行政措施。这部分是行政令的核心，当"行"什么，不当"行"什么，在此应一目了然。如例文中"每年10月1日至翌年5月31日为森林防火期"。

最后，要说明的是如何去"行"的问题。写这部分要有针对性，所提要求或者针对命令执行机关，或者针对广大群众，还可针对执行命令过程中可能出现的情况提出奖惩措施或者执行说明等。如例文中××市人民政府对森林防火提出的具体措施。

（三）嘉奖令

【例文】

关于对"4·13"东西湖区××化工仓库火灾救险中做出突出贡献的市公安消防局的嘉奖令

武政发〔2013〕36号

各区人民政府，市人民政府各部门：

2013年4月13日上午11时许，我市东西湖区朝阳路×××号紧邻化工仓库群的××化工原料有限公司仓库发生爆炸起火，现场过火面积达800平方米，严重危及人民群众生命财产安全。市公安消防局接到救险指令后，雷厉风行，紧急行动，先后调集吴家山、常青、古田等15个消防中队和1个战勤保障大队共63台消防车、330余名官兵赶赴现场处置险情；广大消防官兵发扬"人民武警为人民"的光荣传统，舍生忘死、团结协作，经过连续6个小时的奋勇救险，使险情得到有效控制、无一人死亡，并避免了更大范围的火灾爆炸险情，有力保障了东西湖区化工仓库群的安全。

此次救险再一次证明市公安消防局是一支特别能吃苦、特别能战斗、特别能奉献的战斗集体和文明之师，赢得了市委、市人民政府和广大人民群众的广泛赞誉。为表彰市公安消防局的突出贡献，市人民政府决定对市公安消防局给予通令嘉奖并予以奖励。

希望市公安消防局以此为契机，珍惜荣誉，发扬成绩，再接再厉，再创佳绩；全市各部门和单位要以市公安消防局为榜样，深入学习贯彻党的十八大精神，振奋精神，扎实工作，锐意进取，开拓创新，为武汉建设国家中心城市和国际化大都市做出新的更大贡献！

市长 ×××

2013年4月28日

【简评】

表彰先进，可采用命令（令）、决定、通报等文种形式。行政机关应根据法律的规定和职权，针对奖励的性质、种类、级别、公示范围等具体情况，选择使用相应的文种。一般情况下，嘉奖令有发布权限的规定，一般由级别较高的行政机关使用，规格也要高于表彰性决定和表扬性通报；同时嘉奖令所奖励的事迹也具有突出且影响范围较广的特点。

例文是武汉市发布的对在"4·13"东西湖区××化工仓库火灾危险中做出突出贡献的市公安消防局的嘉奖令，由标题、主送机关、正文及成文日期构成。

标题"关于对'4·13'东西湖区××化工仓库火灾救险中做出突出贡献的市公安消防局的嘉奖令"采用了"事由＋文种"的形式，清晰明了。

嘉奖令正文必须包含三个方面的意思：

首先，嘉奖缘由。即说清为什么进行嘉奖。在这一层里，应先简明扼要地说明被嘉奖对象的先进事迹，包括时间、地点、事件、被嘉奖对象的表现、实践结果及其影响等，事迹要真实，简明；同时对其表现要给予简要评价，其评价一定要适度。如例文中对"4.13"火灾抢救工作的详细描述和充分肯定。

其次，嘉奖决定。即说清怎样进行嘉奖。通常给予被嘉奖对象的奖励有授予荣誉称号、记功、晋级和物质奖励等。为维护嘉奖令的严肃性，对物质奖励概略提到即可，不宜过细说明。如例文市人民政府对市公安消防局给予通令嘉奖并予以奖励。

最后，希望与号召。这也是发布嘉奖令的目的。如有必要，可以对被嘉奖对象提出保持荣誉、再接再厉的希望；而向有关人员学习先进的号召则是嘉奖令惯用的结尾。如例文中的结语部分。

（四）任免令

【例文】

中华人民共和国主席令

第三十六号

根据中华人民共和国第十三届全国人民代表大会常务委员会第十四次会议于2019年10月26日的决定：

免去×××的民政部部长职务；

任命×××为民政部部长。

中华人民共和国主席　习近平

2019年10月26日

【简评】

任免令是任免领导干部的命令。按照我国《宪法》规定，只有全国人大常务委员会及委员长、国家主席、国务院、国务院总理、国务院各部委、各部委的部长、主任以及县级以上各级政府才有权使用命令。如例文是国家主席对民政部部长的任免。

从任免令的组成看，包括标题、正文及成文日期三个内容。

正文通常由"任免依据"及"任命×××为××职务"或"免去×××职务"两部分内容组成。如例文中"中华人民共和国第十三届全国人民代表大会常务委员会第十四次会议所做的决定"是任免依据，"免去×××的民政部部长职务；任命×××为民政部部长"是任免内容。在结构上基本上都是"篇段句合一"的形式。

三、命令（令）写作小结

（一）选用文种要慎重

1. 明确公布令、行政令与通知的区别

公布令的制发者必须是具有制定、发布法律、法规、规章权的国家权力机关、行政机关和军事机关，而发布的内容必须是法律、法规和规章。

行政令的制发主体是国家行政机关，是用来宣布施行重大强制性行政措施的。

若没有法规、规章制发权的机关制定的"类规章性文件"不得使用"公布令"的形式发布，而应该用"通知"；若不是用来宣布施行重大强制性行政措施的，也不宜用"行政令"的形式发布，而应该使用"通知"这一发布形式。

2. 把握嘉奖令、表彰性决定与表扬性通报的区别

命令适用于"嘉奖有关单位及人员"，决定适用于"奖惩有关单位及人员"，通报适用于"表彰先进"。

从发布机关的层次级别上看，三个文种中，唯有命令具有发布权限的规定，而嘉奖令又往往由级别较高的机关予以发布；表彰性决定虽无明确的使用权限，但发文机关一般层次较高且常是被表彰对象的非直接上级机关；表扬性通报的发文机关不受限制，但多是被表彰对象的直接上级机关。

从被嘉奖对象先进事迹的类型及影响范围上看，若是在完成"急难险重"任务中事迹突出、影响范围广泛，则适于用嘉奖令；若是在长期艰苦的工作中表现突出、成绩卓著则适于用表彰性决定；表扬性通报适用的规格低于前两者，但适用范围可大可小。

从表彰奖励的规格上看，嘉奖令和表彰性决定的规格要高于表扬性通报。尤其是嘉奖令，通常都要授予被嘉奖对象荣誉称号。而表扬性通报多侧重于介绍被嘉奖对象的先进事迹，进行恰切的评价并给以适当的表扬奖励，但其规格要低于嘉奖令和表彰性决定，多是"通报表扬"。不过表扬性通报进行表扬奖励的及时性往往胜于嘉奖令和表彰性决定。

总之，从嘉奖令、表彰性决定到表扬性通报，表彰奖励的规格是逐步递降的，而其中的表扬性通报，无论是适用主体还是适用范围都是最广的。

（二）使用语言要精确

"精"指言简意赅，做到无冗字、冗词、冗句，且要经常使用一些模式化的语言，做到文约事丰。"确"指所言之事要确定，比如公布的要求、投入的力量、达到的目的、个别问题的政策对待等，都要有具体的规定。

第四章　公报

扫一扫，获
取本章例文

一、公报的用法

（一）公报的概念、特点

公报是党政机关和人民团体公开发布重大事件或重要决定事项的报道性公文，是党和国家经常使用的重要文种。公报具有权威性、指导性和新闻性等特点。

（二）公报的类别

依据发文主体不同可将公报分为两类：一类是党政机关或团体发布重大事件、重要决定的公报；另一类是联合公报。党、政、团体发布的公报可因内容的不同分为事件性公报和会议性公报两种；联合公报是用于两个或两个以上国家的政府、政党、团体的代表就会谈、访问等事宜所发表的公报。

（三）公报的写法

公报包括首部、正文和尾部三部分。

（1）首部。公报的首部包括标题和成文时间两部分。

常见的公报的标题有三种形式。第一种是只写文种《新闻公报》；第二种是由会议名称和文种构成；第三种是联合公报，由发表公报的双方或多方国家的简称、事由、文种构成。

公报的成文时间通常在标题之下正中位置注明发布公报的年、月、日，前后用圆括号括起。

（2）正文。公报的正文包括开头和主体两部分。

事件性公报要求用最鲜明、最精练的语言概述事件的核心内容，即何时、何地、发生了什么重大事件；会议性公报要求概述会议的名称、时间、地点、参加人员等；联合公报要求概述公报的来由，即在何时、何地、谁与谁举行了什么会谈或谁对谁进行了什么性质的访问等。

主体是公报的核心内容，要求把公报的内容完整、系统、有序地表达清楚。有三种常见的写作形式：第一种是分段式，即每段说明一层意思或一项决定；第二种是序号式，多用于内容比较复杂的公报；第三种是条款式，多用于联合公报。

（3）尾部。事件性公报和会议性公报一般没有尾部；联合公报要在正文之后写明双方签署人的身份、姓名、年、月、日并写明签署地点。

二、公报实例简评

（一）外事公报

【例文】

中华人民共和国和苏里南共和国联合新闻公报

一、应中华人民共和国主席习近平邀请，苏里南共和国总统德西·德拉诺·鲍特瑟于 2019 年 11 月 27 日至 30 日对中国进行国事访问。

二、访问期间，国家主席习近平同鲍特瑟总统举行会谈，国务院总理李克强会见鲍特瑟总统。两国领导人就双边关系及其他共同关心的问题深入交换了意见，达成重要共识。鲍特瑟总统一行访问了北京，并赴浙江访问。

三、苏方热烈祝贺中华人民共和国成立 70 周年，高度赞赏中国发展建设取得的伟大成就，相信在习近平新时代中国特色社会主义思想指引下，中国人民将实现"两个一百年"奋斗目标。

中方赞赏苏里南在国家建设事业中取得的成就，祝愿苏里南经济社会发展取得更大进步。

四、两国元首一致认为，中苏传统友谊源远流长，是两国人民的宝贵财富。建交 43 年来，两国关系深入发展，政治互信不断增进，各领域合作成果丰硕。鉴此并着眼于未来发展，双方决定把中苏关系提升为战略合作伙伴关系，以推动两国关系持久稳定发展。

五、双方一致认为，国家不分大小、强弱、贫富一律平等。在新的历史时期，各国应在相互尊重、公平正义、合作共赢的基础上开展友好交往，尊重以《联合国宪章》为核心的国际法和国际关系基本准则，共同推动建设新型国际关系，构建人类命运共同体。

六、双方重申尊重彼此国家独立、主权和领土完整，支持各自国家人民自主选择符合本国国情的发展道路，在涉及彼此核心利益问题上相互理解、相互支持。

双方一致主张，坚持一个中国原则是国际社会的普遍共识，也是中苏建立和发展关系的根本前提和政治基础。苏里南政府重申中华人民共和国政府是代表全中国的唯一合法政府，台湾是中国领土不可分割的一部分。苏方支持两岸关系和平发展和中国政府为实现国家和平统一所作努力。

七、双方一致同意保持高层和各级别交往势头，扩大两国政府部门、立法机构、政党和地方之间的交流合作，充分发挥两国政府间各双边合作机制的重要作用，密切社会机构、企业和金融机构、媒体、学术机构和地方等各层级交流合作，不断增进相互了解和政治互信。双方愿进一步促进人员往来，不断提升便利化水平。

八、苏方高度评价中方提出的共建"一带一路"倡议，认为倡议契合广大发展中国家的实际发展需要，将为包括苏里南在内的拉美和加勒比地区国家发展带来重要机遇。双方致力于在两国政府2018年签署的共同推进"一带一路"建设谅解备忘录基础上，将两国互补优势转化为全面合作优势，秉持共商、共建、共享原则，坚持开放、绿色、廉洁理念，努力实现高标准、惠民生、可持续目标，加强政策沟通、设施联通、贸易畅通、资金融通和民心相通等领域务实合作。双方签署共同推进"一带一路"建设合作规划。

九、中方表示将继续加强同苏里南的团结协作，并在力所能及范围内为苏里南发展经济、改善民生提供支持。苏方感谢中方长期以来提供的帮助，认为中方援助为促进苏经济社会发展发挥了重要作用，受到苏人民热烈欢迎。

十、双方一致认为，中苏建立和发展关系，根本目标是促进共同发展、增进民生福祉。双方将加强农业、科技、教育、文化、体育、扶贫等领域合作，深化两国人民的相互理解和友谊，实现共同发展进步。中国政府支持中国企业赴苏里南投资兴业，欢迎苏方扩大对华出口。作为中国公民组团出境旅游目的地，苏里南欢迎更多中国游客赴苏旅游。

十一、双方一致认为，世界正处于大发展大变革大调整时期，和平与发展仍然是时代主题，各国相互联系和依存日益加深。中苏致力于将彼此关系打造成不同规模、不同国情国家友好合作的典范。

十二、双方一致倡导国际关系民主化，主张以对话解决争端、以协商化解分歧，推动建设开放型世界经济，促进贸易和投资自由化便利化，反对一切形式的贸易保护主义，支持多边贸易体制，共同致力于推动经济全球化朝着更加开放、包容、普惠、平衡、共赢的方向发展。

两国外交部将就国际形势、双边关系以及共同关心的问题在共同商定的时间进行不定期磋商。

十三、双方一致认为联合国安理会改革应优先增加发展中国家的代表性和发言权，通过协商凝聚共识，寻求适当解决方案并达成最广泛一致，确保改革符合联合国长远利益和全体会员国共同利益。

双方将加强在联合国等国际组织和多边机制内的协作，共同推进落实2030年可持续发展议程，推动深化南南合作。

十四、中方赞赏苏方在国际和地区事务中发挥建设性作用。苏方将积极参与中国—拉共体论坛建设，推动中拉整体合作，为平等互利、共同发展的中拉全面合作伙伴关系在新时代结出新硕果贡献力量。双方同意共同办好中国—加勒比经贸合作论坛。

十五、两国元首在会晤后共同见证双方签署涵盖共建"一带一路"、务实合作、司法协助、农业技术、基础设施建设等领域十余项合作文件。双方将认真落实两国领导人达成的各项共识，推动有关合作不断取得进展。

十六、双方一致认为，此访对推动中苏关系长期稳定健康发展具有重要意义。

习近平主席祝贺鲍特瑟总统成功实现对中华人民共和国的国事访问。鲍特瑟总统对习近平主席以及中国政府和人民的热情友好接待表示衷心感谢。

2019 年 11 月 27 日于北京

【简评】

正文首先交代了发布公报的背景情况，然后用"双方一致认为……"、"双方一致同意……"、"双方一致倡导……"、"双方重申"等作提领语句，将双方各自的态度和立场作了明确、具体的阐述。由于联合公报事关重大，故而在用语上极其讲究准确精练、恰当得体，这是写好此类公报的关键。

（二）统计公报

【例文】

南京市2018年国民经济和社会发展统计公报

（南京市统计局　国家统计局南京调查队　2019年3月）

2018 年，全市上下深入贯彻习近平新时代中国特色社会主义思想和党的十九大精神，全面落实党中央国务院、省委省政府重大决策部署以及市委市政府工作要求，聚力建设"创新名城、美丽古都"，坚持新发展理念，按照高质量发展要求，对标找差、创新实干，统筹推进稳增长、促改革、调结构、惠民生、防风险各项工作，全市经济保持了总体平稳、稳中有进的发展态势，在高水平全面建成小康社会、高质量推进"强富美高"新南京建设上迈出新的更大步伐。

一、综合

经济运行稳中有进。全年实现地区生产总值 12820.40 亿元，比上年增长 8.0%。分产业看，第一产业增加值 273.42 亿元，比上年增长 0.6%；第二产业增加值 4721.61 亿元，增长 6.5%；第三产业增加值 7825.37 亿元，增长 9.1%。按常住人口计算人均地区生产总值为 152886 元，按国家公布的年平均汇率折算为 23104 美元。结构调整扎实推进。聚力培育"4+4+1"主导产业，重点打造人工智能、集成电路、新能源汽车等产业地标，加快推动"两钢两化"企业转型，三次产业增加值比例调整为 2.1∶36.9∶61.0，服务业增加值占 GDP 比重比上年提高 1.3 个百分点。新动能不断发展壮大。全年高新技术产业实现制造业产值增长 19.1%，占规上工业总产值比重为 47.85%，较上年提升 1.96 个百分点。规模以上服务业中，高技术服务业营业收入增长 21.4%。全年高技术产业投资增长 13.5%。

图 1　2013—2018 年地区生产总值及其增长速度（略）

经济活力持续增强。全年民营经济实现增加值 5953.76 亿元，可比增长 8.1%，占 GDP 比重为 46.4%，比上年提升 0.5 个百分点。11 家民营企业进入全国 500 强。年末全市工商部门登记的私营企业 59.63 万户，注册资本 24230.99 亿元，分别比上年增长 8.4% 和 27.2%；个体工商户 62.19 万户，比上年增长 19.2%。全年新登记私营企业 7.26 万户，下降 14.3%，注册资本 4743.06 亿元，增长 13.8%；新登记个体工商户 13.16 万户，增长 20.9%。

居民消费价格温和上涨。全年城市居民消费价格比上年上涨 2.4%。分类别看，食品烟酒类上涨 3.6%，衣着类上涨 1.7%，居住类上涨 2.4%，生活用品及服务类上涨 4.6%，交通和通信类上涨 1.3%，教育文化和娱乐类上涨 1.6%，医疗保健类上涨 0.9%，其他用品和服务类上涨 2.0%。

图 2　2018 年居民消费价格月度涨跌幅度（略）

表 1　2018 年城市居民消费和商品零售价格涨跌幅度（%）（略）

工业生产者价格基本稳定。全年工业生产者出厂价格上涨 2.5%，涨幅比上年回落 0.9 个百分点，其中，轻工业价格下降 0.3%，重工业价格上涨 3.2%。工业生产者购进价格上涨 6.2%，涨幅比上年回落 1.0 个百分点。

二、农业

农业生产总体稳定。全年农林牧渔及农林牧渔服务业增加值 288.41 亿元，比上年增长 0.9%。全年粮食播种面积 227.07 万亩，比上年增加 6.57 万亩；油料种植面积 20.66 万亩，减少 3.23 万亩；蔬菜种植面积 123.15 万亩，增加 11.36 万亩。全年粮食总产量 106.92 万吨，比上年增产 1.54 万吨，增长 1.5%。其中，夏粮 26.33 万吨，增长 10.4%；秋粮 80.59 万吨，下降 1.2%。粮食亩产 470.9 公斤，比上年减少 7.0 公斤，下降 1.5%。蔬菜总产量 284.46 万吨，比上年增产 27.57 万吨，增长 10.7%。畜禽禁养政策有效落实，养殖结构不断调整优化。

现代农业高效发展。蔬菜园艺产业布局进一步优化，新建省级标准园 9 个，高效特色园艺基地 17 个，高标准农田累计达 247 万亩，设施蔬菜园艺面积累计达 78.2 万亩。市级、省级、国家级现代农业园区分别达到 40 个、9 个和 3 个。休闲农业和乡村旅游等新产业、新业态较快发展，全年休闲农业接待游客达 2500 万人次，实现综合收入 75 亿元。

三、工业和建筑业

工业生产平稳增长。全年实现全部工业增加值 4055.14 亿元，比上年增长 7.3%。其中，规模以上工业增加值 3091.83 亿元，增长 7.8%。在规模以上工业中，分经济类型看，国有控股企业增加值增长 9.2%，民营企业增长 8.7%，外商及港澳台商投资企业增长 5.7%。分行业看，计算机、通信和其他电子设备制造业增加值增长 12.1%、石油加工、炼焦和核燃料加工业增长 12.1%、黑色金属冶炼和压延加工业增长 14.0%、仪器仪表制造业增长 14.7%。新产品增长潜力不断释放，全年规模以上工业新产品产值增长 18.9%。新能源汽车产量增长 253.1%，工业机器人增长 108.9%，智能电视增长 17.9%，城市轨道车辆增长 107.1%。

工业企业盈利能力增强。全年规模以上工业企业实现利润总额比上年增长 6.1%，增速较上年提升 4.3 个百分点，工业企业利润增长面 57.9%，较上年提升 16.0 个百分点。规模以上工业企业主营业务收入利润率、成本费用利润率分别为 7.5%、9.3%，较上年提高 0.1 和 0.2 个百分点。规模以上工业企业资产负债率为 52.9%，较上年下降 0.6 个百分点。全年规模以上工业企业产销率达 99.08%。

表 2　2018 年主要工业产品产量及其增长速度（略）

建筑业稳定发展。全年具有资质等级的总承包和专业承包建筑业企业完成建筑业总产值 3833.69 亿元，比上年增长 12.3%，其中本市建筑企业在外省完成建筑业总产值 1374.77 亿元，增长 13.1%。

四、固定资产投资和房地产开发

固定资产投资增势平稳。全年全社会固定资产投资比上年增长 9.4%。分经济主体看，国有经济控股和非国有经济投资均增长 8.6%，港澳台及外商投资下降 4.1%。民间投资增长 22.7%。分产业看，第一产业投资下降 22.6%；第二产业投资增长 10.6%，其中工业投资增长 8.9%，较上年提高 7.9 个百分点；第三产业投资增长 9.5%。三次产业投资比例为 0.1∶16.3∶83.6。工业技改投资增长 12.9%，占工业投资比重 65.5%。比上年提高 1.4 个百分点。

重点项目推进有力。南沿江城际铁路正式开工，长江五桥等重大基础设施建设进展顺利，长江大桥公路桥维修改造工程竣工通车，地铁宁溧线建成运营，6 条过江通道同步建设，地铁建设 7 线并进。江北新区建设快速推进，一批重要基础设施和公共服务设施建成并投入使用。宁句城际等南京都市圈、宁镇扬同城化重点项目有序推进。

全市房地产开发投资 2354.17 亿元，比上年增长 8.5%。其中，住宅投资 1547.64 亿元，增长 0.3%；商业用房投资 351.93 亿元，增长 33.8%。全年新开工保障房 456 万平方米，竣工 356 万平方米。

五、国内贸易

消费品市场总体稳定。全年实现社会消费品零售总额 5832.46 亿元，比上年增长 8.4%。分行业看，批发业和零售业零售额 5262.21 亿元，增长 8.5%；住宿和餐饮业零售额 570.25 亿元，增长 7.6%。全年限额以上社会消费品零售总额 3568.32 亿元，增长 6.1%。

从消费品类值看，部分消费升级类商品零售额增长较快。在限额以上企业（单位）批发零售贸易业零售额中，通讯器材类增长 49.3%，家具类增长 21.0%，日用品类增长 17.9%，电子出版物及音像制品类增长 15.1%，家用电器和音像器材类增长 11.8%，文化办公用品类增长 11%，化妆品类增长 9.6%，汽车类增长 0.7%，石油及制品类增长 1.1%。网上零售较快增长，全年限上批零业通过公共网络实现商品零售额增长 36.7%。

六、对外经济

进出口规模继续扩大。全年实现进出口总额 654.91 亿美元，比上年增长 7.6%。其中，出口总额 378.79 亿美元，增长 10.8%，进口总额 276.12 亿美元，增长 3.4%。

从进出口商品市场看，全年对欧盟、美国、日本、韩国和东盟等传统市场进出口额 445.40 亿美元，增长 5.1%，占全市进出口总额的比重为 68.0%。其中，出口

238.17 亿美元，增长 8.9%，占全市出口总额的 62.9%；进口 207.23 亿美元，增长 1.0%，占全市进口总额的 75.1%。

表 3　2018 年南京对主要国家、地区进出口额及其增长速度（略）

从进出口商品构成看，全年高新技术产品出口 91.52 亿美元，下降 4.0%，进口 82.42 亿美元，下降 12.6%。机电产品出口 185.48 亿美元，增长 0.7%，进口 158.55 亿美元，下降 3.0%。

表 4　2018 年进出口总额及其增长速度（略）

利用外资稳定增长。全年吸收外商直接投资新设立企业 439 家。新增合同利用外资（不含减资）98.22 亿美元，增长 26.5%；新批准总投资净增资千万美元以上大项目 186 个，投资总额 190.61 亿美元，合同外资 82.47 亿美元，占全市新增合同外资总额（不含减资）的 83.96%。全年实际使用外资 38.53 亿美元，比上年增长 4.9%。分产业看，第一产业使用外资 0.07 亿美元；第二产业使用外资 11.83 亿美元，下降 32.0%，其中制造业使用外资增长 8.8%，占全市 29.1%；第三产业使用外资 26.63 亿美元，增长 37.8%。全年开发区合同利用外资 62.33 亿美元，占全市比重 63.5%；开发区实际使用外资 28.35 亿美元，占全市比重 73.6%。全年实现对外投资总额 42 亿美元。境外世界 500 强设立法人企业、分公司及分支机构数达 210 个。

七、交通、邮电和旅游

交通运输邮电业发展平稳。全年货物运输总量 38563.56 万吨，比上年增长 8.7%。货物运输周转量 3123.57 亿吨公里，下降 6.2%。全年港口货物吞吐量 25411 万吨，增长 4.9%。其中，外贸货物吞吐量 3103 万吨，增长 26.5%。港口货物吞吐量中，集装箱吞吐量 321 万标箱，增长 1.2%。

表 5　2018 年各种运输方式完成货物运输量及其增长速度（略）

全年旅客运输总量 16062 万人次，比上年下降 2.2%。旅客运输周转量 490.76 亿人公里，增长 3.5%。

表 6　2018 年各种运输方式完成旅客运输量及其增长速度（略）

年末机动车保有量 273.79 万辆，比上年末增加 15.86 万辆，增长 6.2%。民用汽车 258.24 万辆，比上年末增加 19.04 万辆，增长 8.0%，其中本年新注册 29.21 万辆。其中，私人汽车 207.25 万辆，比上年末增加 5.69 万辆，增长 2.8%；私人汽车中轿车 148.39 万辆，比上年末增加 2.65 万辆，增长 1.8%，其中本年新注册 17.73 万辆。

全年新增、更新公交车 1023 辆。城市公共汽车运营线路网长度达 12035 公里；轨道交通运营总里程 394.3 公里，其中地铁总里程 377.6 公里。公共汽车运营车辆 9246 辆 11197 标台；有轨交通运营车辆 1725 辆 4141.5 标台。公共汽车客运总量 8.88 亿人次，比上年下降 1.2%；地铁承担客运人数 11.15 亿人次，增长 14.1%。出租车总数 13354 辆。

全年完成邮电业务总量（按 2010 年价格计算）461.06 亿元，比上年增长 50.5%。其中，邮政业务总量 161.41 亿元，增长 15.9%；电信业务总量 299.65 亿元，增长 53.3%。全年完成邮电业务收入（按现价计算）245.36 亿元，比上年增长 20.8%。

其中，邮政业务收入 110.58 亿元，增长 14.8%；电信业务收入 134.76 亿元，增长 4.9%。全年完成国际国内快递业务量 76634.53 万件，比上年增长 20.8%。年末拥有移动电话用户 1284.06 万户，其中 4G 移动电话用户 1004.39 万户，增长 16.9%；拥有固定电话用户 201.17 万户；年末互联网宽带接入用户 492.01 万户。

旅游业较快增长。据旅游委统计，全年实现旅游总收入 2460.20 亿元，比上年增长 13.4%。接待海内外旅游者 1.34 亿人次，增长 9.3%。接待入境过夜旅游者 81.06 万人次，增长 12.9%；旅游外汇收入 8.83 亿美元，增长 16.2%。国内旅游收入 2400.4 亿元以上，增长 13.2%。年末共有等级旅游景区 53 家，其中 4A 级以上高等级景区 24 家；国家、省市级旅游度假区 4 家。拥有星级宾馆饭店 76 家，其中五星级以上酒店 21 家。拥有各类旅行社 694 家，其中具有组织出境游资质旅行社 68 家。

八、财政、金融和保险

财政收入较快增长。全年完成一般公共预算收入 1470.02 亿元，同口径增长 11.1%。其中，税收收入 1242.49 亿元，增长 13.3%。一般公共预算收入中税收占比 84.5%。全年一般公共预算支出 1532.71 亿元，比上年增长 13.2%。其中，住房保障、教育、社会保障和就业、医疗卫生与计划生育支出分别增长 39.3%、16.2%、10.2%、6.9%。财政一般公共预算支出中民生支出占比达 75%，连续 10 年入选中国"最具幸福感城市"。

图 3 2013—2018 年一般公共预算收入及其增速（略）

金融业发展稳定。全年金融业实现增加值 1473.32 亿元，比上年增长 4.9%。年末金融机构本外币各项存款余额 34524.86 亿元，比年初增加 3760.21 亿元，比上年增长 12.2%。其中住户存款 7106.00 亿元，比年初增加 903.05 亿元；非银行业金融机构存款 5930.47 亿元，比年初增加 2286.98 亿元。年末金融机构本外币各项贷款余额 29065.66 亿元，比年初增加 3880.90 亿元，比上年增长 15.5%。其中住户贷款 9136.16 亿元，比年初增加 1432.49 亿元；非金融企业及机关团体贷款 19723.57 亿元，比年初增加 2429.94 亿元。

全年实现保费收入 603.55 亿元，比上年下降 13.6%。分类型看，财产险收入 162.22 亿元，增长 11.2%；寿险收入 353.30 亿元，下降 25.1%。

九、科技和教育

创新名城建设开新篇。深入实施创新驱动发展"121"战略，出台市委"1 号文件"，全力推进"两落地一融合"等十大工程，成功举办世界智能制造大会、全球未来网络发展峰会、新型研发机构国际合作大会等重要活动。资源要素加速集聚，新增 3 名诺贝尔奖得主、55 名国内外院士来南京创新创业，斯坦福、剑桥等一批国际一流高校创新团队落户南京。新增就业参保大学生 34.15 万人，首批 29 名高层次人才通过"举荐制"产生。年末在宁中国科学院院士、中国工程院院士分别为 45 名和 36 名，两院院士合计 81 名。南京着力打造集聚创新资源"强磁场"经验获国务院通报表扬。

创新能力不断提升。综合性科学中心建设展开布局，15 个高新园区健康运营并快速发展。全社会研究与试验发展（R&D）经费投入占 GDP 比重达到 3.07%。集中签约新型研发机构 208 个，孵化引进企业 951 家。高新技术企业净增 1282 家，总数达 3126 家。新增境内外上市企业 7 家，累计达到 109 家。新增科技部门备案众创空间 64 家，累计达到 282 家，其中国家级备案 53 家。新增市级以上工程技术研究中心 128 家，累计达到 1047 家。拥有省市科技公共服务平台 130 家，国家级和省级重点实验室 88 家，其中国家级 31 家。

创新成果不断涌现。全年南京地区共有 33 项成果获得国家科学技术奖励，其中获得国家自然科学奖 5 项；国家技术发明奖 6 项；国家科技进步奖一等奖 3 项、二等奖 19 项。全年共签订各类输出技术合同 26035 项，技术合同成交额 403.81 亿元，比上年增长 41.8%。全年完成专利申请量 99070 件，比上年增长 31.38%。其中发明专利申请量 40652 件，增长 9.0%。专利授权量 44089 件，比上年增长 37.5%，其中发明专利授权量 11090 件，增长 3.4%。全年 PCT 专利 926 件，比上年增长 92.5%。万人发明专利拥有量 59.71 件。

教育事业成效显著。据市教育部门统计，全市在宁普通高等学校 53 所（不含部队院校），在校学生（不含研究生）72.16 万人，比上年增加 103 人。在宁高校及研究生培养机构在学研究生 13 万人，比上年增加 1.08 万人。普通中学 240 所，在校学生 24.52 万人，比上年增加 1.1 万人；中等职业学校（含成人中专，不包括技工学校）22 所，在校学生 6.28 万人，比上年减少 0.35 万人。小学 360 所，在校学生 42.21 万人，比上年增加 2.90 万人；共有幼儿园 939 所，在园儿童 24.52 万人，比上年增加 0.95 万人。全年新改扩建达省优建设标准幼儿园 30 所，义务教育优质资源覆盖率达 95.8%。"弹性离校"、"空中课堂"等创新举措得到国家和省有关部门肯定。

十、文化、卫生和体育

公共文化服务水平提升。据市文广新局统计，年末全市共有文化馆 14 个，公共图书馆 15 个，文化站 100 个，博物馆 62 个，市级以上文物保护单位 516 处，拥有国家级历史文化街区 2 个，省级历史文化街区 7 个，国家级历史文化名镇（村）3 个。全年市级层面组织公益演出 1500 场；放映公益电影 8159 场，送戏 970 场；为农村和基层送书 19.09 万册，更新 200 家书屋出版物，创建 42 家星级示范农家书屋；新增图书漂流文化驿站 83 个。居民综合阅读率 95.63%。完善公共文化服务体系，达到省级标准的村（社区）综合性文化服务中心 1185 个。每万人拥有公共文化设施面积 2900 平方米。年末拥有南京市文化产业基地 15 个；江苏省文化产业示范基地（园区）24 个；国家文化产业示范基地 12 个。

卫生事业稳步发展。市中医院新院、鼓楼医院江北国际医院建成运营，基层医疗机构医联体实现全覆盖。据卫计委统计，年末全市拥有各类医疗卫生机构 2801 个。其中，医院、卫生院及社区卫生服务中心 360 个，疾病预防控制中心 17 个，妇幼卫生保健机构 14 个。各类卫生机构拥有病床 5.5 万张，其中医院、卫生院病床 5.0 万张。各类卫生机构共有卫生技术人员 8.41 万人，其中执业（含助理）医师 3.16 万人，注册护士 3.83 万人。全市累计建成社区卫生服务中心（卫生院）138 个、社区卫生服务站（村卫生室）680 个。社区卫生服务城市人口覆盖率达 100%。

体育事业扎实推进。成功举办 2018 世界羽毛球锦标赛、南京马拉松、世界女排大奖赛总决赛、国际排联沙滩排球 U19 世界锦标赛、世界滑板精英赛等 10 项国际赛事，有序推进 2019 年篮球世界杯和 2020 年世界室内田径锦标赛筹备工作，南京体育城市指数位列全球第十。

十一、节能降耗和生态环境

节能减排成效显著。挂牌督办减煤减化等"十大项目"。关停化工企业、整治铸造企业各 42 家。全社会用电量 606.40 亿千瓦时，比上年增长 8.9%。其中工业用电量 331.27 亿千瓦时，增长 4.2%。全年规模以上工业综合能耗 3826.97 万吨标煤，增长 0.7%，低于规模以上工业增加值增速 7.1 个百分点，规模以上工业消费煤炭下降 5.7%。

生态环境持续改善。持续开展"263"专项行动，实施滨江生态环境保护要点和长江岸线保护办法，打好水环境治理等"六场硬仗"，完成 2000 多个雨污分流片区建设，城北、江心洲等污水处理厂提标改造基本完成。建成区基本消除黑臭水体，22 个省考以上断面全部达标，5 个主要入江支流控制断面消除劣 V 类。建成区绿地率达 40.75%。全年空气质量达到国家二级标准天数 257 天，空气优良率为 70.4%；PM2.5 平均浓度 43.5 微克 / 立方米。全面实施农村人居环境整治，着力打造 6 个田园综合体、6 个省级特色田园乡村，完成市级 80 个美丽乡村示范村、100 个宜居村建设。

十二、人口、人民生活和社会保障

人口总量稳定增长。年末常住人口 843.62 万人，比上年末增加 10.12 万人，增长 1.21%。其中城镇人口 695.99 万人，占总人口比重（常住人口城镇化率）82.50%。在常住人口中，0—14 岁人口为 94.13 万人，占比 11.16%；15—64 岁人口 644.33 万人，占比 76.38%；65 岁及以上人口 105.16 万人，占比 12.47%。全年常住人口出生率为 9.74‰，比上年提高 0.99 个千分点；死亡率 5.04‰，比上年下降 0.01 个千分点；自然增长率 4.70‰，比上年提高 1 个千分点。年末户籍总人口 696.94 万人，比上年末增加 16.27 万人，增长 2.4%。

就业创业形势稳定。全年城镇新增就业人数 31.05 万人。城镇登记失业率为 1.78%。实现再就业 11.33 万人，援助困难人员就业 1.41 万人，农村劳动力转移 1.14 万人次。新培育自主创业者 3.74 万人，其中大学生创业 6595 人。开展各类职业技能培训 51.42 万人次。

居民收入稳定增长。根据城乡一体化住户抽样调查，全市居民人均可支配收入为 52916 元，比上年增长 9.1%。其中工资性收入 33067 元，增长 9.2%；经营净收入 5911 元，增长 8.5%；财产净收入 5534 元，增长 9.8%；转移净收入 8404 元，增长 9.0%。按常住地分，城镇居民人均可支配收入 59308 元，增长 8.7%；农村居民人均可支配收入 25263 元，增长 9.2%。人均生活消费支出 30706 元，比上年增加 2061 元，增长 7.2%。分城乡看，城镇居民人均生活消费支出 33537 元，增长 6.9%；农村居民人均生活消费支出 18457 元，增长 7.6%。

图 4　2014—2018 年全市居民人均可支配收入及其增长速度（略）

全体居民人均生活消费支出中，食品烟酒支出占比为 25.7%，比上年下降 0.1 个百分点，其中城镇为 25.3%，农村为 29.1%。

民生保障持续改善。据人社部门统计，年末城镇职工社会保险五大险种累计参保人数为 1603.84 万人次，其中企业职工基本养老保险参保 317.36 万人、城镇职工基本医疗保险参保 432.06 万人、失业保险参保 289.12 万人、工伤保险参保 286.50 万人、生育保险参保 278.8 万人。低保标准提高到每月 860 元，企业退休人员月均养老金达 2984 元，位居全省第一，医疗救助标准进一步提高并惠及 14 万困难群众。城乡居民享受最低生活保障 6.3 万人，享受国家抚恤、补助等各类优抚人员 2.16 万人。符合市定标准的低收入农户和经济薄弱村脱贫率分别达到 96%、96.5%。据民政部门统计，年末全市福利收养单位拥有床位 4.83 万张，收养人员 2.41 万人。其中社会福利院拥有床位 7022 张，收养人员 4489 人。全市建立城镇各类社区服务设施 11477 处，区、街镇、社区服务中心 1503 个。全市现有养老机构 279 家，机构床位数 4.3 万张，其中当年新增养老机构床位 4500 张。每千名老人拥有养老床位数 39 张。

【简评】

这是一份由南京市统计局、国家统计局南京调查队两个部门于 2019 年 3 月联合制发的《南京市 2018 年国民经济和社会发展统计公报》。统计公报一般篇幅较长，涉及主题较多，但在例文选择过程中，由于篇幅所限，所以仅选择了单一主题的文件，即仅针对一个主题撰写的文件。

例文正文分为"综合"、"农业"、"工业和建筑业"、"固定资产投资和房地产开发"、"国内贸易"、"对外经济"、"交通、邮电和旅游"、"财政、金融和保险"、"科技和教育"、"文化、卫生和体育"、"节能降耗和生态环境"和"人口、人民生活和社会保障"十二个部分，构成了公报的主体部分。统计公报常用表格表述主题内容，例文也不例外。

例文表述清晰，所用语言专业、平实。

（三）会议公报

【例文】

中国共产党第十九届中央委员会
第四次全体会议公报
（2019 年 10 月 31 日中国共产党第十九届中央委员会第四次全体会议通过）

中国共产党第十九届中央委员会第四次全体会议，于 2019 年 10 月 28 日至 31 日在北京举行。

出席这次全会的有，中央委员 202 人，候补中央委员 169 人。中央纪律检查委员会常务委员会委员和有关方面负责同志列席会议。党的十九大代表中的部分基层同志和专家学者也列席会议。

全会由中央政治局主持。中央委员会总书记习近平作了重要讲话。

全会听取和讨论了习近平受中央政治局委托作的工作报告，审议通过了《中共中央关于坚持和完善中国特色社会主义制度、推进国家治理体系和治理能力现代化若干重大问题的决定》。习近平就《决定（讨论稿）》向全会作了说明。

全会充分肯定党的十九届三中全会以来中央政治局的工作。一致认为，面对国内外风险挑战明显增多的复杂局面，中央政治局高举中国特色社会主义伟大旗帜，坚持以马克思列宁主义、毛泽东思想、邓小平理论、"三个代表"重要思想、科学发展观、习近平新时代中国特色社会主义思想为指导，全面贯彻党的十九大和十九届二中、三中全会精神，准确把握国内国际两个大局，着力抓好发展和安全两件大事，加强战略谋划，增强战略定力，坚持稳中求进工作总基调，继续统筹推进"五位一体"总体布局和协调推进"四个全面"战略布局，团结带领全党全国各族人民攻坚克难、砥砺前行，庆祝中华人民共和国成立70周年系列活动极大振奋和凝聚了党心军心民心，庆祝改革开放40周年系列活动增强了将改革进行到底的信心，"不忘初心、牢记使命"主题教育成效明显，深化党和国家机构改革各项工作胜利完成，改革开放全面深化，经济社会保持健康稳定发展，坚决打好三大攻坚战和应对各种风险挑战工作有力有效，国防和军队现代化深入推进，推动党和国家各项事业取得新的重大进展。

全会提出，中国特色社会主义制度是党和人民在长期实践探索中形成的科学制度体系，我国国家治理一切工作和活动都依照中国特色社会主义制度展开，我国国家治理体系和治理能力是中国特色社会主义制度及其执行能力的集中体现。

全会认为，中国共产党自成立以来，团结带领人民，坚持把马克思主义基本原理同中国具体实际相结合，赢得了中国革命胜利，并深刻总结国内外正反两方面经验，不断探索实践，不断改革创新，建立和完善社会主义制度，形成和发展党的领导和经济、政治、文化、社会、生态文明、军事、外事等各方面制度，加强和完善国家治理，取得历史性成就。党的十八大以来，我们党领导人民统筹推进"五位一体"总体布局、协调推进"四个全面"战略布局，推动中国特色社会主义制度更加完善、国家治理体系和治理能力现代化水平明显提高，为政治稳定、经济发展、文化繁荣、民族团结、人民幸福、社会安宁、国家统一提供了有力保障。实践证明，中国特色社会主义制度和国家治理体系是以马克思主义为指导、植根中国大地、具有深厚中华文化根基、深得人民拥护的制度和治理体系，是具有强大生命力和巨大优越性的制度和治理体系，是能够持续推动拥有近十四亿人口大国进步和发展、确保拥有五千多年文明史的中华民族实现"两个一百年"奋斗目标进而实现伟大复兴的制度和治理体系。

全会强调，我国国家制度和国家治理体系具有多方面的显著优势，主要是：坚持党的集中统一领导，坚持党的科学理论，保持政治稳定，确保国家始终沿着社会主义方向前进的显著优势；坚持人民当家作主，发展人民民主，密切联系群众，紧紧依靠人民推动国家发展的显著优势；坚持全面依法治国，建设社会主义法治国家，切实保障社会公平正义和人民权利的显著优势；坚持全国一盘棋，调动各方面积极性，集中力量办大事的显著优势；坚持各民族一律平等，铸牢中华民族共同体意识，实现共同团结奋斗、共同繁荣发展的显著优势；坚持公有制为主体、多种所有制经济共同发展和按劳分配为主体、多种分配方式并存，把社会主义制度和市场经济有机结合起来，不断解放和发展社会生产力的显著优势；坚持共同的理想信念、价值理念、道德观念，弘扬中华优秀传统文化、革命文化、社会主义先进文化，促进全体人民在思想上精神上紧紧团结在一起的显著优势；坚持以人民为中心的发展思想，不断保障和改善民生、增进人民福祉，走共同富裕道路的显著优势；坚持改革创新、与时俱进，善于自我完善、自我发展，使社会充满生机活力的显著优势；坚持德才兼备、选贤任能，聚天下英才而用之，培养造就更多更优秀人才的显著优势；坚持党指挥枪，确保人民军队绝对忠诚于党和人民，有力保障国家主权、安全、发展利益的显著优势；坚持"一国两制"，保持香港、澳门长期繁荣稳定，促进祖国和平统一的显著优势；坚持独立自主和对外开放相统一，积极参与全球治理，为构建人类命运共同体不断做出贡献的显著优势。这些显著优势，是我们坚定中国特色社会主义道路自信、理论自信、制度自信、文化自信的基本依据。

全会强调，必须坚持以马克思列宁主义、毛泽东思想、邓小平理论、"三个代表"重要思想、科学发展观、习近平新时代中国特色社会主义思想为指导，增强"四个意识"，坚定"四个自信"，做到"两个维护"，坚持党的领导、人民当家作主、依法治国有机统一，坚持解放思想、实事求是，坚持改革创新，突出坚持和完善支撑中国特色社会主义制度的根本制度、基本制度、重要制度，着力固根基、扬优势、补短板、强弱项，构建系统完备、科学规范、运行有效的制度体系，加强系统治理、依法治理、综合治理、源头治理，把我国制度优势更好转化为国家治理效能，为实现"两个一百年"奋斗目标、实现中华民族伟大复兴的中国梦提供有力保证。

全会提出，坚持和完善中国特色社会主义制度、推进国家治理体系和治理能力现代化的总体目标是，到我们党成立一百年时，在各方面制度更加成熟更加定型上取得明显成效；到二○三五年，各方面制度更加完善，基本实现国家治理体系和治理能力现代化；到新中国成立一百年时，全面实现国家治理体系和治理能力现代化，使中国特色社会主义制度更加巩固、优越性充分展现。

全会提出，坚持和完善党的领导制度体系，提高党科学执政、民主执政、依法执政水平。必须坚持党政军民学、东西南北中，党是领导一切的，坚决维护党中央权威，健全总揽全局、协调各方的党的领导制度体系，把党的领导落实到国家治理各领域各方面各环节。要建立不忘初心、牢记使命的制度，完善坚定维护党中央权威和集中统一领导的各项制度，健全党的全面领导制度，健全为人民执政、靠人民执政各项制度，健全提高党的执政能力和领导水平制度，完善全面从严治党制度。

全会提出，坚持和完善人民当家作主制度体系，发展社会主义民主政治。必须坚持人民主体地位，坚定不移走中国特色社会主义政治发展道路，确保人民依法通过各种途径和形式管理国家事务，管理经济文化事业，管理社会事务。要坚持和完善人民代表大会制度这一根本政治制度，坚持和完善中国共产党领导的多党合作和政治协商制度，巩固和发展最广泛的爱国统一战线，坚持和完善民族区域自治制度，健全充满活力的基层群众自治制度。

全会提出，坚持和完善中国特色社会主义法治体系，提高党依法治国、依法执政能力。建设中国特色社会主义法治体系、建设社会主义法治国家是坚持和发展中国特色社会主义的内在要求。必须坚定不移走中国特色社会主义法治道路，全面推进依法治国，坚持依法治国、依法执政、依法行政共同推进，坚持法治国家、法治政府、法治社会一体建设。要健全保证宪法全面实施的体制机制，完善立法体制机制，健全社会公平正义法治保障制度，加强对法律实施的监督。

全会提出，坚持和完善中国特色社会主义行政体制，构建职责明确、依法行政的政府治理体系。国家行政管理承担着按照党和国家决策部署推动经济社会发展、管理社会事务、服务人民群众的重大职责。必须坚持一切行政机关为人民服务、对人民负责、受人民监督，创新行政方式，提高行政效能，建设人民满意的服务型政府。要完善国家行政体制，优化政府职责体系，优化政府组织结构，健全充分发挥中央和地方两个积极性体制机制。

全会提出，坚持和完善社会主义基本经济制度，推动经济高质量发展。公有制为主体、多种所有制经济共同发展，按劳分配为主体、多种分配方式并存，社会主义市场经济体制等社会主义基本经济制度，既体现了社会主义制度优越性，又同我国社会主义初级阶段社会生产力发展水平相适应，是党和人民的伟大创造。必须坚持社会主义基本经济制度，充分发挥市场在资源配置中的决定性作用，更好发挥政府作用，全面贯彻新发展理念，坚持以供给侧结构性改革为主线，加快建设现代化经济体系。要毫不动摇巩固和发展公有制经济，毫不动摇鼓励、支持、引导非公有制经济发展，坚持按劳分配为主体、多种分配方式并存，加快完善社会主义市场经济体制，完善科技创新体制机制，建设更高水平开放型经济新体制。

全会提出，坚持和完善繁荣发展社会主义先进文化的制度，巩固全体人民团结奋斗的共同思想基础。发展社会主义先进文化、广泛凝聚人民精神力量，是国家治理体系和治理能力现代化的深厚支撑。必须坚定文化自信，牢牢把握社会主义先进文化前进方向，激发全民族文化创造活力，更好构筑中国精神、中国价值、中国力量。要坚持马克思主义在意识形态领域指导地位的根本制度，坚持以社会主义核心价值观引领文化建设制度，健全人民文化权益保障制度，完善坚持正确导向的舆论引导工作机制，建立健全把社会效益放在首位、社会效益和经济效益相统一的文化创作生产体制机制。

全会提出，坚持和完善统筹城乡的民生保障制度，满足人民日益增长的美好生活需要。增进人民福祉、促进人的全面发展是我们党立党为公、执政为民的本质要求。必须健全幼有所育、学有所教、劳有所得、病有所医、老有所养、住有所居、弱有所扶等方面国家基本公共服务制度体系，注重加强普惠性、基础性、兜底性民生建设，保障群众基本生活。满足人民多层次多样化需求，使改革发展成果更多更公平惠及全体人民。要健全有利于更充分更高质量就业的促进机制，构建服务全民终身学习的教育体系，完善覆盖全民的社会保障体系，强化提高人民健康水平的制度保障。坚决打赢脱贫攻坚战，建立解决相对贫困的长效机制。

全会提出，坚持和完善共建共治共享的社会治理制度，保持社会稳定、维护国家安全。社会治理是国家治理的重要方面。必须加强和创新社会治理，完善党委领导、政府负责、民主协商、社会协同、公众参与、法治保障、科技支撑的社会治理体系，建设人人有责、人人尽责、人人享有的社会治理共同体，确保人民安居乐业、社会安定有序，建设更高水平的平安中国。要完善正确处理新形势下人民内部矛盾有效机制，完善社会治安防控体系，健全公共安全体制机制，构建基层社会治理新格局，完善国家安全体系。

全会提出，坚持和完善生态文明制度体系，促进人与自然和谐共生。生态文明建设是关系中华民族永续发展的千年大计。必须践行绿水青山就是金山银山的理念，坚持节约资源和保护环境的基本国策，坚持节约优先、保护优先、自然恢复为主的方针，坚定走生产发展、生活富裕、生态良好的文明发展道路，建设美丽中国。要实行最严格的生态环境保护制度，全面建立资源高效利用制度，健全生态保护和修复制度，严明生态环境保护责任制度。

全会提出，坚持和完善党对人民军队的绝对领导制度，确保人民军队忠实履行新时代使命任务。党对人民军队的绝对领导是人民军队的建军之本、强军之魂。必须牢固确立习近平强军思想在国防和军队建设中的指导地位，巩固和拓展深化国防和军队改革成果，构建中国特色社会主义军事政策制度体系，全面推进国防和军队现代化，确保实现党在新时代的强军目标，把人民军队全面建成世界一流军队，永葆人民军队的性质、宗旨、本色。要坚持人民军队最高领导权和指挥权属于党中央，健全人民军队党的建设制度体系，把党对人民军队的绝对领导贯彻到军队建设各领域全过程。

全会提出，坚持和完善"一国两制"制度体系，推进祖国和平统一。"一国两制"是党领导人民实现祖国和平统一的一项重要制度，是中国特色社会主义的一个伟大创举。必须严格依照宪法和基本法对香港特别行政区、澳门特别行政区实行管治，维护香港、澳门长期繁荣稳定。建立健全特别行政区维护国家安全的法律制度和执行机制。要坚定推进祖国和平统一进程，完善促进两岸交流合作、深化两岸融合发展、保障台湾同胞福祉的制度安排和政策措施，团结广大台湾同胞共同反对"台独"、促进统一。

全会提出，坚持和完善独立自主的和平外交政策，推动构建人类命运共同体。必须统筹国内国际两个大局，高举和平、发展、合作、共赢旗帜，坚定不移维护国家主权、安全、发展利益，坚定不移维护世界和平、促进共同发展。要健全党对外事工作领导体制机制，完善全方位外交布局，推进合作共赢的开放体系建设，积极参与全球治理体系改革和建设。

全会提出，坚持和完善党和国家监督体系，强化对权力运行的制约和监督。党和国家监督体系是党在长期执政条件下实现自我净化、自我完善、自我革新、自我提高的重要制度保障。必须健全党统一领导、全面覆盖、权威高效的监督体系，增强监督严肃性、协同性、有效性，形成决策科学、执行坚决、监督有力的权力运行机制，构建一体推进不敢腐、不能腐、不想腐体制机制，确保党和人民赋予的权力始终用来为人民谋幸福。

全会强调，坚持和完善中国特色社会主义制度、推进国家治理体系和治理能力现代化，是全党的一项重大战略任务。各级党委和政府以及各级领导干部要切实强化制度意识，带头维护制度权威，做制度执行的表率，带动全党全社会自觉尊崇制度、严格执行制度、坚决维护制度。加强制度理论研究和宣传教育，引导全党全社会充分认识中国特色社会主义制度的本质特征和优越性，坚定制度自信。推动广大干部严格按照制度履行职责、行使权力、开展工作，提高推进"五位一体"总体布局和"四个全面"战略布局等各项工作能力和水平。

全会按照党章规定，决定递补中央委员会候补委员马正武、马伟明同志为中央委员会委员。

全会审议并通过了中共中央纪律检查委员会关于刘士余同志严重违纪违法问题的审查报告，确认中央政治局之前做出的给予刘士余同志留党察看两年的处分。

全会号召，全党全国各族人民要更加紧密地团结在以习近平同志为核心的党中央周围，坚定信心，保持定力，锐意进取，开拓创新，为坚持和完善中国特色社会主义制度、推进国家治理体系和治理能力现代化，实现"两个一百年"奋斗目标、实现中华民族伟大复兴的中国梦而努力奋斗！

【简评】

此会议公报由标题、题注、正文三大部分组成。正文首先明确了会议召开的时间、地点、主持人以及参会人员。例文以"全会听取和讨论了……"、"全会充分肯定……"、"全会高度评价……"、"全会指出……"、"全会提出……"、"全会认为……"、"全会强调……"、"全会分析了……"、"全会号召……"等会议公报常用的段落起始语，以第三人称的笔触客观阐述会议相关内容，且上述起始语也具备逻辑上的内在关联性，即从会议内容角度看，要对以往工作进行总结，其次直指会议主题，最后依照会议议定的事项发出号召。

例文逻辑清晰，表述客观、合理，语言简洁、凝练，是撰拟此类文件的典范之作。

三、公报写作小结

（一）注意公报与公告在使用上的同异

两个文种的相同之处有三：一是发布机关都是高层的；二是发布的内容都是重要的；三是发布的形式都是公开周知的。

两个文种的不同之处在于，公报用于发布重要事项；公告既发布重要事项，又发布法定事项。

（二）发文主体受限

实际上，利用公报发布信息的都是高层党政机关或其重要工作部门。因此，选择文种时，应着重考虑公报在制发机关权限方面的要求，以维护公文文种使用的规范性与严肃性。

第五章　公告

扫一扫，获取本章例文

一、公告的用法

（一）公告的含义及用途

公告是国家机关向国内外宣布重要事项或法定事项时使用的公文文种。

公告的用途有二：一是向国内外宣布重要事项，即国内外关注的，尤其是有必要让国外了解的大事。二是向国内外宣布法定事项，即由国家立法、司法等机关依法决定的事项和依照我国有关法律的规定，应该使用"公告"予以公布的事项。

（二）公告的写法

1. 标题

公告的标题一般有两种写法：

一是"发文机关＋文种"，如《国家旅游局公告》《中华人民共和国外交部公告》等。由于公告的正文一般较为简短，因此这种形式的标题最为常用。

二是"发文机关＋事由＋文种"，如《中银国际基金管理公司关于中银国际中国精选基金开办定投业务的公告》等。这种标题多用于正文稍长、事由相对复杂的公告。

2. 正文

公告的正文一般含三层：一是发布公告的缘由，可以有选择地交代公告发布的背景、根据、目的等。二是发布的事项，这是公告的核心部分。如果这部分内容稍多，可以分段列项来写。三是公告的尾语，多以"特此公告"、"现予公告"等专用尾语作结。如果公告篇幅较长，内容较多，加上专用尾语有赘余之嫌，就不必再加尾语。

二、公告实例简评

（一）行政机关公告

1. 法定事项公告

【例文】

黑龙江省2019年度省直和市（地）直属机关（单位）
考试录用公务员公告

为满足我省省直和市（地）直属机关（单位）补充公务员的需要，根据公务员法和公务员录用的有关规定，省公务员局将组织实施2019年度省直和市（地）直属机关（单位）考试录用主任科员以下及其他相当职务层次非领导职务公务员和工作人员工作。现将有关事项公告如下：

一、招考计划及发布方式

全省2019年度省直和市（地）直属机关（单位）计划考试录用870人，其中，省直163人、市（地）直707人。省公务员局即日起在省内新闻媒体发布公告，并在黑龙江省人力资源和社会保障厅公务员考试网（http://www.hljgwy.gov.cn）发布具体招考计划。

二、报考条件

1. 具有中华人民共和国国籍；

2. 满18周岁，不超过35周岁（1983年3月19日至2001年3月18日间出生），应届硕士研究生和博士研究生（非在职）年龄可放宽到不超过40周岁（1978年3月19日及以后出生）；

3. 拥护中华人民共和国宪法；

4. 具有良好的品行；

5. 具有正常履行职责的身体条件；

6. 具有符合职位要求的工作能力；

7. 具有大专以上文化程度；

8. 具备省级公务员主管部门规定的拟任职位所要求的其他资格条件。

（略）

三、报名程序

全省2019年度省直和市（地）直属机关（单位）考试录用公务员的报名、照片传递、资格审查、缴费确认、准考证打印均通过黑龙江省人力资源和社会保障厅公务员考试网（http://www.hljgwy.gov.cn）进行。

（一）职位查询

各招录机关（单位）具体的招考人数、职位、资格条件等详见《黑龙江省2019

年度省直和市（地）直属机关（单位）考试录用公务员招考计划》。报考人员即日起可通过黑龙江省人力资源和社会保障厅公务员考试网（http：//www.hljgwy.gov.cn）进行查询。

对招考计划中的专业、学历、资格条件以及备注内容等信息需要咨询时，请报考人员直接与省直招录机关（单位）或市（地）公务员主管部门联系。咨询电话详见附件。

（二）网上报名

网上报名时间为2019年3月18日至3月22日，报名网址：黑龙江省人力资源和社会保障厅公务员考试网（http：//www.hljgwy.gov.cn）。

网上报名按以下程序进行：

1.提交报考申请和上传本人电子照片。报考人员可在2019年3月18日9:00至3月22日17:00期间登录黑龙江省人力资源和社会保障厅公务员考试网（http：//www.hljgwy.gov.cn），进行网上注册，并按要求提交报考申请、上传本人近期免冠电子照片（报名方法和注意事项可在该网站查询）。逾期不再受理报名事宜。

2.查询资格审查结果。报考人员应及时查询资格审查结果。通过资格审查的，不能再报考其他职位；未通过资格审查、需补充材料的，可按审查意见要求，说明具体理由、补充填报材料后重新提交审查，或在规定时限内改报其他职位。对最终资格审查结果有异议的，报考人员可在网上提交仲裁申请。

3.缴费确认。2019年3月18日9:00至3月23日17:00期间，报考人员凭身份证号和密码登录黑龙江省人力资源和社会保障厅公务员考试网（http：//www.hljgwy.gov.cn），在网上成功支付考试费用后即视为报名程序结束（缴费标准及具体操作方法见网上说明）。

（三）网上打印准考证

2019年4月15日9:00至4月19日17:00期间，报考人员凭身份证号和密码在黑龙江省人力资源和社会保障厅公务员考试网（http：//www.hljgwy.gov.cn）下载打印笔试准考证。

（四）注意事项

1.请报考人员务必下载附件，认真阅读"黑龙江省2019年度考试录用公务员有关政策解答"，了解本次招考详细政策。

2.报名期间，请广大考生在选择职位后，尽快完成报名流程，避免在报名时间截止前仓促报名，导致因信息填报不全、不准或资格条件不符等问题错失报考和改报机会。

3.本年度我省省直和市（地）直属机关（单位）公务员录用考试与艰苦边远地区县（市、区）、乡（镇）机关（单位）公务员录用考试及公检法司系统公务员录用考试，采取同步报名、同步考试的方式进行，请报考人员慎重选择考试类别，报考人员只能选择一类考试中一个部门（单位）的一个职位进行报名。

4.报名时，报考人员要仔细阅读"报考公务员诚信承诺书"，如实提交有关信息和材料。在考试录用各个环节，凡存在弄虚作假、违纪作弊，恶意注册报名信息，扰乱报名及考试秩序，伪造学历证书及其他有关材料骗取考试资格，笔试后无正当理由放弃相应资格，不依法执行回避规定，以及其他不诚信行为的，除取消考试资格和录用资格外，一律记入公务员考试录用诚信档案，并按照公务员录用的有关规定及相关法律法规予以严肃处理。

5. 报考人员需时刻关注网络发布的公告，且保持通讯畅通，若更换联系方式应及时告知招录单位，因个人原因导致错过考试任何环节的，报考人员自行承担相关责任。

6. 对同一职位的报考人数与招考计划数未达到 5∶1 比例的，原则上缩减、取消或合并该职位的录用计划。特殊情况，经省级公务员主管部门批准可适当调整。报考职位被取消的人员可在规定时限内选择报考其他符合条件的职位。

7. 享受最低生活保障城镇家庭和建档立卡贫困家庭的报考人员在网上报名成功后先行缴费，其后在指定的时间和地点（网上另行公布），凭县（市、区）级民政部门或扶贫办出具的享受最低生活保障的证明（原件）、低保证（复印件）或农村特困证明（原件）、特困家庭基本情况档案卡（复印件），经审核确认后办理退费事宜。

8. 本公告中关于年龄、经历等期限的计算截止日期为 2019 年 3 月 18 日（含当日）。

9. 报名咨询电话：0451—12×××；

缴费咨询电话：4001—500—×××。

咨询具体职位资格条件方面问题，请报考人员直接拨打附件中相应咨询电话。

四、笔试

笔试科目包括《行政职业能力测验（省市类）》和《申论（省市类）》两科，每科满分为 100 分。

笔试总成绩按 100 分计。

笔试总成绩＝（行政职业能力测验成绩＋申论成绩）÷2

笔试时间拟定于 2019 年 4 月 20 日。具体考试时间、地点及有关事宜以准考证为准。

外事部门部分职位需进行外语专业加试，有关事项详见相关公告。

笔试结束后，由省级公务员主管部门结合省市机关（单位）人员需求实际，研究确定最低合格分数线。

五、面试人选资格确认

公务员主管部门或招录单位在达到笔试最低合格分数线的人员中，根据笔试成绩从高分到低分按计划录用人数 3 倍的比例，经现场资格确认合格后确定参加面试人选。若最后一名笔试总成绩出现并列，则相应扩大进入面试人选数量。低于笔试最低合格分数线的报考人员，不能进入面试。拟进入面试人员在网上统一公示。

（略）

六、面试、体检和考察

面试成绩按100分计,低于60分者不予录用。

考试总成绩按100分计。考试总成绩＝笔试总成绩×70%＋面试成绩×30%。根据考试总成绩,按照报考人员与招考职位1∶1的比例由高分到低分确定体检、考察人员名单。若考试总成绩相同,分别依次以行政职业能力测验成绩、面试成绩的高低顺序确定体检、考察人选。

体检工作由各市(地)公务员主管部门或招录单位按管理权限统一组织,在市(地)级及以上综合医院严格按照公务员体检有关政策规定执行。体检合格者由招录单位严格按照规定的标准和程序进行考察。

体检、考察不合格者不予录用。

七、公示和录用审批

省直招录机关(单位)或各市(地)公务员主管部门对确定的拟录用人选按规定进行录用前公示,公示期为5个工作日;公示无异议的,向省级公务员主管部门报送拟录用人员名单,办理录用手续。

资格审查贯穿招录工作全过程。

本次考试不指定考试辅导用书,不举办也不委托任何机构举办考试辅导培训班。笔试科目考试范围以《中央机关及其直属机构2019年度考试录用公务员公共科目考试大纲》为参考。目前社会上出现的假借公务员考试命题组、考试教材编委会、公务员主管部门授权等名义举办的有关公务员考试辅导班、辅导网站或发行的出版物等,均与本次考试无关。请广大报考人员提高警惕,切勿上当受骗。

附件1 黑龙江省2019年度省直和市(地)直属机关(单位)考试录用公务员招考计划(略)

附件2 政策解答(略)

附件3 专业指导目录(略)

附件4 政策咨询电话(略)

黑龙江省公务员局
2019年3月14日

【简评】

这里的"法定事项",既包括由国家立法、司法等机关依法决定的事项,也包括依照我国有关法律的规定应该使用"公告"这一文种予以公布的事项。黑龙江省公务员局依照《中华人民共和国公务员法》发布考试录用公告属于"法定事项"用法中的后者。

例文由标题、正文、附件说明及成文日期等要素构成,符合公告写作要求。标题采用了标准式公文标题的结构形式,准确、具体地反映出了公告的发布机关、内容和文种,令人一目了然;正文部分首先交代了发布公告的依据及公告的适用范围,然后分条列出了公告的具体内容,条理清晰,主旨明确。

2. 重大事项公告

【例文】

<h2 style="text-align:center">中华人民共和国外交部、国家移民管理局
关于暂时停止持有效中国签证、居留许可的外国人入境的公告</h2>

鉴于新冠肺炎疫情在全球范围快速蔓延，中方决定自 2020 年 3 月 28 日 0 时起，暂时停止外国人持目前有效来华签证和居留许可入境。暂停外国人持 APEC 商务旅行卡入境。暂停口岸签证、24/72/144 小时过境免签、海南入境免签、上海邮轮免签、港澳地区外国人组团入境广东 144 小时免签、东盟旅游团入境广西免签等政策。持外交、公务、礼遇、C 字签证入境不受影响。外国人如来华从事必要的经贸、科技等活动，以及出于紧急人道主义需要，可向中国驻外使领馆申办签证。外国人持公告后签发的签证入境不受影响。

这是中方为应对当前疫情，参考多国做法，不得已采取的临时性措施。中方愿与各方保持密切沟通，做好当前形势下中外人员往来工作。中方将根据疫情形势调整上述措施并另行公告。

特此公告。

中华人民共和国外交部
国家移民管理局
2020 年 3 月 26 日

【简评】

这里的"重要事项"，就是国内外关注的，尤其是有必要让国外了解的大事。

中华人民共和国外交部、国家移民管理局就 2020 年 3 月 26 日暂时停止持有效中国签证、居留许可的外国人入境一事发布公告，属于"重要事项"范畴并有必要让国外了解此事。

这在正文中有较明显的体现，如"暂时停止外国人持目前有效来华签证和居留许可入境"以及"中方愿与各方保持密切沟通，做好当前形势下中外人员往来工作"等。

（二）其他机关公告

1. 人大机关公告

【例文】

<h2 style="text-align:center">全国人民代表大会常务委员会公告</h2>

第十一号

2019 年 12 月 28 日，第十三届全国人民代表大会常务委员会第十五次会议决定接受×××辞去第十三届全国人民代表大会代表职务的请求。依照《中华人民共和国全国人民代表大会和地方各级人民代表大会代表法》第四十九条的有关规定，×××的代表资格终止。

特此公告。

全国人民代表大会常务委员会

2019 年 12 月 28 日

【简评】

例文是一份宣布重要法定事项的公告。从结构上来看，除去尾语"特此公告"外，例文基本上属于"篇段合一"的结构模式，符合此类公告的结构安排。

公告不属于常规的版头文件，其文号可以不标注机关代字等要素，只在标题下方标注序号即可，如例文中标注的文号"第十一号"。

例文开头对发布此公告的依据进行了说明，进而运用精练、准确、得体的语言对发布事项进行了表述，这属于该文的第二个层次。

2. 司法机关公告

【例文一】

中华人民共和国最高人民法院公告

《最高人民法院关于适用〈中华人民共和国人民陪审员法〉若干问题的解释》已于 2019 年 2 月 18 日最高人民法院审判委员会第 1761 次会议通过，现予公布，自 2019 年 5 月 1 日起施行。

最高人民法院

2019 年 4 月 24 日

【简评】

例文标题采用"发文机关＋文种"形式。这也是公告标题常用的写法之一，与公告的正文一般比较简短有直接关系。

正文采用"篇段合一"的写作手法，交代了行文背景、公告事项以及公告要求，符合公告写作的基本要求。

【例文二】

最高人民检察院关于××同志为中华人民共和国大检察官的公告

检〔2019〕9号

根据《中华人民共和国检察官法》等有关规定，××为中华人民共和国二级大检察官。

现予公告。

中华人民共和国最高人民检察院检察长

中华人民共和国首席大检察官 × ×

2019 年 5 月 14 日

【简评】

例文比较简短，主要交代了发布公告的根据、公告的具体事项等内容，无任何累赘、冗余之言，表意清晰，结构合理。由于发布公告的数量比较有限，因此公告的发文字号一般采用单独编号的方式。

【例文三】

中华人民共和国最高人民法院　中华人民共和国最高人民检察院公告

《最高人民法院、最高人民检察院关于人民检察院提起刑事附带民事公益诉讼应否履行诉前公告程序问题的批复》已于 2019 年 9 月 9 日由最高人民法院审判委员会第 1776 次会议、2019 年 9 月 12 日由最高人民检察院第十三届检察委员会第二十四次会议通过，现予公布，自 2019 年 12 月 6 日起施行。

最高人民法院　最高人民检察院

2019 年 11 月 25 日

【简评】

这是一份由最高人民法院与最高人民检察院联合发布的公告。标题也为"发文机关＋文种"形式。正文也采用"篇段合一"的写作方式，交代了公告的缘由、事项以及要求。例文虽简短，但结构清晰、合理，行文目的明确，堪称此类公告写作的典范。

3. 其他机构公告

【例文一】

民航局关于取消一批证明事项的公告

为贯彻落实党中央、国务院关于减证便民、优化服务的部署，根据《关于做好证明事项清理工作的通知》（国办发〔2018〕47 号）精神，现将民航局取消的 2 项由部门规章设定的证明事项、19 项由规范性文件设定的证明事项（见附件）予以公布。自公告之日起，附件所列规范性文件设定的证明事项停止执行，附件所列部门规章设定的证明事项涉及修改部门规章的，按程序修改部门规章后再停止执行。

附件 1　民航局部门规章设定的证明事项取消目录（略）

附件 2　民航局部门规范性文件设定的证明事项取消目录（略）

中国民用航空局

2019 年 9 月 6 日

【简评】

"取消一批证明事项"是一件有必要让国内外旅客了解、周知的事，所以中国民用航空局通过公告的形式向外发布，符合公告的用法。

例文首先介绍了发布公告的目的和根据，然后明确了公告的内容，最后提出了施行要求。

例文的结构安排在其他文种的写作中也比较常用，符合人们认识事物的思维方式。正文条理清晰，表述全面，自然顺畅，一目了然。

【例文二】

中国人民银行公告

〔2019〕第24号

为健全债券违约处置机制，保护投资人合法权益，根据《全国银行间债券市场债券交易管理办法》（中国人民银行令〔2000〕第2号）等有关规定，现就银行间债券市场到期违约债券转让有关事宜公告如下：

一、本公告所称到期违约，是指在债券发行文件中约定的到期兑付日，债券本金或利息未能得到按时足额偿付，以及因破产等法定或约定原因导致债券提前到期且债券本金或利息未能得到按时足额偿付的情形。

二、到期违约债券，应当通过银行间债券市场的交易平台和债券托管结算机构予以转让，并采用券款对付结算方式办理债券结算和资金结算。

三、到期违约债券的发行人应当按照真实、准确、完整、及时的原则，履行信息披露义务。

到期违约债券的主承销商或相关机构应当尽职履责，及时召开债券持有人会议，督促发行人按时合规履行信息披露义务。

四、投资人参与到期违约债券转让业务前，应当制定相关内部监控及风险管理制度，并签署承诺函，表明已充分了解参与到期违约债券转让业务的风险，承诺遵守国家相关法律法规和银行间债券市场相关规则，且不会通过到期违约债券转让实施欺诈、内幕交易和利益输送等违法违规行为。

五、银行间债券市场的交易平台和债券托管结算机构应当及时披露到期违约债券转让业务相关必要信息，同时做好监测工作，发现异常情况及时处理并向中国人民银行报告。

六、银行间债券市场的交易平台和债券托管结算机构应当制定相关业务规则，报中国人民银行备案。

七、本公告未尽事宜，参照中国人民银行公告〔2015〕第9号有关规定执行。

八、本公告自2020年2月1日起施行。现行银行间债券市场相关规定与本公告不符的，以本公告为准。

中国人民银行

2019 年 12 月 30 日

【简评】

此公告的篇幅较长，这与其公告的事项相关。但总体而言，此公告依旧承续了常用的写作方式，即公告的背景、目的，公告的事项以及公告的施行要求三项重要内容。

该例文之所以篇幅较长，关键在于需将"银行间债券市场到期违约债券转让有关事宜"解释明白。欲把这些内容表述清楚，供相关部门参照施行，自然要多费一些笔墨。

三、公告写作小结

（一）制发机关受限

并非所有的发文机关均可发布公告。依据公告的用法，在我国可以使用公告这一文种来宣布重大事项或法定事项的机构都是层次级别较高，尤其是最高层的国家机关及其职能部门。至于一般的社会团体、企事业单位，都不能制发公告。

（二）发布事项重要

公告所发布的事项必然在国内外引起不同程度的反响。因此，不具有这类性质的事项，尤其是与国外毫无关联、没必要刻意向国外宣告的事项，就不可以使用公告来发布。

（三）发布范围广泛

凡被公告的事项，必须是在让国人了解的同时，有意让海外人士知晓的事项。正因如此，在所有法定公文的文种中，发布范围最为广泛的便是公告。

（四）公布方式单一

这是由公告发布的事项所决定的。让国内外知晓某一重要事项或法定事项，传统的纸质公文鞭长莫及。因此，公告在发布方式上一般采用新闻媒介如报纸、广播、电视、网络等，便于国内外一体周知。

扫一扫，获
取本章例文

第六章　通告

一、通告的用法

（一）通告的含义及特性

通告是发文机关公布社会各有关方面应当遵守或者周知的事项时使用的公文文种。通告的制发主体必须是对社会各有关方面事务具有相关决定权或执行权的有关部门，尤其是各级人民政府的各职能部门。通告发布的事项必须是对社会某一方面工作的决定与安排，且发布的目的和要求必须是明确的。

（二）通告的写法

1.标题

通告的标题有三种写法：

一是标准的"发文机关＋事由＋文种"样式，如《××省人民政府关于收缴非法爆炸物品的通告》《湖南省人民政府关于实行湘江干流春季禁渔期制度的通告》等。这种形式的标题是通告最为常用的。

二是"事由＋文种"形式，如《关于敦促违法犯罪嫌疑人员投案自首的通告》《关于依法查处人力三轮车无照经营和违法行驶的通告》等。

三是由"发文机关＋文种"构成，如《中华人民共和国交通运输部通告》《中华人民共和国公安部通告》等。

2.正文

通告的正文包括如下三部分：

一是发布通告的缘由，主要写目的、根据、背景等；二是通告发布的事项，如内容较多，应分段列项；三是通告的尾语，可用专用尾语；也可用要求说明式尾语。

二、通告实例简评

（一）行政机关通告

【例文】

山西省人民政府关于加强野生动物及其制品管控的通告

为严防新型冠状病毒感染的肺炎疫情，阻断可能的传染源和传播途径，省人民政府决定，自通告发布之日起至全国疫情解除期间，在全省范围内加强对野生动物及其制品的管控，现将有关事项通告如下：

一、严禁猎捕、收购、运输、出售、寄递、加工野生动物及其制品。

二、严禁将饲养繁育的野生动物及其制品对外扩散和转运贩卖，严格对饲养繁育野生动物场所实施封闭隔离。

三、严禁农（集）贸市场、超市、餐饮单位、电商平台等经营场所，进行任何形式的野生动物及其制品的交易活动。

四、严禁任何形式的野生动物公众展示展演活动。动物园、野生动物园、室内萌宠园、主题公园、马戏团等利用野生动物活体面向公众展示展演的单位及其场所，应当对野生动物实施隔离。

五、严禁在自然保护区、风景名胜区、森林公园、湿地公园等自然保护地进行非生产性活动，杜绝与野生动物近距离接触。

六、各级人民政府应当加强组织领导，研究解决野生动物及其制品管控中出现的重大问题。

七、公安、住房城乡建设、交通运输、农业农村、商务、文化和旅游、卫生健康、市场监管、林业和草原、邮政等部门要加强监督管理，发现违反本通告规定的，应当严肃查处，依法对经营者、经营场所分别予以停业整顿、查封，涉嫌犯罪的移送公安机关。

八、公安机关应当依法严厉打击拒不执行本通告或者阻碍、妨害行政执法人员执行公务的行为。

九、公民、法人和其他组织发现有违反本通告规定的行为的，可以通过12315、110等热线或者平台举报。

山西省人民政府

2020 年 2 月 1 日

【简评】

山西省人民政府为严防新型冠状病毒感染的肺炎疫情，阻断可能的传染源和传播途径，决定在全省范围内加强对野生动物及其制品的管控这一事项，属于公布社会各有关方面应当遵守或者周知的事项，适用"通告"文种，且在制发主体、发布事项、发布目的三个方面均符合通告的用法特点。

例文标题为"山西省人民政府关于加强野生动物及其制品管控的通告"，属于标准的三项式标题。

例文的正文在结构上由发布通告的缘由、通告发布的事项两部分构成，省略了尾语部分。

通告的缘由主要写目的、根据、背景等。此部分常用公文的承启句式——"为……根据……现将有关事项通告如下"。例文第一自然段"为……现将有关事项通告如下"，便属于此种文本的目的式开头。

通告发布的事项，是通告全文的核心。写作这部分首先必须条理清楚，其次内容应明确具体，最后措施务必全面周详。

（二）其他机关通告

【例文】

中国科学院关于撤销部分院级非法人单元的通告

经研究，决定撤销中国科学院上海超导中心等 14 个院级非法人单元，具体名单如下。

名单（略）

自通告之日起，有关单位和个人不得再以上述撤销的院级非法人单元机构名称开展工作。涉及成立的地方法人，其名称不得再使用"中国科学院"或"中科院"字样。

特此通告。

中国科学院

2019 年 2 月 26 日

【简评】

此通告由标题、正文、发文机关及成文日期构成，符合通告格式要求。

此通告的标题由"发文机关＋事由＋文种"三部分组成，发文机关为"中国科学院"，事由为"撤销部分院级非法人单元"，文种为"通告"，并由事由前的介词"关于"、文种前的助词"的"构成一个以事由为定语、以文种为中心语的偏正短语。正文交代了发文背景和具体事项，语言简洁明了。结尾采用了专用式尾语"特此通告"。

三、通告写作小结

（一）文种选用要慎重

通告的制发主体必须是对社会各有关方面事务具有相关决定权或执行权的有关部门，尤其是各级人民政府的各职能部门，否则便无权发布通告。例如，只有税务局适于发布与征税有关的通告、公安局适于发布收缴非法枪支以及非法爆炸物品的通告。各级人民政府的各职能部门可以发布通告，而与其有隶属关系的领导机关自然也可以发布通告，只是不及各级人民政府的各职能部门使用广泛。

（二）发布事项单一

通告所发布的事项必须是对社会某一方面工作的决定与安排。一篇通告只能发布一个事项。这一事项体现了社会管理的一个侧面，范围是明确的，对象是确定的。

不能把社会管理几个方面的工作写入一篇通告。

（三）发布的目的、要求明确

通告对于有关方面、有关人员的要求，包括知晓前提下的遵守执行，或者是单一的知晓即可。

第七章　意见

扫一扫，获取本章例文

一、意见的用法

（一）意见的含义及类别

意见是发文机关对重要问题提出见解和处理办法时使用的公文文种。

按发文形式不同，意见可分为两种：

一是呈转性意见，是发文机关就自身主管但需其他单位配合的工作提出见解和处理办法，呈报上级机关以求批转给相关单位执行的意见。

二是直发性意见，是指发文机关直接向主送机关发出的意见。它主要是下行文，适用于就自身职权范围内的工作向下级机关说明见解、提出执行要求。

依据内容不同，意见又可分为两种：

一是宏观指导性意见，是就全局范围内的某项工作提出的带有原则性、方向性的意见。

二是具体实施性意见，是指针对局部某项工作提出的具体细致、具有明显可操作性的意见。

（二）意见的写法

1. 标题

意见的标题有两种写法：

一种是"事由＋文种"，另一种是"发文机关＋事由＋文种"。独立直发的意见，其标题采用这种写法。

若意见的内容很具体、具有可操作性，其文件名称可用"实施意见"；若意见只是宏观、原则性的见解，在标题中也可写作"指导意见"。

2. 正文

意见的正文主要包含三部分：

一是交代发文缘由。包括制发意见的背景、意义、目的、根据等，然后以"现就……提出如下意见"的过渡句式引入下一部分。

二是明确有关见解与办法。要把对某项工作或某个问题的见解和处理办法表述清楚。为方便阅文与执行，这部分可以采用分条列项的形式，并用好小标题与中心句。

三是结尾用语。可以根据行文需要决定是否加写尾语。如需尾语，多用要求式或说明式尾语。

二、意见实例简评

1.指导性意见

【例文】

教育部　中央网信办　国家发展改革委　工业和信息化部
公安部　财政部　中国人民银行　国家市场监管总局　中国银保监会
中国证监会　国家知识产权局关于促进在线教育健康发展的指导意见

教发〔2019〕11号

各省、自治区、直辖市人民政府，新疆生产建设兵团：

在线教育是运用互联网、人工智能等现代信息技术进行教与学互动的新型教育方式，是教育服务的重要组成部分。发展在线教育，有利于构建网络化、数字化、个性化、终身化的教育体系，有利于建设"人人皆学、处处能学、时时可学"的学习型社会。为促进在线教育健康、规范、有序发展，经国务院同意，现提出以下意见。

一、总体要求

（一）指导思想

坚持以习近平新时代中国特色社会主义思想为指导，全面贯彻党的教育方针，落实立德树人根本任务，遵循教育发展规律，充分运用现代信息技术手段，提供在线教育服务，增加教育资源有效供给，创新教育组织形态，丰富现代学习方式，加快建设学习型社会，努力培养德智体美劳全面发展的社会主义建设者和接班人。

（二）基本原则

坚持育人为本。以促进人的全面发展为导向，遵循教育规律和受教育者身心发展规律，加速推广新一代信息通信技术在教育领域的应用，以技术进步支撑人才培养，实现全员全过程全方位育人。

坚持改革创新。精准把握和对接教育新需求，完善共建共享、开放灵活的在线教育模式，变革教育服务供给方式，解决教育传统模式难以有效处理的难点堵点问题，拓展教育发展新空间。

坚持融合融通。加快科技与教育深度融合，推动线上教育与线下教育良性互动、校内教育与校外教育有机衔接，培育教育服务新业态，全面提升教育服务经济社会发展能力。

坚持多元治理。加强部门协同监管，统筹兼顾安全与发展，综合运用财政、金融、知识产权保护等政策，推动形成政府引导、机构自治、行业自律、社会监督的在线教育治理格局。

（三）发展目标

到 2020 年，在线教育的基础设施建设水平大幅提升，互联网、大数据、人工智能等现代信息技术在教育领域的应用更加广泛，资源和服务更加丰富，在线教育模式更加完善。

到 2022 年，现代信息技术与教育实现深度融合，在线教育质量不断提升，资源和服务标准体系全面建立，发展环境明显改善，治理体系更加健全，网络化、数字化、个性化、终身化的教育体系初步构建，学习型社会建设取得重要进展。

二、扩大优质资源供给

（四）满足多样化教育需求。鼓励社会力量举办在线教育机构，开发在线教育资源，提供优质教育服务。支持互联网企业与在线教育机构深度合作，综合运用大数据分析、云计算等手段，充分挖掘新兴教育需求，大力发展智能化、交互式在线教育模式，增强在线教育体验感。针对退役军人、新型职业农民、农民工等不同群体的教育需求，研发课程包、课件包和资源包，建设一批通识课程、五分钟课程、全媒体数字教材课程、"三农"特色课程等专项共建共享课程，提高教育供给精准度。

（五）推动线上线下教育融通。鼓励学校通过国家数字教育资源公共服务体系，加大在线教育资源研发和共享力度，扩大名校名师网络课堂等教学资源的辐射面。支持学校研究制定具体办法，将符合条件的在线课程纳入教育教学体系。高校应保证纳入高等学历教育的在线课程质量不低于本校原有的面授课程。深入推进"三通两平台"（即"宽带网络校校通、优质资源班班通、网络学习空间人人通"，教育资源公共服务平台、教育管理公共服务平台）建设，推动信息技术和智能技术融入教育教学全过程。优化结构，统筹利用现有资源，通过"网络学习空间人人通"专项培训，到 2022 年，培训 10000 名中小学校长、20000 名中小学教师、3000 名职业院校校长、6000 名职业院校教师，实现信息化教与学应用覆盖全体师生。

（六）培育优质在线教育资源。实施"教育大资源共享计划"，汇聚互联网教学、科研、文化资源，拓展完善国家数字教育资源公共服务体系。建设一批高质量在线教育课程，探索学习成果认证和学分积累转换制度。优化结构，统筹利用现有资源，到 2022 年，推出 3000 门国家精品在线开放课程、1000 个国家虚拟仿真实验教学项目，建设 6000 门左右国家级和 10000 门左右省级线上线下高等教育一流课程、10000 堂基础教育示范课、1000 堂职业教育示范课、200 堂继续教育示范课。支持面向深度贫困地区开发英语、数学及音、体、美等在线教育资源，补齐教育基本公共服务短板。

（七）推进产学研用一体化发展。鼓励职业院校、普通高校、科研院所、企业等密切合作，深入实施产学合作协同育人项目，围绕在线教育打造资源共享、开放共建的创新联合体。鼓励在线教育企业在职业院校、普通高校建立研发机构和实验中心，促进科研与教学实现良性互动。加强智能教学助手、人工智能（AI）教师等新技术在教育领域的应用，推动教育模式变革。

（八）加强在线教育人才培养。鼓励职业院校、普通高校结合社会需要和办学特色，加强人工智能、物联网、大数据、网络安全等相关专业建设，大力推进"互联网+"、"智能+"教育教学改革，促进学科交叉融合，培养在线教育行业发展各类急需人才。鼓励企业与职业院校、普通高校搭建在线教育创新人才培养基地和供需对接平台，推动互联网与教育行业人才的双向流动，培训一批会技术、懂教育的高水平从业人员。

三、构建扶持政策体系

（九）建立规范化准入体系。按照包容审慎原则，完善在线教育准入制度，明确准入条件与资质认证流程，建立健全在线教育资源的备案审查制度，切实维护国家安全、社会公共利益和师生个人信息安全。制定在线教育准入负面清单，允许各类主体依法平等进入未纳入负面清单管理的领域，对负面清单适时动态调整。按照国家有关规定，规范面向中小学生利用互联网技术实施的学科类校外线上培训活动。

（十）加强基础设施建设。抓住第五代移动通信技术（5G）商用契机，加快推动物联网、云计算、虚拟现实等技术在教育领域的规模化应用，提升教育服务数字化、网络化、智能化水平。实施"数字校园规范建设行动"，全面改善学校网络和接入条件，加快建设教育专网，到2022年实现所有学校接入快速稳定的互联网。鼓励社会力量参与在线教育基础设施建设和运营管理，提供专业化服务。

（十一）落实财政支持政策。各地完善政府购买优质在线教育资源与服务的相关制度，将在线教育资源与服务纳入地方政府购买服务指导性目录。统筹利用现有资金渠道，加强在线教育平台建设与示范应用。

（十二）拓展金融支持渠道。鼓励银行等金融机构开发符合在线教育特点的金融产品。利用创业投资基金、天使投资及资本市场融资等多种渠道，引导社会资本支持在线教育发展。支持符合条件的在线教育企业发行"双创"专项债务融资工具、创新创业公司债券。

（十三）加强知识产权保护。依托国家数字教育资源公共服务体系，完善在线教育知识产权服务机制，在知识产权创造、转化、交易、托管、权益维护等方面提供专业服务。依法严厉打击侵犯知识产权违法犯罪行为，推动形成公平竞争的市场秩序。

四、形成多元管理服务格局

（十四）保护消费者权益。加强教育与互联网等相关领域各项法律制度衔接，完善在线教育机构的备案、选用、监督、检查、通报、退出等全周期制度体系。推动在线教育机构按照公开、公平、公正原则，建立质量标准，明确服务规则。畅通在线教育消费投诉渠道，完善投诉响应、纠纷处理和多方调节机制。加大在线教育机构信息强制公开力度，充分发挥社会公众、新闻媒体、消费者协会、行业协会的外部监督作用，实现共治共管。

（十五）创新管理服务方式。利用现代信息技术手段推动对在线教育机构的大数据比对分析，通过信息监测、在线识别、源头追溯等方式，识别行业风险和违法违规线索，实现以网管网。强化对在线教育机构的实时监测和风险预警，建立在线教育机构和从业人员信用记录，完善身份认证、双向评价、信用管理机制，维护良好教育秩序。

（十六）加强部门协同监管。适应在线教育跨领域、跨区域的特点，加强监管部门协同和区域协同，充分发挥民办教育工作、职业教育工作、"互联网+"行动、网络市场监管、消费者权益保护等部际联席会议机制作用，提高监管效能。借助全国一体化在线政务服务平台、国家数据共享交换平台、全国信用信息共享平台、国家企业信用信息公示系统，加大对在线教育机构基本信息和各类许可信息的归集力度，加强部门间数据共享，形成管理合力。

（十七）强化行业自律。支持在线教育行业组织建设，在机构自治、行业自律、交流合作、协同创新、履行社会责任方面发挥桥梁和纽带作用。鼓励行业协会等第三方机构根据在线教育行业特点，制定行业公约，开展在线教育机构服务质量认证和从业人员能力认证。鼓励行业协会加强政策宣传，积极推广在线教育的优秀经验和成功案例，引导行业健康有序发展。

教育部　中央网信办

国家发展改革委　工业和信息化部

公安部　财政部

中国人民银行　国家市场监管总局

中国银保监会　中国证监会

国家知识产权局

2019 年 9 月 19 日

【简评】

例文的标题为标准的三项式结构，即"发文机关＋事由＋文种"。其中需要注意的是此例文为联合发文，机关较多，在机关排列上不用顿号隔开，只需用空格区分开即可。

教育部联合多部门为促进在线教育健康发展而制发指导意见，体现了公文行文事关公务并具有现实效用这一特性。

在行文中须清楚地表达做好此项工作的相关事务和管理等，即相关意见的表述要直抒胸臆，不能含糊其词，模棱两可。否则，下级机关或部门便无法执行上级机关的意见或建议。

例文首先提出了在线教育的意义，以"现提出以下意见"引出主要内容。主要内容分为"总体要求"、"扩大优质资源供给"、"构建扶持政策体系"和"形成多元管理服务格局"等四大方面十七个小点，采用分条列项写法；每小层使用中心句，便于掌握并结合实际进行操作。

2. 实施性意见

【例文】

哈尔滨市人民政府关于构建以区为主体物业管理体制的意见

哈政规〔2018〕31号

各区人民政府，市政府各有关委、办、局，各有关单位：

按照强区放权工作总体要求，为推进物业管理重心下移，充分发挥属地政府作用，切实提升物业服务水平，营造更加美好的生活环境，结合我市实际，现就构建以区为主体的物业管理体制问题提出如下意见。

一、指导思想

深入贯彻落实党的十九大精神，以不断满足人民日益增长的美好生活需要为目标，以提升物业服务质量为核心，将物业管理工作纳入区政府、街道办事处（乡镇人民政府，下同）社会综合管理体系建设，明确工作任务，压实主体责任，健全管理机构，创新工作机制，全力推动物业管理逐步实现社会化、市场化、专业化、规范化发展。

二、坚持事权统一原则，明确属地工作任务

区政府要全面承担起本行政区域物业管理工作的主体责任和工作任务，充分发挥区物业主管部门的属地监管作用、街道办事处的基层管理作用和社区居民委员会的自治组织作用，对辖区物业管理活动进行规范、约束、指导和监督。

（一）物业服务企业的监督管理工作。具体包括：物业服务合同备案，物业服务质量监督检查，物业服务企业及其主要管理人员信用信息采集认定等。

（二）业主大会和业主委员会的指导监督工作。具体包括：业主大会的成立和业主委员会的选举指导监督，业主委员会备案，监督业主委员会履行职责情况等。

（三）物业管理市场秩序维护工作。具体包括：物业管理区域的划分和重新调整，会同市发改部门核定住宅项目前期物业服务标准和收费标准，住宅项目前期物业服务招标备案，批准以协议方式选聘的物业服务企业，住宅项目物业承接查验备案，核实物业管理用房配置情况，监督住房专项维修资金使用，指导监督物业服务企业退出移交等。

（四）物业管理行政执法工作。具体包括：物业管理活动中行政执法监督检查，查处违法违规行为等。

（五）物业管理矛盾纠纷协调处理工作。具体包括：居民信访投诉的调解处理，市长热线、数字城管"12319"服务热线以及新闻媒体等渠道反映的物业管理问题的处理等。

（六）其他重点工作。具体包括：老旧住宅维修改造，既有住宅加装电梯，城市保障对象物业服务费补贴的统计、认定和发放，法律法规政策规定或上级部门交办的其他工作。

各区物业主管部门、街道办事处和社区居民委员会的具体工作分工，由各区政府结合实际自行确定。

三、坚持科学合理原则，强化属地管理机构力量

（一）落实属地责任。区政府是本行政区域物业管理工作的责任主体，区长是物业管理工作的主要责任人，分管城建工作的副区长是直接责任人。区物业主管部门是本行政区域内物业管理工作的责任部门，街道办事处是本辖区内物业管理工作的责任部门，社区居民委员会是协助配合部门。区城管、城管行政执法、发改、公安、市场监管等部门按照法律法规等有关规定和各自职责，做好物业管理区域内相关事务的监督管理和行政执法工作，并依法承担相应工作责任。

（二）健全管理机构。各区政府要根据本地区物业管理工作实际，加强物业管理队伍建设，指定物业管理工作机构，配齐配强物业管理工作人员。各街道办事处要明确专门工作机构和人员。各社区居民委员会要发挥居民自治组织作用，协助做好相关物业管理工作。机构人员等具体事宜，由各区政府结合实际自行确定。

（三）强化工作考核。各区政府要建立相应奖惩机制，加强对区物业主管部门、街道办事处、社区居民委员会工作的考核，对组织得力、监管到位的给予一定奖励；对于组织不力、监管缺位的要追究相关部门负责人和工作人员的责任。

四、坚持齐抓共管原则，创新属地管理工作机制

（一）建立信用评价联动工作机制。区物业主管部门、街道办事处和社区居民委员会要强化对物业服务质量的日常监督考核。全面启动物业服务企业信用综合评价工作，扩展信用信息采集覆盖面，提高采集效率和质量，实现信用信息采集常态化。建立健全信用联合奖惩机制，推动跨地区、跨行业、跨部门间信用信息共享。对于管理服务规范、环境秩序优良、百姓较为满意的物业企业，要纳入"红名单"，给予奖励和扶持；对于管理服务混乱、环境秩序差、百姓投诉多的物业企业，要纳入"黑名单"，给予重点监管或依法依规给予惩戒。

（二）建立信访调处联动工作机制。对于居民来访、市长热线、数字城管"12319"服务热线以及新闻媒体等渠道反映的各类信访投诉，属于物业管理范围的，区物业主管部门、街道办事处和社区居民委员会要及时督促物业服务企业予以解决；对属于其他行政管理部门或单位管理范围的，要及时转交和协调相关部门进行处理，确保群众诉求在第一时间得到妥善解决，维护住宅小区正常生活秩序。

（三）建立行政执法联动工作机制。各区政府要结合全市综合行政执法体制改革，明确物业管理行政执法主体部门，推进落实行政执法进小区、进庭院工作。建立区物业主管部门、街道办事处以及社区居民委员会与相关行政部门参与的行政执法联动机制，对于住宅小区内发生的各类违法违规行为，街道办事处要及时移交城管、城管行政执法、发改、公安、市场监管等相关行政部门；相关行政部门对于移交的事项要依法调查处理，并及时反馈结果。

（四）建立公共服务联动工作机制。供水、排水、供电、供气、供热、邮政、通信、有线电视等公共服务单位，要依法承担物业管理区域相关管线和设施设备的维

护责任，并做好居民服务工作。住宅小区发生停水、停气、停电、停热等突发事件时，区物业主管部门、街道办事处要及时组织物业服务企业、业主委员会、相关公共服务单位，相互配合迅速做好抢险、抢修等工作，保证群众正常生活。

五、完善保障扶持措施，确保属地管理工作落实落靠

（一）完善政策法规。修订完善市物业管理地方性法规，进一步完善业主大会和业主委员会建设、住宅项目招投标、物业承接查验、物业服务收费、物业使用与维护、物业项目退出移交等配套政策，形成科学完善的物业管理法制体系。

（二）加大财政支持力度。市区两级财政要结合城市管理和发展需要，加大对物业管理工作的投入力度。对于设施陈旧破损、功能使用不全、环境脏乱差的老旧住宅，各区要按照坚持问题导向兼顾环境整体提升的原则，科学制定维修改造计划，并采取市区两级财政出资、社会资本投资、专营单位投入、业主共同分担等方式筹措资金，力争用3—5年时间基本完成全市老旧住宅维修改造工作。建立老旧住宅长效管理机制，鼓励物业服务企业接管老旧住宅，实施规范化、标准化服务，持续提升老旧住宅管理水平；对于改造后仍无物业服务企业接管的，区政府要提供"兜底"服务，保障居民正常生活。

（三）加强信息化建设。以区为主体，加快推进物业管理监管与服务平台建设，建立集数据统计、政策发布、业务办理、信息查询、信访投诉等多功能于一体的数字化管理系统，发挥大数据在行政监管、社会管理等方面的作用，不断提升行政管理效能和为民服务水平。

（四）加强宣传引导。充分发挥各类新闻媒体的作用，加大政策法规宣传力度，引导物业服务企业守法、诚信经营，引导业主依法、守约自治，为物业管理工作顺利开展营造良好社会舆论氛围。

本意见自印发之日起正式施行，《哈尔滨市人民政府关于强化物业属地区域管理推进管理重心下移的意见》（哈政综〔2010〕35号）和《哈尔滨市人民政府关于建立居住区管理工作联动机制的实施意见》（哈政综〔2010〕37号）同时废止。

哈尔滨市人民政府

2018年12月28日

【简评】

这份例文主要由标题、主送、正文、发文机关署名、成文日期等组成。例文开头阐明了制发意见的目的和意义；主体部分从五个方面说明了构建以区为主体物业管理体制的指导思想、属地任务、管理机构、工作机制以及落位工作的具体措施；例文结尾明确了意见的实施时间并对同类文件废止情况进行了说明。该例文篇幅较短，但格式规范、内容完整，有助于参照实施。

三、意见写作小结

（一）文种选用要慎重

（1）意见与请示。"意见"与"请示"的本质差别在于它向上级要的一般不是"人、财、物"等"硬件"，而多是政策、办法等"软件"。

（2）意见与指示。凡属阐明工作活动的指导原则，而不去细致地讲道理、交代处理事情的办法时，应用"指示"而不用"意见"。

（3）意见与指示性通知。针对工作中的重要问题，不需要做较多理论分析，但对下级规定性较强、要求性很具体的，应用指示性通知而不用意见。

（4）意见与函。不相隶属机关之间相互行文，对涉及某一重要问题所提的见解和处理办法，如仅供对方参考而不需要回复时，就用意见，反之，则要用"函"。

（二）写作用语要适宜

意见的行文方向不同，其用语也截然不同。上行意见，要使用下级对上级汇报见解、陈述办法的语气，如"我们考虑"、"我们建议"、"我们认为"及"请"、"敬"、"望"等。下行意见，则较多使用一些带有祈使语气、表示肯定或带有禁止语气以示否定的指令性词语。平行意见大多用商量、谦恭的语句，以征得对方的理解与支持。

第八章　通知

一、通知的用法

扫一扫，获取本章例文

（一）通知的含义及适用范围

通知是发文机关向下级机关告知事项、布置工作、转达文件，使之了解或执行时使用的公文文种，是公文写作中使用范围最广、使用频率最高的一个文种。

通知适用于"发布、传达要求下级机关执行和有关单位周知或者执行的事项，批转、转发公文"。

（二）通知的类别

按内容及作用来分，可将通知分为四类：

1.指示性通知

上级机关向下级机关布置带有普遍性的工作，做出相应的指示时应使用指示性通知。

2.转文性通知

转文性通知又分为三种：

（1）批转性通知。如果被转的是一个或几个下级机关的文件，这种转文称作"批转"文件。此时，附在被转文件之前的通知，被称为"批转性通知"。

（2）转发性通知。如果被转的是上级机关、同级机关及不相隶属机关的文件，这种转文称作"转发"文件。此时，附在被转文件之前的通知，被称为"转发性通知"。

（3）发布性通知。如被发布的是本机关制发的规范性、计划性等无主送机关的文件，应用发布性通知。在发布性通知标题中，除了经常采用"印发"、"发布"的说法外，有时还用"公布"、"颁布"、"下发"等。

3. 事务性通知

这是用来向下级机关传达、安排事务性工作时常用的通知类型。它包括会议通知、学习通知、设立机构通知、调整机构通知、撤销机构通知、报送文件通知、更改印章通知、文件更正通知等。

4. 任免通知

这是上级机关向有关部门正式传达相应的人事任免事项时使用的通知。

（三）通知的写法

1. 标题

通知的标题主要有两种写法：

（1）"发文机关＋事由＋文种"，如《国务院关于开展第一次全国地理国情普查的通知》、《国务院办公厅转发科技部关于加快建立国家科技报告制度指导意见的通知》等。

（2）"事由＋文种"，如《关于召开水利高级人才新春座谈会的通知》、《关于调整北京市城市居民最低生活保障标准的通知》等。

2. 正文

（1）指示性通知。

一是发文缘由，要简要地说明为什么要发通知布置这项工作。通常的写法是先写原因（包括这项工作的重要性、以往的成绩、现存的问题，由此引出解决问题的必要性），再写目的（多用"为……现就有关问题通知如下"的句式）。

二是通知事项，这部分是指示性通知的主体，要条理清晰、语句准确地写清所布置工作的内容、做法及要求等。如内容较多，应分条列项。要注意用好小标题或中心句，以突出重点、方便阅文。

三是通知尾语。多用要求式或说明式尾语。

（2）转文性通知。

①简式写法。用一个自然段、几十个字，写清两层意思：

一是转文的原因、依据或目的。常用的表述如"某机关同意《……》"、"《……》已经某机关同意（批准）"、"《……》很重要（对……具有……意义）"、"为……"等。

二是转文的一般性要求。批转性、转发性两种通知常用的说法是"现转发给你们，请认真贯彻执行"、"现转发给你们，请结合实际情况参照执行"等；发布性通知则是"现发布《……》，自……施行"、"现将《……》印发给你们，请认真贯彻执行"等。

②繁式写法。在简式写法的基础上，再增加至少两层意思：

一是强调被转文件所涉及工作的重要性。

二是对贯彻执行被转文件提出更为具体的要求。

（3）事务性通知。

一是通知的背景、根据及目的。

二是通知的事项，如内容较多，应分段列项。

三是通知的尾语，要求、说明式尾语或专用尾语皆可。

（4）任免通知。

一是任免依据。

二是任免事项。如一个通知既任又免，应该任命在前、免职列后。

二、通知实例简评

（一）指示性通知

【例文】

国务院关于加强固定资产投资项目资本金管理的通知
国发〔2019〕26号

各省、自治区、直辖市人民政府，国务院各部委、各直属机构：

对固定资产投资项目（以下简称投资项目）实行资本金制度，合理确定并适时调整资本金比例，是促进有效投资、防范风险的重要政策工具，是深化投融资体制改革、优化投资供给结构的重要手段。为更好发挥投资项目资本金制度的作用，做到有保有控、区别对待，促进有效投资和风险防范紧密结合、协同推进，现就加强投资项目资本金管理工作通知如下：

一、进一步完善投资项目资本金制度

（一）明确投资项目资本金制度的适用范围和性质。（略）

（二）分类实施投资项目资本金核算管理。（略）

（三）按照投资项目性质，规范确定资本金比例。（略）

二、适当调整基础设施项目最低资本金比例

（四）港口、沿海及内河航运项目，项目最低资本金比例由25%调整为20%。

（五）机场项目最低资本金比例维持25%不变，其他基础设施项目维持20%不变。其中，公路（含政府收费公路）、铁路、城建、物流、生态环保、社会民生等领域的补短板基础设施项目，在投资回报机制明确、收益可靠、风险可控的前提下，可以适当降低项目最低资本金比例，但下调不得超过 5 个百分点。实行审批制的项目，审批部门可以明确项目单位按此规定合理确定的投资项目资本金比例。实行核准或备案制的项目，项目单位与金融机构可以按此规定自主调整投资项目资本金比例。

（六）法律、行政法规和国务院对有关投资项目资本金比例另有规定的，从其规定。

三、鼓励依法依规筹措重大投资项目资本金

（七）对基础设施领域和国家鼓励发展的行业，鼓励项目法人和项目投资方通过发行权益型、股权类金融工具，多渠道规范筹措投资项目资本金。

（八）通过发行金融工具等方式筹措的各类资金，按照国家统一的会计制度应当分类为权益工具的，可以认定为投资项目资本金，但不得超过资本金总额的 50%。存在下列情形之一的，不得认定为投资项目资本金：

1. 存在本息回购承诺、兜底保障等收益附加条件；

2. 当期债务性资金偿还前，可以分红或取得收益；

3. 在清算时受偿顺序优先于其他债务性资金。

（九）地方各级政府及其有关部门可统筹使用本级预算资金、上级补助资金等各类财政资金筹集项目资本金，可按有关规定将政府专项债券作为符合条件的重大项目资本金。

四、严格规范管理，加强风险防范

（十）项目借贷资金和不符合国家规定的股东借款、"名股实债"等资金，不得作为投资项目资本金。筹措投资项目资本金，不得违规增加地方政府隐性债务，不得违反国家关于国有企业资产负债率相关要求。不得拖欠工程款。

（十一）金融机构在认定投资项目资本金时，应严格区分投资项目与项目投资方，依据不同的资金来源与投资项目的权责关系判定其权益或债务属性，对资本金的真实性、合规性和投资收益、贷款风险进行全面审查，并自主决定是否发放贷款以及贷款数量和比例。项目单位应当配合金融机构开展投资项目资本金审查工作，提供有关资本金真实性和资金来源的证明材料，并对证明材料的真实性负责。

（十二）自本通知印发之日起，凡尚未经有关部门审批可行性研究报告、核准项目申请报告、办理备案手续的投资项目，均按本通知执行。已经办理相关手续、尚未开工、金融机构尚未发放贷款的投资项目，可以按本通知调整资金筹措方案，并重新办理审批、核准或备案手续。已与金融机构签订相关贷款合同的投资项目，可按照原合同执行。

国务院

2019 年 11 月 20 日

【简评】

指示性通知是上级机关布置带有普遍性的工作，做出相应的指示时使用的通知。

　　这份指示性通知由标题、主送机关、正文和成文日期构成，格式规范。

　　标题采用"发文机关＋事由＋文种"三要素齐备的标准式写法。这是党政机关公文常用的写法，符合要求。

　　该通知正文主要包括两大部分：一是通知缘由；二是通知事项。通知的缘由概括交代发布通知的背景、目的，明确了加强固定资产投资项目资本金管理的重要意义。通过"现就加强投资项目资本金管理工作通知如下"这一过渡句，过渡到通知的具体事项。通知围绕加强固定资产投资项目资本金管理这一主旨，具体阐释了进一步完善投资项目资本金制度、适当调整基础设施项目最低资本金比例、鼓励依法依规筹措重大投资项目资本金、严格规范管理和加强风险防范等环节和内容。事项采用分条列项式写法，条目清楚。

　　指示性通知是具有一定约束力的文种，因此通知用语语气比较坚定有力，如："必须"、"不得"等，使阅文单位明确问题的严肃性，自觉贯彻执行通知的各项规定。

（二）转文性通知

1.批转性通知

【例文】

国务院批转国家发展改革委关于2015年
深化经济体制改革重点工作意见的通知

国发〔2015〕26号

各省、自治区、直辖市人民政府，国务院各部委、各直属机构：

　　国务院同意国家发展改革委《关于2015年深化经济体制改革重点工作的意见》，现转发给你们，请认真贯彻执行。

国务院

2015年5月8日

【简评】

　　转文，就是把现有的文件转给相关单位了解与执行。转文性通知是上级机关向下转文，为清楚起见，必须标明主送机关，说明转文目的，并对受文机关提出执行要求，附在被转文件之前的公文。如果被转的是一个或者几个下级机关的文件，这种转文称作"批转"文件。附在被转文件之前的通知，称为"批转性通知"。批转性通知主要用于两种情况：

　　一是领导机关"被动"批转。主管某一方面业务的工作部门时常提出需要下一级机关贯彻执行的意见、建议。依照行文规则，部门"一般不得向下一级政府正式行文"。因此，业务主管部门只能把意见（先前多为呈转性报告）直接呈送给自身与主送机关共同的领导机关，以求其同意与批转。

二是领导机关"主动"批转。如果下级机关上报的某一文件具有普遍的指导意义，领导机关为推动全局工作可将该文件批转给其他下级机关，供其在工作中学习参考。

例文是一份批转性通知，国务院批转发展改革委制定的《关于 2015 年深化经济体制改革重点工作的意见》。这类通知实际上主要起到"文件头"的作用，目的是把予以批转的文件"运载"出来，所以一般篇幅较短、文字简练，写法比较简单。

这份批转性通知由标题、主送机关、正文、批转文件机关和成文日期构成，格式符合通知的写作要求。标题由"批转文件机关名称＋被批转文件＋文种"三要素构成，是典型的批转性通知标题的写作手法。有时为使转文式标题简洁精练，可采用省略重复词语、合并被转文件、文号替代标题、删去中间层次等方法达此目的。

该通知正文采用篇段合一的写法，表述二层内容：一是写明对被批转文件的态度，即"国务院同意……现转发给你们"。二是明晰贯彻执行要求，即"请认真贯彻执行"。层次清晰，结构严谨。

成文日期采用阿拉伯数字形式，符合公文使用数字的要求。

2. 转发性通知

【例文】

国务院办公厅转发住房城乡建设部关于
完善质量保障体系提升建筑工程品质指导意见的通知

国办函〔2019〕92号

各省、自治区、直辖市人民政府，国务院有关部门：

住房城乡建设部《关于完善质量保障体系提升建筑工程品质的指导意见》已经国务院同意，现转发给你们，请认真贯彻落实。

国务院办公厅

2019 年 9 月 15 日

【简评】

如果被转的是上级机关、不相隶属的同级机关及其他机关的文件，这种转文称作"转发"文件。附在被转文件之前的通知，便称作"转发性通知"。被转发的文件，必须是对本地区、本系统的工作具有直接指导或参照作用的文件。

这份转发性通知由标题、主送机关、正文、转发文件机关及成文日期构成。

《条例》明确规定，部门的内设机构除办公厅（室）外，不得对外正式行文。部门向下一级政府正式行文的条件，是必须经过本级党委、政府授权且要在文中加以说明。例文中国务院办公厅转发住房城乡建设部关于完善质量保障体系提升建筑工程品质指导意见给各省、自治区、直辖市人民政府和国务院有关部门，就属于这种情况，且在文件中体现了"已经国务院同意"字样，符合上级部门与下一级政府之间的行文要求。

此类文种写作相对简洁明了，正文中一般需说明所转文件信息、国务院批准信息，以及专用尾语。即"现转发给你们，请认真贯彻落实"。

3. 发布性通知

【例文】

国务院办公厅关于2020年部分节假日安排的通知

国办发明电〔2019〕16号

各省、自治区、直辖市人民政府，国务院各部委、各直属机构：

经国务院批准，现将2020年元旦、春节、清明节、劳动节、端午节、国庆节和中秋节放假调休日期的具体安排通知如下。

一、元旦：2020年1月1日放假，共1天。

二、春节：1月24日至30日放假调休，共7天。1月19日（星期日）、2月1日（星期六）上班。

三、清明节：4月4日至6日放假调休，共3天。

四、劳动节：5月1日至5日放假调休，共5天。4月26日（星期日）、5月9日（星期六）上班。

五、端午节：6月25日至27日放假调休，共3天。6月28日（星期日）上班。

六、国庆节、中秋节：10月1日至8日放假调休，共8天。9月27日（星期日）、10月10日（星期六）上班。

节假日期间，各地区、各部门要妥善安排好值班和安全、保卫等工作，遇有重大突发事件，要按规定及时报告并妥善处置，确保人民群众祥和平安度过节日假期。

国务院办公厅

2019年11月21日

【简评】

这是一份发布性通知。一般情况下，如被发布的是本机关制发的规范性、计划性、周知性的文件，应用此通知。这种通知与上述批转性、转发性通知既有共性，又有区别：共性在于三者都是对现成的文件做出反应，然后发给下级机关；区别在于批转、转发性两种通知都是下转其他单位制发的文件，而发布性通知所发布的基本上是本机关制发的文件。

该通知由标题、主送机关、正文、发文机关及成文日期构成。标题明确地说明了此则通知的主要内容，有一些发布性通知标题较长，会采取省略式的写法，如

《国务院办公厅关于公布内蒙古毕拉河等 21 处新建国家级自然保护区名单的通知》。具体写法上，正文中一般会对工作中的具体要求做出说明，如例文中"各地区、各部门要妥善安排好……"

4.印发性通知

【例文】

国家卫生健康委关于印发国家卫生健康标准委员会章程的通知

国卫法规发〔2019〕51号

各省、自治区、直辖市及新疆生产建设兵团卫生健康委，委机关各司局，中国疾病预防控制中心，委统计信息中心，委医疗管理服务指导中心，各标准专业委员会：

为加强和规范国家卫生健康标准委员会管理，我委制定了《国家卫生健康标准委员会章程》（可从我委网站"信息"栏目下载）。现印发给你们，请遵照执行。

国家卫生健康委

2019 年 8 月 27 日

【简评】

这份印发性通知由标题、主送机关、正文、印发文件机关及成文日期构成。由于印发的文件《国家卫生健康标准委员会章程》非法律、法规或规章，因此在标题中出现时不用加书名号，符合要求。正文采用简式篇段合一写法，简洁明了。

就"印发"文件和"发布"文件的规范性而言，"发布"用于规范性文件，"印发"多用于意见、计划、会议纪要、领导讲话等。

（三）事务性通知

1.会议通知

【例文】

关于召开全省旅游度假区2014年考核工作会议的通知

浙旅规划〔2015〕79号

各市旅游局（委），国家级、省级旅游度假区管委会：

根据《浙江省旅游局关于开展全省旅游度假区 2014 年考核工作的通知》（浙旅规划〔2015〕33 号）文件精神，经研究，省旅游局会同省级有关部门成立考核组，于 5 月 11 日—13 日在杭州召开全省旅游度假区 2014 年考核工作会议。现将有关事项通知如下：

一、考核时间和分组安排

5 月 11 日—13 日，在莲花宾馆三楼虎跑厅举行。具体分组安排如下：

5月11日上午，考核组筹备会议。

5月11日下午2:30—5:30，杭州之江国家旅游度假区、萧山湘湖旅游度假区、淳安千岛湖旅游度假区、临安清凉峰省级旅游度假区、嘉兴湘家荡旅游度假区、平湖九龙山旅游度假区、海宁盐官省级旅游度假区、嘉兴大云温泉省级旅游度假区、泰顺廊桥—氡泉省级旅游度假区、文成天湖省级旅游度假区。

5月12日上午8:30—12:00，金华仙源湖旅游度假区、磐安云山旅游度假区、武义温泉旅游度假区、兰溪旅游度假区、龙游石窟旅游度假区、开化钱江源省级旅游度假区、省级舟山群岛普陀国际旅游度假区、省级舟山群岛定海国际旅游度假区、东白山省级旅游度假区、常山三衢湖省级旅游度假区。

5月12日下午2:30—5:30，丽水瓯江风情旅游度假区、景宁畲族风情旅游度假区、绍兴鉴湖—柯岩旅游度假区、绍兴会稽山旅游度假区、上虞曹娥江省级旅游度假区、嵊州温泉旅游度假区绍兴诸暨五泄旅游度假区、松阳田园风情省级旅游度假区、遂昌黄金旅游度假区、云和湖省级旅游度假区。

5月13日上午8:30—12:00，宁波东钱湖旅游度假区、象山松兰山旅游度假区、临海牛头山旅游度假区、台州绿心省级旅游度假区、仙居神仙居旅游度假区、浙江省安吉灵峰旅游度假区、湖州太湖旅游度假区、浙江省长兴太湖图影旅游度假区、镇海九龙湖省级旅游度假区、宁海森林温泉省级旅游度假区。

2014年以后新批准设立的省级旅游度假区要参加汇报，但不纳入考核。

二、考核程序

考核工作具体分两个议程：

（一）工作汇报。各旅游度假区准备PPT，将一年来的工作和考核指标自查情况作简要汇报，每个时间控制在15分钟以内。

（二）专家质询。考核组成员对有异议的考核内容提出质询，被质询的旅游度假区做出负责任、有依据的回答。对于要求修正的数据或补充证明，务必明确答复。

三、参加人员

（一）考核组全体成员。

（二）各市旅游局（委）分管领导1人，仅参加所辖度假区的考核。

（三）各旅游度假区管委会领导和业务同志各1人。

四、其他事项

（一）各旅游度假区要认真准备汇报PPT、汇报材料一式10份，会议报到时，统一上交。

（二）各旅游度假区对需要修正的数据或补充证明，请于5月22号前完成统计系统的信息调整，并将书面意见上报省旅游局。

（三）请各参会单位提前10分钟进入会场，参会人员回执于5月7日下午5:00之前上报省旅游局规划发展处（电子邮箱：×××yj@tourzj.gov.cn）。

（四）本次会议不安排住宿，请自行提前安排。

联系人：郑× 洪×

0571—8511×××× 8521×××× 8515××××（传真）

浙江省旅游局

2015 年 5 月 5 日

【简评】

事务性通知是用来向下级机关传达、安排事务性工作的一类通知。它包括会议通知、学习通知、设立机构通知、调整机构通知、撤销机构通知、报送文件通知、更改印章通知、文件更正通知等。

这份会议通知由标题、主送机关、正文、发文机关及成文日期构成，要素齐全，格式规范。

这份会议通知的标题为两项式，即"事由＋文种"，其中事由为"召开全省旅游度假区 2014 年考核工作会议"，文种为"通知"。

正文分两大部分：第一部分是会议的缘由，即"根据《浙江省旅游局关于开展全省旅游度假区 2014 年考核工作的通知》（浙旅规划〔2015〕33 号）文件精神，经研究，省旅游局会同省级有关部门成立考核组，于 5 月 11 日—13 日在杭州召开全省旅游度假区 2014 年考核工作会议"。第二部分为通知事项，分项阐述了会议时间、会议地点、会议内容、参会人员，把与会有关事项交代得比较具体周密，从而使正文部分的写作条理清楚，层次分明，简明扼要。这是写作通知的关键。

结尾处注明联系人及联系电话，便于联系工作，也体现了该会议通知内容的详细与周密。

2. 学习通知

【例文】

应急管理部办公厅关于深入学习宣传贯彻
《生产安全事故应急条例》的通知

应急厅函〔2019〕387 号

国家煤矿安监局，各省、自治区、直辖市应急管理厅（局），新疆生产建设兵团应急管理局，应急管理部机关各司局、消防救援局、森林消防局，国家安全生产应急救援中心，有关中央企业：

《生产安全事故应急条例》（国务院令第 708 号，以下简称《条例》）经国务院第 33 次常务会议审议通过，于 2019 年 4 月 1 日起施行。为广泛深入开展《条例》学习宣传贯彻活动，现就有关事项通知如下：

一、充分认识《条例》实施的重要意义

《条例》的出台，充分体现了党中央、国务院对广大群众安全健康的亲切关怀，对应急管理工作的高度重视；是深入贯彻落实《安全生产法》和《突发事件应对法》，进一步加强我国安全生产应急救援工作法治建设的重要举措，对促进《中共中央国务院关于推进安全生产领域改革发展的意见》关于安全生产应急救援部署的贯彻落实、完善安全生产应急救援工作体制机制、加强安全生产应急准备和应急救援、强化安全生产应急救援队伍建设与管理等提供了重要制度支撑。《条例》坚持"生命至上，科学救援"的救援理念，对各级应急管理部门和生产经营单位在生产安全事故应急救援中的职责义务等作了明确规定，各级应急管理部门和生产经营单位要充分认识贯彻落实《条例》的重要性和紧迫性，采取切实可行的措施，认真抓好学习、宣传和贯彻实施工作。

二、广泛开展《条例》宣传活动

要通过政府权威发布、编发《条例》释义、专家学者解读等，深入阐述《条例》确定的主要制度及其内涵实质、建立的工作机制及其落实要求，引导社会各界准确理解和掌握《条例》。要把《条例》宣贯列入普法工作重点，深入开展普法宣传，扩大《条例》社会知晓度。要把《条例》宣贯纳入"安全生产月"活动的重点内容，增强企事业单位学习《条例》、落实《条例》、遵守《条例》的自觉性。要充分利用广播、电视、网络、报纸、杂志、新媒体等各类媒介，采取专题、专片、访谈和知识竞赛等多种形式，广泛宣传《条例》主要内容，普及安全生产应急知识，让全社会更加关注和支持生产安全事故应急工作，营造良好的安全生产应急工作法治氛围。

三、认真组织《条例》培训工作

要发挥各级党校、行政学院的培训平台作用，开展地方各级人民政府及其有关部门相关负责人《条例》培训工作，准确把握安全生产应急工作监管责任和要求。要分期、分批组织安全监管监察执法人员《条例》培训工作，准确理解《条例》法律条款内容，提高《条例》执法工作水平。要将《条例》列入安全生产应急救援队伍业务学习和培训重要内容，增强依法开展应急救援工作的能力。有计划、分层次组织开展生产经营单位负责人、安全生产管理人员和一线从业人员《条例》培训工作，明确各类人员在生产安全事故应急工作中的权利和义务，掌握应急准备要求和应急救援措施，提高事故先期处置能力。

四、做好《条例》配套规章制度制修订工作

要做好国家层面的安全生产应急救援管理法规标准制修订工作，完善与《条例》配套规章制度和标准规范，有序推进安全生产应急救援管理法规标准体系建设。要发挥和利用好地方立法积极性，做好地方安全生产应急救援管理法规标准制定工作，切实将《条例》贯彻落实到位。要做好已有规章标准的制修订工作，根据《条例》规范要求，修订现有规章标准，确保相关规章标准统一、协调。要鼓励产业聚集区和有条件的企业，先行制定企业标准，适时转化为行业标准或者国家标准。要在安全生产执法检查年度计划中明确安全生产应急救援管理执法检查任务，用严格执法推动《条例》贯彻实施。

五、抓好《条例》宣传贯彻的组织工作

（一）加强组织领导。（略）

（二）明确工作责任。（略）

（三）强化督促指导。各级地方应急管理部门和各中央企业要紧密结合安全生产应急工作实际，加强督促和指导，确保层层推进、项项落实，切实增强宣传贯彻工作的实效性。应急管理部将适时开展监督检查。

应急管理部办公厅

2019 年 5 月 30 日

【简评】

这份学习通知由标题、主送机关、正文、发文机关、成文日期构成，格式规范，要素齐全。

该通知的标题是标准的三项式，由"发文机关＋事由＋文种"组成，发文机关为"应急管理部办公厅"，事由为"深入学习宣传贯彻《生产安全事故应急条例》"，文种为"通知"。

正文分为两大部分：通知的背景缘由和通知的具体事项。例文开篇第一段即交代了发文目的，进而通过分条列项的方式提出了五点具体事项，内容充实、要求具体、便于实施。

3. 设立机构通知

【例文】

国务院办公厅关于成立国家脱贫攻坚普查领导小组的通知

国办函〔2019〕103号

各省、自治区、直辖市人民政府，国务院各部委、各直属机构：

为加强对国家脱贫攻坚普查工作的组织领导和统筹协调，根据《中共中央　国务院关于打赢脱贫攻坚战三年行动的指导意见》，国务院决定成立国家脱贫攻坚普查领导小组（以下简称领导小组）。现将有关事项通知如下：

一、主要职责

负责国家脱贫攻坚普查组织和实施，协调解决普查中的重大问题。

二、组成人员

（略）

三、其他事项

（一）领导小组办公室设在统计局，承担领导小组的日常工作，研究提出需领导小组决策的建议方案，督促落实领导小组议定事项，加强与有关地区和部门的沟通协调，承办领导小组交办的其他事项。办公室主任由统计局副局长 ××× 和扶贫办副主任 ××× 兼任。

（二）领导小组成员因工作变动需要调整的，由所在单位向领导小组办公室提出，报领导小组组长审批。领导小组不作为国务院议事协调机构，任务完成后自动撤销。

（三）中西部22个省（区、市）人民政府要设立相应的脱贫攻坚普查领导小组及其办公室，按照国家脱贫攻坚普查统一部署要求，认真做好本地区普查工作。

国务院办公厅

2019年10月7日

【简评】

该例文由标题、主送机关、正文、发文机关及成文日期构成，要素齐全，格式规范。

主送机关的排列遵循了"先外后内"、"先上后下"的原则，与"党政军群"原则共同构成主送机关的排列原则。

正文首先明确了发文的背景，即"为加强对国家脱贫攻坚普查工作的组织领导和统筹协调，根据《中共中央　国务院关于打赢脱贫攻坚战三年行动的指导意见》，国务院决定成立国家脱贫攻坚普查领导小组（以下简称领导小组）"。其次简要概述了该小组的主要职责并公布了其组成人员。正文结构合理，内容详略得当，用语干净利索、意尽言止。

4. 调整机构通知

【例文】

国务院办公厅关于调整2019年中国北京世界园艺博览会组织机构组成人员的通知

国办发〔2018〕57号

各省、自治区、直辖市人民政府，国务院各部委、各直属机构：

根据机构设置、人员变动情况和工作需要，国务院决定对2019年中国北京世界园艺博览会组织委员会（以下简称组委会）和执行委员会（以下简称执委会）组成人员作相应调整。现将有关事项通知如下：

一、组委会组成人员

（略）

二、执委会组成人员

（略）

三、其他事项

（一）组委会的日常联络和协调工作由组委会联络小组负责，××同志兼任组长，××同志兼任常务副组长，具体工作由贸促会承担。

（二）组委会、执委会组成人员需要调整时，由所在单位提出意见，经组委会联络小组审核后，报组委会主任委员批准。执委会委员以北京市有关部门同志为主，如需国务院有关部门同志参加，由北京市、贸促会、林草局商有关部门提出意见，报组委会主任委员批准。

国务院办公厅

2018 年 6 月 27 日

【简评】

该例文由标题、主送机关、正文、发文机关及成文日期构成，要素齐全，格式规范。

标题采取了三项式写法，发文机关为"国务院办公厅"，事由为"调整 2019 年中国北京世界园艺博览会组织机构组成人员"，文种为"通知"。

正文首先明确了通知的根据，即"根据机构设置、人员变动情况和工作需要"，通过"国务院决定对 2019 年中国北京世界园艺博览会组织委员会（以下简称组委会）和执行委员会（以下简称执委会）组成人员作相应调整"过渡到具体通知事项。通知事项部分简洁明了、层次清晰。最后采用了说明式结尾，结束正文写作。

5. 撤销机构通知

【例文】

省政府办公厅关于撤销部分议事协调机构的通知

苏政办发〔2014〕12 号

各市、县（市、区）人民政府，省各委办厅局，省各直属单位：

为认真落实省委党的群众路线教育实践活动整改要求，全面清理并严格控制各类议事协调机构，按照《省委办公厅省政府办公厅印发〈关于规范省委省政府各类领导小组成立调整撤销工作的实施办法〉的通知》（苏办发〔2013〕34 号），经省政府领导同志同意，决定对其中工作任务已完成、工作职能可以归并或转入正常工作轨道的部分议事协调机构予以撤销。具体如下：

1. 撤销省主体功能区规划编制工作领导小组，任务已完成。

（略）

江苏省人民政府办公厅

2014 年 2 月 13 日

【简评】

这份撤销机构通知由标题、主送机关、正文及成文日期构成，要素比较齐全。

正文由两部分构成，一是通知的背景，即"为认真落实省委党的群众路线教育实践活动整改要求，全面清理并严格控制各类议事协调机构"。二是通过"经省政府领导同志同意"过渡到具体通知事项，即"决定对其中工作任务已完成、工作职能可以归并或转入正常工作轨道的部分议事协调机构予以撤销"，这是主体部分。

6. 文件废止通知

【例文】

国务院国资委关于废止失效和修改部分规范性文件的通知
国资发法规〔2019〕120号

各中央企业，各省、自治区、直辖市和新疆生产建设兵团国资委：

为落实中共中央办公厅《关于解决形式主义突出问题为基层减负的通知》以及十九届中央第三轮巡视有关要求，国务院国资委对截至2019年4月底现行有效的规章规范性文件进行了全面清理。清理结果已经国务院国资委第283次党委会、第15次委务会审议，现将废止失效的规范性文件目录和修改条款予以公布。

附件1 废止失效的规范性文件目录（略）

附件2 修改的规范性文件（略）

国务院国资委

2019年11月12日

【简评】

例文由标题、主送机关、正文及成文日期构成，要素比较齐全。

该通知发文意图明确，即"废止失效和修改部分规范性文件"。正文使用简洁、凝练的语言交代了发文背景和具体事项，清晰明了。这些都是写作通知的关键。

7. 更改印章通知

【例文】

贵州省人民政府办公厅关于启用
贵州省食品药品监督管理局印章的通知
黔府办函〔2013〕100号

各市、自治州人民政府，贵安新区管委会，各县（市、区、特区）人民政府，省政府各部门、各直属机构：

根据《贵州省人民政府办公厅关于印发贵州省食品药品监督管理局主要职责内设机构和人员编制规定的通知》（黔府办发〔2013〕40号）精神，按照《贵州省人民政府办公厅关于印发贵州省国家行政机关和企业事业单位社会团体印章管理规定的通知》（黔府办发〔2002〕38号）规定，经省人民政府同意，贵州省食品药品监督管理局（正厅级）印章（直径4.5cm）于2013年8月1日启用，原贵州省食品药品监督管理局（副厅级）印章（直径4.2cm）于2013年8月1日废止，并及时交回省政府办公厅。

　　附件：1. 启用印章（印模）（略）

　　　　　2. 废止印章（印模）（略）

贵州省人民政府办公厅

2013 年 7 月 24 日

【简评】

　　机关印章是机关权力的标志，是文件生效的必要标识。当印章的名称及权责发生变化时，定当公布于相关机关、部门，因此更改印章通知便应运而生。

　　该通知的依据清楚，即"根据《贵州省人民政府办公厅关于印发贵州省食品药品监督管理局主要职责内设机构和人员编制规定的通知》（黔府办发〔2013〕40 号）精神，按照《贵州省人民政府办公厅关于印发贵州省国家行政机关和企业事业单位社会团体印章管理规定的通知》（黔府办发〔2002〕38 号）规定"。这其中也包含着引用文件的相关规定，即先引标题，再引发文字号。

　　这份通知的事项：一是新印章的规格及启用时限，二是对原印章的处理办法。做到了新旧及时更替，新者交付使用，旧者加强管理，以防他落。

　　该通知文字简洁，表意清晰，便于执行。

　　8. 文件修改通知

【例文】

住房城乡建设部关于修改有关文件的通知

建法规〔2019〕3号

各省、自治区住房和城乡建设厅，直辖市住房和城乡建设（管）委及有关部门，计划单列市住房和城乡建设局，新疆生产建设兵团住房和城乡建设局：

　　为推进工程建设项目审批制度改革，决定对部分文件予以修改，现通知如下：

　　一、修改《建筑工程方案设计招标投标管理办法》（建市〔2008〕63 号）

　　删除第十八条中"招标人和招标代理机构应将加盖单位公章的招标公告或投标邀请函及招标文件，报项目所在地建设主管部门备案"。

　　二、修改《住房城乡建设部关于进一步加强建筑市场监管工作的意见》（建市〔2011〕86 号）

　　删除"（八）推行合同备案制度。合同双方要按照有关规定，将合同报项目所在地建设主管部门备案。工程项目的规模标准、使用功能、结构形式、基础处理等方面发生重大变更的，合同双方要及时签订变更协议并报送原备案机关备案。在解决合同争议时，应当以备案合同为依据"。

　　三、修改《住房城乡建设部关于印发〈房屋建筑和市政基础设施工程施工安全监督规定〉的通知》（建质〔2014〕153 号）

　　（一）将第七条"县级以上地方人民政府住房城乡建设主管部门或其所属的施工

安全监督机构（以下合称监督机构）应当对本行政区域内已办理施工安全监督手续并取得施工许可证的工程项目实施施工安全监督"修改为"县级以上地方人民政府住房城乡建设主管部门或其所属的施工安全监督机构（以下合称监督机构）应当对本行政区域内已取得施工许可证的工程项目实施施工安全监督"。

（二）将第九条"（一）受理建设单位申请并办理工程项目安全监督手续"修改为"（一）建设单位申请办理工程项目施工许可证"。

四、修改《房屋建筑和市政基础设施工程施工安全监督工作规程》（建质〔2014〕154 号）

（一）将第四条"工程项目施工前，建设单位应当申请办理施工安全监督手续，并提交以下资料：（1）工程概况；（2）建设、勘察、设计、施工、监理等单位及项目负责人等主要管理人员一览表；（3）危险性较大分部分项工程清单；（4）施工合同中约定的安全防护、文明施工措施费用支付计划；（5）建设、施工、监理单位法定代表人及项目负责人安全生产承诺书；（6）省级住房城乡建设主管部门规定的其他保障安全施工具体措施的资料。监督机构收到建设单位提交的资料后进行查验，必要时进行现场踏勘，对符合要求的，在 5 个工作日内向建设单位发放"施工安全监督告知书""修改为"工程项目施工前，建设单位应当申请办理施工许可证。住房城乡建设主管部门可以将建设单位提交的保证安全施工具体措施的资料（包括工程项目及参建单位基本信息）委托监督机构进行查验，必要时可以进行现场踏勘，对不符合施工许可条件的，不得颁发施工许可证"。

（二）将第六条中"已办理施工安全监督手续并取得施工许可证的工程项目"修改为"已取得施工许可证的工程项目"。

本通知自印发之日起施行。

住房城乡建设部

2019 年 3 月 18 日

【简评】

文件的出现有其历史性，因此需要根据实际情况、时代特点、机关工作方式等情况的变化而进行相应的修改，这样才可以使文件适应时代要求，适应新的管理模式。

例文由标题、主送机关、正文、发文机关和发文时间构成，要素齐全，符合标准的通知写法。标题采用了三项式写法。正文最先交代行文目的，其次对具体的修改文件进行了说明。结尾交代了施行时间，属于专用式用语。整体结构完整，内容清晰，特别是对文件修改的写作做到了用语规范、简洁明了的要求。

（四）人事任免通知

【例文】

关于香港特别行政区政府×××、×××职务任免的通知

国人字〔2019〕243号

香港特别行政区政府：

依照《中华人民共和国香港特别行政区基本法》的有关规定，根据香港特别行政区行政长官××××的提名和建议，国务院2019年11月19日决定：任命×××为警务处处长，免去×××的警务处处长职务。

国务院

2019年11月19日

【简评】

这是一份关于人事任免的知照性通知。关于人事任免，适用的文种有"命令（令）"、"决定"和"通知"。"命令（令）"常用于最高权力机关的人事任免，由领导人签署。"决定"也常用于高级机关的人事任免。"通知"的适用范围则相对广泛。

这份通知是国务院"关于香港特别行政区政府×××、×××职务任免"的通知，因为既有"任命"，又有"免去"职务，所以标题中有"任免"字样，不能仅写成"任命通知"或者"免职通知"。

正文由两部分构成：一是任免依据，即"依照《中华人民共和国香港特别行政区基本法》的有关规定"。二是任免事项。如果一个通知既任命又免职，应先任后免，同一个人的任免可以连起来写，写作程序上也要先任后免。如果有待遇和任职期限等，可用括号加以注明。例文便是先任后免，这完全符合人事任免通知的写作要求。

总之，这份人事任免通知在写作上开门见山、直截了当，是比较规范和常用的写作格式和方法。

三、通知写作小结

（一）写作主体广泛

在公文的下行文种中，通知是发文机关受限最少的一个文种。无论是最高层的党政机关，还是基层的企事业单位，都可使用通知发文，体现其写作主体的广泛性。正因如此，在公文的所有文种中，通知是使用范围最广的一个文种。

（二）功能用途多样

通知可用来转文、发布规章，也可用来传达事项、布置工作，还可用来任免工

作人员，它是下行文种中用途最多的一个文种。

（三）写法灵活

不同类型的通知虽然文种相同，但在写法上却各不相同。在结构上，有的层次繁多，有的简单明了；在篇幅上，有的长达数千字，有的只有几十字；在要求上，有的要求"知且行"，有的仅知晓即可。

第九章　通报

扫一扫，获取本章例文

一、通报的用法

通报是用于表彰先进、批评错误、传达重要精神和告知重要情况的下行公文文种，是从高层领导机关到基层单位普遍适用的一个文种。

（一）通报的分类

1. 表扬性通报

这是上级机关用来表彰先进集体或个人，介绍其先进事迹，推广其典型经验，号召有关单位及广大群众见贤思齐、学习先进的通报。

2. 批评性通报

这是上级机关用来批评犯有错误的单位或个人，揭露其问题，总结其教训，要求有关单位及人员引以为戒的通报。

3. 传达性通报

这是上级机关为使下级单位及时了解信息、积极开展工作，而向其传达重要精神和情况的通报，也称情况通报。

具体又有两种：一是对某一具体对象有关情况的通报，如《国家安全监管总局关于湖南省××市××××出口鞭炮烟花厂"9·22"重大爆炸事故的通报》（安监总明电〔2014〕15号）；二是对全局范围内普遍存在的某种问题的综合通报，如《贵州省人民政府办公厅关于2011—2013年度办理省人大代表建议省政协提案情况的通报》（黔府办函〔2014〕39号）。

（二）通报的写法

1. 标题

通报的标题可以是规范的三项式标题，即"发文机关＋事由＋文种"，如《国务院办公厅关于表彰奖励中国女子足球队的通报》；也可以是两项式标题，即"事由＋文种"，如《关于表彰全省农村实用人才抽样调查工作先进个人的通报》。

2. 正文

（1）表扬性通报。正文含三部分：

首先，明确表彰缘由。内有两层：

一是先进事迹介绍。如被表彰的是个别对象（包括个人或集体）的具体行为，应写清被表彰者于何时何地遇到何种情况，是如何处理的，结果如何，有何影响；如被表彰的是事迹相近的多个对象，应该将其事迹进行归纳，概括集中地进行介绍。介绍先进事迹，一要客观准确，二要简明扼要。

二是简要评价。评价必须注意措辞准确适度，不应溢美过誉。

其次，写明表彰决定。写清何机关决定给予被表彰对象何种表彰奖励。

最后，提出希望号召。这部分既是表扬性通报的出发点，亦是其落脚点。大张旗鼓地表扬先进，就是要以此带动大家向其学习。这里的"希望"一般是希望被表彰者再接再厉、发扬成绩；这里的"号召"则是倡导、发动广大群众学习先进。

表扬性通报的三部分缺一不可。若缺其一，则无由表彰；若缺其二，则不知如何表彰；若缺其三，又不知表彰目的之所在。

（2）批评性通报。正文含四部分：

首先，交代主要错误事实。如是对个别人员的错误进行通报，首先应说明该人的基本情况，包括姓名、工作单位、所任职务等，而后准确扼要地叙述其错误事实。要写清其在何时何地违反了何种规定，犯了何种错误，造成了何种后果。如是对某单位的错误进行通报，要说明其在何时、多大范围内，违反何种规定，犯了何种错误。

其次，概括错误性质及严重危害。这是对错误事实的深入分析，也是严肃处理的原因所在，因此必不可少。

再次，给出处理决定。这是批评性通报最引人注目之处。一般来说，轻者只给以"通报批评"；重者，对个人予以相应的处分，对单位则要拿出纠正错误的具体措施。

最后，提出普遍性要求。这是批评性通报的尾语。发文机关公开严厉地下文批评处理，目的就是要引起下属机关和相关人员的注意，以此为戒，避免重犯类似错误。故尾语须对下属明确提出希望要求。

（3）传达性通报。正文含三部分：

首先，交代通报缘由。即简要说明为何对这一情况发出通报。如是对某一具体对象所发生的情况（即"个案情况"）进行通报，应该先简要介绍这一情况，说明其性质及严重性，表明通报的目的。如是对普遍存在的某种问题（即"综合情况"）进行通报，要在开头先说明为何要通报这一问题。常用的写法是：在某种背景下进行了检查（清查、调查、验收、审计、总结……）—有一定成绩，更查出了问题（而且往往既普遍又严重）—现将情况通报如下。

其次，通报传达的情况。通报要告知阅文者的情况集中反映于此。如是对个案情况的通报，在此应较为详细地介绍这一情况，并分析其原因，说明其处理情况。如是对综合情况的通报，此部分又有两种写法：向下传达某种工作进展情况的通报，应该先介绍工作的进展与成绩，再说明工作中仍存在的问题；集中反映问题的通报，应该对分散存在的问题进行分析梳理，整理成几类问题，在通报中加以介绍。

最后，对下一步工作的意见与要求。就个案情况所发的通报，通常都是在总结教训的基础上有针对性地提出工作要求。就综合情况所发的通报，往往是针对工作中存在的问题提出解决措施。

二、通报实例简评

（一）表扬性通报

1.表扬个人的通报

【例文】

关于表彰抗震救灾先进典型××同志的通报

各县、区委，市委各部、室、委，市直各单位党组（党委）：

5月12日14时28分，四川省汶川地区发生8.0级特大地震。灾情发生后，在党中央、国务院的坚强领导下，按照省委、省政府的统一部署，我省迅速组建救援队、新闻报道组火速奔赴灾区展开工作。我市埇桥区委办公室××同志被借调参加这次抗震救灾的报道工作，与中国新闻社安徽分社记者团一起，以高度的历史使命感、政治责任感和丰富的工作经验，深入开展采访报道工作，经受了生与死的严峻考验，出色地完成了各项任务，胜利归来。为鼓励先进，激励全市广大党员干部弘扬抗震救灾精神，立足本职、爱岗敬业、埋头苦干、无私奉献，现对××同志予以通报表彰。

××同志1955年11月出生，1975年7月参加工作，1986年加入中国共产党，现任××市××区委办公室保卫科科长。

灾情发生后，××同志坚决服从组织安排，听从统一调度，以最快速度进入灾区、投入战斗。在灾区一线连续14天的工作中，××同志承担图片摄影报道任务，与记者团一起，冒着余震、山体塌方、泥石流生命危险，深入汶川、北川、绵阳、青川、江油、松潘、茂县等地震重灾区，进行实地采访，拍下了大量真实生动的救灾场面，写下了许多感人至深的新闻作品，《北川：党旗国旗在，灾民心就不会散！》《北川见闻：灾民们最关心的是家园的重建》《九州情暖灾民心》等多篇文章被众多网站转载，受到广泛关注，为全国人民了解灾情、凝聚力量、参与救灾，发挥了重要的作用。

在灾区一线，××同志与记者团同心协力、和衷共济、共同奋斗，充分发扬了团结协作的集体主义精神。××同志在承担图片摄影报道任务的同时，还主动承担了车辆驾驶、后勤服务等多项工作，由于灾情严重，通讯中断，××同志每天冒着生命危险多次往返于灾区和成都之间，及时将灾区新闻传递到北京总社、安徽分社。由于灾区道路毁坏严重，同志们生活不便，××同志便主动购买生活用品，以备应急。由于采访工作时间紧、任务重，同志们每天睡眠严重不足，体力透支，身体疲惫。但是，××同志仍坚持每天早起、晚睡一个小时，全力做好后勤服务工作。6月1日，记者团圆满完成各项任务，采访设备须专车运回，××同志主动请缨，克服艰难险阻，连续行车三天三夜，安全运回合肥，出色地完成后勤服务工作。

××同志顽强拼搏、甘于奉献的先进事迹，感动、激励着记者团的每一位成员，在抗震一线被传为佳话。××同志以自己的实际行动生动地诠释了这次抗震救灾精神的深刻内涵，充分展现了当代共产党人的精神风貌和人格魅力，真正体现了新时期共产党员"平常时期看得出来、关键时刻站得出来、危难关头豁得出来"的优秀品质，为××人民赢得了荣誉、树立了良好形象。

××同志是我市在支援抗震救灾工作中涌现出的先进典型，全市各级党组织和广大干部群众要向××同志学习，学习他胸怀祖国、心系灾区的崇高品质，学习他连续作战、忘我工作的拼搏精神，学习他临危不惧、不怕牺牲的英雄气概。要以先进典型为榜样，大力弘扬"万众一心、众志成城、迎难而上、百折不挠"的抗震救灾精神，把抗震救灾精神与当前正在开展的"四民"活动结合起来，转化为立足岗位、联系实际、干好本职工作、推动科学发展、促进社会和谐的强大力量，进一步切实转变作风，激发工作热情，万众一心，顽强拼搏，为实现经济社会又好又快发展而努力奋斗。

中共××市委办公室

2008年7月3日

【简评】

从上述例文可以看出，该表扬性通报的正文由三部分构成：

一是表彰缘由。例文是对抗震救灾先进典型××同志个人的通报表彰，即被表彰的是个体对象的具体行为，所以在这一部分对××同志个人的事迹进行了简单介绍，并做了客观准确、简明扼要的评价。

在事迹介绍部分，例文先对××同志的先进典型情况进行了总体概括、评价，然后直接写表彰决定。这种写法避免了通报缘由过多、通报表彰奖励仅一句话的头重脚轻的结构安排问题，不但有助于突出写作主旨，同时也符合一般阅文习惯。

至于先进事迹的细节，可在总括部分及表彰决定之后娓娓道来。

二是表彰决定。要写清何机关决定给予被表彰对象何种表彰奖励。若正文中没有直接体现何机关给予奖励，通常发文机关便是颁发此奖励的机关。关于"何种表彰奖励"，在现实应用中要依具体情况而定，但一般是介绍先进事迹、给予评价后宣布"现对××同志予以通报表彰"。若有物质奖励，则顺势写成"同时给予××同志××物质奖励"。

三是希望号召。这部分既是表扬性通报的出发点，也是其落脚点。大张旗鼓地表扬先进，就是要以此带动大家向其学习。

以上三者缺一不可，否则便会出现或"无由表彰"或"不知如何表彰"或"不知表彰目的之所在"的问题。

例文中一些词句如"为鼓励先进，激励全市广大党员干部弘扬抗震救灾精神，立足本职、爱岗敬业、埋头苦干、无私奉献"以及"真正体现了新时期共产党员'平常时期看得出来、关键时刻站得出来、危难关头豁得出来'的优秀品质"等体现了该文用语的高度概括、凝练之美。

这些语言虽平实无华，却意味深长。在体现公文用语的"精"与"确"的同时，也彰显了其所内蕴的"真"与"情"。

2.表扬群体的通报

【例文】

天津市人民政府关于表扬市公安局处置
"5·20"案件全体参战民警的通报
津政发〔2013〕19号

各区、县人民政府，各委、局，各直属单位：

2013年5月20日上午10时许，一名犯罪嫌疑人自称与天津某建设集团有限公司存在债务纠纷，将2辆装有大量汽油和液化气的汽车停放在该公司门前，扬言实施爆炸。由于案发地处滨海高新区华苑科技园中心繁华地带，临近居民住宅区、商业网点和地铁站，人流、车流密集，一旦发生爆炸，必将造成重大人员伤亡和财产损失，势必在我市乃至全国造成极其恶劣影响。

对此，市公安局高度重视，迅速调集刑侦、特警、消防、治安、交管等警种和属地公安分局警力赶赴现场，成立现场指挥部，研究制定周密处置方案。参战民警积极创造战机，果断出击，砸碎汽车玻璃，高压水枪直射车内，扑灭嫌疑人已点燃的明火，迅速将犯罪嫌疑人制服并擒获，当场缴获汽油34桶、液化气3罐。全体参战民警经过4个小时惊心动魄的战斗，未费一枪一弹，成功处置了一起重大爆炸未遂案件，为维护我市治安稳定做出了突出贡献。

鉴于市公安局处置"5·20"案件全体参战民警的出色表现，为弘扬先进，鼓舞干劲，市人民政府决定对市公安局处置"5·20"案件全体参战民警予以通报表扬。希望受到表扬的全体同志珍惜荣誉，戒骄戒躁，再接再厉，发扬公安民警连续作战的优良传统，继续保持昂扬向上的精神状态，全力以赴做好各项公安保卫工作，为建设平安天津、法治天津再立新功。全市广大干部群众要以受表扬的同志为榜样，认真学习他们牢记宗旨、坚定信念的政治品质，坚持国家和人民利益至上，永远忠诚党、忠诚人民；学习他们不畏艰难、舍生忘死的英雄气概，坚决履行好党和人民赋予的职责使命，坚决捍卫国家和群众利益；学习他们恪尽职守、顽强拼搏的奉献精神，以更加奋发有为的精神状态，为实现天津科学发展、和谐发展、率先发展做出更大的贡献。

天津市人民政府

2013 年 6 月 22 日

【简评】

该例文虽然简短，却不失表扬性通报正文的构成要素。其中表彰缘由为："市公安局处置'5·20'案件全体参战民警的出色表现"；表彰决定为："市人民政府决定对市公安局处置'5·20'案件全体参战民警予以通报表扬"；希望号召为："全市广大干部群众要以受表扬的同志为榜样……为实现天津科学发展、和谐发展、率先发展做出更大的贡献。"

该例文语言凝练、表意清晰、目的明确、结构合理、篇幅适中，堪称表扬性通报写作的典范之作。

3. 表扬单位的通报

【例文】

黑龙江省农垦总局关于表彰2018年度
垦区林下经济发展先进单位的通报

黑垦局文〔2019〕52号

各管理局，各农（牧）场：

2018 年，各农（牧）场认真贯彻落实总局、管理局关于加快农业供给侧结构性改革的工作部署，积极发展林下经济，特别是新华农场在养殖貂和大雁、双鸭山农场在种植大果榛子和葡萄、七星农场养殖鹿和鸵鸟、八五四农场种植刺五加木耳和养殖熊、逊克农场种植蓝莓和养殖林下生态冷水鱼、嫩江农场种植蓝靛果、富裕牧场发展苗木经济、铁力农场发展中草药、庆阳农场种植红树莓等取得了很好的效果，起到了示范引领作用。经各级业务部门层层把关、逐级推荐，集团（总局）决定，对 2018 年垦区发展林下经济做出突出成绩的先进单位予以表彰，授予新华农场等 9 个单位"垦区林下经济发展先进单位"荣誉称号。

希望受表彰的单位珍惜荣誉，发扬成绩，再接再厉，充分发挥模范带头作用，大力弘扬生态文明理念，为垦区林下经济事业发展做出新的更大贡献。

附件：2018 年度垦区林下经济发展先进单位名单（略）

黑龙江省农垦总局

2019 年 7 月 2 日

【简评】

这是一份由黑龙江省农垦总局制发的表彰 2018 年度垦区林下经济发展先进单位的通报。

正文由表彰缘由、表彰决定、希望号召三部分组成。符合表扬性通报的写法，此处不再赘述。

（二）批评性通报

1. 批评个人的通报

【例文】

关于给予×××同志批评的通报

2014 年 11 月 13 日上午 10 时左右，我院高分子研究所油墨、涂料研究中心外聘人员×××，在测试大楼 430 室做聚氨酯降解试验时，违反操作规程，在烧瓶的回流管上使用棉纱布条，因实验温度较高，引起布条着火，幸好扑救及时，未造成大的损失。

事故发生后，×××做了检讨，并分析了事故发生的原因，表示将认真吸取教训，引以为戒，提高安全防范意识，严格按照操作规程进行实验，确保安全。

鉴于×××所犯错误及本人的认识，学院经研究决定，给予×××院内通报批评。

希望全院师生引以为戒，自觉遵守实验室各项规章制度，牢固树立安全第一思想；对于反应温度较高及危险性大的实验，务必要事前认真采取有效、周密的防范措施，杜绝一切不安全的隐患。否则，将依照有关规定，对当事人和指导教师及项目负责人予以严肃处理。

化学工程学院

2014 年 11 月 17 日

【简评】

这是一篇批评个人的通报，对于写作此类性质的通报有借鉴作用。

开头部分用叙述的语言交代了需要通报的事件，包括事件发生的时间，行为人基本情况，事件经过等，写得既简短又清晰。

第二段是行为人就事件本身的认知，同时也对其他人员提出了安全要求。

第三段采用了"段句合一"的写作手法，交代了处理决定。这是批评性通报最引人注目之处，能否起到以儆效尤的效果，全在于此。

最后一段是对相关人员提出的普遍性要求，目的在于引以为戒，避免错误重演。该部分的用语通常更加严肃、庄重，以体现相关要求不可置疑的属性。

2.批评群体的通报

【例文】

教育部办公厅　国家卫生计生委办公厅
关于陕西、吉林两地个别幼儿园违规开展群体性服药事件的通报

教体艺厅〔2014〕1号

各省、自治区、直辖市教育厅（教委）、卫生计生委（卫生厅局），新疆生产建设兵团教育局、卫生局：

据报，陕西省西安市×××基金会××幼儿园和×××幼儿园、吉林省吉林市高新区××幼儿园违规给幼儿集体服用处方药品"病毒灵"，严重违反了《教育部办公厅、卫生部办公厅关于加强和规范学生健康服务工作管理的通知》（教体艺厅〔2009〕2号）的管理要求，造成严重的社会影响，有关部门正在依法依规进行查处。为防止类似事件再次发生，维护儿童身体健康，特予以通报并明确以下要求：

一、严格规范幼儿及中小学生健康服务管理。各地教育、卫生计生行政部门及幼儿园、中小学校必须按照有关文件规定，严格管理幼儿及学生健康服务工作。因常见疾病防治需要而组织幼儿及中小学生群体服药时，强化做到"五个"必须，即必须事先经医疗卫生专家论证，必须经县级以上卫生计生行政部门商同级教育行政部门同意并制定详细的防治方案，必须坚持学生和家长知情同意、自愿参加的原则，必须有卫生技术人员进行现场指导，必须向证照俱全的正规医药生产、经营企业购买药品。任何单位或个人不得擅自或越权组织幼儿及中小学生群体服药。

二、立即组织力量开展幼儿园及中小学校健康服务管理的拉网式排查。教育、卫生计生行政部门要密切配合，对幼儿园及中小学校落实健康服务管理有关文件情况进行排查，重点检查行政区域内幼儿园是否有违规组织幼儿群体服药的行为，并于4月10日前完成全部排查工作。对反映和暴露的问题，要认真核实查处，强化责任追究，严肃处理责任人，并通报查处结果。

请于4月15日前将排查和查处情况分别报送教育部体卫艺司和国家卫生计生委妇幼司。

教育部体卫艺司联系人：×××

电话/传真：010—66096×××

国家卫生计生委妇幼司联系人：×××

电话：010—62030×××

传真：010—62030×××

教育部办公厅

国家卫生计生委办公厅

2014年3月17日

【简评】

这是一份由教育部办公厅、国家卫生计生委办公厅联合发布的批评群体的通报。由标题、主送、正文及成文日期等要素构成。例文首先通报了陕西、吉林两地的幼儿群体服药情况及查处过程，正文采用分条列项式的写法，在突出段旨的同时，清晰准确地提出要求，针对相关群体服药问题制定十分可行的解决问题的对策。全文用语严肃，主旨明确，契合了事态的严重性，表达了相关部门对此事件的关切。

3.批评单位的通报

【例文】

<h2 style="text-align:center">陕西省人民政府办公厅
关于对省林业厅违反政府新闻发布制度问题的通报</h2>

各设区市人民政府，省人民政府各工作部门、各直属机构：

2007年10月5日，××县林业局向省林业厅报告称：××县农民周××10月3日在该县××湾一处山崖旁，用数码和普通胶片照相机拍摄到华南虎照片71张，其中数码照片40张、胶片负片31张。省林业厅委托××县林业局进行核实后，在没有进行实地调查的情况下，仅由本厅技术力量和省内有关专家对照片进行了鉴别，就于10月12日召开新闻发布会，宣布"××县发现野生华南虎"，公布了周××拍摄的两张华南虎照片，并向其颁发奖金2万元。此后，新闻发布会上公布的两张照片引起了媒体和公众的质疑，导致政府公信力成为社会舆论的热门话题。

事情发生之初，省政府就对省林业厅提出了严肃批评，责成其认真查找工作中的失误和不足，向省政府做出深刻检查。省政府认为，媒体和公众对华南虎问题的关注，对林业厅发布华南虎照片的质疑及责问，既反映了对野生动物保护事业的高度重视，也体现出对省林业厅工作的关心和监督，告诫省林业厅要高度重视、正确理解、积极对待社会舆论，并要求按照国家林业局和省政府的决定，委托国家专业鉴定机构对周××拍摄的华南虎照片进行鉴定。

政府新闻发布是一项极其严肃的工作，有着严格的程序和要求。省林业厅举行此次新闻发布会，既未按规定程序履行报批手续，也未对华南虎照片拍摄情况进行实地调查，在缺乏实体证据的情况下，就草率发布发现华南虎的重大消息。当引起媒体和公众质疑后，有关人员又一再违反纪律，擅自发表意见、参与争论，加剧了舆论的关注程度，造成了不良的社会影响，在一定程度上损害了政府形象。省林业厅的做法，很不严肃，极其轻率，违反了《陕西省政府信息公开规定》《陕西省人民政府办公厅关于建立政府新闻发布制度的意见》的有关规定；有关人员的行为，反映出该厅存在着工作作风漂浮、工作纪律涣散等问题。

为了严肃纪律，省政府决定，除对省林业厅有关负责同志追究纪律责任外，对省林业厅违反政府新闻发布制度、擅自发布未经全面核实重大信息的问题予以通报批评。省林业厅要汲取教训，深刻反思和查找工作中存在的问题，进一步完善工作制度，严格工作程序，严肃工作纪律，整顿工作作风，切实抓好各项工作。

省林业厅的做法尽管是个别的，但反映出的作风漂浮、纪律涣散等问题，在其他地方、其他部门也不同程度存在。各地、各部门都要以此为戒，在处理各类重大问题、敏感问题时，一定要以对党和人民事业高度负责的态度，认真调研，审慎决策。要坚持政务公开，不断完善各类公开办事制度，努力提高政府工作的透明度和公信力。要进一步加强作风建设，严肃纪律，提高效率，狠抓落实，为加快建设西部强省做出应有贡献。

陕西省人民政府办公厅

2008 年 2 月 3 日

【简评】

在缺乏实体证据的情况下，通过新闻媒体草率发布发现华南虎的重大消息，必然会造成不良的社会影响，也在一定程度上损害了政府的形象。因此，该事件的处理结果与平息社会舆论、重塑政府形象直接关切。

在上述背景下行文通报，首先要求陈述相关部门的主要错误事实，这主要体现在例文的第一、第二自然段。其次要求对错误事实进行深入分析，明确严肃处理的原因所在，这主要体现在第三自然段。再次要客观地做出处理决定，绝不能姑息纵容，否则难以挽回该事件造成的不良社会影响，也难以重塑政府在公众心中的公信力。例文第四自然段清楚地写明了具体处理决定，即"省政府决定，除对省林业厅有关负责同志追究纪律责任外，对省林业厅违反政府新闻发布制度、擅自发布未经全面核实重大信息的问题予以通报批评"。此部分往往是批评性通报中最引人关注之处。最后，发文机关对相关部门提出了普遍性的意见和要求，以此为戒，避免重犯类似错误。

总体而言，该例文篇章布局合理，表意清晰，能够严格按照批评性通报的写作要求行文。

（三）传达性通报

1. 传达全局情况的通报

【例文】

国家能源局关于2019年度
全国可再生能源电力发展监测评价的通报

国能发新能〔2020〕31号

各省（自治区、直辖市）和新疆生产建设兵团能源局，有关省（直辖市）发展改革委，国家电网有限公司、南方电网公司、内蒙古电力公司，各有关单位：

为促进可再生能源开发利用，科学评估各地区可再生能源发展状况，确保实现国家 2020 年、2030 年非化石能源占一次能源消费比重分别达到 15% 和 20% 的战略目标，根据《关于建立可再生能源开发利用目标引导制度的指导意见》（国能新能〔2016〕54 号）、《关于做好风电、光伏发电全额保障性收购管理工作的通知》（发改能源〔2016〕1150 号），我局委托国家发展改革委能源研究所汇总有关可再生能源电力建设和运行监测数据，形成了《2019 年度全国可再生能源电力发展监测评价报告》（以下简称监测评价报告）。

现将监测评价报告予以通报，请各地区和有关单位高度重视可再生能源电力发展和全额保障性收购工作，采取有效措施推动提高可再生能源利用水平，为完成全国非化石能源消费比重目标做出积极贡献。

附件：2019 年度全国可再生能源电力发展监测评价报告（略）

国家能源局

2020 年 5 月 6 日

【简评】

传达性通报指的是上级机关为使下级单位及时了解信息、积极开展工作，而向其传达重要精神和情况的通报。例文主要着眼于全局工作，针对 2019 年度全国可再生能源电力发展监测评价进行通报。

例文由标题、文号、主送机关、正文、发文机关和发文时间组成，整体结构完整，是一篇标准的通报。

标题采用的是三项式写法，由发文机关"国家能源局"、事由"2019 年度全国可再生能源电力发展监测评价"和文种"通报"构成。正文由两部分组成：一是发文目的、依据和背景，采用了常见的句式"为……根据……"写法，简洁规范；二是要求式尾语，以"现将监测评价报告予以通报"为承接，对各级机关做出实际要求，使用了最为常见的规范语言"请各地区和有关单位高度重视……采取有效措施推动……为完成……"用语常见但表意准确。

2. 传达典型情况的通报

【例文】

关于××县××山矿业有限公司铁多金属矿
"5·17"透水事故情况的通报

各市（地）应急管理局：

2019 年 5 月 17 日 3 时许，×河××县××山矿业有限公司铁多金属矿发生一起透水事故，造成人员伤亡和财产损失。该起事故充分暴露出企业安全生产主体责任不落实，地方政府和有关部门安全监管不到位等问题。

事故发生后，李克强总理、刘鹤副总理、王勇国务委员、应急管理部黄明书记、省委书记张庆伟、省长王文涛分别做出重要批示，要求深刻吸取事故教训，全力搜救井下失联人员，尽快查明事故原因，依法依规严肃查处相关责任人。

为认真贯彻落实国务院和省委省政府主要领导重要批示精神，深刻吸取事故教训，有效防范和坚决遏制生产安全事故，现就做好当前非煤矿山安全生产工作提出以下要求：

一、提高站位，全面落实非煤矿山安全生产责任

各地要深刻吸取"5·17"事故教训，切实提高做好非煤矿山安全生产工作极端重要性和紧迫性的认识，认真贯彻落实国务院和省委省政府主要领导关于"5·17"事故的重要批示精神，筑牢安全发展理念，强化底线思维和红线意识，要敢于担当、主动作为，认真查找工作中的不足，将非煤矿山安全监管工作抓实抓牢。要夯实企业安全生产主体责任，从源头上解决企业责任意识淡薄、安全理念不强、安全管理粗放等问题，从本质上提高企业安全意识、落实安全责任、强化安全措施，有效防范和遏制生产安全事故，坚决扭转非煤矿山领域安全生产工作被动局面。

二、严格排查，全面整治非煤矿山各类隐患问题

各地要立即行动起来，结合《黑龙江省非煤矿山安全生产大排查大整治百日会战实施方案》，全面启动非煤矿山领域安全生产大检查，把查大风险、治大隐患、防大事故放在首位，重点排查地下矿山采空区和废弃工程治理、防中毒窒息和防治水安全措施落实等情况，尾矿库坝体稳定、干滩长度等情况，露天矿山高陡边坡管理等情况。对排查发现的违法违规行为和重大安全隐患，要严格执行"四个一律"和"五个一批"的执法措施，切实做到从严检查、从严处罚、从严整治。要严格按照国务院安委办关于做好金属非金属矿山整顿关闭工作要求，对排查发现的隐患和问题全面梳理，符合关闭条件的，一律提请当地政府依法关闭。

三、强化措施，坚决防范化解重大安全生产风险

各地要在"防大风险、治大隐患"上下功夫，结合双重预防机制建设，全面开展非煤矿山企业安全生产"大体检"专项行动，按照地下矿山、露天矿山、尾矿库安全风险"大体检"标准要求，逐项标准对照、逐家企业核查，全面防治各类风险和隐患，深入开展企业安全风险评估，提出切实可行的防范治理措施。要督促企业及时掌握自然灾害信息预警预报，全面落实防范自然灾害安全措施，切实提高非煤矿山企业防灾减灾能力。

四、严格执法，切实加强尾矿库汛期安全监管工作

各地要严格落实应急管理部关于金属非金属地下矿山专项执法行动通报视频会议精神，结合《黑龙江省防范汛期尾矿库安全生产事故十项措施》，督促企业严格落实尾矿库汛期安全管控措施，及时组织开展尾矿库汛期安全专项执法检查，重点检查尾矿库坝体及周边山体、排洪（排水）设施、浸润线埋深、安全超高和干滩长度等是否符合安全要求，尾矿库汛期安全管理责任和相关应急管理工作是否落实到位，对发现的隐患和问题，不能保证安全度汛的，一律责令停产整顿，坚决遏制和有效防范尾矿库汛期生产安全事故。

五、严肃问责，强化事故调查处理和责任追究

各地要严格执行事故报告制度，坚决杜绝迟报、谎报、瞒报现象。发生事故后，要按照"四不放过"和"科学严谨、依法依规、实事求是、注重实效"原则，认真组织开展事故调查处理工作，查清事故原因，认定事故性质，总结事故教训，依法追究责任，及时公布事故调查处理结果，严厉追究事故单位和有关人员责任。针对翠宏山矿业公司，黑河市应急管理局要责令其停建整顿，对该公司及有关人员要依法依规严肃处理。

黑龙江省应急管理厅办公室

2019 年 5 月 22 日

【简评】

应该引起注意的是，情况通报与批评性通报颇有相似之处，但二者亦有区别，即前者只对处理情况进行转述，后者要在文中写有处理决定。前者往往采用"白描"的手法客观地叙述事实，讲究"直陈其事"，一般不过多地分析事件的起因，也很少进行议论。后者在对事件进行陈述时往往有议论性质的评价。因此，在写作中应注意二者的区别。

仅就写作结构而言，综合情况通报和典型情况通报并无太大差异，但后者通常都是在总结教训的基础上，有针对性地提出工作要求。因此，二者在下一步工作的意见与要求部分存在差异。

例文首先交代了通报的缘由，进而用较大篇幅传达了相关情况。在总结 ×× 县 ×× 山矿业有限公司铁多金属矿"5·17"透水事故教训的基础上，采用分条列项的写法提出各项要求，使得例文在正文结构上符合通报的写作要求且一气呵成。

三、通报写作小结

（一）以客观事实为基础

任何一个通报都建立在客观事实的基础上。没有客观事实的存在，通报就失去了写作的内容。就此而言，通报在公文中是"务实"而不是"务虚"的文种。"务实"就要求事实材料必须客观真实，叙述事实必须实事求是。

（二）以典型事例为题材

总体而言，通报要抓的事例，必须具备两个特征：一是普遍性或者倾向性，就是说，这个事例不属个别的、偶然的现象，而是一定范围内的一种普遍现象或者已经呈现出倾向性的现象。抓住这一点，通报才有普遍指导意义，才有制发的必要性。二是典型性和代表性。针对一种普遍现象撰写通报，必须抓住其中具有典型性、新颖性、代表性的事例，这样才能增加通报的说服力，给阅文者留下深刻印象。这一特点在批评性与传达性通报中尤为突出。

（三）以教育指导为目的

上级机关制发通报的直接目的，就是让下属机关或部门在知晓有关情况的前提下，学习先进者的经验，吸取失败者的教训，了解全局工作的进展情况，注意容易出现的问题。可以说，教育指导作用是通报的基本作用。

（四）以及时有效为原则

要使通报真正起到感化、震慑、教育指导的作用，其中的典型事例必须给人以现实感、新鲜感、触动感。这就要求通报的撰制与传递及时快捷。

这一写作特性不仅仅是对通报的要求，其他文种的写作也不例外。如布置某项工作，此时行文可能立见成效，拖些时日可能就被动许多；解决某个问题，抓住时机行文犹解燃眉之急，若等时过境迁，行文便失去意义。这也是由公文"事关公务并具现实效用"的特点所决定的。

扫一扫，获
取本章例文

第十章　报告

一、报告的用法

（一）报告的含义

报告是下级机关用来向上级机关汇报工作情况、答复上级机关询问的陈述性公文。报告"适用于向上级机关汇报工作，反映情况，回复上级机关的询问"。

（二）报告的类别

（1）按行文关系分，可分为三类：一是下级机关给上级领导机关的报告；二是业务职能部门给自身领导机关的报告；三是下级业务部门给上级业务主管部门的报告。

（2）按产生背景分，可分为三类：一是主动报告，即发文机关主动向上级机关汇报工作、反映情况而形成的书面报告；二是被动报告，即发文机关答复上级机关的询问而形成的书面报告；三是例行报告，即按照工作性质与惯例，定期必须形成的报告。

（3）按内容分，主要可分为六类：一是工作报告，即以汇报工作为内容的报告（包括工作总结报告）；二是情况报告，即向上级机关反映某种情况的报告；三是上复性报告，即答复上级机关询问的报告；四是呈转性报告，即向上级机关汇报工作、提出意见或建议，并请求将该报告批转有关部门或地区执行的报告；五是检讨报告，即因工作中发生的错误，侧重从主观上进行检查而呈送给上级机关的书面报告；六是报送性报告，即向上级机关报送文件、物品时使用的报告。

（4）按内容所涉及的范围分，可分为两类：一是综合报告，即向上级机关全面汇报本单位工作情况的报告，这种报告多是例行报告；二是专题报告，即就某一问题或某项工作而向上级机关呈送的报告。

（5）按行文目的分，可分为两类：一是呈报性报告（汇报性报告），即行文目的只在于让上级机关了解有关情况，而无批转要求的报告；二是呈转性报告（建议性报告），即呈报给上级机关并要求其批转给有关单位执行的报告。

（三）报告的写法

1. 标题

报告的标题最常用的写法是"事由＋文种"形式，如《关于湖北、湖南、江西、安徽省平垸行洪、退田还湖、移民建镇进展情况的报告》《关于涉农价格收费及农民负担情况的调查报告》等。

2. 主送机关

报告的主送机关不可省略。在主送机关的数量上通常都是一个，如果必要，可以不止一个，但不宜过多。报告一般不可越级行文。若非上级机关负责人直接交办的事项，发文机关不得向其直接报送报告。

3. 正文

（1）工作报告。工作报告正文一般含三部分：一是导语。多用两种写法：或者交代报告产生的背景；或者概括工作的基本情况。二是工作的进展情况（包括主要做法及取得的成绩）与经验体会。三是工作中存在的问题及解决办法（或努力方向、初步打算、若干建议等）。

（2）情况报告。情况报告中的情况是应及时向上级机关反映的事项，主要包括重大事故、严重灾害、各种重大突发事件、社会上值得注意的新动态等。

情况报告的正文一般含四部分：一是发生的具体情况，包括时间、地点、经过、结果及善后工作情况；二是发生事件的原因，包括直接原因、间接原因以及各级领导的责任；三是具体的处理意见和今后的防范措施等；四是情况报告的尾语，如"以上报告如有不当，请指正"或"特此报告"等。

（3）呈转性报告。呈转性报告正文含四部分：

一是报告的开头。发文机关要在此处说明为何关注这一问题，形成这一报告。关注这一问题的原因可以是遵照领导的指示，或者是根据有关文件的精神，或者是出于实际工作的需要等。

二是工作中存在的问题。这部分有两种写法：或者先简要地肯定前段工作的成绩，再突出地提出存在的问题；或者是开门见山地列出当前存在的实际问题。摆出问题之后，应该进行必要的分析，尤其要指出这一问题长期存在的严重后果，由此使人感受到解决这一问题的必要性、紧迫性。

三是解决问题的建议与办法。这是希望得到上级机关批准并批转给有关机构执行的内容，是呈转性报告的重点所在。在写作中要注意三点：其一是要有针对性，针对工作中的主要问题提出行之有效的解决办法；其二是要有可操作性，提出的措施办法应该具体详尽、便于实施；其三是要有条理性，解决问题的措施往往有若干条，应该分条列项、条理清晰。

四是呈转性报告的专用尾语，即"以上报告如无不妥，请批转有关部门贯彻执行"。

（4）上复性报告。这是答复上级机关询问而形成的书面报告，是一种被动报告。写作上的突出要求就是要有针对性。

上复性报告正文一般含三层：一是报告缘由，即在报告的开头首先说明收到上级什么文件、答复上级什么问题、承办上级交办的什么事项而作此报告；二是报告内容，这是上复性报告的核心，写作应答其所问，语言精练，条理清楚；三是尾语。

（5）检讨报告。检讨报告正文一般含三层：一是简述责任事故或错误事实，重点说明其严重后果、性质及危害等；二是对事故或错误的原因进行分析。在全面分析主客观原因、直接或间接原因的基础上，重点应检查产生错误、造成事故的主观思想根源，表明对错误的认识，不应强调客观，推卸责任；三是简要说明改正错误的决心和努力的方向，表明愿意接受处分的态度。

（6）报送性报告。报送性报告只需说明报送材料的名称、份数（有时可简要提到材料产生的背景），再以"请查收"、"请审阅"、"请指正"等结尾即可。

二、报告实例简评

（一）工作报告

【例文】

国家卫生健康委关于2019年度
法治政府建设工作情况的报告

2019年，国家卫生健康委深入学习贯彻习近平新时代中国特色社会主义思想、全面依法治国新理念新思想新战略，紧紧围绕卫生健康中心工作，全面推进依法行政，切实严格依法履职，强化权力监督制约，不断加强制度建设，加快推动卫生健康法治政府建设向纵深发展，法治政府建设各项工作取得新进展、新成效，为实现"十三五"卫生健康事业改革发展目标提供了强有力的法治保障。

一、以良法保障善治，推动卫生健康立法工作高质量发展

一是卫生健康立法工作取得重大突破。（略）二是加快重点领域立法步伐。（略）三是加强部门规章的制修订工作。（略）

二、不断完善法治工作机制，进一步提高卫生健康领域依法治理的能力和水平

一是进一步落实科学立法、民主立法、依法立法要求，在卫生健康立法工作中坚持以人民为中心的发展思想，严格按照法定程序和工作要求开展工作，努力使所

确立的制度和规定获得人民群众更大的认同感，维护人民群众健康。二是强化合法性审核和公平竞争审查工作制度建设和落实，制定我委行政规范性文件合法性审核工作制度和重大行政执法决定法制审核制度。据统计，2019年对150余份文件开展了合法性审核和公平竞争审查，分别提出了审核和审查意见。三是推进《重大行政决策程序暂行条例》和行政执法"三项制度"的落地实施。根据国务院办公厅《关于全面推行行政执法公示制度执法全过程记录制度重大执法决定法制审核制度的指导意见》，制定了我委贯彻落实的重点任务分工实施方案。

三、深化行政审批制度改革，深入推进依法行政

一是持续调整卫生健康行政许可事项。2019年取消职业病诊断机构审批、医疗机构配制制剂审核，下放部分护士执业注册审批权限等。二是推行清单式管理制度。全面清理委本级卫生健康领域证明事项，编制拟保留证明事项清单，推进办事服务标准化规范化，方便群众办事；编制并实施监管事项清单以及委本级行政检查事项清单，强化事中事后监管责任落实。三是认真落实"证照分离"改革全覆盖试点决策部署。在全国18个自由贸易试验区对23项卫生健康许可事项开展"证照分离"改革，优化审批服务。四是落实全国深化"放管服"改革优化营商环境电视电话会明确的改革任务，细化改革举措，创新监管方式。五是完善"互联网＋医疗健康"和社会办医发展政策措施，进一步规范社会办医市场准入。

四、强化和创新卫生健康监管，加大行政执法监督力度

一是继续开展"双随机、一公开"监管，全面梳理卫生健康领域监管事项清单，推进卫生健康系统"互联网＋监管"系统建设。二是开展专项行动，强化行业监管。开展抗（抑）菌制剂专项整治、疫苗规范使用专项整治、职业健康专项整治等专项整治行动，强化事中事后监管。既体现严格执法、依法打击的"力度"，也体现宽严相济、文明执法的"温度"。三是完善组织机构，加快社会信用体系建设。开展监督执法领域信用评价工作研究，推动卫生系统构建以信用为基础的新型监管机制。加强与最高人民法院，国家发展改革委、公安部等部门沟通协调，落实已签署的联合惩戒合作备忘录，将370人次严重危害正常医疗秩序的失信行为责任人列入黑名单，推送相关部门实施联合惩戒。四是加大执法力度，完善执法程序。制定《卫生健康行政执法全过程记录工作规范》，开展案例评查工作，指导地方规范执法办案，提高卫生行政执法文书制作水平和行政处罚案件质量，建立责任追究制度，切实提高卫生执法效能，维护人民群众合法权益。五是加强卫生监督体系建设，推进卫生监督执法队伍专业化、规范化、职业化。全年共开展培训15期，培训卫生监督骨干1338人次，网络培训5899名监督员，人均网络学习时间39.66学时。

五、加强对行政权力的制约和监督，让权力在阳光下运行

一是自觉主动接受监督。（略）二是持续推进政府信息公开工作。（略）三是依法履行行政复议职责，有效解决行政争议。四是建立健全我委法律顾问和公职律师制度。发布我委法律顾问公告，聘请5位知名法学专家作为我委法律顾问，召开法律顾问聘任暨座谈会，不断完善我委法律顾问工作机制，通过开展课题研究、立法

专题研讨、重大涉法涉诉案件研讨、法律咨询等多种方式，畅通法律顾问履职渠道，不断提高我委依法科学决策水平和重大事件依法应对能力。

六、不断优化公共服务水平，提高人民群众获得感

一是推动"互联网＋医疗健康"有序规范发展，开展"互联网＋医疗健康"便民惠民活动，着力解决群众"操心事、烦心事"。二是推广新型医疗服务模式，医疗服务质量进一步提升。医院建立多学科诊疗工作机制，患者挂一次号即可同时得到多个专科专家的共同诊治。创新推动日间手术试点，有效提高手术效率，缩短术前等候时间，减轻患者负担。三是推进"三调解一保险"的医疗纠纷预防处理制度体系建设，完善医疗机构内部管理、医疗纠纷人民调解、医疗风险分担工作，形成医疗纠纷预防和处理常态化工作机制。四是不断完善食品安全和卫生健康标准体系。强化标准服务，建立国家标准平台，服务企业和社会公众，畅通标准意见反馈渠道。发布食品安全、职业健康、医疗安全、健康风险评估等标准149项。五是全面实施生育登记服务制度，持续推进多证合一、网上登记，加快建设一站式在线服务，实现群众在家即可便捷办理有关登记服务业务。

七、扎实推进法治宣传教育，培养提升法治思维理念

一是落实"谁执法、谁普法"的责任制。全面推进"七五"普法工作，制定普法责任清单，明确委内各司局普法责任，积极推动普法责任清单的落实。二是加强领导干部和卫生健康工作人员学法用法制度化、规范化、常态化。将法制学习作为委党组中心组理论学习的"规定动作"。建立我委工作人员旁听庭审制度，要求各司局工作人员至少旁听一次庭审。三是开展法治培训，培养全系统法治思维理念。连续多年组织医疗机构法治建设培训班，指导医院建立专门的法务部门或实行法律顾问制度。加强医疗卫生事业单位法治建设，增强卫生健康系统风险防范化解能力。

八、存在问题及2020年工作打算

2019年，我委在推进法治政府建设上取得了一定成效，但随着全面依法治国在卫生健康领域的不断深入推进，以及卫生健康事业改革发展中不断出现的新情况、新问题，我们还需要不断努力提高运用法治思维和法治方式推动卫生健康事业改革发展的能力；进一步强化卫生健康"放管服"改革与医疗卫生工作特点的有机结合；推动严格规范公正文明执法；切实加大法治宣传力度。2020年我委将推动开展以下工作：

一是推动完善公共卫生相关法律体系，强化公共卫生法治保障，努力构建系统完备、科学规范、运行有效的疫情防控、公共卫生应急管理法律体系。二是不断深化"放管服"改革，切实推进卫生健康治理能力现代化。继续深入研究论证拟取消下放卫生健康领域行政许可事项，加强事前事中事后监管的有效衔接；推动优化营商环境、自由贸易试验区"证照分离"改革措施落地；着力落实重点领域和一般领域分类监管要求、加强创新监管；优化审批服务和医疗卫生服务，提高群众办事和医疗服务获得感、幸福感和满意度，确保放得下、管得住、服得好。三是进一步加大法制宣传力度。按照"谁执法谁普法"的原则，做好公共卫生相关法律法规的宣传普及工作，进一步加大普法工作力度。做好"七五"普法总结工作。

【简评】

例文是国家卫生健康委关于 2019 年度法治政府建设工作情况的报告。主要从八个方面阐释了 2019 年度法治政府建设工作的总体情况。这八个方面共同构成了一个严密的逻辑体系，主旨清晰，结构合理。

例文由标题、正文两部分组成，符合工作情况报告的通常写法。标题采用了三项式写法，即"发文机关＋事由＋文种"形式，这种标题形式在写作报告中不常用，报告的标题多采用"事由＋文种"形式。正文部分开篇交代了报告的背景，然后阐释了 2019 年度国家卫生健康委法治政府建设工作进展情况及成就、存在问题及 2020 年工作打算三大部分八个方面的报告主体内容，每一部分又分别进行了细化说明，层次清晰。

（二）情况报告

【例文】

××县卫生局关于饮用水安全突发事件
应急处理工作的情况报告

新卫发〔2006〕8号

县政府：

2006 年 2 月 12 日凌晨 3 时，××市××镇一辆满载 10 吨甲醇的货车发生交通事故，造成约 1 吨左右的甲醇泄入河水中。县政府于 2 月 12 日上午召开了紧急会议，研究部署确保我县饮用水，尤其是县城自来水安全的应急处理方案，副县长×××要求卫生等相关部门立即采取有力措施，确保全县群众的饮用水安全。

面对这一突如其来的事件，我局领导高度重视，局长×××、副局长×××身临一线、靠前指挥。根据县领导的指示，站在讲政治、讲科学、讲大局的高度，迅速对应急处理工作作了安排部署，立即采取了以下措施：

成立以局党组书记、局长×××为组长，副局长×××为副组长，县卫生执法监督、县疾控中心有关负责人和局机关相关科室负责人为成员的事件应急处理工作组，统一指挥事件的应急处理工作。应急处理工作组召开现场紧急会议，在第一时间部署事件应急处理工作。

局长×××、副局长×××当即指示县卫生执法监督所：立即启动相应的突发公共卫生事件应急预案，检查应急专用装备和相关检验检测仪器，相关专业技术人员进入临战状态，一线专业技术人员取消休假并保持通讯畅通、24 小时待命。局长×××、副局长×××亲率卫生监督员到县自来水厂及西河流域进行卫生监督、检查，并指导采取应急措施：

一是立即关闭自来水取水系统，全部采用地下水。

二是从 2 月 12 日起，每隔 2 小时采集自来水厂的出厂水、管网水、末梢水水样进行卫生监测。

三是对县自来水厂下达了卫生监督意见书，要求自来水厂严格加强自来水的监控和监测，切实保障全县人民饮用水安全。

四是向自来水厂派驻卫生监督员，监督检查自来水厂执行县政府决定和卫生局要求的情况，确保水厂所供水质符合国家饮用水卫生标准。

五是卫生监督员 24 小时坚守在自来水厂采集水样，卫生检验人员 24 小时守候，对卫生监督员和环保局工作人员采集的饮用水和河水进行检测，随时掌握我县自来水和河水的卫生状况。

按照突发事件信息报送的要求，我局及时将应急处理工作的进展和水质检验检测的结果报告了县政府领导，为领导决策提供第一手信息资料。

在应对这场突发事件中，我局执行坚决，措施有力，局领导和一线卫生监督员、检验专业技术人员坚持人民群众的健康高于一切，主动放弃了元宵佳节与家人团聚的机会，24 小时坚守岗位，确保了全县人民群众生活饮用水卫生安全，避免了这起水污染事件给人民群众身体健康和生命安全造成危害，为全县人民身体健康和生命安全做出了积极贡献，受到了县委、县政府的充分肯定，副县长 ××× 对卫生部门的应急工作给予了高度评价。

×× 县卫生局

2006 年 2 月 15 日

【简评】

这是一份关于饮用水安全突发事件应急处理工作的情况报告。例文由标题、主送机关、正文及成文日期等要素构成。

例文首先交代了该突发情况发生的时间、地点以及相关部门应对此事件的前期准备工作，进而在正文主体部分阐述了应对此事件的相关措施。其次在相关措施的写作过程中，例文采用了分条列项式的常用写法，每一段落虽用语不多，但能够比较清晰地表达主题。最后，发文机关对该事件的处理情况进行了高度概括，简洁明了地给出处理好该突发事件的指导原则以及重要意义。

全文在结构安排、篇章布局设计、语言应用等方面符合突发情况报告的写作要求，可为写作同类文件提供借鉴。

（三）检讨报告

【例文】

关于渤海2号钻井船翻沉事故的检讨报告

国务院：

我部接到国务院关于渤海 2 号钻井船翻沉事故决定事项的通知以后，进行了多次学习讨论。大家完全接受国务院、党中央领导同志的严肃批评。一致认为，这是对我们的关心和爱护，教育极深，震动很大，决心端正态度，从思想作风上深刻检查，坚决改正我们的严重错误。

我部海洋石油勘探2号钻井船翻沉事故，是一个违章指挥造成的重大责任事故，也是建国以来石油生产建设上一次最严重的事故。这次事故死亡职工72人，直接经济损失3000多万元，给党和国家在政治上、经济上造成巨大损失。我们心情十分沉痛，深感有愧于党和国家的委托，对不起殉难同志和他们的家属。国务院，党中央的严肃批评，广大群众包括报纸和其他方面的严肃批评，都是对我们的深刻教育。

"渤2"翻沉事故的根本原因，正如国务院和党中央领导同志指出的，是我部领导在成绩面前骄傲了，不那么尊重工人群众、专业人员和基层干部的意见，并影响了下面某些领导干部。这个批评十分中肯，非常正确，击中了我们的要害，指出了我们思想作风上的主要问题。

多年来，我们部领导思想上确实存在严重的骄傲自满。面对石油工业在党和政府的领导下，在各部门、各地区和全国人民大力支持下，依靠广大职工努力所取得的一些成绩，不适当地高估了自己的作用。以"先进"自居，爱听赞扬，不爱听批评，讲成绩沾沾自喜，讲缺点轻描淡写，不能虚心学习别人的好经验。说话口大气粗，盛气凌人，听不得不同意见，往往一触即跳，老虎屁股——摸不得，在有些问题上搞得上下左右关系紧张。这种思想作风在"渤2"事故问题上表现尤为明显。

（一）由于骄傲，我们容易头脑发热，急于求成，主观片面，夸大主观能动性，提出一些不切实际的口号，作了一些超越客观可能性的计划。（略）

（二）由于骄傲，我们往往不讲科学，盲目蛮干，只强调革命加拼命，缺乏严格的科学态度。（略）

（三）由于骄傲，我们常常自以为是，缺乏民主，缺乏商量办事作风，不尊重工人群众、技术人员和基层干部的意见，不尊重兄弟部门和地方同志的意见。（略）

（四）由于骄傲，我们脱离群众，脱离实际，滋长了严重的官僚主义。特别是在对待工人群众的生命安全上，一些问题更是不能容忍的。（略）

（五）"渤2"事故发生以后，我们对事故严重性缺乏认识，强调客观，开脱责任，态度是恶劣的。

实践再次证明，骄傲了就要犯错误，就要摔大跟头。我们在"渤2"事故问题上，错误是严重的，影响是很坏的。我们定于25日召开石油企业领导干部紧急会议，传达贯彻中央书记处指示，检查我们的错误，听取企业同志的批评，并在他们回去以后进一步征求群众意见，切实改变我们的思想作风。

为了挽回给党和国家造成的不良影响，请求给予撤销我的部长职务的处分。

我们请求把"渤2"事故和我们的错误通报全国，把我们的检讨在报纸上公布；并希望中央、地方有关部门和报刊继续给我们批评帮助，以更好地教育我们。

我们要把"渤2"事故的沉痛教训变为动力，用实际行动改正错误，团结广大职工，为发展石油工业做出贡献。

　　以上报告当否，请指示。

石油工业部部长　×××

××××年××月××日

【简评】

　　这是一份检讨报告。由标题、主送机关、正文、尾语、署名和成文日期等部分构成。

　　在相关书目及网络空间检索检讨报告这一文种的例文，屈指可数，且大多数格式并不规范。

　　所选例文堪称检讨报告写作的典范之作。正文首先明确了行文背景，并直陈"渤2"事故发生的主要原因，进而展开了深入的自我检讨与自我批评，以四个"由于骄傲……"再次重申了造成事故的根源是主观作风问题。例文不仅仅作思想上的检讨，相关领导在意识到事故的严重性基础上，主动提出撤职申请，但从中又看不出逃避责任的意味，因为下文又明确指出"我们要把'渤2'事故的沉痛教训变为动力，用实际行动改正错误，团结广大职工，为发展石油工业做出贡献"，可见检讨之深入。

　　从总体来看，例文逻辑清晰，检讨内容深入、彻底，格式规范、严谨。

（四）上复性报告

【例文】

××市人民政府关于解决××市水污染问题的报告

国家环保总局：

　　国家环境保护总局办公厅《关于尽快解决××市水污染问题的函》（环办函〔2004〕381号）收悉。市政府十分重视，市长×××、副市长×××听取了市建委、市环保局等部门关于我市城区地表水污染和污水处理情况的汇报，并组织召开专题会议对该问题进行讨论和研究。会议认为，总局提出的水污染问题，是我市急待解决的问题，城市污水处理厂建设是我市城市建设的重要任务，必须加快进程。现将我市城市污水处理及城区地表水污染治理有关情况向总局报告如下：

　　目前，××市共有4个污水处理厂，分别是日处理能力39万吨的北郊污水处理厂、日处理能力15万吨的西郊污水处理厂、日处理能力2.5万吨的双阳污水处理厂和日处理能力2.5万吨的一汽污水处理厂。其中，日处理能力最大的北郊污水处理厂为一级处理。

　　按照国家环保总局《关于调整〈国家环境保护模范城市考核指标〉及实施细则的通知》（环办〔2002〕132号）和总局《关于印发〈"十五"期间城市环境综合整治

定量考核指标实施细则〉的通知》（环发〔2001〕161号）要求，城市生活污水处理率一级处理水量不再纳入计算。因此，××市城市生活污水处理率由2001年底的53.42%，分别下降至2002年的7.48%和2003年的10.86%。另外，2003年，××西郊污水处理厂和双阳污水处理厂区域排污管网未全部截流，两污水厂未达到设计处理能力，因此，××市城市生活污水处理率仅为10.86%。

××北郊污水处理厂由香港××公司与××市排水公司合作经营，冠名为××××污水处理有限公司（以下简称××公司）。北郊污水处理厂因××公司与××市排水公司发生合同争议，××公司擅自于今年2月26日起全面停运。

此事发生后，市政府非常重视，×××市长、×××副市长专门向总局×××局长汇报，得到了理解和明确批示。市环保局对××公司下发了《关于责令×××污水处理有限公司限期恢复北郊污水处理厂正常运行的通知》（×环保〔2004〕6号）、《关于对×××污水处理有限公司的处罚决定》（×环保〔2004〕7号）和《关于要求×××污水处理有限公司尽快落实国家和吉林省整治违法排污企业有关规定的通知》（×环保〔2004〕49号），要求××公司无条件恢复运行，同时处以罚款5万元。××市排水公司作为合作方，为防止污水处理厂停运造成下游水体污染，向政府提交了《关于组织恢复北郊污水处理厂生产运行的报告》。经多方协商，北郊污水处理厂于今年5月1日已恢复生产运行。

市政府为彻底解决××市地表水污染治理问题，2003年，市政府成立了地表水综合治理办公室，将有关任务分解落实到市建委、环保局、规划局、水利局、园林局、法制办、水务集团和城开集团等8个部门和单位，各责任部门又将各自承担的办理任务进一步细化分解，落实到人头。一年来，主要完成了以下几方面工作：

第一，完成了城区水体污染现状调查，对城区排水管网、污水吐口、主要污染源、各公园水体状况等进行了全面摸底调查。（略）

第二，实施南湖公园、儿童公园、动植物园水体综合治理工程和伊通河中段污染治理工程。（略）

第三，做好城市污水处理厂规划、建设准备工作。目前，北郊污水处理厂等污水处理厂升级改造，××南部、东南部、××湖污水处理厂建设工程已纳入政府日程，并着手实施。

（一）完善现有的污水处理设施，最大限度地发挥其效益

（1）对北郊污水处理厂进行改造。通过强化管理，使出水稳定达到一级处理标准。在此基础上，投资5.6亿元（利用亚行贷款），实施北郊污水处理厂二期工程，使处理深度达到国家规定的二级标准，同时增加日处理10万吨再生水的能力。该工程2005年动工建设，2006年投入使用。

（2）继续实施西郊污水处理厂的污水截流工程，今年8月5日前完成南阳路截流干管工程（全长3公里、DN1500）建设，使污水日处理量达到10万吨。

（二）依据不同汇水区域的水质水量，规划建设一批新的污水处理厂

（1）建设东南部污水处理厂。（略）

（2）建设南部污水处理厂。（略）

（3）建设串湖区域污水处理厂。（略）

目前，市政府已责成市建委、规划局、城开集团、水务集团等部门单位，加快城市污水处理厂建设步伐，积极筹措资金，抓紧落实建设任务。

（一）明确分工，落实责任

（略）

（二）采取市场化运作方式，多渠道筹集建设资金

（略）

（三）加强行政监管，实行特许经营

（略）

（四）巩固成果，进一步提高城市环保水平

第一，针对城区水环境现状，结合我市实际，市政府成立了全市环境容量测算工作协调小组，建立了××市地表水环境容量测算工作协调会议制度。（略）

第二，结合国家六部委《关于开展清理整顿违法排污企业保障群众健康环保专项行动》，我市把加大对水污染防治工作作为一项长效管理机制进行了认真实施。（略）

第三，我市由市环保局与商委联合下发了《关于对屠宰加工企业污水排放进行限期治理的通知》。要求市区生猪、禽、犬类屠宰加工企业须在 2004 年 10 月 31 日前完成治理任务，对牛、羊、大牲畜等加工企业及各县（市）各类屠宰加工业必须在 2005 年 10 月 31 日前完成治理任务。对不能按时完成限期治理任务的加工企业，取消屠宰加工资格并进行罚款同时加倍征收排污费。

第四，在环境监测上，加强自动监控网络建设，建立了环境质量状况公示制度，我市区域内的主要河流、水体环境质量状况都定期上报和通报。上半年，共监测废水污染源 140 家（次），医疗废水 48 家，共提供了近 2 万个监测数据，松花江等主要河流和水体水质上报率 100%。

第五，在全市范围内，开展了饮用水源保护区划分工作，目前，各县（市）和双阳区已经完成了饮用水源保护区划分的技术文本等基础工作，通过了由省环保局组织的专家组技术审核。按照环保目标责任书落实的分解任务，加强了对××污水处理厂的监督管理，××××啤酒厂污水治理项目已经通过省环保局组织的验收，污染物已经做到了稳定达标排放。

第六，市环保与规划部门起草了《关于加强建设项目中水设施建设管理的通知》，将对市区具有一定规模的新建、改建、扩建工程项目必须同期配套建设中水设施。包括建筑面积超过 2 万平方米的宾（旅）馆、商场、公寓，综合性服务楼及高层商品住宅；规划建筑面积 5 万平方米以上的住宅小区、集中建筑区；优质杂排水日排放量超过 250 立方米的独立工业企业及成片工业小区。要求对上述建设项

目中水设施与主体工程同时设计、同时施工、同时交付使用。通过采取以上措施，我市城市污水处理率和中水回用率将会得到进一步提高，增加水污染物排放环境容量。

总之，我们一定要加快城市污水处理厂建设步伐，尽快提高××市城市污水处理率，增加水污染物排放环境容量，为我市振兴××老工业基地建设提供更多发展空间。

2004 年 7 月 27 日

【简评】

报告的开头首先说明收到国家环境保护总局办公厅《关于尽快解决××市水污染问题的函》(环办函〔2004〕381 号)，进而更加深入地明确了此上复性报告的主题。在这部分，经常要引述上级来件的时间、标题、字号等。一般要先引用标题，再引用发文字号。

该报告紧紧围绕主管部门所提的关于尽快解决××市水污染问题进行写作，做到了答其所问。这也是上复性报告写作的基本要求。此部分也是上复性报告写作的核心，因此语言要精练，条理要清楚。例文也是按照上述要求，分条陈述相关内容。

该上复性报告的尾语并非一般常用的"特此报告"、"专此报告"，而是发文机关就加快解决水污染问题进行了表态性说明。这也是公文尾语中要求、说明式尾语的现实应用。

（五）报送性报告

【例文】

<h3 align="center">关于报送二○一四年工作总结的报告</h3>

市政府：

现将"××市××局二○一四年工作计划"送上，请审阅。

××市××局
2014 年 1 月 10 日

【简评】

按照报送性报告的写法，例文中××市××局向市政府报送工作计划时需在其前面加一个说明报送情况的文件，用以说明报送材料的名称等内容。然后，再以"请审阅"做结，简洁明了。

正文虽简短，却起到提纲挈领的作用，其一方面可以明确发文机关的行文目的，同时也便于收文机关的文件办理。

（六）呈转性报告

【例文】

关于全省农村乡镇和城市街道消防监督管理
工作情况及今年工作意见的报告

××省人民政府：

近年来，我省农村乡镇和城市街道（以下简称第三级）的火灾形势十分严峻，已经成为全省消防工作的薄弱环节。据统计，全省1990年至1998年共发生火灾47629起，死亡638人，伤820人，直接经济损失11.3亿元，而第三级火灾分别占同期火灾起数的80%，死亡人数的63%，受伤人数的58%和直接经济损失的25%。特别是第三级重特大恶性火灾时有发生，1997年3月15日，××市××区一街办歌舞厅发生火灾，死亡9人，伤5人；1998年11月13日，××市××区一居民楼发生火灾，死亡9人，伤1人，21户居民受灾；1999年2月26日，××县一乡办打火机作坊发生火灾，当场烧死10人。造成第三级火灾严重的主要原因是：

一、一些乡镇政府和街道办事处的领导消防法规意识不强，没有认真履行政府消防管理职能。（略）

二、一些单位消防安全管理较为混乱，独立承担消防安全责任的能力较差。（略）

三、一些公安机关内部认识不统一，消防监督工作不得力。（略）

为加强第三级消防监督管理工作，保障国家财产和人民生命安全，促进城乡经济发展，根据《消防法》、国务院办公厅国办发〔1995〕11号文件和公安部《消防监督检查规定》的精神，对今后工作提出如下意见：

一、树立依法治火观念，切实加强领导，认真履行第三级消防管理工作职责。（略）

二、认真贯彻执行《××省公安派出所消防监督检查办法》，不断提高消防监督执法水平。（略）

三、建立科学的监督管理模式，形成第三级消防工作的合力。（略）

四、加大检查指导力度，落实各项具体措施，全面推进第三级消防监督管理工作。各县（市、区）政府要督促乡镇政府和街道办事处认真履行消防管理职责，充分调动其做好消防工作的积极性，努力开创第三级消防管理工作的新局面。（略）

以上报告如无不妥，请批转各地区、各部门执行。

××省公安厅

2000年1月25日

【简评】

例文在开头部分说明了关注"全省农村乡镇和城市街道消防监督管理工作"的原因以及在消防监督管理工作中存在的主要问题。例文针对一些乡镇政府和街道办事处的领导消防法规意识不强，没有认真履行政府消防管理职能；一些单位消防安全管理较为混乱，独立承担消防安全责任的能力较差；一些公安机关内部认识不统一，消防监督工作不得力等问题，对下一步工作提出四点意见。

面对全省农村乡镇和城市街道消防监督管理工作中存在的一些领导消防法规意识不强、消防安全管理较为混乱、公安机关内部认识不统一等问题，例文提出了四点意见。此部分也是呈转性报告写作的重点所在。例文在写作中做到了提出意见的针对性、可操作性、条理性。这几个特性也是呈转性报告写作中应予关注的焦点。

例文以"以上报告如无不妥，请批转各地区、各部门执行"这一专用尾语做结，简洁明了，表意清晰。

此处应该注意的是，报告是呈送给领导机关的，若领导机关直接给予下转便称"批转"，若领导机关责成其办公部门下转则称"转发"。无论批转还是转发，只要将呈送性报告下转，必须在其前面加一转文性通知。

三、报告写作小结

（一）写作时机的相对事后性

报告是在工作有了安排或开展了、情况发生了或者上级机关询问了之后才去撰稿行文的。因此，所报告的事项必须注重实效，情况真实。否则，将影响到决策的真实性和科学性。可见，真实是报告写作之本。

（二）报告内容的陈述性

所报告的事项都是已经发生、存在的既成事实，下级机关或部门只需在报告中客观如实地陈述汇报，使上级机关了解掌握有关情况，就达到了报告的目的。这一特性也是由报告内容注重实效、情况真实的特性所决定的。

（三）行文方向的单向性

报告对上级机关没有复文的要求。这一特性明显有别于请示和议案的双向性，同时也应区别报告与意见的用法。以往有些呈转性报告汇报情况的篇幅不长，大部分内容都是对某项工作的意见或处理办法，给人以报告与意见混用的感觉。自《国家行政机关公文处理办法》把"意见"列为行政公文的正式文种后，报告与意见的用法就很清楚了：以汇报情况为主同时提出建议的用"呈转性报告"；行文旨在就某项工作提出意见、见解和处理方法的用"意见"。

（四）写作规则的通用性

报告的写作一般遵循"三段式"规则。但这一规则不是一成不变的，根据表述内容和撰文习惯的不同，"三段式"亦呈现多变状态，主要表现为：

（1）情况—问题—建议等。

（2）情况—做法—问题（意见）。

（3）情况（做法）—问题—今后意见。

（4）情况—问题—今后意见。

（5）情况—原因（责任）—下一步做法。

（6）情况—原因—责任及处理意见。

了解报告"三段式"的写作规则，对明确撰文目的，提高撰文效率，是十分必要的。但需要强调的是，"三段式"只是一个基本写作方法，在具体行文中可依据实际情况，有针对性地调整写作手法。

第十一章　请示

扫一扫，获取本章例文

一、请示的用法

（一）请示的含义及特点

请示是下级机关向上级机关请求指示或请求批准事项时使用的公文文种。请示"适用于向上级机关请求指示、批准事项"。

请示具有如下特点：

一是内容上的单一性。请示必须"一文一事"。这样做，方便上级机关的收文办理，可有针对性地了解请示事项，进而行文批复。

二是目的上的期复性。下级机关呈报的请示，其目的都是想尽快得到上级机关的答复。

（二）请示的分类

根据行文内容和目的不同，可分为两种：

（1）请求指示的请示，旨在请求上级机关对有关工作进行指示。这种请示适用于如下三种情况：

一是下级机关在工作中遇到新情况，既无先例，又无章可循，必须上级机关予以指示方能继续工作，应行文请示。

二是下级机关对法律、法规及上级的政策规定不甚了解、难以执行，必须上级机关予以明确解释方能执行，应行文请示。

三是下级机关内部或与相关机关之间在重要问题上意见分歧、无法统一，必须上级机关裁决方能正常工作，应行文请示。

（2）请求批准的请示。这种请示旨在请求上级机关批准所请示的具体事项或所报批的具体文件，在机关工作中常见这种请示。其适用于如下两种情况：

一是下级机关遇到自身无权决定、必经上级机关批准方能办理的事项，应行文请示。

二是下级机关安排处理重大事项，必经上级机关批准方能避免失误，应行文请示。

（三）请示与报告的区别

1.请示与呈报性报告的区别

项目	请示	呈报性报告
行文时间	事前	事中、事后
行文目的	期望批复	不要求答复
行文内容	一文一事	可一文多事

2.请示与呈转性报告的区别

项目	请示	呈转性报告
行文时间	事前	事中
行文目的	期望批复	在无不妥的前提下批转
行文内容	就单位自身问题请示	就业务相关问题而写，批转后相关单位遵照办理

（四）请示的写法

1.标题

请示的标题常用的写法是"事由＋文种"。它便于上级机关在批复中引述请示的标题。

2.主送机关

请示必须标明主送机关，且只写一个。这可避免多头请示给工作带来不必要的麻烦。简言之，可避免上级机关之间的推诿扯皮之嫌。

3.正文

请示的正文包含如下三方面内容：

一是请示的缘由，这层内容实际上是回答"为什么请示"的问题；二是请示的事项，这层内容实际上是回答"请示什么"的问题；三是请示的尾语，要求另起一行、语气谦和、用语得体且有针对性。如"特此请示，望批复"、"以上意见如无不妥，请批准"等。

4. 印章与成文日期

由于请示的标题通常省略发文机关，因此请示的发文机关标识与印章就尤为重要。请示的发文机关通常是一个，也可以是同级的几个机关。如果是联合行文请示，主要发起机关应该排列在前。

请示的成文日期应该准确标印在印章之下。

二、请示实例简评

（一）请求指示的请示

【例文】

浙江省文化厅关于互联网上网服务场所
管理长效机制试点若干问题的请示

浙文发〔2015〕46号

文化部：

根据文化部、工商总局、公安部、工业和信息化部《关于加强执法监督完善管理政策促进互联网上网服务行业健康有序发展的通知》（文市发〔2014〕41号）要求，我省已在全省范围内开展上网服务场所管理长效机制试点工作。在试点推进过程中，部分市、县（市、区）遇到一些较有普遍性的政策问题有待进一步明确，现请示如下：

1. "上网服务场所距中学、小学校园出入口最低交通行走距离不低于200米"，其中"出入口"测量基点如何确定，"最低交通行走距离"如何测量？

2. "农村地区依法取得消防安全手续的合法用房可以设立"，其中"农村地区"、"合法用房"分别如何界定。按试点政策，农村地区房屋性质确认为住宅的是否可用于设立上网服务场所？

特此请示，请予回复。

浙江省文化厅

2015年4月13日

（联系人：××，联系电话：0571—8521××××）

【简评】

这是一份请求指示的请示。正如前文所述，当工作中遇到新情况，既无先例，又无章可循，必须上级机关予以指示方能继续工作时，应行文请示；或者下级机关对法律、法规及上级的政策规定不甚了解、难以执行，必须上级机关予以明确解说方能执行时，应行文请示；下级机关内部或与相关机关之间在重要问题上意见分歧，无法统一，必须上级机关裁决方能正常工作时，应行文请示。此时的请示便是请求指示的请示。

例文中谈及的"最低交通行走距离"以及"农村地区房屋性质确认为住宅的是否可用于设立上网服务场所"，对于发文机关而言，既无先例，又无章可循，同时对相关政策问题又不甚了解，因此需请示上级机关或部门予以指示。

行文中可以看出，请求指示的请示在正文部分主要包含如下几个层次：一是请示的缘由；二是请示的事项；三是请示的尾语。其中重点在请示的事项部分。

（二）请求批准的请示

【例文】

中共浙江省林业局党组关于
钱江源国家公园主要领导任免的请示

浙林党〔2019〕16号

省委组织部：

钱江源国家公园位于我省钱塘江源头开化县境内，2015年被确定为全国10个国家公园体制试点单位之一。试点区面积252平方公里，包括古田山国家级自然保护区、钱江源国家森林公园、钱江源省级风景名胜区以及上述自然保护地之间的连接地带，涉及苏庄、长虹、何田、齐溪等4个乡镇，19个行政村、72个自然村，人口9744人。2017年3月，省编办正式批复钱江源国家公园管理机构名称为"钱江源国家公园管理委员会"，作为衢州市委、市政府派出机构，分别与开化县委、县政府实行"两块牌子、一套班子"。2018年8月，自然资源部《钱江源国家公园体制试点专项督察反馈意见》指出：管理体制机制与中央"国家公园由省级政府垂直管理"的要求还有距离。因此，今年4月，省委编委调整了钱江源国家公园管理体制，整合中共钱江源国家公园工作委员会、钱江源国家公园管理委员会，组建钱江源国家公园管理局，为正处级行政机构，由省政府垂直管理，省林业局代管，并明确钱江源国家公园管理局书记由省林业局副局长兼任，局长由开化县县长兼任。设副局长2名，其中1名常务副局长（正处长级），钱江源国家公园综合行政执法队设队长1名（副处级），副队长3名。

为此，为加强党对钱江源国家公园的全面领导，确保国家公园体制试点工作在我省顺利推进，根据省委编委《关于调整钱江源国家公园管理体制的通知》（浙编〔2019〕13号）浙编〔2019〕13号，建议设立中共钱江源国家公园管理局党委（党组性质），省林业局党组成员、副局长王××（副厅长级）兼任中共钱江源国家公园管理局党委书记，开化县县长鲁××兼任钱江源国家公园管理局党委委员、局长；

钱江源国家公园管理局其他党委委员、副局长、综合行政执法队队长及副队长由省林业局党组研究决定任免。

特此请示。

中共浙江省林业局党组
2019 年 5 月 5 日

【简评】

当"下级机关遇到自身无权决定，必经上级机关批准方能办理的事项"以及"下级机关安排处理重大事项，必经上级机关批准方能避免失误"时应行文请示。

"关于钱江源国家公园主要领导任免"就其事项而言，属于下级机关自身无权决定、必经上级机关批准方能办理的事项。因此选择请示这一文种是合乎要求的。

例文首先交代了钱江源国家公园的基本情况以及调整公园管理体制的必要性及重要意义，进而阐述了请示事项以及人员安排。最后以"特此请示"作结，简洁利落，工整严谨。

三、请示写作小结

（一）一文一事

"一文一事"即一份请示只请示一件事。这样做，方便上级机关的收文办理，不至于误事。

（二）一个主送

从上述两个例文可以看出，请示是上级机关必须给以答复的上行文。一个主送就意味着这个机关是答复请示的唯一机关，它负有不可推卸的复文责任。若发文机关列出两个（含两个）以上主送机关，且各机关都认为其他机关有答复之责故而均不答复，发文机关便久盼无音、无所遵循。或多个机关分别答复又互相矛盾，这便失去了行文请求指示或批准的意义。

（三）不报送个人

以发文机关名义上行请示，应按正常的办文程序报送主送机关，由主送机关的办公部门统一办理。除上级机关负责人直接交办的事项外，发文机关不得向上级机关负责人直接报送请示、报告等文件。

（四）不抄送下级

在上级机关批复之前，请示的结果尚处于未知状态，有关工作不能推进，下级机关也不能有所行动。此时让下级知晓有关情况毫无意义，还容易造成工作中的被动局面。因此，行文请示时，不得将下级机关或部门作为抄送机关一并发文。

（五）请示事项不可混写在报告中

报告大多是不需要上级机关做出反应的上行文，尤其是呈报性报告。上级机关对于报告的处理，往往也不如处理请示那样迅速及时，发文机关若把请示的事项写入报告中，就不能得到及时的答复，甚至根本就没有答复，从而贻误工作。因此，请示事项不可使用报告，写作报告也不得夹带请示事项。

行文请示在请示缘由部分或多或少地夹带一些报告事项，并在此基础上陈述请示的具体事项，这符合人们思考问题的基本思路，同时使文件的来龙去脉清晰明了，为收到请示的单位答复文件提供参考。

（六）协商之后再行请示

请示的事项如果涉及其他部门的职权范围，发文机关应与这些部门进行协商，取得一致意见后，再将请示上报；若经协商而未能达成一致，则应在请示中加以说明。

（七）同级之间不用请示

请示只限于下级机关向上级机关行文，若同级机关或不相隶属机关之间请求批准事项，只能使用"请批函"。与此同时，掌有请批事项批准权的机关既不能要求同级机关或不相隶属机关向自己呈报请示，也不能使用批复来答复"请批函"。在实际办文中，只能用"复函"答复"请批函"。

扫一扫，获取本章例文

第十二章 批复

一、批复的用法

（一）批复的含义及特点

批复是上级机关答复下级机关请示事项而使用的兼具回复性与批示性的下行公文文种。批复"适用于答复下级机关的请示事项"。批复具有行文上的被动性、内容上的针对性、态度上的鲜明性、作用上的指挥性以及时间上的及时性等特点。

（二）批复的类别

（1）依据两种请示，批复亦有两类：

一是指示性批复。这种批复针对请求指示的请示，对下级机关的某项工作提出带有指导性、指挥性的意见。其作用相当于应下级机关之要求而做出的一个针对性很强的指示。

二是表态性批复。这种批复针对请求批准的请示，清楚表明同意或者不同意的态度。依据这两种不同态度，表态性批复还可细分为肯定性批复和否定性批复。

（2）从主送范围来分，批复又有两类：

一是专发性批复。指的是只把呈送请示的机关列为主送机关的批复。

二是增发性批复。指的是除了呈送请示的机关之外，还把与文件内容有关的其他机关增列为主送机关的批复。这种批复的主送机关可以是几个，也可以是所有下一级机关。文件内容涉及什么范围，主送机关就扩大到什么范围。

（三）批复的写法

1. 标题

其规范形式是三项式，即"发文机关＋事由＋文种"。肯定性批复的标题多在事由前加"同意"二字以表明态度。

2. 主送机关

批复必须标明主送机关。这与行文请示主送机关的应用状况息息相关，请示通常只有一个主送机关，作为复文的批复，自然被动地、有针对性地将原请示的发文机关作为批复的主送机关。在需要的情况下，还可以把与文件内容有关的其他机关增列为主送机关。

3. 正文

批复的正文一般含三部分：

一是批复的缘由。即在开头首先说明是对收到的哪件请示进行答复。

二是批复的内容。这是重点，写作上一要有针对性，二要态度鲜明，三要表述清楚。指示性批复，应条理清晰地对某项工作做出指示、拿出意见，以便下级机关贯彻执行。表态性批复，务必明确表态批准与否。如是肯定性批复，常结合文件内容划定一个"同意"的范围、"批准"的限度，尤其涉及到人、财、物、行政区划、机构设置等事项。否定性批复，通常在表态前先要陈述"不同意"、"不予批准"、"缓办"的理由，使下级机关了解请示未能获准的原因，以免再次请示或越级请示给相关机关增加不必要的工作量。

三是批复的尾语。常用方式有二：一是要求式、说明式尾语；二是专用尾语"特此批复"、"此复"等。

（四）答复请示的特殊方式

下级机关向上级机关呈送请示，以上级机关的名义回复用"批复"；若以上级机关工作部门的名义回复则用"复函"；增发性批复时，因主送机关增加，可酌情使用"通知"回复。

二、批复实例简评

（一）指示性批复

【例文】

国务院关于河北雄安新区总体规划（2018—2035年）的批复

国函〔2018〕159号

河北省人民政府、国家发展改革委：

你们《关于呈报〈河北雄安新区总体规划（2018—2035年）〉的请示》收悉。经党中央、国务院同意，现批复如下：

一、原则同意《河北雄安新区总体规划（2018—2035年）》（以下简称《总体规划》）。《总体规划》以习近平新时代中国特色社会主义思想为指导，深入贯彻党的十九大和十九届二中、三中全会精神，坚决落实党中央、国务院决策部署，紧紧围绕统筹推进"五位一体"总体布局和协调推进"四个全面"战略布局，切实落实新发展理念，按照高质量发展要求，牢牢把握北京非首都功能疏解集中承载地这个初心，坚持世界眼光、国际标准、中国特色、高点定位，坚持生态优先、绿色发展，坚持以人民为中心、注重保障和改善民生，坚持保护弘扬中华优秀传统文化、延续历史文脉，对于高起点规划高标准建设雄安新区、创造"雄安质量"、建设"廉洁雄安"、打造推动高质量发展的全国样板、建设现代化经济体系的新引擎具有重要意义。

二、紧扣雄安新区战略定位。（略）

三、有序承接北京非首都功能疏解。（略）

四、优化国土空间开发保护格局。（略）

五、打造优美自然生态环境。要践行习近平生态文明思想，坚持尊重自然、顺应自然、保护自然，开展生态保护与环境治理，建设新时代的生态文明典范城市。（略）

六、推进城乡融合发展。要坚持城乡统筹、均衡发展、宜居宜业，形成"一主、五辅、多节点"的城乡空间布局。集中建设起步区，率先开发启动区，集约发展外围组团，稳步推进新型城镇化，有序引导人口、产业合理分布，分类打造特色小城镇。实施乡村振兴战略，全面建设美丽乡村，促进农村一二三产业融合发展。

七、塑造新区风貌特色。要强化分区引导，打造蓝绿交织、清新明亮、疏密有度、城淀相映的总体景观风貌。（略）

八、打造宜居宜业环境。要引入优质公共服务资源，高标准配套建设公共服务设施，推进共建共享，构建多层次、全覆盖、人性化的基本公共服务网络，提升雄安新区公共服务水平，实现城乡基本公共服务均等化。（略）

九、构建现代综合交通体系。（略）

十、建设绿色低碳之城。（略）

十一、建设国际一流的创新型城市。（略）

十二、创建数字智能之城。（略）

十三、确保城市安全运行。（略）

十四、加强规划组织实施。（略）

国务院

2018 年 12 月 25 日

【简评】

这份指示性批复由标题、主送机关、正文及成文日期组成。

指示性批复，应条理清晰地对某项工作做出指示、拿出意见，以便下级机关贯彻执行。

这种批复针对请求指示的请示，对下级机关的某项工作提出带有指导性、指挥性的意见。其作用相当于应下级机关之要求而做出的一个针对性很强的指示。如例文国务院关于河北雄安新区总体规划（2018—2035 年）的几点指示。做出指示性批复一定要熟悉相关的法规政策，了解下级的真实情况。同时批复的内容要有针对性，发挥指挥作用和注重时间上的及时性。

指示性批复的正文一般有三部分：

一是批复的缘由。通常先是引述来文，后以"悉"或"收悉"表示结果。

二是批复的内容。应条理清晰地对某项工作做出指示、拿出意见，以便下级机关贯彻执行。

三是批复的尾语。依据不同情况，在日常行文中可采用说明式尾语，也可用专用尾语，也有意尽言止不写尾语的。

（二）表态性批复

1. 肯定性批复

【例文】

**国务院关于同意建设山西晋中
国家农业高新技术产业示范区的批复**

国函〔2019〕113号

山西省人民政府：

你省关于将山西太谷农业高新技术产业示范区升级为国家农业高新技术产业示范区的请示收悉。现批复如下：

一、同意将山西太谷农业高新技术产业示范区建设为山西晋中国家农业高新技术产业示范区，纳入国家农业高新技术产业示范区范畴管理并享受相关政策。

二、山西晋中国家农业高新技术产业示范区总面积106.49平方公里，四至范围：东至太太路、太谷县城，南至太谷县山区，西至太谷县县界，北至太谷县水秀乡南郭村。其中规划建设用地面积 3.11 平方公里，分三个区块。区块一规划面积 0.35 平方公里，四至范围：东至 108 国道，南至西付井村地，西至北付井村地，北至箕城西街。区块二规划面积 1.97 平方公里，四至范围：东至 108 国道，南至 108 国道，西至巨鑫现代农业示范园，北至曹庄村地、西付井村地。区块三规划面积 0.79 平方公里，四至范围：东至农谷大道，南至北洸村庄南侧，西至北洸村地，北至南同蒲铁路。具体以界址点坐标控制，界址点坐标由科技部、自然资源部负责发布。

三、山西晋中国家农业高新技术产业示范区要以习近平新时代中国特色社会主义思想为指导，深入贯彻党的十九大和十九届二中、三中、四中全会精神，按照党中央、国务院决策部署，全面实施创新驱动发展战略和乡村振兴战略，以有机旱作农业为主题，以农副食品加工为主导产业，努力建设全国健康食品和功能农业综合示范区、科技产业孵化示范区、特色农产品优势区、农产品加工物流集散地，在北方旱作农业区农业提质增效、做大特优农产品、做优设施农业、做强现代农业服务业等方面探索示范，努力创造出可复制、可推广的经验。

四、山西晋中国家农业高新技术产业示范区必须严格实施国土空间规划，严格落实耕地保护制度、节约用地制度和有关补偿安置规定。坚持农地农用，严禁改变科研试验、示范农业用地性质，禁止商业性房地产开发。各项建设严格控制在规划建设用地范围内，要跟踪评价区域范围内土地利用状况，切实提高资源节约集约利用水平。

五、山西省政府要加强组织领导，完善工作机制，明确工作责任，强化政策支持，探索整合集约、精简高效的运行机制，不断提升示范区建设质量和发展水平。

国务院

2019 年 11 月 18 日

【简评】

表态性批复不能用简单同意或不同意的方式来写。拿肯定性批复来讲，必须在批复的内容部分清楚地阐释之所以同意的原因及实施要求并提出施行意见。

例文便在上述要求基础上用较大篇幅对建设山西晋中国家农业高新技术产业示范区的具体实施方略做了细致的安排。这主要体现在：范围规划、指导思想、具体原则、组织领导等方面。

例文采用分条列项写法，达到了撮要显旨的目的，同时又避免了段落的冗长，便于文件的办理。

在引述来文部分若能按照规定把来文的标题和发文字号一并引用，例文将更加完善。

2. 否定型批复

【例文】

民政部关于××省撤销××市郊区设立××县问题的批复

民行批〔2015〕27号

××省人民政府：

你省2014年2月13日《关于设置××县建制的请示》和2014年7月5日《关于××市郊区改为××县建制的再请示》收悉。××市郊区的现行体制确实存在很多弊端。但如按省的现行方案，也很难实施，不仅难以从根本上理顺关系，而且还派生新的矛盾。目前，各方面都存在不同意见。经国务院同意，为更加有利于××市的经济发展和社会稳定，目前××市郊区的行政区划暂维持现状。请你省从实际出发，研究提出更加稳妥可行的意见。

行政区划是国家的大政，行政区划的变更要与生产力的发展水平相适应。请你们从一些行政区划的反复变动中吸取经验教训，倾听各方面意见，加强科学决策，慎重、妥善地做好这项工作。

民政部

2015年3月14日

【简评】

这份否定性批复由标题、主送机关、正文及成文日期组成。否定性批复，即对下级所做的请示持否定态度。通常在表态前先要陈述"不同意"、"不予批准"、"缓办"的理由，使下级机关了解请示未能获准的原因，以免再次请示或越级请示给上、下级机关增加不必要的工作量。如例文中，对不予批准××市行政区划做了充分的解释和说明。

三、批复写作小结

（一）行文上的被动性与针对性

批复行文上的被动性决定了它行文内容上的针对性。行文请示遵循"一文一事"的原则，也赋予批复"一文一事"的写作特性。

（二）态度上的鲜明性

无论何种批复，都要求上级机关对来文有鲜明的态度，或同意或否定，必须答其所问，绝不能答非所问。

（三）作用上的指挥性

批复针对下级机关请示事项做出的指示、表明的意见，对下级机关的工作具有明显的指导、指挥、规范作用，具有针对性很强的约束力。下级机关在工作中，必须贯彻执行而不能违背批复的意见。

（四）时间上的及时性

下级机关事前行文请示，表明其对相关问题不知如何处理或无权擅自处理，急需上级机关给以指示或批准方能开展工作。因此，批复的及时性就显得尤为关键。若有些请示需上级机关调查、论证后方能批复，也应先以合适的方式告知请示机关。

（五）结构上的灵活性

要根据批复内容的不同及文字的多少，采用合理的批复结构形式。若批复内容过多，可采用分条列项式写法；文字短小的批复多采用"篇段合一"的结构形式。

第十三章　议案

扫一扫，获取本章例文

一、议案的用法

（一）议案的含义及适用范围

议案，是有议案提出权的法定机构或人大代表依法将属于国家权力机关职权范围内的重大问题提请同级人大或其常委会审议的公文文种。审议和通过各种议案，是我国人大行使职权最基本的方式。

根据我国宪法、全国人大组织法、地方人大和地方政府组织法的规定，我国具有议案提出权的主体分为两类：

一类是法定机构。包括各级人大主席团、人大常委会、人大各专门委员会、本级人民政府；全国人大及其常委会的议案提出主体还有中央军委、最高人民法院、最高人民检察院。可以向同级人大常委会提交议案的还有全国人大常委会的委员长会议与县级及县级以上地方人大常委会的主任会议；另一类是人大代表群体。

（二）议案的特点

（1）行文关系的法定性。议案提出者是国家法律明确规定的，议案的受理方只能是同级人民代表大会或其常委会。

（2）行文内容的限定性。议案的内容不得超出同级人民代表大会或其常委会的职权范围；议案必须一文一事；议案的内容须有切实可行性。

（三）议案的分类

按提出主体的不同，分为两类：一种是法定机构议案，另一种是人大代表议案。

按内容的不同，分为两类：一是公文议案，即议案提请审议通过的是公文（通常都是法律法规文件的草案）；二是事务议案，即议案提请审议通过的是某个重大事项。

（四）议案的写法

1. 标题

议案的标题通常为"三项式"："议案提出机关＋事由＋文种"。其中事由的基本写法是"提请审议……"、"提请审议批准……"

2. 主送机关

议案的主送机关是唯一的，即同级的人民代表大会或其常委会。

3. 正文

议案的正文须含三部分：一是案据，即提出议案的依据。案据一般包括背景、原因、必要性、意义、根据和目的等。二是方案，即提交人大或其常委会审议批准的内容。三是要求式尾语。议案通用的尾语是"请审议"、"现提请审议"、"请审议决定"、"请予审议"、"现提请……予以审议"等。

（五）签署

议案一般要由发文机关的首长签署。

二、议案实例简评

（一）国家机关制发的议案

1. 公文议案

【例文】

省政府关于提请审议
《江苏省村民委员会选举办法（修订草案）》的议案

苏政函〔2019〕29号

省人大常委会：

《江苏省村民委员会选举办法（修订草案）》已于2019年4月30日，经省人民政府第 31 次常务会议讨论通过。根据《江苏省制定和批准地方性法规条例》，特提请审议，并授权 ××× 到会作说明。

省长　×××
2019 年 5 月 7 日

【简评】

这份议案先说明《江苏省村民委员会选举办法（修订草案）》的情况，然后说明了审议依据，最后提出审议要求。简便通俗，形式规范，符合议案的写作格式和写作要求。该公文议案可作为同类文种写作的样本。

2. 事务议案

【例文】

河北省人民政府关于提请审议2019年
省级预算调整方案（草案）的议案

省人大常委会：

经国务院批准，财政部核定我省 2019 年地方债务新增限额 1717 亿元，其中单独核定雄安新区新增债务限额 300 亿元。包括：一般债务 546 亿元（含通过中央转贷地方国际金融组织和外国政府贷款 4.36 亿元，以下简称外债转贷），其中雄安新区 150 亿元；专项债务 1171 亿元，其中雄安新区 150 亿元。

财政部核定我省的新增限额，已在 2018 年底提前下达我省 844 亿元，其中一般债务 367 亿元、专项债务 477 亿元。经省十三届人大二次会议批准，已全部列入 2019 年省级年初预算。除提前下达的部分外，今年我省还有 873 亿元新增债务限额需要安排使用（含单独核定的雄安新区新增债务限额 105 亿元），包括一般债务 179 亿元、专项债务 694 亿元，通过发行地方政府债券举借 868.64 亿元，通过外债转贷举借 4.36 亿元。经研究，一般债务转贷雄安新区 45 亿元，转贷市、县（市）134 亿元（含外债转贷 4.36 亿元）；专项债务省级使用 6 亿元，转贷雄安新区 60 亿元，转贷市、县（市）628 亿元。

根据《中华人民共和国预算法》和《河北省预算审查监督条例》等法律法规规定，需相应调整 2019 年省级收支预算和雄安新区收支预算。现将《2019 年省级预算调整方案（草案）》提交省十三届人大常委会第九次会议审议。

河北省人民政府
2019 年 3 月 22 日

【简评】

例文是由河北省人民政府向同级人大常委会提请审议的议案，事由是调整预算方案，标题是典型的"三项式"标题。议案的主送机关是唯一的，即同级人民代表大会及其常委会。例文正文的篇幅比较长，但概括起来，主要是汇报了关于河北省人民政府 2019 年省级预算的调整方案。该议案的形式对其他地方政府向同级人民代表大会及其常委会提交审议议案具有借鉴作用。例文首先就预算方案调整进行说明，其次分债券资金分配方案和省级预算调整方案两大部分进行详细介绍。议案的写作要注意表达原因的条理性和逻辑性，以便使议案获得通过。

（二）人大代表提交的议案

【例文】

关于尽快实施农村饮用水安全提升工程的议案

我市自 20 世纪 90 年代起就开始建设农村饮用水安全工程，十二五期间我市又启动了农村饮用水安全覆盖工程，中央财政补助资金逐年提高，各级政府不断加大投入力度，形成了农村饮用水安全工程政府主导、齐抓共管的强大合力。至"十二五"收官之际，全市共解决了多数农村居民和农村学校师生的饮水安全问题，基本完成农村饮用水安全工程建设，逐步探索农村饮用水价格形成机制、维护管理机制等。但我市农村饮用水安全工程量大面广，农村饮用水安全工程尚存在如下一些问题。

一是部分设备老化、设计不规范。（略）二是水质质量不稳定。（略）三是小而分散现象严重。（略）四是水质监测能力不足。（略）五是管护经费缺乏。（略）

因此建议，尽快实施农村饮用水安全提升工程，确保农村饮用水安全。

第一，实施标准化改造。要对老旧的早期建设的小型集中供水和分散式供水工程进行标准化改造，减少漏损，提高水资源的利用率和水质安全。对未设计防护栏的小型集中供水和分散式供水工程要加强安全设施建设，设立防护栏、加设监控设备等，提高安全防护水平。

第二，加强水源地保护。要扩大农村饮用水水源地保护区的覆盖率，加大农村饮用水水源地保护区的保护力度，将饮用水水源地保护工作纳入当地政府相关部门绩效考核内容；严厉查处擅自在饮用水水源地保护区设立排污口和废水超标排放等违法行为；要大力推进农村环境连片整治，建立健全农村生活污水垃圾收集处理机制，提高农村污水处理率；要继续落实畜禽养殖整治长效管理机制，合理划定禁养区和非禁养区，禁止在生活饮用水水源地保护区从事畜禽养殖活动。

第三，联网扩容。农村饮用水安全工程小而散，是水质难于保证的一个重要原因。要结合小城镇、美丽乡村的基础设施建设，通过工程配套联网扩容，进一步提高农村自来水普及率、水质合格率和供水保障程度。对有条件的地方，如市郊、县城城关、乡镇周边、平原地区农村及沿海农村，优先选择联片集中式供水或管网延伸式供水，扩大供水范围，推进城市基础设施向农村延伸，实现城乡供水一体化。在人口相对集中、有水源条件的地区，兴建一批跨村镇联片规模化集中供水工程，推进联村并网集中供水。

第四，加强水质监测能力建设。要强化农村饮用水水质监测能力，要以县（市、区）为单位建设农村饮用水安全监测中心，配备监测设备，增加监测人员，增加安排监测经费的预算，制定全年的监测计划和任务，提高水质监测的覆盖率，促进农村饮用水水质达标。

第五，加强农村饮用水安全工程的运行管理。要强化建后管理，发挥工程效益，要建立产权明晰、责权统一、管理到位、政府监督等管理体系和运行机制。按照"补偿成本、公平负担"的原则，合理确定水价，实行有偿供水、强化水费计收，对日供水量较大的供水工程，实行物价部门定价的原则，对日供水量少、效益差的小型水厂由村委会或村民代表大会会等确定水价，政府给予一定的支持补助，确保供水工程良性运行，持久发挥效益。

　　领衔代表：×××
　　附议代表：×××（略）

2018 年 6 月 3 日

【简评】

这是一份由人大代表提交的议案。议案的主题是尽快实施农村饮用水安全提升工程。

例文第一部分交代了提出议案的缘由，即实施农村饮用水安全提升工程的目的意义；第二部分交代了提出议案的依据，即农村饮用水安全工程中存在的具体问题；第三部分提出了解决问题的方案，即农村饮用水安全工程提升质量的具体操作方案。具体操作方案考虑比较成熟，内容比较丰富细致，操作性比较强。

文章思路清晰，内容充实，可以作为人大代表提交议案的范本。

三、议案写作小结

（一）行文关系的法定性

议案提出人是国家法律明确规定的，除此以外的其他主体都无权提出议案。

议案的受理方只能是同级人民代表大会或其常委会，其他机构无权受理。这也是法律明文规定的。议案的内容只有人大或其常委会有权审议与通过，并就此形成决议或决定。

（二）行文内容的限定性

法律规定，议案的内容不得超出同级人民代表大会或其常委会的职权范围。否则，不予受理。如属工作上的批评、建议、意见，只能转有关部门处理。撰写议案须一文一事，以便于人大或其常委会的审议。再有，议案的内容还须具有切实可行性。如若不具备实施条件，是不会被受理及通过的。

（三）议案与提案的差异性

议案与提案不同，议案用于各级人民代表大会或其常委会，而提案则用于各级政协会议和企业职工代表大会；议案在提请大会审议通过后具有较强的约束力和法律效力，而提案则没有法律效力。

（四）议案用语的准确性

由于议案是向同级人民代表大会或其常委会提交，其提交的对象是国家权力机关，审议与否，通过与否，均由大会做出决定。因此，在语言表达上必须做到准确恰当，字斟句酌，并要切合行文的语体特点和风格。要着重体现出一种"提请"的姿态，语气要中肯，否则就会有损于议案的质量和效用，使提请审议的意愿落空。

第十四章　函

扫一扫，获取本章例文

一、函的用法

（一）函的含义及类别

函是机关单位之间用来商洽工作、询问和答复问题时使用的一个公文文种。

函"适用于不相隶属机关之间商洽工作、询问和答复问题、请求批准和答复审批事项"。

从不同的角度进行划分，函具有如下类别：

（1）从行文方向分，可分为两类：

一是发函，即主动向对方发出的函。它对于发文机关是"去函"，对于收文机关是"来函"。

二是复函，即为回复对方来函而被动发出的函。

（2）从内容与作用分，可分为四类：

一是知照函，即不相隶属机关之间相互告知事项时使用的函。

二是商洽函，即发文机关为商洽解决问题而使用的函。

三是请批函，即发文机关向没有上下级关系的有关主管部门请求批准的函。

四是复函，即答复询问函、请批函时使用的文种。

（二）函的写法

1.发文字号

函的发文字号有两点特殊之处：一是单独编序号；二是要在机关代字后加一

"函"字。

2. 标题

函的标题有两种写法：一是"事由＋文种"；二是"发文机关＋事由＋文种"。复函的标题，务必在文种前加标一个"复"字。

3. 主送机关

函须标主送机关；可是一个或若干个；可用全称、规范化简称，也可用统称。

4. 正文

（1）发函。正文含三部分：一是发函缘由，应写明去函的原因、理由、背景、根据、目的等；二是去函事项，这是去函的核心部分，应明确表述去函的意图；三是去函尾语，通常是对对方的希望、要求。

（2）复函。其正文也有三部分：一是复函缘由，即在开头部分首先说明要对收到的哪个文件进行答复；二是复函内容。这部分是复函的重点，写作上一定要针对来函的事项作答；三是复函尾语，可用"特此函复"、"特此函告"作结，下行复函还可用"此复"。

5. 成文日期与印章

写作函与复函，必须在正文右下方标明成文日期并加盖印章。

二、函实例简评

（一）知照函

【例文】

农业农村部办公厅关于中央财政农机
购置补贴政策有关问题解释的函

农办机函〔2019〕4号

广东省农业农村厅、广东省财政厅：

《关于商请对中央财政农机购置补贴政策有关问题予以解读的函》（粤农农函〔2019〕187号）收悉。经商财政部同意，现就有关情况函告如下。

一、农机购置补贴政策2004年启动实施。（略）

二、根据农业农村部、财政部有关文件精神，2008年起中央财政农机购置补贴实行定额补贴，将补贴范围的农机具按所属种类品目及关键参数分成若干档次，同一档次的产品享受相同补贴额。（略）

三、由于农业生产类型复杂，所需机具种类繁多、功能和结构存在差异，农机产品价格受产销关系、地区差别等因素影响变化较大，农业农村部、财政部难以对实际补贴比例做出统一的量化要求，补贴比例畸高的判断标准主要由各省结合实际自主把握。（略）

附件：1. 农办机函〔2019〕4号——农业农村部办公厅关于中央财政农机购置补贴政策有关问题解释的函（略）

　　　　2. 农办机函〔2019〕4号——农业农村部办公厅关于中央财政农机购置补贴政策有关问题解释的函（略）

农业农村部办公厅

2019 年 5 月 29 日

【简评】

不相隶属机关在相互告知事项时通常使用知照函。例文符合知照函的写作要求。第一自然段交代行文原因，第二自然段起明确行文欲告知主送机关的事项。由于函正文的写作一般较简短，以附件形式标注欲发送的内容，使得例文格式规范、内容安排严谨有序。例文用语一方面遵循了法定公文写作的基本要求，同时又结合具体文种，使用了比较谦和、平实的语言，从本质上把握了函的用语特点。

（二）商洽函

【例文】

陕西省人民政府关于商请支持
西北大学复办临床医学专业的函

陕政函〔2018〕278号

教育部：

　　实施健康中国战略是党中央国务院推进全面建成小康社会和基本实现现代化的一项重大战略部署。推进医学教育发展，加强医学人才培养，是推进健康中国建设的重要保障。

　　近年来，我省医学事业取得长足发展，医疗服务保障体系逐步健全，但与广大人民群众日益增长的医疗服务需求还有较大差距，特别是基础医学支撑体系不完善，基层医疗机构人才短缺，优质医疗资源分布不均衡，医疗服务水平还有待进一步提升，加强医学教育和培养医学人才刻不容缓。《国务院办公厅关于深化医教协同进一步推进医学教育改革与发展的意见》（国办发〔2017〕63号）提出"新增医学类专业布点重点向中西部医学教育资源匮乏的地区倾斜"。西北大学作为国家"双一流"建设高校，是我省省属高校的排头兵，积极响应国家政策，筹建医学院、复办临床医学专业，以期更好服务全省医疗事业发展，造福人民群众。

　　"十二五"以来，西北大学已围绕筹建医学院、复办临床医学专业组织开展了大量工作，成立了生命科学与医学部，临床医学本科专业申报顺利通过教育部新增专业第一轮评审；学位点方面，现有中药学、生物学博士一级授权点；本科专业方面，目前能够开设基础医学专业全部课程和临床医学专业 80% 以上课程；科学研究方面，现有生物医药研究院、生物科学与生物技术实验教学中心等一大批教学实验平台。已与西安市政府签订战略合作协议，西安市第一医院、西安市第三医院成为西北大学直属附属医院；与西咸新区管委会就联合共建医学研究中心、发展健康服务产业等在用地保障方面达成初步意向。

恳请教育部给予西北大学复办临床医学专业必要的协调保障和更大的政策支持。我们将指导和支持西北大学积极开展筹建工作并取得实质性进展和积极成效，以复办临床医学专业为契机，加快引才聚才，大力推进产学研协同创新，高起点、高水准、高质量建设临床医学专业，为陕西人民健康与经济社会发展、为西部科技进步与医疗健康事业做出新的更大贡献。

陕西省人民政府

2018 年 12 月 25 日

【简评】

例文格式非常规范。标题直观地反映了行文目的及发文机关与主送机关之间的行文关系。

前两段提出了商请支持西北大学复办临床医学专业的背景，第三段提出了西北大学在复办临床医学专业所做出的努力，最后一段运用了标准的函用语"恳请……"表达态度。例文整体简洁而表意清晰。

（三）请批函

【例文】

陕西省人民政府办公厅关于
陕西省临潼疗养院增挂陕西省临潼康复医院名称的函

省编办：

陕西省临潼疗养院创建于 1955 年，原名"中国煤矿工人临潼疗养院"，原国家煤炭部直属事业单位。1992 年，经省卫生厅核准同意中国煤矿工人临潼疗养院增挂"中国煤矿工人临潼康复医院"名称（未报请编制部门核准）。

2000 年 9 月，中国煤矿工人临潼疗养院划归地方管理。2001 年 4 月，省机构编制委员会研究决定，中国煤矿工人临潼疗养院划归省政府办公厅管理，更名为"陕西省临潼疗养院"，为办公厅下属处级事业单位，经费实行财政差额拨款（陕编发〔2001〕17 号）。但未提及"中国煤矿工人临潼康复医院"名称的确认及变更事宜。

2005 年 1 月，省卫生厅已将"中国煤矿工人临潼康复医院"的执业证书变更为"陕西省临潼康复医院"的执业证书。

为方便工作，现申请批准陕西省临潼疗养院增挂"陕西省临潼康复医院"名称，实行一套机构，两块牌子的运作模式，单位性质、编制和隶属关系不变。

陕西省人民政府办公厅

2006 年 10 月 11 日

【简评】

发文机关向没有上下级关系的有关主管部门请求批准某事项，一般用请批函行文。例文中发文机关与收文机关之间的关系便是如此。例文标题为标准的三项式，主送亦用了规范化的简称。正文虽简短，但表达了如下几层意思：一是行文的背景，这部分在例文中所占篇幅较大，旨在清晰地阐述事情的来龙去脉；二是请批的目的，即"为方便工作"；三是请批的具体事项，例文整体格式规范，内容表述清晰，便于相关机关、部门了解发文机关的发文目的，这也为及时地答复文件请批的事项提供了前提保障。

（四）复函

【例文】

国务院办公厅关于同意成立
2022年第4届亚残运会组委会的函

国办函〔2019〕98号

浙江省人民政府：

你省《关于 2022 年第 4 届亚残运会组委会人员名单的请示》（浙政〔2019〕52号）收悉。经国务院领导同志批准，现函复如下：

一、同意成立 2022 年第 4 届亚残运会组委会（以下简称组委会）及其组成。组委会主席由中国残联主席×××、体育总局局长×××、浙江省人民政府省长×××担任，执行主席由中国残联理事长×××、体育总局副局长×××、浙江省人民政府副省长××担任。

二、组委会内设机构由组委会根据工作需要自行确定。

国务院办公厅

2019 年 9 月 30 日

【简评】

例文所涉略的行文流程如下：首先，浙江省人民政府就成立 2022 年第 4 届亚残运会组委会一事上行请示国务院；其次，国务院办公厅行文给浙江省人民政府答复此事。由于国务院办公厅与浙江省人民政府之间属于不相隶属机关之间的关系，因此文种选择只能用"函"，而不可用"批复"。

例文遵循了批复的写作模式，同时也符合函的写作要求，第一自然段引述来文，后几个自然段明确函复的内容及具体做法，表述简洁、态度鲜明、分条列项、便于执行。例文行文关系清楚，内容表述清晰，格式安排规范，用语张弛有度，堪称同类文件写作的典范。

三、函写作小结

（一）行文主体的广泛性

函在行文中没有发文权限方面的约束，任何级别、类别的发文机关都可以向外发函。其这一写作上的特点也赋予了函使用频率较高的特性。因此，熟知函的写作格式及其相应规范要求，对于发挥函的功用是至关重要的。

（二）文种用途的多样性

与某些文种单一的用途相比，函的用途较为广泛，可用于告知事项、商洽工作和答复问题，也可用于请求批准与答复事项等。

（三）行文方向的灵活性

函与意见的行文方向大致相同，可平行文，必要时也可上行文与下行文，但函在行文方向上主要用于平行。

（四）行文内容的单一性

主动发函，一般都需要对方复函。为方便对方阅文办理及复函，发函应一文一事。这一特性与行文请示的写作要求相似，也明确了在行文中要注意区分"请批函"与"请示"的不同写作要求。一般来讲，发文机关请求批准事项，对上级机关需用请示，对不相隶属机关就要用"请批函"。

（五）行文用语的谦和性

函主要用于不相隶属机关之间，因此撰文时不论发函还是复函，都应注意语言谦和得体、语气礼貌平和，给收文机关以平等相待，诚恳务实的印象，而这些要求在函的尾语写作中体现得尤为明显。

第十五章　纪要

扫一扫，获取本章例文

一、纪要的用法

（一）纪要的含义及类别

纪要即以往的会议纪要，是在会议结束之后形成的、记载会议基本情况和议定事项的公文文种。依会议性质的不同，会议纪要主要有如下类别：一是大型专题性会议纪要；二是日常工作会议纪要；三是协议性会议纪要；四是研讨性会议纪要。

（二）纪要的写法

1.日常工作会议纪要

日常工作会议纪要一般由三部分组成：

一是版头。这种纪要通常都有固定版头。版头的构成要素依次是：标题（会议名称＋纪要）、届次数、横隔线。版头套红印刷与否均可。

二是会议概况。在横隔线下方，采用与会议记录相同的写法，依次逐项标明会议召开的时间、地点、主持人、记录人、会议主题等信息。出席人员、列席人员、请假人员等信息一般标注在正文或附件说明下空一行左空两字处。

三是议定事项。在这一部分之前，可以标注"会议纪要"或"议定事项"，然后采用分项概述的方式按照会议研究的顺序逐项阐述会议的议决事项。写作中，一要把议决事项分条列项以求清晰，二要把"会议"作为第三人称，使用"会议听取了"、"会议审查了"等惯用语句，而不能采用第一人称的写法。

2.其余三种纪要

其余三种纪要是大型专题性会议纪要、协议性会议纪要、研讨性会议纪要。

（1）标题。标题的基本写法是"会议名称＋文种"形式，如《全国建设工程质量监督座谈会会议纪要》。

（2）正文。正文含导语、主体和尾语三部分：

导语部分要介绍会议的概况：一是会议召开的依据和目的，二是会议起止时间、地点及会议名称，三是与会人员范围及领导到会情况，四是会议主要议题、议程，五是会议的收效及对会议总的估价。这一部分结束后，可用"会议纪要如下"等承上启下的语言来过渡。

主体部分是会议纪要的核心，通常应采用归纳分类法来写作，即把会议内容按照其内在联系和逻辑顺序归纳概括成前后有序的几个方面，逐一进行阐述。

尾语部分多是在最后的自然段用"会议要求……"、"会议希望……"、"会议号召……"等语句提出贯彻会议精神、搞好专项工作的要求、希望或号召。

二、纪要实例简评

（一）日常工作会议纪要

【例文】

苏州市人民政府第90次常务会议纪要

常务会议纪要〔2020〕8号

2020年3月2日上午，×××市长主持召开市政府第90次常务会议，审议《苏州市促进企业利用资本市场实现高质量发展的实施意见》《科创板上市后备企业培育计划》《苏州市进一步促进恢复生猪生产保障市场供应的政策举措》《苏州市党政领导干部食品安全工作责任清单》《关于深化改革加强食品安全工作的实施方案》，听取2020年苏州市区域性重大基础设施建设统筹专项资金安排情况、2019年苏州市市长质量奖评审情况、地区生产总值统一核算改革工作的汇报。

会议议定以下意见：

一、审议《苏州市促进企业利用资本市场实现高质量发展的实施意见》和《科创板上市后备企业培育计划》

（一）原则同意《苏州市促进企业利用资本市场实现高质量发展的实施意见》和《科创板上市后备企业培育计划》。由市金融监管局根据本次会议讨论意见修改完善后按程序印发实施。

（二）充分用好资本市场，为企业发展注入金融"活水"，是推动创新和实体经济发展的有效举措。各地各相关部门和单位要进一步统一思想、凝聚合力，全面贯彻落实好相关政策要求，进一步优化我市服务资本市场发展的生态体系，支持企业上市，支持上市企业做优做强，推动资本市场"苏州军团"不断壮大。

（三）防控金融风险是打好防范化解重大风险攻坚战的重要方面。各地各相关部门要针对新冠肺炎疫情对企业的影响，关注好企业复工复产情况，主动了解企业存在的实际困难，积极开展纾困支持工作；要对上市公司风险情况做好监测预警，提前做好风险处置和维护稳定工作。

二、审议《苏州市进一步促进恢复生猪生产保障市场供应的政策举措》

（一）原则同意《苏州市进一步促进恢复生猪生产保障市场供应的政策举措》。由市农业农村局根据本次会议讨论意见作进一步修改完善后按程序印发实施。

（二）党中央、国务院高度重视恢复生猪生产工作，习近平总书记多次就这项工作做出重要指示批示，强调要把生猪稳产保供作为今明两年农业工作的重点之一。省委、省政府已将恢复生猪生产、保障市场供应工作作为重要民生工程和"三农"工作的重点任务摆到重要位置，并明确列入高质量发展考核指标。各地各相关部门务必高度重视，切实提高站位，将思想和行动统一到党中央、国务院和省委、省政府的部署要求上来，真正认识到位、责任到位、措施到位，确保年度任务按时完成。

（三）各地要严格对照本地生猪出栏量考核指标，重点从新建项目、存量产能和域外基地三个方面挖掘产量、激发增量，通过今明两年努力，确保到2021年底生猪自给率和地产率达标；要充分考虑建设周期、养殖周期，倒排工作时间表，严格按进度要求推进各项工作；在恢复产量的同时，要加强对非洲猪瘟等动物疫情的防控，不断提高生猪生产产业的发展水平。市政府督查室要加大检查督查力度，对工作滞后、进度缓慢的，及时进行通报。

三、听取2020年苏州市区域性重大基础设施建设统筹专项资金安排情况的汇报

（一）原则同意市财政局关于2020年苏州市区域性重大基础设施建设统筹专项资金安排情况的汇报。

（二）设立区域性统筹专项资金，对于保障全市性重大基础设施建设，具有十分重要的意义。今年区域性统筹专项资金保障的重大基础设施，兼顾民生实事工程和重大创新项目，既突出了国家战略导向，又注重了地区分配均衡。各地各部门要认真抓好项目落实，最大限度地发挥区域性专项资金的使用效益。

（三）市财政局要严格按照方案组织实施好资金拨付，进一步完善财政资金支出方式和考评机制，着力提高资金绩效管理水平。各项目实施单位要建立健全资金监督检查制度，做到专款专用，确保资金安全。

四、审议《苏州市党政领导干部食品安全工作责任清单》和《关于深化改革加强食品安全工作的实施方案》

（一）原则同意《苏州市党政领导干部食品安全工作责任清单》和《关于深化改革加强食品安全工作的实施方案》。由市市场监管局根据本次会议讨论意见作进一步修改完善后提请市委常委会审议。

（二）民以食为天，食以安为先。食品安全关系千家万户，关系安全稳定大局。各地各部门要认真学习贯彻习近平总书记关于食品安全系列重要讲话精神，严格落实"四个最严"要求，严把从农田到餐桌的每一道关口。市食安委各成员单位要各司其职、各负其责，相互支持、密切配合，共同提升全链条食品质量安全保障水平，加快实现我市食品安全治理体系和治理能力现代化。

（三）新冠肺炎疫情防控期间，食品安全监管面临新的挑战。各地各部门要坚持问题导向，进一步加强对重点场所、重点环节的食品安全监督管理，切实保障人民群众身体健康，有力服务疫情防控工作大局。

五、听取2019年苏州市市长质量奖评审情况的汇报

（一）原则同意2019年度苏州市市长质量奖拟获奖企业名单。由市市场监管局根据本次会议讨论意见按程序公布。

（二）质量是立业之本、转型之要。市长质量奖是市政府设立的最高质量荣誉，

是政府引导和激励全社会崇尚质量、追求卓越的重要抓手。各地各部门要进一步强化质量第一意识，坚持优质发展、以质取胜，大力培育苏州地标企业、树立质量标杆，推动我市高质量发展走在前列。

（三）各地各相关部门要不断完善评价体系，鼓励、引导更多的优秀企业踊跃参与市长质量奖评选；要进一步加大宣传力度，让优秀企业的质量管理经验和文化在行业内借鉴推广、在全社会广泛传播；要积极指导帮助获奖企业进阶江苏省质量奖，并努力实现中国质量奖零的突破。

六、听取地区生产总值统一核算改革工作的汇报

（一）会议听取了市统计局关于地区生产总值统一核算改革工作的汇报。由市统计局根据本次会议讨论意见作完善整理后向市委常委会汇报。

（二）实施地区生产总值统一核算改革是全面深化改革的重要内容。习近平总书记多次就这项工作做出重要指示批示，要求积极推进实施统一核算改革，实现地区生产总值与国内生产总值数据之间的衔接。各地各部门一定要充分认识实施统一核算改革的重要性和迫切性，牢固树立正确的政绩观、发展观和速度观，及时调整工作机制，确保中央和省的改革部署在我市迅速全面贯彻到位。

（三）各地各部门要严格遵守《统计法》相关规定，认真贯彻落实统计管理体制改革精神，坚持依法科学统计，全面及时准确地提供地区生产总值核算的基础数据、财务报表、行政记录等相关资料，不打折扣，不搞变通，确保统一核算工作扎实推进。市统计局要发挥好牵头作用，加大综合调度力度，严格数据审核，确保部门上报省相关部门的基础数据准确可靠，并做好对各县级市、区数据的确定。各相关部门要抓紧制定基础数据质量控制办法，加强数据采集管理，强化数据审核评估，重点关注数据明显波动等异常变化，提高部门数据质量和对国民经济核算的支撑度。

出席名单：（略）

列席名单：（略）

记录：××

苏州市人民政府办公室整理

2020 年 3 月 9 日

【简评】

从例文可以看出，当前基层政府的文件亦比较规范，能够严格按照会议纪要的行文要求进行写作。会议概况全面、议题明确、议定事项清晰。使用"会议审议了……"、"会议听取了……"等惯用语句，增强了例文写作的客观性、真实性，同时也符合会议纪要写作不能采用第一人称写法的相关要求。

（二）大型专题会议纪要

【例文】

湖州市人民政府专题工作会议纪要

湖政专纪〔2019〕38号

7月19日，市委副书记、市长×××召集市发展改革委、市经信局、市民政局、市财政局、市自然资源和规划局、市农业农村局、市审计局、市国资委、市政务办、市金融办、市法院、市税务局、市城市集团、市交通集团、市产业集团、湖州银行、市不动产登记服务中心、吴兴区政府、南浔区政府和南太湖新区管委会等单位负责人召开市政府专题会议，就市本级政府债务化解，全市破产倒闭企业土地、房产等资产资源收购，农村集体资产资源公开出让与盘活利用，国有企业所属资产资源招拍挂等工作进行了专题研究，副市长×××、市政府秘书长×××参加会议。市政府副秘书长×××、×××、×××、×××，市政府研究室副主任×××、市政府督查室主任××列席会议。

会议指出，防范化解地方政府性债务风险是落实中央和省委省政府决策部署的重大政治任务，也是推动高质量赶超发展必须守牢的底线。各级各有关部门要在坚决堵住"后门"的基础上，着力开大"前门"，尤其要进一步创新举措，积极运用阳光透明的市场化手段，大力推进破产倒闭企业土地房产收储利用，国有和农村集体资产资源出让盘活，切实推动各类低效闲置资产资源发挥出更大的经济效益、社会效益。做好下一步工作，会议强调：

第一，要高度重视当前防范化解政府性债务领域存在的风险，按照"吃透政策、把住关口、合规争取、防范风险"的要求，进一步强化底线思维，加快补齐短板，统筹做好隐性债务化解、平台市场化转型、"乡镇关闸门"等工作，继续打好"控总量、盘资产、展期限、降成本、去风险"化债组合拳，尤其要加强对"浙里投"、"浙金中心"等区域性交易平台的发债融资情况的核查处置，确保按期限整改到位。

第二，要高度重视资产保值增值，积极通过司法拍卖、公开转让等市场化、法治化手段，加大破产倒闭企业的土地、房产处置盘活力度，市产业集团要制定具体可行的操作办法，加快组织实施。市国资委和市农业农村局要抓紧制定全市国有企业、农村集体资产资源的盘活利用方案，半个月内提交市政府常务会议审议研究。

第三，要坚持阳光透明，强化政策刚性兑现。进一步建立完善简明扼要、可操作性的制度规范，严格落实刚性执行，加快推动市区县两级公共交易平台融合打通、资产资源交易向县级以上政府公共资源交易平台集中，确保全市农村集体资产资源和国有企业资产资源全部进入平台进行交易，不断提升平台交易量和活跃度；要严明财经纪律，对于不遵守公共资源交易规定的违纪违法违规行为，要按有关规定严肃予以问责。

第四，市政府督查室要会同市财政局、市审计局、市国资委、市农业农村局等部门开展连续督查，确保各项工作取得实效。

出席名单：（略）

湖州市人民政府办公室

2019 年 8 月 1 日

【简评】

标题一般有两种写法，一种是较为简洁的两项式写法，如例文"湖州市人民政府专题工作会议纪要"，还有一种是将会议主旨加入其中，例如将例文标题更改为"湖州市人民政府关于地方政府性债务风险专题工作的会议纪要"，这样写的好处是在标题处即显露主旨，但这种写法一般较少。例文与同类其他会议纪要相同，首先交代了与会人员范围及会议议程，进而以"会议指出"道明专题会议的重要性，再以"会议强调"过渡到纪要主体内容。主体内容部分通常采用分条列项式的写作手法，例文也沿袭这一写作特性。最后列出出席人员名单，使得纪要更加完整。

总之，例文格式规范，逻辑清晰，结构合理。其篇章布局的安排及段落撮要显旨式的写作手法，堪称同类文件写作的典范。

（三）协议性会议纪要

【例文】

长兴县人民政府关于太湖街道城市社区用房有关事宜协调会议纪要

长政发（2019）51号

2019 年 8 月 12 日上午，副县长 ××× 牵头召开关于太湖街道城市社区用房有关事宜协调会，县政府办、发改局、财政局、民政局、自然资源和规划局、太湖街道、县开发区等单位相关负责人参加会议。

会议听取了太湖街道关于城市社区用房有关情况的汇报。会议指出，社区组织的工作用房和居民公益性服务设施，是社区组织开展工作、提供公共服务的基本条件，也是社区居民参与社区建设和活动的重要平台，各相关单位要切实按照 4 月 2 日县政府专题听取相关工作情况汇报会所明确的原则和要求，合力推进太湖街道城市社区用房建设，进一步提升城市社区工作服务保障的能力水平。

关于具体事项，会议明确：

1. 关于太湖街道城市社区拆分设立事宜。（略）

2. 关于晨光社区用房事宜。（略）

3. 关于朱渡桥社区用房事宜。（略）

4. 关于两个新建用房事宜。（略）

5. 关于社区用房功能设置及装修经费事宜。（略）

6. 关于资金审核拨付程序。（略）

关于下步工作，会议要求，各相关单位要密切配合、相互协助，由太湖街道负责制定四个社区用房建设推进的时间表和任务书，挂图作战、狠抓推进，确保工程进度、质量效果双落实。

附：参加会议人员名单（略）

长兴县人民政府办公室
2019 年 8 月 21 日

【简评】

协议性会议是由代表各个方面的不同机构就共同关心的问题召开的会议。其特点在于与会各方无论级别高低，都要相对平等地商讨问题、议定事项。同时，与会各方达成的共识对与会各方都具有相应的约束力，因此这种会议的纪要在某种程度上带有协议的性质。

例文便是关于太湖街道城市社区用房有关事宜协调会议所作的会议纪要。此次会议参会方及参会人数众多，所议定的事项与达成的共识与参会各方均息息相关。与一般会议纪要相同，在开头部分首先介绍了会议的议题与出席人员，而后通过第三人称的写法记录了会议的主题内容。例文使用了"会议听取了"、"会议指出"、"会议明确"等纪要的常见用语，语言规范、结构明了、目的明确、质量较高。

（四）研讨性会议纪要

【例文】

刘则渊科学学思想学术研讨会会议纪要

2020 年 10 月 31 日，由中国科学学与科技政策研究会主办，科学学理论与学科建设专业委员会、大连理工大学人文社会科学学部科学学与科技管理研究所＆ WISE 实验室、中山大学资讯管理学院承办的第十六届中国科技政策与管理学术年会"刘则渊科学学思想学术研讨会"分会场顺利召开。在长达 9 个小时的在线会议中，来自国内学界近 200 位专家学者在云端相聚，共同感念刘则渊教授这位中国科学学的重要坚守者和开拓者，阐释他的科学学思想，感受他独特的学术魅力。

大会分上午和下午两个半场举行。在上午的会议中，由×××、×××、×××、×××、×××、×××、×××、×××、×××、×××19 位专家做了报告或发言，他们大多是中国科学学界的前辈和刘则渊先生的生前学术好友。专家们从科学技术学、管理学、哲学等不同的视角，对先生的科学学学术思想做了精彩的解读，并赋予了深刻的时代意义，不仅让与会者了解、明晰并深刻认识中国科学学的初心，也让与会者因刘则渊先生的独特魅力而备受鼓舞。在下午的会议中，由×× 、××× 、××× 、××× 、××× 、××× 、×× 16 位专家做了报告或发言，他们大多是中国科学学界的新生力量。他们从知识计量、理论体系、交叉科学、知识图谱、科学交流、组织建设、未来发展等多个视角对科学学领域的相关问题进行了探讨，是刘则渊先生科学学思想的继承和发展。这些精彩的报告和优秀的报告人为中国科学学的未来发展注入了新的活力。

刘则渊为中国科学学事业做出了巨大的贡献。他始终以马克思恩格斯的科学技术思想为理论根源，始终清醒地把握驱动经济发展的科学技术本质，始终以建设和发展中国科学学理论与学科体系为目标，从而形成了自己的科学学思想体系。刘则渊在科学学领域重要的理论贡献主要体现在五个方面。

（1）建构以马克思主义为基本理论依据的中国科学学理论体系。

（2）发现并阐释"哲学—数学—科学—技术—经济"大周期转化规律。

（3）提出以知识价值论为核心的知识活动系统理论。

（4）提出基于"技术科学"的新巴斯德象限理论，并用来支撑科技强国战略研究。

（5）创建和发展以"科学知识图谱"为表现形式的知识计量学，开拓了中国科学学研究的"知识图谱"范式。

刘则渊教授建设和培养了一支科学学研究队伍，他的学术思想影响广泛而深远，为中国科学学界留下了宝贵的学术财富和精神财富。

2005 年至今，中国科技政策与管理学术年会已经举办十六届了。十六年来，刘则渊先生每年都会精心准备报告发言，积极组织团队参会，从未有一次缺席。先生生前不喜排场，却独爱这份学术热闹。在科学学界，他是一位高瞻远瞩的学者、智者，一位和蔼可亲的师者、长者。正逢 2020 年的年会，研究会和专委会的同仁共同纪念刘则渊先生，就是为了能够不忘科学学初心，继续沿着先生所开拓的中国科学学的道路而继续前进。凡是过往，皆为序章，不忘初心，锐意进取，我们对中国科学学的未来繁荣发展充满期待！

【简评】

该会议纪要紧密围绕刘则渊科学学思想学术研讨会的主要内容进行写作，包括标题和正文两大部分。正文开篇主要呈现了会议时间、地点、参加研讨人员等概况；对大会研讨的内容分场次进行了概述；对刘则渊先生的学术贡献进行了条理清晰的表述；最后表达了对中国科学学未来繁荣发展的期待。该纪要表达内容清晰准确、用语符合学术规范。

三、纪要写作小结

（一）内容的纪实与纪要性

"纪"即记载，"要"即要点。因此，纪要在写作中对会议情况的记载必须坚持真实性原则，同时纪要记载会议情况并非像会议记录那样原原本本、有言必录，而是对会议的各方面情况及全部材料进行整理、归纳、概括，择其概要而记之。所以，纪要属于事后行文。

（二）作用的知照性与依据性

知照作用是纪要的基本作用。无论是向下传达会议精神，向上汇报会议情况，还是向有关方面通报会议内容，纪要第一位的作用就是让阅文者了解会议情况。

下编
常用公文写作

扫一扫，获
取本章例文

第十六章　规范性文书

一、指示

（一）指示的用法

1.指示的含义及类别

指示是上级机关对下级机关布置工作、提出工作原则及要求时使用的指挥性公文。

按布置工作范围的不同，可分为两类：一是全局性指示，即所布置的工作涉及所有下级机关的指示；二是局部性指示，即所布置的工作只涉及特定下级机关的指示。

2.指示的写法

（1）标题。指示的标题应采用三项式写法，即"发文机关＋事由＋文种"。

（2）正文。一是指示的缘由，包括发布指示的背景、原因、根据、目的等，其后写"特作如下指示"导入第二部分；二是指示的事项，这是指示的重点部分，要清楚交代下级机关应进行的工作、应遵循的原则、应采取的措施、应执行的要求等。如内容较多，可分层列项。

（3）尾语。可用要求式或号召式尾语。

（二）指示实例简评

【例文】

**中共中央关于各级领导干部
要亲自动手起草重要文件，不要一切由秘书代劳的指示**

（1981年5月7日）

党的十一届三中全会以来，为了加强和改善党的领导，中央已经采取或正在采取一系列重要的措施，如废除领导干部职务实际上存在的终身制，吸收坚定执行党的路线、具有独立工作能力而又年富力强的同志参加各级领导工作，实行党政分工，恢复和健全集体领导和个人分工负责相结合的制度，在决定重大问题时注意听取有学问的专家、学者的意见，加强思想政治工作的领导，等等。毫无疑问，为了进一步改善党的领导制度，还要逐步采取许多必要的措施。各级领导干部要亲自动手起草重要文件，不要一切由秘书代劳，就是其中重要的一项。

领导干部必须亲自动手准备自己的重要讲话、报告，亲自指导、主持自己领导范围内的重要文件的起草，否则他对自己所领导的主要工作就不能担负政治责任。这是一个重大原则问题，中央和毛泽东同志从三十年代起曾经作过多次指示。现在，中央常委的绝大多数同志是这样做的，各级领导干部中有很多同志也是这样做的。有些领导干部，工作肯用脑筋，有办法，有经验，苦于文化水平低，亲自动手写文件有困难，需要别人帮助（但对文件的主要内容仍必须经过自己的思考加以审定）。但是，目前也有一些领导干部，工作不用脑筋，整天忙于批条子，应付门市，他们不仅在准备自己领导范围内的重要文件时，不动手，并且连自己的讲话、报告以致日常工作的指示，也不动脑，不动手，不提出基本的思想内容，一切由秘书或别的人代劳。他们这样做，实际上是放弃了自己的领导责任，严重地损害了党的领导作用和领导威信。这种做法，是腐朽的官僚主义恶习在我们党的领导工作上的一种反映，是某些同志革命意志衰退、缺乏政治责任心、工作上失职或无能的一种表现，也是我们许多地方、部门和单位的领导工作一般化，使中央的指示得不到正确有效执行的一个重要原因。

有鉴于此，中央规定：今后，领导者（指各级党委的第一书记、分工负责某一方面工作的书记，国家机关的部长、省长、市长，其他各部门、各单位类推）个人的重要讲话、报告，一律要亲自动手起草。领导机关的重要文件，一律由领导者（或指定一位负责同志，或由若干人合作，一人负主责）亲自动手，亲自指导、主持起草工作。所谓亲自动手，主要是指领导者必须开动脑筋，提出文件的基本思想，包括主要的观点、意见、办法。文件的初稿产生以后，要在适当的范围内征求更多同志的意见，民主讨论，集思广益。在此基础上，领导者再亲自精心斟酌文件的内容和文字，并最后亲自负责修改定稿。文字的加工整理，可以由秘书或其他适当人员协助，但不得把起草工作全部推给他们。分管某一方面工作的领导者，对于自己领导范围内的重要文件，要亲自动手，亲自主持、参加起草工作，在自己主管的会议上的主要发言和会议结论，也都要自己准备。不要造成这样一种局面，即一切工作都集中在第一书记身上，一切文件都要第一书记负责，以致第一书记的工作无法深入。

各级领导干部亲自动手起草重要文件，这不是技术性的问题，而是领导工作中的原则性的问题。现在重申这一原则，是在新的历史条件下提高党的各级领导干部的认识能力和领导能力，改善和加强党对社会主义现代化建设各项事业领导的一项重要措施。

一般说来，中央的指示是面向全国的，是带有普遍意义的。其中，有的属于原则性的指示，只有和各地区、各部门、各单位的具体实际相结合，使之具体化，才能真正解决那里的问题；有的属于对某项工作的具体的指示、规定，也要由各地区、各部门、各单位提出实施的具体办法，才能有效地贯彻执行。因此，各级领导干部的重要职责，就是要善于把中央或上级的指示和本地区、本部门、本单位的实际结合起来，提出贯彻执行这些指示的具体意见和办法，并组织实施。他们的报告、讲话以及其他文件，都应当体现这种结合。今后，在中央做出原则性的指示以后，中央或国家机关的主管部门，应对负责执行的单位做出准确的解释，并提出相应的实施意见和办法。各地区在接到中央或上级部门的这些指示以后，要从当时当地的实际情况出发，提出本地区执行这些指示的意见和办法。只有这样，而不是照抄照转，我们党和国家的机器的各个环节才能正常地协调地运转起来，充分发挥各自应有的作用。

领导干部的讲话、报告，作为精神产品，应是他们的大脑这个加工厂制作出来的。它的原材料或半成品归根到底来自广大群众的实践。对周围的社会环境和工作状况作系统的周密的调查研究，用心体察下级和社会各阶层的情绪、呼声和要求，及时了解实际生活中出现的新情况、新问题，这是创造性地执行中央或上级的指示，提高领导工作质量和提高文件质量的必不可少的基础性工作。一个领导者，起草一个文件，或者讲一篇带有指导性的话，总应该提出问题，分析问题，解决问题。这就要求领导者亲自去了解在有关问题上，中央或上级有什么指示，自己这里有哪些实际情况、经验和问题。在准备过程中，可能会遇到一些理论问题，需要请教别人，需要读一点书，需要由一些既有理论知识又有实践经验的同志提出一种或几种经过认真论证的结论或方案，以供讨论比较，或者有一些实际情况不大清楚，需要再到下面跑一跑，看一看，作一点调查。然后，把这些得来的原材料或半成品，经过自己的认真思索和领导机构的集体研究，化为系统的、条理性的意见，这就是文件或讲话的初稿的产生。为了使文件或讲话更加符合客观实际，还需要再找一些直接执行的同志，尽量把这些意见在付诸实施过程中可能出现的各种复杂的情况考虑进去。以上是说事关重大的文件或讲话，每天需要处理的普通事务性文件或讲话当然不能都这样办。

总之，领导者自己动手起草重要文件准备讲话的过程，是一种不能假手别人的艰苦的创造性劳动。如果没有这个过程，虽然写出了文件或讲了话，作了报告，但思想、观点和语言都是别人的，对所论述的事物缺乏规律性的认识，对所说的意见、办法，是否正确，是否行得通，心中还是无数，那么，在执行中央或上级指示的过程中，其行动也必然带有某种盲目性或摇摆不定，也就难以做好工作。如果有了这个调查、加工、思索、提炼的过程，情况就会截然不同，不仅能够避免讲话、报告一般化，而且由于对所论述的问题有了比较清醒而深刻的认识，对自己提出的意见、办法的正确性、可行性心中有数，比较有把握，那么，在执行中央或上级指示的过程中，其行动就会是自觉的、坚定的。也只有在这种情况下，才能真正地担负起领导的责任，做好工作。

中央认为，当前各级领导机关的文件、简报数量过多，必须加以整顿、精简。毫无疑问，各级领导干部不应该把过多的精力用于准备各种文件，他们的主要精力始终应当放在调查研究、解决各种实际问题上。中央殷切希望各级领导干部，振奋革命精神，刻苦学习，努力增强自己的认识能力和领导能力，以适应日益发展的现代化经济建设、政治建设、文化建设、军事建设的需要和日益增多的国际交往的需要。特别是那些文化水平较低而年纪又较轻的同志，要下决心拿出一年、两年甚至更多一点的时间先补习文化，后学习理论，在此基础上加强自己动手起草文件的锻炼，以不断提高自己的思想水平和领导水平。中央相信，经过长期反复的努力，在我们的领导干部队伍中，一定会有更多的同志成为"文武双全"的、适应现代化建设需要的优秀领导人才。

【简评】

例文成文时间较早，但其主旨对当前相关工作的开展仍具有重要的现实借鉴意义。这一指示有利于规范机关部门公文写作流程，有利于提高机关办文质量，有利于提高领导干部的行文素养。从其历史意义和现实功效来看，一份高质量的公文首先应具有现实功效，而其长远意义则在于指示的内容要和机关工作的长久开展息息相关。

（三）指示写作小结

（1）注意相关文种的区别。指示只有党的各级领导机关方可使用。命令（令）可用于宣布施行重大强制性行政措施而非布置具体工作，且只有法定的行政机关和权力机关才能使用这一文种；决定涉及重要事项或者重大行动，而指示涉及的工作范围更大些，原则与具体、全面与局部内容并存。

（2）指示的内容要明确。不仅要提出问题，而且要对问题进行分析，进而有针对性地提出解决问题的原则。

（3）要注意基本政策精神的连续性。指示的内容要符合党的政策精神，并与以往所发布的指示精神相一致，不能前后矛盾。若依据政策要求需调整指示的精神，必须说明调整的原因及道理。

二、条例

（一）条例的用法

1.条例的含义

条例是高层领导机关制发的全面、系统地规范某一方面工作或特定人员行为的法规性公文。

2.条例的特点

（1）制发机关的限定性。作为规格最高的规范性文件，"条例"的制发权限受到严格限制：在党政机关，只有中央组织才可制发条例；在国家行政机关，只有国务院或经国务院批准后国务院主管部门才能发布。国务院各部门和地方人民政府制定的规章不得称"条例"，只能称"规定"、"办法"等。有立法权的地方国家权力机关可以制发条例。

（2）作用上的权威性。条例与规定、办法都属于法规性文件，但与规定比，条例更为全面、系统；与办法比，条例更为原则、凝练。条例的适用范围广泛、作用时间长久，是同类文件中规格最高、权威性最强的一种。

（3）格式的条款化。条例的正文，一般都要采用分条列款的方式组织表达，往往是篇下分章、章下分条、条下分款，便于查找，便于引用。

3. 条例的类别

（1）组织规章性条例。作为党的机关公文的条例，都属于这一类型。它主要用来规范党组织的工作、活动和党员的行为。1997年发布的《中国共产党纪律处分条例（试行）》（中发〔1997〕7号），共分为三编十三章一百七十二条，共计两万四千字左右。可以说，它是党内的法律，任何党组织或党员违反了其中的规定，都将受到严厉的党纪处分。中央纪律检查委员会成立以来，也发布了若干条例，对纪检工作程序、方法、要求等做出了明确规定。

（2）法律实施条例。国家的法律制定颁布之后，在执行时往往还会有许多不够具体明白的地方，有时需要用条例进行补充说明或做出辅助规定，以保证法律得到准确的执行。法律实施条例可以对法律中的概念进行解释说明，可以把某些条文细节化、具体化，还可以对法律进行补充。这样的解释和补充说明，使法律中的有关规定更清晰、更具体，对法律的实施显然有着重要的作用。

（3）行政管理条例。国家行政机关在行使行政职权进行管理的时候，针对某项长期性工作制定的规章制度，属于行政管理条例。例如国务院制定的《事业单位人事管理条例》，分别就岗位设置、公开招聘和竞聘上岗、聘用合同、考核和培训、奖励和处分、工资福利和社会保险、人事争议处理以及法律责任等，作了详细的规定，共计四十四条。

4. 条例的写法

（1）标题。条例的标题有两种基本写法：

第一种由施行范围、主要内容、文种组成标题。如《中国共产党纪律处分条例》。

第二种由主要内容、文种组成标题。如《建设工程质量管理条例》，省略了施行范围。不过，这种写法需要一个前提，那就是施行范围不做任何说明人们也是很清楚的。

（2）制发时间。条例的制发时间有两种基本标注方法：

独立发布的条例，要在标题之下正中位置，加括号标明制发机关和制发时间，如："（中共中央纪律检查委员会1994年3月25日印发）"。

用命令、通知等文种予以发布的条例，条例本身不显示制发时间，以命令或通知的发文时间为准。如《存款保险条例》是2015年2月17日由国务院第660号令颁布的，该条例的制发时间就是2015年2月17日。

（3）条例正文。条例正文由三大部分组成，分别为总则、分则、附则。

总则的内容包括制定条例的依据、目的、意义、指导思想、基本原则、基本概念、适用范围等，根据情况分为多少不等的若干条款。总则独立成章，书写为："第一章总则"，然后分条撰写。内容过于复杂的，还可在章上分编，第一编为总则，第二编为分则，第三编为附则。

总则之后、附则之前的所有内容，都属于分则。分则是条例的主体，实质性的规章制度都在分则中表达。分则分多少章、多少条，依内容而定。

附则是对前面内容的补充说明，内容一般比较简单。主要包括对概念或有关问题的解释，明确上述规定的解释权、修改权、实施时间等。附则的内容也要分条排列。

条例正文各条的序码从总则到附则都要贯通排列，为执行和引用提供方便。

内容相对简单的条例，也可以不分编、章，可直接分条来写。

（二）条例实例简评

1.组织规章性条例

【例文】

中国共产党政法工作条例

第一章　总则

第一条　为了坚持和加强党对政法工作的绝对领导，做好新时代党的政法工作，根据《中国共产党章程》、《中华人民共和国宪法》和有关法律，制定本条例。

第二条　本条例适用于中央和县级以上地方党委、党委政法委员会、政法单位党组（党委）领导和组织开展政法工作。

第三条　政法工作是党和国家工作的重要组成部分，是党领导政法单位依法履行专政职能、管理职能、服务职能的重要方式和途径。

党委政法委员会是党委领导和管理政法工作的职能部门，是实现党对政法工作领导的重要组织形式。

政法单位是党领导下从事政法工作的专门力量，主要包括审判机关、检察机关、公安机关、国家安全机关、司法行政机关等单位。

第四条　政法工作必须坚持以马克思列宁主义、毛泽东思想、邓小平理论、"三个代表"重要思想、科学发展观、习近平新时代中国特色社会主义思想为指导，牢固树立政治意识、大局意识、核心意识、看齐意识，坚定中国特色社会主义道路自信、理论自信、制度自信、文化自信，坚决维护习近平总书记党中央的核心、全党的核心地位，坚决维护党中央权威和集中统一领导，围绕统筹推进"五位一体"总体布局和协调推进"四个全面"战略布局，坚持党的领导、人民当家作主、依法治国有机统一，坚决捍卫党的领导和中国特色社会主义制度，维护宪法法律权威，支持政法单位依法履行职责，保证司法机关依法独立公正行使职权，确保政法队伍全面正确履行中国特色社会主义事业建设者、捍卫者的使命。

第五条　政法工作的主要任务是：在以习近平同志为核心的党中央坚强领导下开展工作，推进平安中国、法治中国建设，推动政法领域全面深化改革，加强过硬队伍建设，深化智能化建设，严格执法、公正司法，履行维护国家政治安全、确保社会大局稳定、促进社会公平正义、保障人民安居乐业的主要职责，创造安全的政治环境、稳定的社会环境、公正的法治环境、优质的服务环境，增强人民群众获得感、幸福感、安全感。

第六条　政法工作应当遵循以下原则：

（一）坚持党的绝对领导，把党的领导贯彻到政法工作各方面和全过程；

（二）坚持以人民为中心，专门工作和群众路线相结合，维护人民群众合法权益；

（三）坚定不移走中国特色社会主义法治道路，建设社会主义法治国家；

（四）坚持服务和保障大局，为推动经济持续健康发展和保持社会长期稳定提供法治保障；

（五）坚持总体国家安全观，维护国家主权、安全、发展利益；

（六）严格区分和正确处理敌我矛盾和人民内部矛盾这两类不同性质的矛盾，准确行使人民民主专政职能；

（七）坚持走中国特色社会主义社会治理之路，推动形成共建共治共享的社会治理格局；

（八）坚持改革创新，建设和完善中国特色社会主义司法制度和政法工作运行体制机制；

（九）政法单位依法分工负责、互相配合、互相制约，确保正确履行职责、依法行使权力；

（十）坚持政治过硬、业务过硬、责任过硬、纪律过硬、作风过硬的要求，建设信念坚定、执法为民、敢于担当、清正廉洁的新时代政法队伍。

第二章　党中央对政法工作的绝对领导

第七条　党中央对政法工作实施绝对领导，决定政法工作大政方针，决策部署事关政法工作全局和长远发展的重大举措，管理政法工作中央事权和由中央负责的重大事项。

第八条　党中央加强对政法工作的全面领导：

（一）坚持以习近平新时代中国特色社会主义思想为指导，为政法工作坚持正确方向提供根本遵循；

（二）确立政法工作的政治立场、政治方向、政治原则、政治道路，严明政治纪律和政治规矩，为政法工作科学发展提供政治保证；

（三）研究部署政法工作中事关国家政治安全、社会大局稳定、社会公平正义和人民安居乐业的重大方针政策、改革措施、专项行动等重大举措；

（四）加强政法系统组织建设和党风廉政建设，领导和推动建设忠诚干净担当的高素质专业化政法队伍，为政法工作提供组织保证。

第三章　地方党委对政法工作的领导

第九条　县级以上地方党委领导本地区政法工作，贯彻落实党中央关于政法工作大政方针，执行党中央以及上级党组织关于政法工作的决定、决策部署、指示等事项。

第十条　县级以上地方党委应当以贯彻党中央精神为前提，对本地区政法工作中的以下事项，落实领导责任：

（一）统筹政法工作中事关维护国家安全特别是以政权安全、制度安全为核心的政治安全重要事项；

（二）统筹维护社会稳定工作，及时妥善处理影响社会稳定的重要事项和突发事件；

（三）统筹规划平安建设、法治建设与经济社会发展，做到同部署、同推进、同督促、同考核、同奖惩；

（四）推动政法单位依法维护社会主义市场经济秩序，为经济高质量发展提供法治保障；

（五）组织实施党中央关于政法改革方案，推动完善社会主义司法制度和政法工作运行体制机制；

（六）完善党委领导、政府负责、社会协同、公众参与、法治保障的社会治理体制，提高社会治理社会化、法治化、智能化、专业化水平；

（七）完善党委、纪检监察机关、党委政法委员会对政法单位的监督机制，保证党的路线方针政策和党中央重大决策部署贯彻落实，保证宪法法律正确统一实施；

（八）加强党对政法队伍建设的领导，完善党委统一领导、政法单位主抓、有关部门各司其职的政法队伍建设工作格局；

（九）改善执法司法条件，满足政法工作形势和任务的需要；

（十）推动完善和落实保障政法干警依法履职、开展工作的制度和政策；

（十一）本地区政法工作中的其他重要事项。

第四章　党委政法委员会的领导

第十一条　中央和县级以上地方党委设置政法委员会。中央政法委员会职能配置、内设机构和人员编制方案由党中央审批确定。地方党委政法委员会职能配置、内设机构和人员编制规定，由同级党委按照党中央精神以及上一级党委要求，结合本地区实际审批确定。

乡镇（街道）党组织配备政法委员，在乡镇（街道）党组织领导和县级党委政法委员会指导下开展工作。

省、市、县、乡镇（街道）社会治安综合治理中心是整合社会治理资源、创新社会治理方式的重要工作平台，由同级党委政法委员会和乡镇（街道）政法委员负责工作统筹、政策指导。

第十二条　党委政法委员会在党委领导下履行职责、开展工作，应当把握政治方向、协调各方职能、统筹政法工作、建设政法队伍、督促依法履职、创造公正司法环境，带头依法依规办事，保证党的路线方针政策和党中央重大决策部署贯彻落实，保证宪法法律正确统一实施。主要职责任务是：

（一）贯彻习近平新时代中国特色社会主义思想，坚持党对政法工作的绝对领导，坚决执行党的路线方针政策和党中央重大决策部署，推动完善和落实政治轮训和政治督察制度；

（二）贯彻党中央以及上级党组织决定，研究协调政法单位之间、政法单位和有关部门、地方之间有关重大事项，统一政法单位思想和行动；

（三）加强对政法领域重大实践和理论问题调查研究，提出重大决策部署和改革措施的意见和建议，协助党委决策和统筹推进政法改革等各项工作；

（四）了解掌握和分析研判社会稳定形势、政法工作情况动态，创新完善多部门参与的平安建设工作协调机制，协调推动预防、化解影响稳定的社会矛盾和风险，协调应对和妥善处置重大突发事件，协调指导政法单位和相关部门做好反邪教、反暴恐工作；

（五）加强对政法工作的督查，统筹协调社会治安综合治理、维护社会稳定、反邪教、反暴恐等有关国家法律法规和政策的实施工作；

（六）支持和监督政法单位依法行使职权，检查政法单位执行党的路线方针政策、党中央重大决策部署和国家法律法规的情况，指导和协调政法单位密切配合，完善与纪检监察机关工作衔接和协作配合机制，推进严格执法、公正司法；

（七）指导和推动政法单位党的建设和政法队伍建设，协助党委及其组织部门加强政法单位领导班子和干部队伍建设，协助党委和纪检监察机关做好监督检查、审查调查工作，派员列席同级政法单位党组（党委）民主生活会；

（八）落实中央和地方各级国家安全领导机构、全面依法治国领导机构的决策部署，支持配合其办事机构工作；指导政法单位加强国家政治安全战略研究、法治中国建设重大问题研究，提出建议和工作意见，指导和协调政法单位维护政治安全工作和执法司法相关工作；

（九）掌握分析政法舆情动态，指导和协调政法单位和有关部门做好依法办理、宣传报道和舆论引导等相关工作；

（十）完成党委和上级党委政法委员会交办的其他任务。

第十三条　中央和地方各级党委政法委员会指导、支持、督促政法单位在宪法法律规定的职责范围内开展工作。

中央政法委员会指导地方各级党委政法委员会工作，上级党委政法委员会指导下级党委政法委员会工作。

第五章　政法单位党组（党委）的领导

第十四条　政法单位党组（党委）领导本单位或者本系统政法工作，贯彻党中央关于政法工作大政方针，执行党中央以及上级党组织关于政法工作的决定、决策部署、指示等事项。

第十五条　政法单位党组（党委）在领导和组织开展政法工作中，应当把方向、管大局、保落实，发挥好领导作用。主要职责任务是：

（一）贯彻习近平新时代中国特色社会主义思想，执行党的路线方针政策和党中央重大决策部署，维护党对政法工作的绝对领导；

（二）遵守和实施宪法法律，带头依法履职，推进严格执法、公正司法，维护国家法制的统一、尊严和权威；

（三）研究影响国家政治安全和社会稳定的重大事项或者重大案件，制定依法处理的原则、政策和措施；

（四）研究推动本单位或者本系统全面深化改革，研究制定本单位或者本系统执法司法政策，提高执法司法质量、效率和公信力；

（五）履行全面从严治党主体责任，加强本单位或者本系统党的建设和政法队伍建设；

（六）完成上级党组（党委）和党委政法委员会交办的其他任务。

第十六条　政法单位党组（党委）应当建立健全在执法办案中发挥领导作用制度、党组（党委）成员依照工作程序参与重要业务和重要决策制度，增强党组（党委）及其成员政治领导和依法履职本领，确保党的路线方针政策和宪法法律正确统一实施。

第六章　请示报告

第十七条　中央政法委员会、中央政法单位党组（党委）在党中央领导下履行职责、开展工作，对党中央负责，受党中央监督，向党中央和总书记请示报告工作。

中央政法委员会、中央政法单位党组（党委）和县级以上地方党委、党委政法委员会、政法单位党组（党委）按照党中央关于重大事项请示报告的有关规定，严格执行请示报告制度。

政法单位党组（党委）向同级党委请示报告重大事项和汇报重要工作，一般应当同时抄报同级党委政法委员会。

第十八条　中央政法委员会、中央政法单位党组（党委）应当及时向党中央请示以下事项：

（一）政法工作重大方针政策、关系政法工作全局和长远发展的重大事项；

（二）维护国家安全特别是以政权安全、制度安全为核心的政治安全重大事项；

（三）维护社会稳定工作中的重大问题；

（四）政法工作重大体制改革方案、重大立法建议；

（五）拟制定的政法队伍建设重大政策措施；

（六）政法工作中的其他重大事项。

第十九条　中央政法委员会、中央政法单位党组（党委）应当及时向党中央报告以下事项：

（一）党中央决定、决策部署、指示等重大事项贯彻落实重要进展和结果情况；

（二）对影响党的路线方针政策和宪法法律正确统一实施重大问题的调查研究报告；

（三）具有全国性影响的重大突发案（事）件重要进展和结果情况；

（四）加强政法队伍建设的重大举措；

（五）半年和年度工作情况；

（六）党中央要求报告的其他事项。

政法工作总体情况、中央政法委员会牵头办理或者统筹协调的重大事项情况，由中央政法委员会统一报告党中央，中央政法单位协助做好相关工作。

最高人民法院党组、最高人民检察院党组按照有关规定，严格执行向党中央报告工作制度。

各省（自治区、直辖市）党委按照有关规定，向党中央请示报告政法工作重大事项。

第二十条　中央政法单位党组（党委）和省（自治区、直辖市）党委政法委员会应当向中央政法委员会请示以下事项：

（一）涉及政法工作全局、需要提请中央政法委员会研究决定的重大事项；

（二）有关地区、部门之间存在分歧，经反复协商仍不能达成一致，需要中央政法委员会协调的重大事项；

（三）重大政法改革方案和措施；

（四）出台重要执法司法政策性文件、司法解释，提出涉及重大体制和重大政策调整的立法建议；

（五）党中央交办的重大事项和需要中央政法委员会统筹研究把握原则、政策的重大事项；

（六）政法工作中涉及国家安全特别是政治安全等重大事项的相关政策措施问题；

（七）拟以中央政法委员会名义召开会议或者印发文件；

（八）应当向中央政法委员会请示的其他重大事项。

第二十一条　中央政法单位党组（党委）和省（自治区、直辖市）党委政法委员会应当向中央政法委员会报告以下事项：

（一）全面贯彻党的基本理论、基本路线、基本方略，贯彻落实党中央决策部署情况；

（二）贯彻落实党中央关于政法工作的重要指示精神情况；

（三）贯彻落实中央政法委员会工作部署、指示和决定情况；

（四）重大工作部署以及推进情况，年度工作情况；

（五）重大政法改革部署以及推进情况；

（六）政法工作中涉及国家安全特别是政治安全的重大事项处理情况；

（七）履行全面从严治党主体责任情况，落实党建工作责任制、党风廉政建设责任制、政法领域意识形态工作责任制等情况；

（八）领导干部干预司法活动、插手具体案件处理情况；

（九）应当向中央政法委员会报告的其他事项。

第二十二条　县级以上地方党委政法委员会、政法单位党组（党委）每年应当向同级党委报告全面工作情况，遇有重要情况及时请示报告。

地方党委政法委员会参照上一级党委政法委员会有关规定，确定同级政法单位党组（党委）、下级党委政法委员会请示报告重大事项范围、内容和程序等。

第七章　决策和执行

第二十三条　党委、党委政法委员会、政法单位党组（党委）应当按照集体领导、民主集中、个别酝酿、会议决定的原则，在各自职责权限范围内，及时对以下事项研究做出决定、决策部署或者指示：

（一）涉及贯彻落实党中央以及上级党组织、党委政法委员会关于政法工作的决定、决策部署和指示的重要事项；

（二）下级党委、党委政法委员会、政法单位党组（党委）请示报告的重要事项；

（三）本单位在履行职责中需要决策的事项。

决策时，应当先行调查研究，提出适当方案，充分听取各方面意见，进行风险评估和合法合规性审查，按照规定提请相关会议讨论和决定。

第二十四条　对于党中央以及上级党组织决定、决策部署、指示等，各有关地方党委、党委政法委员会、政法单位党组（党委）必须坚决贯彻执行。

提出请示报告的党委、党委政法委员会、政法单位党组（党委）在贯彻执行党中央以及上级党组织决定、决策部署、指示等过程中，认为原请示报告事宜需要做出调整的，必须按照谁决策、谁审批的原则，报原决策单位审批，但在批准前应当坚决执行。

第二十五条　地方党委应当建立健全委员会全体会议或者常委会会议研究部署政法工作的制度，将政法工作纳入重要议事日程，及时研究解决政法工作和队伍建设的重大问题。

第二十六条　地方党委应当在本地区带头执行党中央以及上级党组织决定、决策部署、指示等事项，并指导、督促党委政法委员会和政法单位党组（党委）做好贯彻执行相关工作。

地方党委成员对党委集体决策应当坚决执行；如有不同意见，可以保留或者向上级党组织反映，但在决策改变前应当坚决执行。

第二十七条　党委政法委员会实行全体会议制度，讨论和决定职责范围内的政法工作重大事项。

第二十八条　党委政法委员会应当贯彻执行党中央以及同级地方党委、上级党委政法委员会决定、决策部署、指示等事项，并发挥统筹协调职能作用，协助党委指导、督促有关政法单位党组（党委）、下级党委政法委员会坚决执行党中央以及上级党组织决定、决策部署、指示等事项，推动工作落实。

第二十九条　政法单位党组（党委）应当按照有关规定召开党组（党委）会议，讨论和决定本单位或者本系统政法工作和队伍建设重大事项。

第三十条　政法单位党组（党委）应当坚决贯彻执行党中央以及上级党组织决定、决策部署、指示等事项，确保工作落实。

政法单位党组（党委）成员对党组（党委）集体决策应当坚决执行；如有不同意见，可以保留或者向上级党组织反映，但在决策改变前应当坚决执行。

第八章 监督和责任

第三十一条 各级党委应当将领导和组织开展政法工作情况纳入党内监督体系，实行党内监督和外部监督相结合，增强监督合力。

党委政法委员会应当指导、推动政法单位建立健全与执法司法权运行机制相适应的监督制约体系，构建权责清晰的执法司法责任体系，完善程序化、平台化、公开化管理监督方式。

政法单位党组（党委）应当依法依规将政法工作情况纳入党务政务公开范围，依法有序推进审判执行公开、检务公开、警务公开、司法行政公开、狱（所）务公开，完善政法单位之间监督制约机制，确保政法工作在依法有效监督和约束环境下推进。

第三十二条 加强对政法工作全面情况和重大决策部署执行情况的督促检查：

（一）党委应当加强对党委政法委员会、政法单位党组（党委）和下一级党委领导和组织开展政法工作情况，特别是贯彻落实党中央以及上级党组织决定、决策部署、指示等情况督促检查，必要时开展巡视巡察，并在一定范围内进行通报；

（二）党委政法委员会应当推动完善和落实政治督察、执法监督、纪律作风督查巡查等工作制度机制，全面推进政法工作特别是党中央以及上级党组织决定、决策部署、指示等贯彻落实；

（三）政法单位党组（党委）应当建立健全向批准其设立的党委全面述职制度和重大决策执行情况的督查反馈机制，确保党中央以及上级党组织决定、决策部署、指示等在本单位或者本系统得到贯彻落实。

第三十三条 党委应当加强对党委政法委员会、政法单位党组（党委）和下一级党委常委会履职情况的考评考核，其结果作为对有关领导班子、领导干部综合考核评价的重要内容和依据：

（一）结合领导班子年度考核、民主生活会等，定期检查和考评考核党委政法委员会履职情况；

（二）建立健全听取政法单位党组（党委）主要负责人述职制度，加强对政法单位党组（党委）及其成员履职情况考评考核；

（三）在考核下一级党委常委会领导开展工作情况时，注重了解领导开展政法工作情况。

党委政法委员会应当建立健全委员述职制度，全面了解、掌握委员履职情况，及时提出指导意见。

第三十四条 党委政法委员会在统筹推动政法单位开展常态执法司法规范化检查中，对发现的政法单位党组（党委）及其成员不履行或者不正确履行职责，或者政法干警执法司法中的突出问题，应当督促加大整改力度，加强执法司法制度建设，保证全面正确履行职责。

第三十五条　有关地方和部门领导干部在领导和组织开展政法工作中，违反本条例和有关党内法规制度规定职责的，视情节轻重，由党委政法委员会进行约谈、通报、挂牌督办等；或者由纪检监察机关、组织人事部门按照管理权限，办理引咎辞职、责令辞职、免职等。因违纪违法应当承担责任的，给予党纪政务处分；涉嫌犯罪的，依法追究刑事责任。

第九章　附则

第三十六条　中央政法委员会，中央政法单位党组（党委），各省（自治区、直辖市）党委可以根据本条例，结合各自实际，制定配套规定。

第三十七条　中央军事委员会依照本条例的基本精神，制定军队政法工作党内法规。

第三十八条　本条例由中央政法委员会负责解释。

第三十九条　本条例自 2019 年 1 月 13 日起施行。此前发布的党内有关政法工作的规定，凡与本条例不一致的，按照本条例执行。

【简评】

该条例共九章三十九条，采取总—分—总式结构，分条列项表达条例具体内容。从篇幅上看，例文内容丰富，整体结构清晰明了。一般而言，总—分—总式结构、分条列项式章节安排、逻辑上的先后贯通是条例写作应遵循的基本原则。只有遵循这些原则撰拟条例，才能保障行文顺畅，表意清晰、准确。

2.法律实施条例

【例文】

中华人民共和国国务院令

第723号

《中华人民共和国外商投资法实施条例》已经 2019 年 12 月 12 日国务院第 74 次常务会议通过，现予公布，自 2020 年 1 月 1 日起施行。

总理　李克强

2019 年 12 月 26 日

中华人民共和国外商投资法实施条例

第一章　总则

第一条　根据《中华人民共和国外商投资法》（以下简称外商投资法），制定本条例。

第二条　国家鼓励和促进外商投资，保护外商投资合法权益，规范外商投资管理，持续优化外商投资环境，推进更高水平对外开放。

第三条　外商投资法第二条第二款第一项、第三项所称其他投资者，包括中国的自然人在内。

第四条　外商投资准入负面清单（以下简称负面清单）由国务院投资主管部门会同国务院商务主管部门等有关部门提出，报国务院发布或者报国务院批准后由国务院投资主管部门、商务主管部门发布。

国家根据进一步扩大对外开放和经济社会发展需要，适时调整负面清单。调整负面清单的程序，适用前款规定。

第五条　国务院商务主管部门、投资主管部门以及其他有关部门按照职责分工，密切配合、相互协作，共同做好外商投资促进、保护和管理工作。

县级以上地方人民政府应当加强对外商投资促进、保护和管理工作的组织领导，支持、督促有关部门依照法律法规和职责分工开展外商投资促进、保护和管理工作，及时协调、解决外商投资促进、保护和管理工作中的重大问题。

第二章　投资促进

第六条　政府及其有关部门在政府资金安排、土地供应、税费减免、资质许可、标准制定、项目申报、人力资源政策等方面，应当依法平等对待外商投资企业和内资企业。

政府及其有关部门制定的支持企业发展的政策应当依法公开；对政策实施中需要由企业申请办理的事项，政府及其有关部门应当公开申请办理的条件、流程、时限等，并在审核中依法平等对待外商投资企业和内资企业。

第七条　制定与外商投资有关的行政法规、规章、规范性文件，或者政府及其有关部门起草与外商投资有关的法律、地方性法规，应当根据实际情况，采取书面征求意见以及召开座谈会、论证会、听证会等多种形式，听取外商投资企业和有关商会、协会等方面的意见和建议；对反映集中或者涉及外商投资企业重大权利义务问题的意见和建议，应当通过适当方式反馈采纳的情况。

与外商投资有关的规范性文件应当依法及时公布，未经公布的不得作为行政管理依据。与外商投资企业生产经营活动密切相关的规范性文件，应当结合实际，合理确定公布到施行之间的时间。

第八条　各级人民政府应当按照政府主导、多方参与的原则，建立健全外商投资服务体系，不断提升外商投资服务能力和水平。

第九条　政府及其有关部门应当通过政府网站、全国一体化在线政务服务平台集中列明有关外商投资的法律、法规、规章、规范性文件、政策措施和投资项目信息，并通过多种途径和方式加强宣传、解读，为外国投资者和外商投资企业提供咨询、指导等服务。

第十条　外商投资法第十三条所称特殊经济区域，是指经国家批准设立、实行更大力度的对外开放政策措施的特定区域。

国家在部分地区实行的外商投资试验性政策措施，经实践证明可行的，根据实际情况在其他地区或者全国范围内推广。

第十一条 国家根据国民经济和社会发展需要，制定鼓励外商投资产业目录，列明鼓励和引导外国投资者投资的特定行业、领域、地区。鼓励外商投资产业目录由国务院投资主管部门会同国务院商务主管部门等有关部门拟订，报国务院批准后由国务院投资主管部门、商务主管部门发布。

第十二条 外国投资者、外商投资企业可以依照法律、行政法规或者国务院的规定，享受财政、税收、金融、用地等方面的优惠待遇。

外国投资者以其在中国境内的投资收益在中国境内扩大投资的，依法享受相应的优惠待遇。

第十三条 外商投资企业依法和内资企业平等参与国家标准、行业标准、地方标准和团体标准的制定、修订工作。外商投资企业可以根据需要自行制定或者与其他企业联合制定企业标准。

外商投资企业可以向标准化行政主管部门和有关行政主管部门提出标准的立项建议，在标准立项、起草、技术审查以及标准实施信息反馈、评估等过程中提出意见和建议，并按照规定承担标准起草、技术审查的相关工作以及标准的外文翻译工作。

标准化行政主管部门和有关行政主管部门应当建立健全相关工作机制，提高标准制定、修订的透明度，推进标准制定、修订全过程信息公开。

第十四条 国家制定的强制性标准对外商投资企业和内资企业平等适用，不得专门针对外商投资企业适用高于强制性标准的技术要求。

第十五条 政府及其有关部门不得阻挠和限制外商投资企业自由进入本地区和本行业的政府采购市场。

政府采购的采购人、采购代理机构不得在政府采购信息发布、供应商条件确定和资格审查、评标标准等方面，对外商投资企业实行差别待遇或者歧视待遇，不得以所有制形式、组织形式、股权结构、投资者国别、产品或者服务品牌以及其他不合理的条件对供应商予以限定，不得对外商投资企业在中国境内生产的产品、提供的服务和内资企业区别对待。

第十六条 外商投资企业可以依照《中华人民共和国政府采购法》（以下简称政府采购法）及其实施条例的规定，就政府采购活动事项向采购人、采购代理机构提出询问、质疑，向政府采购监督管理部门投诉。采购人、采购代理机构、政府采购监督管理部门应当在规定的时限内做出答复或者处理决定。

第十七条 政府采购监督管理部门和其他有关部门应当加强对政府采购活动的监督检查，依法纠正和查处对外商投资企业实行差别待遇或者歧视待遇等违法违规行为。

第十八条 外商投资企业可以依法在中国境内或者境外通过公开发行股票、公司债券等证券，以及公开或者非公开发行其他融资工具、借用外债等方式进行融资。

第十九条 县级以上地方人民政府可以根据法律、行政法规、地方性法规的规定，在法定权限内制定费用减免、用地指标保障、公共服务提供等方面的外商投资促进和便利化政策措施。

县级以上地方人民政府制定外商投资促进和便利化政策措施，应当以推动高质量发展为导向，有利于提高经济效益、社会效益、生态效益，有利于持续优化外商投资环境。

第二十条　有关主管部门应当编制和公布外商投资指引，为外国投资者和外商投资企业提供服务和便利。外商投资指引应当包括投资环境介绍、外商投资办事指南、投资项目信息以及相关数据信息等内容，并及时更新。

第三章　投资保护

第二十一条　国家对外国投资者的投资不实行征收。

在特殊情况下，国家为了公共利益的需要依照法律规定对外国投资者的投资实行征收的，应当依照法定程序、以非歧视性的方式进行，并按照被征收投资的市场价值及时给予补偿。

外国投资者对征收决定不服的，可以依法申请行政复议或者提起行政诉讼。

第二十二条　外国投资者在中国境内的出资、利润、资本收益、资产处置所得、取得的知识产权许可使用费、依法获得的补偿或者赔偿、清算所得等，可以依法以人民币或者外汇自由汇入、汇出，任何单位和个人不得违法对币种、数额以及汇入、汇出的频次等进行限制。

外商投资企业的外籍职工和香港、澳门、台湾职工的工资收入和其他合法收入，可以依法自由汇出。

第二十三条　国家加大对知识产权侵权行为的惩处力度，持续强化知识产权执法，推动建立知识产权快速协同保护机制，健全知识产权纠纷多元化解决机制，平等保护外国投资者和外商投资企业的知识产权。

标准制定中涉及外国投资者和外商投资企业专利的，应当按照标准涉及专利的有关管理规定办理。

第二十四条　行政机关（包括法律、法规授权的具有管理公共事务职能的组织，下同）及其工作人员不得利用实施行政许可、行政检查、行政处罚、行政强制以及其他行政手段，强制或者变相强制外国投资者、外商投资企业转让技术。

第二十五条　行政机关依法履行职责，确需外国投资者、外商投资企业提供涉及商业秘密的材料、信息的，应当限定在履行职责所必需的范围内，并严格控制知悉范围，与履行职责无关的人员不得接触有关材料、信息。

行政机关应当建立健全内部管理制度，采取有效措施保护履行职责过程中知悉的外国投资者、外商投资企业的商业秘密；依法需要与其他行政机关共享信息的，应当对信息中含有的商业秘密进行保密处理，防止泄露。

第二十六条　政府及其有关部门制定涉及外商投资的规范性文件，应当按照国务院的规定进行合法性审核。

外国投资者、外商投资企业认为行政行为所依据的国务院部门和地方人民政府及其部门制定的规范性文件不合法，在依法对行政行为申请行政复议或者提起行政诉讼时，可以一并请求对该规范性文件进行审查。

第二十七条　外商投资法第二十五条所称政策承诺，是指地方各级人民政府及其有关部门在法定权限内，就外国投资者、外商投资企业在本地区投资所适用的支持政策、享受的优惠待遇和便利条件等做出的书面承诺。政策承诺的内容应当符合法律、法规规定。

第二十八条　地方各级人民政府及其有关部门应当履行向外国投资者、外商投资企业依法做出的政策承诺以及依法订立的各类合同，不得以行政区划调整、政府换届、机构或者职能调整以及相关责任人更替等为由违约毁约。因国家利益、社会公共利益需要改变政策承诺、合同约定的，应当依照法定权限和程序进行，并依法对外国投资者、外商投资企业因此受到的损失及时予以公平、合理的补偿。

第二十九条　县级以上人民政府及其有关部门应当按照公开透明、高效便利的原则，建立健全外商投资企业投诉工作机制，及时处理外商投资企业或者其投资者反映的问题，协调完善相关政策措施。

国务院商务主管部门会同国务院有关部门建立外商投资企业投诉工作部际联席会议制度，协调、推动中央层面的外商投资企业投诉工作，对地方的外商投资企业投诉工作进行指导和监督。县级以上地方人民政府应当指定部门或者机构负责受理本地区外商投资企业或者其投资者的投诉。

国务院商务主管部门、县级以上地方人民政府指定的部门或者机构应当完善投诉工作规则、健全投诉方式、明确投诉处理时限。投诉工作规则、投诉方式、投诉处理时限应当对外公布。

第三十条　外商投资企业或者其投资者认为行政机关及其工作人员的行政行为侵犯其合法权益，通过外商投资企业投诉工作机制申请协调解决的，有关方面进行协调时可以向被申请的行政机关及其工作人员了解情况，被申请的行政机关及其工作人员应当予以配合。协调结果应当以书面形式及时告知申请人。

外商投资企业或者其投资者依照前款规定申请协调解决有关问题的，不影响其依法申请行政复议、提起行政诉讼。

第三十一条　对外商投资企业或者其投资者通过外商投资企业投诉工作机制反映或者申请协调解决问题，任何单位和个人不得压制或者打击报复。

除外商投资企业投诉工作机制外，外商投资企业或者其投资者还可以通过其他合法途径向政府及其有关部门反映问题。

第三十二条　外商投资企业可以依法成立商会、协会。除法律、法规另有规定外，外商投资企业有权自主决定参加或者退出商会、协会，任何单位和个人不得干预。

商会、协会应当依照法律法规和章程的规定，加强行业自律，及时反映行业诉求，为会员提供信息咨询、宣传培训、市场拓展、经贸交流、权益保护、纠纷处理等方面的服务。

国家支持商会、协会依照法律法规和章程的规定开展相关活动。

第四章 投资管理

第三十三条 负面清单规定禁止投资的领域，外国投资者不得投资。负面清单规定限制投资的领域，外国投资者进行投资应当符合负面清单规定的股权要求、高级管理人员要求等限制性准入特别管理措施。

第三十四条 有关主管部门在依法履行职责过程中，对外国投资者拟投资负面清单内领域，但不符合负面清单规定的，不予办理许可、企业登记注册等相关事项；涉及固定资产投资项目核准的，不予办理相关核准事项。

有关主管部门应当对负面清单规定执行情况加强监督检查，发现外国投资者投资负面清单规定禁止投资的领域，或者外国投资者的投资活动违反负面清单规定的限制性准入特别管理措施的，依照外商投资法第三十六条的规定予以处理。

第三十五条 外国投资者在依法需要取得许可的行业、领域进行投资的，除法律、行政法规另有规定外，负责实施许可的有关主管部门应当按照与内资一致的条件和程序，审核外国投资者的许可申请，不得在许可条件、申请材料、审核环节、审核时限等方面对外国投资者设置歧视性要求。

负责实施许可的有关主管部门应当通过多种方式，优化审批服务，提高审批效率。对符合相关条件和要求的许可事项，可以按照有关规定采取告知承诺的方式办理。

第三十六条 外商投资需要办理投资项目核准、备案的，按照国家有关规定执行。

第三十七条 外商投资企业的登记注册，由国务院市场监督管理部门或者其授权的地方人民政府市场监督管理部门依法办理。国务院市场监督管理部门应当公布其授权的市场监督管理部门名单。

外商投资企业的注册资本可以用人民币表示，也可以用可自由兑换货币表示。

第三十八条 外国投资者或者外商投资企业应当通过企业登记系统以及企业信用信息公示系统向商务主管部门报送投资信息。国务院商务主管部门、市场监督管理部门应当做好相关业务系统的对接和工作衔接，并为外国投资者或者外商投资企业报送投资信息提供指导。

第三十九条 外商投资信息报告的内容、范围、频次和具体流程，由国务院商务主管部门会同国务院市场监督管理部门等有关部门按照确有必要、高效便利的原则确定并公布。商务主管部门、其他有关部门应当加强信息共享，通过部门信息共享能够获得的投资信息，不得再行要求外国投资者或者外商投资企业报送。

外国投资者或者外商投资企业报送的投资信息应当真实、准确、完整。

第四十条 国家建立外商投资安全审查制度，对影响或者可能影响国家安全的外商投资进行安全审查。

第五章 法律责任

第四十一条 政府和有关部门及其工作人员有下列情形之一的，依法依规追究责任：

（一）制定或者实施有关政策不依法平等对待外商投资企业和内资企业；

（二）违法限制外商投资企业平等参与标准制定、修订工作，或者专门针对外商投资企业适用高于强制性标准的技术要求；

（三）违法限制外国投资者汇入、汇出资金；

（四）不履行向外国投资者、外商投资企业依法做出的政策承诺以及依法订立的各类合同，超出法定权限做出政策承诺，或者政策承诺的内容不符合法律、法规规定。

第四十二条　政府采购的采购人、采购代理机构以不合理的条件对外商投资企业实行差别待遇或者歧视待遇的，依照政府采购法及其实施条例的规定追究其法律责任；影响或者可能影响中标、成交结果的，依照政府采购法及其实施条例的规定处理。

政府采购监督管理部门对外商投资企业的投诉逾期未作处理的，对直接负责的主管人员和其他直接责任人员依法给予处分。

第四十三条　行政机关及其工作人员利用行政手段强制或者变相强制外国投资者、外商投资企业转让技术的，对直接负责的主管人员和其他直接责任人员依法给予处分。

第六章　附则

第四十四条　外商投资法施行前依照《中华人民共和国中外合资经营企业法》、《中华人民共和国外资企业法》、《中华人民共和国中外合作经营企业法》设立的外商投资企业（以下称现有外商投资企业），在外商投资法施行后5年内，可以依照《中华人民共和国公司法》、《中华人民共和国合伙企业法》等法律的规定调整其组织形式、组织机构等，并依法办理变更登记，也可以继续保留原企业组织形式、组织机构等。

自2025年1月1日起，对未依法调整组织形式、组织机构等并办理变更登记的现有外商投资企业，市场监督管理部门不予办理其申请的其他登记事项，并将相关情形予以公示。

第四十五条　现有外商投资企业办理组织形式、组织机构等变更登记的具体事宜，由国务院市场监督管理部门规定并公布。国务院市场监督管理部门应当加强对变更登记工作的指导，负责办理变更登记的市场监督管理部门应当通过多种方式优化服务，为企业办理变更登记提供便利。

第四十六条　现有外商投资企业的组织形式、组织机构等依法调整后，原合营、合作各方在合同中约定的股权或者权益转让办法、收益分配办法、剩余财产分配办法等，可以继续按照约定办理。

第四十七条　外商投资企业在中国境内投资，适用外商投资法和本条例的有关规定。

第四十八条　香港特别行政区、澳门特别行政区投资者在内地投资，参照外商投资法和本条例执行；法律、行政法规或者国务院另有规定的，从其规定。

台湾地区投资者在大陆投资，适用《中华人民共和国台湾同胞投资保护法》（以下简称台湾同胞投资保护法）及其实施细则的规定；台湾同胞投资保护法及其实施细则未规定的事项，参照外商投资法和本条例执行。

定居在国外的中国公民在中国境内投资，参照外商投资法和本条例执行；法律、行政法规或者国务院另有规定的，从其规定。

第四十九条　本条例自 2020 年 1 月 1 日起施行。《中华人民共和国中外合资经营企业法实施条例》《中外合资经营企业合营期限暂行规定》《中华人民共和国外资企业法实施细则》《中华人民共和国中外合作经营企业法实施细则》同时废止。

2020 年 1 月 1 日前制定的有关外商投资的规定与外商投资法和本条例不一致的，以外商投资法和本条例的规定为准。

【简评】

法律实施条例的写作一般篇幅较长，阐释的内容比较细致。例文共以 6 章 49 条的内容明确了当前中华人民共和国政府外商投资法实施条例的具体架构。抛开"总则"与"附则"部分，例文分别从"投资促进"、"投资保护"、"投资管理"以及"法律责任"等四个方面安排了条例的具体内容，且每一章下又有若干小节作为具体材料支撑，做到了宏观与微观并举，张弛有度。分条列项式写法使条例表意清楚，撮要显旨，便于对照文件内容进行操作执行。

从学理意义上讲，法律实施条例的撰拟较之其他文件而言，更需谨慎再谨慎，严密再严密，工整再工整，因为此文件一出，各级政府机关如何管理外商投资将完全依照其所设定的相应规范进行，若有一丝表述上的差池，在实际执行中都将带来巨大的麻烦。因此，此类文件的撰拟并非以一人数日之功便能完成，他需要团队的智慧及数年累月的论证方能成器。

3.行政管理条例

【例文】

中华人民共和国国务院令
第717号

《中华人民共和国人类遗传资源管理条例》已经 2019 年 3 月 20 日国务院第 41 次常务会议通过，现予公布，自 2019 年 7 月 1 日起施行。

总理　李克强
2019 年 5 月 28 日

中华人民共和国人类遗传资源管理条例

第一章　总则

第一条　为了有效保护和合理利用我国人类遗传资源，维护公众健康、国家安全和社会公共利益，制定本条例。

第二条　本条例所称人类遗传资源包括人类遗传资源材料和人类遗传资源信息。

人类遗传资源材料是指含有人体基因组、基因等遗传物质的器官、组织、细胞等遗传材料。

人类遗传资源信息是指利用人类遗传资源材料产生的数据等信息资料。

第三条　采集、保藏、利用、对外提供我国人类遗传资源，应当遵守本条例。

为临床诊疗、采供血服务、查处违法犯罪、兴奋剂检测和殡葬等活动需要，采集、保藏器官、组织、细胞等人体物质及开展相关活动，依照相关法律、行政法规规定执行。

第四条　国务院科学技术行政部门负责全国人类遗传资源管理工作；国务院其他有关部门在各自的职责范围内，负责有关人类遗传资源管理工作。

省、自治区、直辖市人民政府科学技术行政部门负责本行政区域人类遗传资源管理工作；省、自治区、直辖市人民政府其他有关部门在各自的职责范围内，负责本行政区域有关人类遗传资源管理工作。

第五条　国家加强对我国人类遗传资源的保护，开展人类遗传资源调查，对重要遗传家系和特定地区人类遗传资源实行申报登记制度。

国务院科学技术行政部门负责组织我国人类遗传资源调查，制定重要遗传家系和特定地区人类遗传资源申报登记具体办法。

第六条　国家支持合理利用人类遗传资源开展科学研究、发展生物医药产业、提高诊疗技术，提高我国生物安全保障能力，提升人民健康保障水平。

第七条　外国组织、个人及其设立或者实际控制的机构不得在我国境内采集、保藏我国人类遗传资源，不得向境外提供我国人类遗传资源。

第八条　采集、保藏、利用、对外提供我国人类遗传资源，不得危害我国公众健康、国家安全和社会公共利益。

第九条　采集、保藏、利用、对外提供我国人类遗传资源，应当符合伦理原则，并按照国家有关规定进行伦理审查。

采集、保藏、利用、对外提供我国人类遗传资源，应当尊重人类遗传资源提供者的隐私权，取得其事先知情同意，并保护其合法权益。

采集、保藏、利用、对外提供我国人类遗传资源，应当遵守国务院科学技术行政部门制定的技术规范。

第十条　禁止买卖人类遗传资源。

为科学研究依法提供或者使用人类遗传资源并支付或者收取合理成本费用，不视为买卖。

第二章　采集和保藏

第十一条　采集我国重要遗传家系、特定地区人类遗传资源或者采集国务院科学技术行政部门规定种类、数量的人类遗传资源的，应当符合下列条件，并经国务院科学技术行政部门批准：

（一）具有法人资格；

（二）采集目的明确、合法；

（三）采集方案合理；

（四）通过伦理审查；

（五）具有负责人类遗传资源管理的部门和管理制度；

（六）具有与采集活动相适应的场所、设施、设备和人员。

第十二条　采集我国人类遗传资源，应当事先告知人类遗传资源提供者采集目的、采集用途、对健康可能产生的影响、个人隐私保护措施及其享有的自愿参与和随时无条件退出的权利，征得人类遗传资源提供者书面同意。

在告知人类遗传资源提供者前款规定的信息时，必须全面、完整、真实、准确，不得隐瞒、误导、欺骗。

第十三条　国家加强人类遗传资源保藏工作，加快标准化、规范化的人类遗传资源保藏基础平台和人类遗传资源大数据建设，为开展相关研究开发活动提供支撑。

国家鼓励科研机构、高等学校、医疗机构、企业根据自身条件和相关研究开发活动需要开展人类遗传资源保藏工作，并为其他单位开展相关研究开发活动提供便利。

第十四条　保藏我国人类遗传资源、为科学研究提供基础平台的，应当符合下列条件，并经国务院科学技术行政部门批准：

（一）具有法人资格；

（二）保藏目的明确、合法；

（三）保藏方案合理；

（四）拟保藏的人类遗传资源来源合法；

（五）通过伦理审查；

（六）具有负责人类遗传资源管理的部门和保藏管理制度；

（七）具有符合国家人类遗传资源保藏技术规范和要求的场所、设施、设备和人员。

第十五条　保藏单位应当对所保藏的人类遗传资源加强管理和监测，采取安全措施，制定应急预案，确保保藏、使用安全。

保藏单位应当完整记录人类遗传资源保藏情况，妥善保存人类遗传资源的来源信息和使用信息，确保人类遗传资源的合法使用。

保藏单位应当就本单位保藏人类遗传资源情况向国务院科学技术行政部门提交年度报告。

第十六条　国家人类遗传资源保藏基础平台和数据库应当依照国家有关规定向有关科研机构、高等学校、医疗机构、企业开放。

为公众健康、国家安全和社会公共利益需要，国家可以依法使用保藏单位保藏的人类遗传资源。

第三章　利用和对外提供

第十七条　国务院科学技术行政部门和省、自治区、直辖市人民政府科学技术行政部门应当会同本级人民政府有关部门对利用人类遗传资源开展科学研究、发展生物医药产业统筹规划，合理布局，加强创新体系建设，促进生物科技和产业创新、协调发展。

第十八条　科研机构、高等学校、医疗机构、企业利用人类遗传资源开展研究开发活动，对其研究开发活动以及成果的产业化依照法律、行政法规和国家有关规定予以支持。

第十九条　国家鼓励科研机构、高等学校、医疗机构、企业根据自身条件和相关研究开发活动需要，利用我国人类遗传资源开展国际合作科学研究，提升相关研究开发能力和水平。

第二十条　利用我国人类遗传资源开展生物技术研究开发活动或者开展临床试验的，应当遵守有关生物技术研究、临床应用管理法律、行政法规和国家有关规定。

第二十一条　外国组织及外国组织、个人设立或者实际控制的机构（以下称外方单位）需要利用我国人类遗传资源开展科学研究活动的，应当遵守我国法律、行政法规和国家有关规定，并采取与我国科研机构、高等学校、医疗机构、企业（以下称中方单位）合作的方式进行。

第二十二条　利用我国人类遗传资源开展国际合作科学研究的，应当符合下列条件，并由合作双方共同提出申请，经国务院科学技术行政部门批准：

（一）对我国公众健康、国家安全和社会公共利益没有危害；

（二）合作双方为具有法人资格的中方单位、外方单位，并具有开展相关工作的基础和能力；

（三）合作研究目的和内容明确、合法，期限合理；

（四）合作研究方案合理；

（五）拟使用的人类遗传资源来源合法，种类、数量与研究内容相符；

（六）通过合作双方各自所在国（地区）的伦理审查；

（七）研究成果归属明确，有合理明确的利益分配方案。

为获得相关药品和医疗器械在我国上市许可，在临床机构利用我国人类遗传资源开展国际合作临床试验、不涉及人类遗传资源材料出境的，不需要审批。但是，合作双方在开展临床试验前应当将拟使用的人类遗传资源种类、数量及其用途向国务院科学技术行政部门备案。国务院科学技术行政部门和省、自治区、直辖市人民政府科学技术行政部门加强对备案事项的监管。

第二十三条　在利用我国人类遗传资源开展国际合作科学研究过程中，合作方、研究目的、研究内容、合作期限等重大事项发生变更的，应当办理变更审批手续。

第二十四条　利用我国人类遗传资源开展国际合作科学研究，应当保证中方单位及其研究人员在合作期间全过程、实质性地参与研究，研究过程中的所有记录以及数据信息等完全向中方单位开放并向中方单位提供备份。

利用我国人类遗传资源开展国际合作科学研究，产生的成果申请专利的，应当由合作双方共同提出申请，专利权归合作双方共有。研究产生的其他科技成果，其使用权、转让权和利益分享办法由合作双方通过合作协议约定；协议没有约定的，合作双方都有使用的权利，但向第三方转让须经合作双方同意，所获利益按合作双方贡献大小分享。

第二十五条 利用我国人类遗传资源开展国际合作科学研究，合作双方应当按照平等互利、诚实信用、共同参与、共享成果的原则，依法签订合作协议，并依照本条例第二十四条的规定对相关事项做出明确、具体的约定。

第二十六条 利用我国人类遗传资源开展国际合作科学研究，合作双方应当在国际合作活动结束后6个月内共同向国务院科学技术行政部门提交合作研究情况报告。

第二十七条 利用我国人类遗传资源开展国际合作科学研究，或者因其他特殊情况确需将我国人类遗传资源材料运送、邮寄、携带出境的，应当符合下列条件，并取得国务院科学技术行政部门出具的人类遗传资源材料出境证明：

（一）对我国公众健康、国家安全和社会公共利益没有危害；

（二）具有法人资格；

（三）有明确的境外合作方和合理的出境用途；

（四）人类遗传资源材料采集合法或者来自合法的保藏单位；

（五）通过伦理审查。

利用我国人类遗传资源开展国际合作科学研究，需要将我国人类遗传资源材料运送、邮寄、携带出境的，可以单独提出申请，也可以在开展国际合作科学研究申请中列明出境计划一并提出申请，由国务院科学技术行政部门合并审批。

将我国人类遗传资源材料运送、邮寄、携带出境的，凭人类遗传资源材料出境证明办理海关手续。

第二十八条 将人类遗传资源信息向外国组织、个人及其设立或者实际控制的机构提供或者开放使用，不得危害我国公众健康、国家安全和社会公共利益；可能影响我国公众健康、国家安全和社会公共利益的，应当通过国务院科学技术行政部门组织的安全审查。

将人类遗传资源信息向外国组织、个人及其设立或者实际控制的机构提供或者开放使用的，应当向国务院科学技术行政部门备案并提交信息备份。

利用我国人类遗传资源开展国际合作科学研究产生的人类遗传资源信息，合作双方可以使用。

第四章 服务和监督

第二十九条 国务院科学技术行政部门应当加强电子政务建设，方便申请人利用互联网办理审批、备案等事项。

第三十条 国务院科学技术行政部门应当制定并及时发布有关采集、保藏、利用、对外提供我国人类遗传资源的审批指南和示范文本，加强对申请人办理有关审批、备案等事项的指导。

第三十一条 国务院科学技术行政部门应当聘请生物技术、医药、卫生、伦理、法律等方面的专家组成专家评审委员会，对依照本条例规定提出的采集、保藏我国人类遗传资源，开展国际合作科学研究以及将我国人类遗传资源材料运送、邮寄、携带出境的申请进行技术评审。评审意见作为做出审批决定的参考依据。

第三十二条　国务院科学技术行政部门应当自受理依照本条例规定提出的采集、保藏我国人类遗传资源，开展国际合作科学研究以及将我国人类遗传资源材料运送、邮寄、携带出境申请之日起20个工作日内，做出批准或者不予批准的决定；不予批准的，应当说明理由。因特殊原因无法在规定期限内做出审批决定的，经国务院科学技术行政部门负责人批准，可以延长10个工作日。

第三十三条　国务院科学技术行政部门和省、自治区、直辖市人民政府科学技术行政部门应当加强对采集、保藏、利用、对外提供人类遗传资源活动各环节的监督检查，发现违反本条例规定的，及时依法予以处理并向社会公布检查、处理结果。

第三十四条　国务院科学技术行政部门和省、自治区、直辖市人民政府科学技术行政部门进行监督检查，可以采取下列措施：

（一）进入现场检查；

（二）询问相关人员；

（三）查阅、复制有关资料；

（四）查封、扣押有关人类遗传资源。

第三十五条　任何单位和个人对违反本条例规定的行为，有权向国务院科学技术行政部门和省、自治区、直辖市人民政府科学技术行政部门投诉、举报。

国务院科学技术行政部门和省、自治区、直辖市人民政府科学技术行政部门应当公布投诉、举报电话和电子邮件地址，接受相关投诉、举报。对查证属实的，给予举报人奖励。

第五章　法律责任

第三十六条　违反本条例规定，有下列情形之一的，由国务院科学技术行政部门责令停止违法行为，没收违法采集、保藏的人类遗传资源和违法所得，处50万元以上500万元以下罚款，违法所得在100万元以上的，处违法所得5倍以上10倍以下罚款：

（一）未经批准，采集我国重要遗传家系、特定地区人类遗传资源，或者采集国务院科学技术行政部门规定种类、数量的人类遗传资源；

（二）未经批准，保藏我国人类遗传资源；

（三）未经批准，利用我国人类遗传资源开展国际合作科学研究；

（四）未通过安全审查，将可能影响我国公众健康、国家安全和社会公共利益的人类遗传资源信息向外国组织、个人及其设立或者实际控制的机构提供或者开放使用；

（五）开展国际合作临床试验前未将拟使用的人类遗传资源种类、数量及其用途向国务院科学技术行政部门备案。

第三十七条　提供虚假材料或者采取其他欺骗手段取得行政许可的，由国务院科学技术行政部门撤销已经取得的行政许可，处50万元以上500万元以下罚款，5

年内不受理相关责任人及单位提出的许可申请。

第三十八条　违反本条例规定，未经批准将我国人类遗传资源材料运送、邮寄、携带出境的，由海关依照法律、行政法规的规定处罚。科学技术行政部门应当配合海关开展鉴定等执法协助工作。海关应当将依法没收的人类遗传资源材料移送省、自治区、直辖市人民政府科学技术行政部门进行处理。

第三十九条　违反本条例规定，有下列情形之一的，由省、自治区、直辖市人民政府科学技术行政部门责令停止开展相关活动，没收违法采集、保藏的人类遗传资源和违法所得，处 50 万元以上 100 万元以下罚款，违法所得在 100 万元以上的，处违法所得 5 倍以上 10 倍以下罚款：

（一）采集、保藏、利用、对外提供我国人类遗传资源未通过伦理审查；

（二）采集我国人类遗传资源未经人类遗传资源提供者事先知情同意，或者采取隐瞒、误导、欺骗等手段取得人类遗传资源提供者同意；

（三）采集、保藏、利用、对外提供我国人类遗传资源违反相关技术规范；

（四）将人类遗传资源信息向外国组织、个人及其设立或者实际控制的机构提供或者开放使用，未向国务院科学技术行政部门备案或者提交信息备份。

第四十条　违反本条例规定，有下列情形之一的，由国务院科学技术行政部门责令改正，给予警告，可以处 50 万元以下罚款：

（一）保藏我国人类遗传资源过程中未完整记录并妥善保存人类遗传资源的来源信息和使用信息；

（二）保藏我国人类遗传资源未提交年度报告；

（三）开展国际合作科学研究未及时提交合作研究情况报告。

第四十一条　外国组织、个人及其设立或者实际控制的机构违反本条例规定，在我国境内采集、保藏我国人类遗传资源，利用我国人类遗传资源开展科学研究，或者向境外提供我国人类遗传资源的，由国务院科学技术行政部门责令停止违法行为，没收违法采集、保藏的人类遗传资源和违法所得，处 100 万元以上 1000 万元以下罚款，违法所得在 100 万元以上的，处违法所得 5 倍以上 10 倍以下罚款。

第四十二条　违反本条例规定，买卖人类遗传资源的，由国务院科学技术行政部门责令停止违法行为，没收违法采集、保藏的人类遗传资源和违法所得，处 100 万元以上 1000 万元以下罚款，违法所得在 100 万元以上的，处违法所得 5 倍以上 10 倍以下罚款。

第四十三条　对有本条例第三十六条、第三十九条、第四十一条、第四十二条规定违法行为的单位，情节严重的，由国务院科学技术行政部门或者省、自治区、直辖市人民政府科学技术行政部门依据职责禁止其 1 至 5 年内从事采集、保藏、利用、对外提供我国人类遗传资源的活动；情节特别严重的，永久禁止其从事采集、保藏、利用、对外提供我国人类遗传资源的活动。

对有本条例第三十六条至第三十九条、第四十一条、第四十二条规定违法行为的单位的法定代表人、主要负责人、直接负责的主管人员以及其他责任人员，依法给予处分，并由国务院科学技术行政部门或者省、自治区、直辖市人民政府科学技术行政部门依据职责没收其违法所得，处 50 万元以下罚款；情节严重的，禁止其 1 至 5 年内从事采集、保藏、利用、对外提供我国人类遗传资源的活动；情节特别严重的，永久禁止其从事采集、保藏、利用、对外提供我国人类遗传资源的活动。

单位和个人有本条例规定违法行为的，记入信用记录，并依照有关法律、行政法规的规定向社会公示。

第四十四条　违反本条例规定，侵害他人合法权益的，依法承担民事责任；构成犯罪的，依法追究刑事责任。

第四十五条　国务院科学技术行政部门和省、自治区、直辖市人民政府科学技术行政部门的工作人员违反本条例规定，不履行职责或者滥用职权、玩忽职守、徇私舞弊的，依法给予处分；构成犯罪的，依法追究刑事责任。

第六章　附则

第四十六条　人类遗传资源相关信息属于国家秘密的，应当依照《中华人民共和国保守国家秘密法》和国家其他有关保密规定实施保密管理。

第四十七条　本条例自 2019 年 7 月 1 日起施行。

【简评】

行政管理条例文件生命力的强弱及可供参照执行周期的长短，在于其格式上是否规范严谨、内容上是否言之有物、表述言辞上是否理性客观。

行政管理条例这一类文件感召力的大小及参照执行后收益的多寡，在于其指导思想即理念选择上是否以人为本、执行策略即制度架构上是否细致全面、执行要求及实践操作上是否保障得力。

《中华人民共和国人类遗传资源管理条例》就具备强大的生命力。此条例的撰拟在格式上严谨规范，在 6 章 47 条文字中，除去总则和附则外，通过"采集和保藏"、"利用和对外提供"、"服务和监督"和"法律责任"等 4 大章为政府如何对人类遗传资源进行管理提供了依据。

（三）条例写作小结

1. 文种选用的审慎性

条例属党和国家的法规性文件，发文机关应具有较高权限。它作为调整党和国家生活某一方面的准则，规定有关政治、军事、经济、文化、教育、科技等一些重要事项，明确某一机关、组织的职责权限，具有严格的权威性与实际操作性。因此，一般机关与部门在条例这一文种的使用上应受到严格限制，不得随意使用"条例"行文。否则，高层机关或部门制发条例的权威性便会减弱，不利于贯彻执行。

2. 文件内容的稳定性

既然条例所阐释的内容具有其他一般文件所不具备的权威性，因此，便要保障其执行过程的稳定性，不宜朝令夕改，否则其权威性也将大打折扣。这就要求在制定文件的过程中，事前深入调查研究，广泛征求各方面意见；事中反复推敲，选择最优化方案；事后跟踪调查，查缺补漏。条例一旦批准发布，就要保持相对稳定。但这并不是说不可再做任何改变，而是在保障大局一致的基础上，做因地制宜、因时制宜的调整。

3. 篇章架构的规范性

条例的篇章架构一般都是条款式，即以条为基本单位，由若干条款直接组织成篇；或先由条款组成章，再由章组成篇；或由条款先组成章，由章组成则，再由则组成篇；或先写一个总纲，然后再并列若干条款。总体来讲，条例的篇章布局遵循"总—分—总"结构。前一个"总"明确制定条例的目的、原则、适用范围等；所谓"分"，即条例所阐述的具体内容；后一个"总"，即明确参照本条例制定其他条例的要求、与新条例相对应的旧条例的废止情况、解释权、施行时间及未尽事宜等内容。

三、规定

（一）规定的用法

1. 规定的含义及类别

规定是各机关、社会团体、企事业单位就特定范围内的某项工作或事务制定的具有直接约束作用的规范性公文。

按制发机关性质分，规定主要有三类：

一是党内规定，即党的机关为规范党内特定范围的工作和事务而制发的规定。

二是行政规定，即国家行政机关及其工作部门为规范某一方面工作而制发的规定。

三是其他规定，即除党政机关以外的其他机构制发的规定。

2. 规定的写法

（1）标题。规定标题的写作有两种形式：

一是规范性文件标题，即删去介词结构的标题，其结构常是"适用范围＋主要内容＋文种"。如《中小学校长培训规定》《劳动力市场管理规定》。

二是一般性文件标题，即带有介词结构的标题，其结构是"制发机关＋事由＋文种"或者"事由＋文种"。如《中共中央办公厅、国务院办公厅关于领导干部报告个人重大事项的规定》。

（2）正文。在外观上，正文有三种形式：

一是三则分块的章条款式。全文分三则：第一章总则是制发规定的目的、适用范围等；中间各章合称分则，是规定的中心内容；最后一章是附则，明确规定的生效日期等补充说明。章下设条，全文条目统一编排，条下设款。

二是条款式。全文分若干条，条下设款。其内容结构与"章条款"式相同。

三是一般公文式。全文分两部分：开头部分说明制发的目的、根据或被规定对象的性质；其余部分是规定的具体内容，可以分成几个方面阐述。

（二）规定实例简评

1. 党内规定

【例文】

中国共产党党内法规执行责任制规定（试行）

（2019年8月30日中共中央政治局会议审议批准　2019年9月3日中共中央发布）

第一条　为了提高党内法规执行力，推动党内法规全面深入实施，根据《中国共产党党内法规制定条例》，制定本规定。

第二条　各级党组织和全体党员负有遵守党内法规、维护党内法规权威的义务。各级党组织和党员领导干部必须增强"四个意识"、坚定"四个自信"、做到"两个维护"，牢固树立执规是本职、执规不力是失职的理念，切实担负起执行党内法规的政治责任。

第三条　在党中央集中统一领导下，建立健全党委统一领导、党委办公厅（室）统筹协调、主管部门牵头负责、相关单位协助配合、党的纪律检查机关严格监督的执规责任制，统分结合、各司其职，一级抓一级、层层抓落实。

第四条　地方各级党委对本地区党内法规执行工作负主体责任，应当坚决贯彻党中央决策部署以及上级党组织决定，带头严格执行党内法规，并领导、组织、推进本地区党内法规执行工作，支持和监督本地区党组织和党员领导干部履行执规责任。

第五条　党委办公厅（室）负责统筹协调本地区党内法规执行工作，推动党委关于党内法规执行部署安排的贯彻落实。

第六条　党委职能部门、办事机构、派出机关、直属事业单位等，对主要规定其职权职责的党内法规，负有牵头执行的责任，并组织、协调、督促、指导有关党组织和党员领导干部执行有关党内法规。

其他相关单位应当按照党内法规规定各司其职、各尽其责，协助配合牵头部门共同执行党内法规。

第七条　党组（党委）对本单位（本系统）执行有关党内法规负主体责任，领导、组织、推进本单位（本系统）党内法规执行工作。

第八条　街道、乡镇党的基层委员会和村、社区党组织，国有企业党委，实行党委领导下的行政领导人负责制的事业单位党组织，对本地区本单位执行有关党内法规负主体责任，领导、组织、推进本地区本单位党内法规执行工作。

其他单位中党的基层组织按照规定推动有关党内法规在本单位的执行。

第九条　党员领导干部应当敢于担当、勇于负责，以上率下、以身作则，带头学习宣传党内法规，带头严格执行党内法规。

党委（党组）书记应当认真履行本地区本单位党内法规执行第一责任人职责，分管党内法规工作的班子成员承担党内法规执行直接责任，其他班子成员按照"一岗双责"要求抓好分管领域党内法规执行工作。

第十条　党的纪律检查机关应当带头严格执行党内法规，并对其他党组织和党员领导干部履行执规责任进行监督检查，切实维护党章和其他党内法规。

第十一条　执行党内法规应当遵循下列基本要求：

（一）担当作为，恪尽职守，不得不作为、乱作为；

（二）严格执规，令行禁止，不得打折扣、搞变通；

（三）公正执规，坚持党内法规面前人人平等，不得搞特殊、开后门；

（四）规范执规，按照规定的主体、权限、程序等执行党内法规。

第十二条　党委（党组）每年至少召开1次会议专题研究党内法规执行工作，将党内法规纳入理论学习中心组学习和干部教育培训的重要内容。

牵头执行部门应当将党内法规宣传教育作为履行执规责任的重要方面，加大党内法规宣传教育力度。

第十三条　各级党组织应当采取有效措施，增强党员干部的执规意识，提高执规能力，严格执规标准，规范执规程序，提升执规效果。

第十四条　上级党组织应当加强对下级党组织和党员领导干部履行执规责任情况的监督，对重要党内法规的执行情况进行督导检查，对发现的普遍性问题在一定范围内通报。各级党组织应当重视发挥党员、群众和新闻媒体等在监督执规责任履行中的积极作用，推动形成执规工作合力。

党组织和党员领导干部履行执规责任情况，应当纳入领导班子和领导干部考核内容，可以与党风廉政建设责任制、党建工作、法治建设等考核相结合。

第十五条　党内法规制定机关可以视情对党内法规执行情况、实施效果开展评估，督促党组织和党员领导干部履行执规责任，推动党内法规实施。

开展党内法规实施评估工作应当制定年度计划。应当列入实施评估范围的党内法规主要包括：上位党内法规和规范性文件做出新规定、提出新要求的；相关法律法规做出新规定的；规范和调整事项发生较大变化的；执行过程中遇到较大困难、意见反映较多的；试行期满或者没有规定试行期但试行超过5年的。

根据工作需要，实施评估可以对1部党内法规或者其中的若干条款开展专项评估，也可以对相关联的若干部党内法规开展一揽子评估。实施评估结束后应当形成评估报告。

第十六条　党组织和党员领导干部有下列情形之一的，应当依规依纪追究责任，涉嫌违法犯罪的，按照有关法律规定处理：

（一）不贯彻执行党中央关于党内法规执行的决策部署以及上级党组织有关决定；

（二）履行领导、统筹、牵头、配合、监督等执规责任不力；

（三）执行党内法规打折扣、搞变通或者选择性执行；

（四）本地区本单位在执规中出现重大问题或者造成严重后果；

（五）其他应当追究责任的情形。

第十七条　中央军事委员会可以根据本规定，制定军队党内法规执行责任制规定。

第十八条　本规定由中央办公厅负责解释。

第十九条　本规定自 2019 年 10 月 1 日起施行。

【简评】

例文由标题、发布日期、正文等内容组成。标题是"事由＋文种"格式。其事由为"中国共产党党内法规执行责任制"，文种为"规定"。从标题可以洞察行文目的，即如何落实中国共产党党内法规执行责任工作，做到了主旨鲜明，起到了提纲挈领的作用。

正文采用了分条列项式写法。开篇便交代了行文的背景及目的，进而从总体要求、责任主体、具体要求等方面架构了文章的逻辑框架，并且做到了正文内容与标题主旨的完全吻合。

例文最后对军队党内法规执行责任制权限、本规定解释权以及施行日期进行了说明。

2. 行政规定

【例文】

中共中央组织部　人力资源社会保障部
关于印发《事业单位人事管理回避规定》的通知

人社部规〔2019〕1 号

各省、自治区、直辖市党委组织部、政府人力资源社会保障厅（局），新疆生产建设兵团党委组织部、人力资源社会保障局，中央和国家机关各部委、各人民团体组织人事部门，部分高等学校党委：

为规范事业单位人事管理工作，维护人事管理公平公正，根据《事业单位人事管理条例》及有关法律法规，中央组织部、人力资源社会保障部共同研究制定了《事业单位人事管理回避规定》，现印发给你们，请结合本地区、本部门实际认真贯彻执行。

中共中央组织部　人力资源社会保障部

2019 年 9 月 18 日

事业单位人事管理回避规定

第一章　总则

第一条　为规范事业单位人事管理工作，维护人事管理公平公正，根据《事业单位人事管理条例》及有关法律法规，制定本规定。

第二条　坚持以习近平新时代中国特色社会主义思想为指导，贯彻落实全面从严治党要求，坚持党管干部、党管人才原则，以公正廉洁高效履职为准则，加强事业单位人事管理回避工作，加强对任职岗位和履职情况的监督约束，促进社会事业健康发展。

第三条　本规定所称事业单位人事管理回避包括岗位回避和履职回避。

第四条　事业单位人事管理工作所有参与方以及可能影响公正的特定关系人需要回避的，适用本规定。

事业单位领导人员回避按照本规定执行，法律法规另有规定的，从其规定。

第五条　事业单位、主管部门、事业单位人事综合管理部门按照干部人事管理权限，负责事业单位人事管理回避的执行和监督。

第二章　岗位回避

第六条　事业单位工作人员凡有下列亲属关系的，不得在同一事业单位聘用至具有直接上下级领导关系的管理岗位，不得在其中一方担任领导人员的事业单位聘用至从事组织（人事）、纪检监察、审计、财务工作的岗位，也不得聘用至双方直接隶属于同一领导人员的从事组织（人事）、纪检监察、审计、财务工作的内设机构正职岗位：

（一）夫妻关系；

（二）直系血亲关系，包括祖父母、外祖父母、父母、子女、孙子女、外孙子女；

（三）三代以内旁系血亲关系，包括叔伯姑舅姨、兄弟姐妹、堂兄弟姐妹、表兄弟姐妹、侄子女、甥子女；

（四）近姻亲关系，包括配偶的父母、配偶的兄弟姐妹及其配偶、子女的配偶及子女配偶的父母、三代以内旁系血亲的配偶；

（五）其他亲属关系，包括养父母子女、形成抚养关系的继父母子女及由此形成的直系血亲、三代以内旁系血亲和近姻亲关系。

前款所称同一事业单位，是指依法登记的同一事业单位法人。

第七条　本规定所称直接上下级领导关系包括：

（一）领导班子正职与副职；

（二）同一内设机构正职与副职；

（三）上级正职、副职与下级正职；

（四）单位无内设机构的，其正职、副职与其他管理人员以及从事审计、财务工作的专业技术人员；

（五）内设机构无下一级单位的，其正职、副职与其他管理人员以及从事审计、财务工作的专业技术人员。

第八条　事业单位工作人员岗位回避按照以下程序办理：

（一）本人提出回避申请，或者有关单位、人员提出回避要求；

（二）所在单位或者主管部门按照干部人事管理权限在1个月内做出回避决定。

做出回避决定前，应当听取需要回避人员及相关人员的意见；

（三）回避决定做出后，及时通知申请人，需要回避的，应当自回避决定做出之日起1个月内调整至相应岗位，并变更或者重新订立聘用合同。

第九条 岗位等级不同的一般由岗位等级较低的一方回避；岗位等级相同或者岗位类别不同的，根据工作需要和实际情况决定其中一方回避。

第十条 因地域、专业、工作性质特殊等因素，需要灵活执行岗位回避政策的，可由省级以上事业单位人事综合管理部门、中央和国家机关各部门结合实际做出具体规定。

第三章 履职回避

第十一条 事业单位工作人员应当回避的履职活动包括：

（一）岗位设置、公开招聘、聘用解聘（任免）、考核考察、奖励、处分、交流、人事争议处理、出国（境）审批；

（二）人事考试、职称评审、人才评价；

（三）招生考试、项目评审、成果评选、资金审批与监管；

（四）其他应当回避的履职活动。

第十二条 事业单位工作人员履行第十一条所列职责时，有下列情形之一的，应当回避，不得参加相关调查、考察、讨论、评议、投票、评分、审核、决定等活动，也不得以任何方式施加影响：

（一）涉及本人利害关系的；

（二）涉及与本人有本规定第六条所列亲属关系人员的利害关系的；

（三）其他可能影响公正履行职责的。

第十三条 事业单位工作人员履职回避按照以下程序办理：

（一）本人或利害关系人提出回避申请，或者有关单位提出回避要求；

（二）本人所在单位或者主管部门按照干部人事管理权限做出回避决定。其中，成立聘用工作组织、考核工作组织、申诉公正委员会、学术委员会等专项工作组织的，工作组织负责人的回避由成立该工作组织的单位决定，工作组织其他工作人员的回避可授权工作组织负责人决定。做出回避决定前，应当听取需要回避的人员及相关人员的意见；

（三）根据回避决定需要回避的，应当自回避决定做出之日起退出相关工作。

回避决定应当及时做出。回避决定做出前，本人可视情况确定是否先行退出相关履职活动。

第十四条 事业单位外请专家及其他人员参加本规定第十一条所列相关活动时，具有本规定第十二条所列情形的，应当回避。回避办理程序一般参照本规定第十三条进行。回避决定由邀请单位或者授权其组织（人事）部门、专项工作组织负责人做出。

第四章 管理与监督

第十五条 按照干部人事管理权限应当由事业单位做出或者授权做出回避决定的，特殊情况下，主管部门或者事业单位人事综合管理部门可以直接做出。

第十六条　事业单位工作人员必须服从回避决定，无正当理由拒不服从的，视情节轻重依法依规给予组织处理或处分。所在单位、主管部门负责督促回避决定落实到位。

事业单位工作人员应当主动报告应回避的情形。有需要回避的情形不及时报告或者有意隐瞒的，予以批评教育；造成不良后果的，依法依规给予组织处理或处分。

第十七条　事业单位外请专家及其他人员有需要回避的情形不及时报告或者有意隐瞒造成不良后果的，有关部门予以记录，在一定期限内不得邀请其参加相关活动；适用组织处理或处分的，可建议有关部门按照干部人事管理权限依法依规给予组织处理或处分。

第十八条　由于相关人员隐瞒应当回避情形，造成工作结果不公正的，按照国家有关规定取消或者撤销获取的资质、资格、荣誉、奖金、学籍、岗位、项目、资金等。

第十九条　事业单位及其主管部门对拟新进人员和拟调整岗位人员，应当依据本规定严格审查把关，避免形成回避关系。对因婚姻、岗位变化等新形成的回避关系，应当及时予以调整。

事业单位违反本规定的，由同级事业单位人事综合管理部门或者主管部门责令限期改正；逾期不改正的，按照干部人事管理权限对负有领导责任和直接责任的人员依法依规给予组织处理或处分。

第二十条　对个人、组织据实反映本规定所列各类需要回避情形的，有关单位、部门应当按照干部人事管理权限及时处理。

第五章　附则

第二十一条　主管部门对所属事业单位实施人事管理工作需要回避的，参照本规定执行，法律法规另有规定的从其规定。

第二十二条　机关工勤人员的回避，参照本规定执行。

第二十三条　本规定由中共中央组织部、人力资源社会保障部负责解释。

第二十四条　本规定自 2020 年 1 月 1 日起施行。

【简评】

例文采用了分章列条式写法，共 5 章 24 条。第一章总则部分澄清了制定《事业单位人事管理回避规定》的目的、指导思想、概念界定，明确了该规定的适用范围以及管理权限。总则虽简短，但在任何规定中都是重中之重的部分。

第二章至第四章分别从"岗位回避"、"履职回避"和"管理与监督"等视角界定了事业单位人事管理回避所涉猎的相关内容，做到了张弛有度，体现了分章列条写法在文件撰拟过程中对清晰阐述相关内容的重要作用。

例文第五章为附则，包括两方面内容。一是对几种事业单位人事管理回避的特殊情况进行了说明；二是告知了该规定的施行日期。

从总体来看，例文内容充实、完整。总分结构的使用也使文件收放适度，便于表达主旨。

（三）规定写作小结

（1）内容要合理、切实、全面、具体。"合理"是指规定的内容要准确体现党和国家的方针、政策；"切实"是指规定的内容不仅要事关公务而且要符合客观实际情况；"全面"是指凡能牵涉到的问题都应进行阐述，并应在结尾处明示"解释权"及使用规范等内容；"具体"是指处理某方面事情或解决某方面问题的细节要十分明确，否则便无法体现规定的现实效用。

（2）语言要凝练、准确、严密、肯定。"规定"对相关机关、部门开展相关工作具有指导性意义。因此，"规定"在条款表述上必须凝练、准确、严密、肯定，否则，在具体执行中将使人产生歧义，不利于具体工作的开展。

四、办法

（一）办法的用法

1.办法的含义及类别

办法是行政机关为贯彻某一法令或者做好某方面工作而制定的法规性文书。主要有如下两类：

（1）实施法律、条例和计划的办法。这种办法的派生性很强，有的从标题上就明确体现这一点。如《中华人民共和国国务院公报》2000年第5号刊登的《中华人民共和国海关实施〈行政复议法〉办法》，就是对海关如何贯彻执行《中华人民共和国行政复议法》制定的办法。《2000年曾宪梓教育基金会〈优秀大学生奖学金计划〉实施办法》也属于这种类型。

（2）实施行政管理的办法。这种办法虽然也是以相关法律为依据制定的，但不是哪一部法律或条例的派生物，有一定的独立性。它是行政管理部门对一些法律不可能具体涉及到的局部性工作所作的安排。例如2014年5月14日，国家发展和改革委员会公布的《政府核准投资项目管理办法》中第一条："为进一步深化投资体制改革，规范政府对企业投资项目的核准行为，实现便利、高效服务和有效管理，根据《中华人民共和国行政许可法》、《国务院关于投资体制改革的决定》和国家有关法律法规，制定本办法。"这段话准确概括了其实施行政管理的特点。

2.办法的写法

（1）标题。办法的标题一般由主要内容和文种构成。主要内容包括基本事项、适用范围或阐释依据，如《〈国务院关于职工工作时间的规定〉的实施办法》。

如果是试行或暂行，在标题中要写明，如《外商投资企业采购国产设备退税管理试行办法》。

（2）制发时间、依据。加括号标于标题之下的正中位置，有多种写法：制发时间和通过的会议；通过的会议及通过的时间；发布机关和发布时间；发布机关和首次发布时间及修订时间。

根据命令和通知的发布办法，自身不显示制发时间和依据，但以后单独使用时，应将原命令和通知的发布时间标注于标题之下。

（3）正文。内容复杂的办法，可采用总则、分则、附则式写法。

总则写明制定办法的目的、依据、意义、适用范围、实施部门等。如《第五次全国人口普查办法》第一章为总则，分别写了目的和依据、领导机关、经费来源、责任机关等。

分则列出具体的方法、步骤、措施、要求等，可分若干章展开。

附则用来写特殊规定、补充规定和生效时间。如《第五次全国人口普查办法》附则共三条，分别涉及少数边远不便地区的特殊情况、实施细则的制定权和施行时间。

内容简单的办法，直接分条即可。前若干条写目的、依据、宗旨等，中间较多的条款写方法、步骤、措施等，最后一两条写补充规定和实施要求。

（二）办法实例简评

1. 实施法律、条例和计划的办法

【例文】

中华人民共和国民政部令

第65号

《行政区划管理条例实施办法》已经 2019 年 12 月 3 日民政部部务会议通过，现予公布，自 2020 年 1 月 1 日起施行。

部长　李纪恒

2019 年 12 月 11 日

行政区划管理条例实施办法

第一条　根据《行政区划管理条例》（以下简称条例），制定本办法。

第二条　条例所称行政区划的变更，包括行政区划的设立、撤销，行政区划隶属关系的变更，行政区域界线的变更，人民政府驻地的迁移和行政区划名称的变更。

行政区划隶属关系的变更，是指行政区划整建制由其原上级行政区划划归另一个上级行政区划管辖。在不改变行政区划隶属关系的情况下，将行政区划整建制委托另一行政区划代管或者变更代管关系，参照行政区划隶属关系的变更办理。

行政区域界线的变更，是指将一个行政区划的部分行政区域划归另一行政区划管辖。

人民政府（派出机关）驻地的迁移，是指县级以上地方人民政府（派出机关）

驻地跨下一级行政区划（派出机关管辖范围）的变更和乡、民族乡、镇人民政府、街道办事处驻地跨村（居）民委员会管辖范围的变更。

行政区划名称的变更，是指改变行政区划专名。

第三条　行政区划的设立、撤销，由拟设立行政区划或者拟撤销行政区划的上一级地方人民政府制定变更方案。在撤销的同时设立新的行政区划且行政区域不变的，可以由拟撤销行政区划的地方人民政府制定变更方案。涉及设立行政区划的，应当在变更方案中明确拟设立行政区划的名称、建制类型、隶属关系（含代管关系）、行政区域界线和人民政府驻地。涉及撤销行政区划的，应当在变更方案中明确行政区划撤销后其所辖行政区域的归属。

变更行政区划隶属关系和变更行政区域界线，由有关地方人民政府先行协商并共同制定变更方案；如未能取得一致意见时，可以由单方、多方或者共同的上一级人民政府制定变更方案。

变更人民政府驻地和变更行政区划名称，由本级地方人民政府制定变更方案。

第四条　市、市辖区设立标准的内容应当包括：人口规模结构、经济社会发展水平、资源环境承载能力、国土空间开发利用状况、基础设施建设状况和基本公共服务能力等。

拟订镇、街道设立标准，应当充分考虑本省、自治区、直辖市经济社会和城镇化发展水平、城镇体系和乡镇布局、人口规模和资源环境等情况。

组织拟订市、市辖区设立标准和镇、街道设立标准的民政部门，应当会同有关部门对标准的实施情况进行评估，并根据评估情况按照规定的权限和程序调整标准。

第五条　省、自治区、直辖市人民政府批准县、市、市辖区部分行政区域界线变更或者县、不设区的市、市辖区人民政府驻地迁移时，应当将以下备案材料一式五份径送国务院民政部门：

（一）由省、自治区、直辖市人民政府出具的备案报告；

（二）行政区划变更批复文件；

（三）申请变更行政区划的地方人民政府根据条例第十三条规定提交的行政区划变更申请材料。

第六条　省、自治区、直辖市人民政府批准镇、街道设立标准时，应当将以下材料一式五份径送国务院民政部门：

（一）由省、自治区、直辖市人民政府出具的备案报告；

（二）省、自治区、直辖市印发标准的文件、标准文本和说明。

第七条　省、自治区、直辖市人民政府报送备案的行政区划变更事项和镇、街道设立标准材料不符合本办法第五条、第六条规定的，由国务院民政部门指导补正；材料齐备合规的即为备案。

报送备案的行政区划变更事项和镇、街道设立标准不符合条例规定的，由国务院民政部门建议省、自治区、直辖市人民政府自行纠正；或者由国务院民政部门提出处理建议，报国务院决定。

第八条　申请变更行政区划向上级人民政府提交的申请书内容应当包括：

（一）行政区划变更理由；

（二）行政区划变更方案；

（三）与行政区划变更有关的经济发展、资源环境、人文历史、地形地貌、人口、行政区域面积和隶属关系的简要情况；

（四）风险评估、专家论证、征求社会公众等意见的综合研判情况。

第九条　条例第十三条第（三）项规定的风险评估报告一般应当包括以下内容：

（一）行政区划变更的合法性、可行性、风险性和可控性；

（二）行政区划变更对当地及一定区域范围内的人口资源、经济发展、行政管理、国防安全、民族团结、文化传承、生活就业、社会保障、基层治理、公共安全、资源环境保护、实施国土空间规划、机构调整和干部职工安置等方面可能造成的影响，以及可能引发的问题；

（三）行政区划变更的主要风险源、风险点的排查情况及结果；

（四）拟采取的消除风险和应对风险的举措；

（五）风险评估结论；

（六）其他与风险评估相关的内容。

第十条　开展风险评估，可以通过舆情跟踪、重点走访、会商分析等方式，运用定性分析和定量分析等方法，对行政区划变更实施的风险进行科学预测、综合研判。

开展风险评估，可以委托专业机构、社会组织等第三方机构进行。

第十一条　条例第十三条第（四）项规定的专家论证报告一般应当包括以下内容：

（一）行政区划变更的必要性、科学性、合理性；

（二）行政区划变更的经济社会效益；

（三）行政区划变更的可行性及可能存在的风险；

（四）对行政区划变更方案及组织实施的意见建议；

（五）其他与专家论证相关的内容。

第十二条　组织专家论证，可以采取论证会、书面咨询、委托咨询论证等方式。选择专家、专业机构参与论证，应当坚持专业性、代表性和中立性，注重选择不同专业背景的专家、专业机构，不得选择与行政区划变更事项有直接利益关系的专家、专业机构参与专家论证。

县级以上地方人民政府民政部门应当根据需要建立行政区划咨询论证专家库。

第十三条　条例第十三条第（五）项规定的征求社会公众等意见报告的内容一般应当包括：

（一）征求社会公众等意见的过程和范围；

（二）社会公众等的主要意见和建议；

（三）对意见建议的处理情况；

（四）其他与征求社会公众等意见相关的内容。

第十四条　征求社会公众等意见可以采取座谈会、实地走访、书面征求意见、问卷调查等方式。

申请变更行政区划的地方人民政府应当对社会各方面提出的意见进行归纳整理、研究论证，充分采纳合理意见，完善行政区划变更方案及配套措施。

第十五条 提交条例第十三条第（六）项规定的变更前的行政区划图和变更方案示意图，应当符合下列要求：

（一）图件应为 A3 图幅彩色示意图；

（二）图件能够全面、真实、准确反映行政区划变更涉及的各主要因素，底图中应包括行政区划名称、人民政府驻地、行政区域界线、水系、公路、铁路等要素；

（三）行政区划轮廓线用加粗的红线表示，下级行政区划用对比明显的色块区别表示，下级行政区划间的界线用加粗的红色虚线表示，各级人民政府驻地根据级别高低采用不同大小的红色实五角星表示。

第十六条 申请变更行政区划应当拟订组织实施总体方案，与申请书一并上报审核。

组织实施总体方案一般应当包括行政区划变更的组织领导体系及责任分工，行政区划变更的实施步骤，行政区划变更的保障措施等内容。行政区划设立、撤销和变更隶属关系的，总体方案一般还应当包括行政区划变更后发展定位、目标、方向，相关地方党政群机构设置调整，国有资产、债权债务划转，历史文化传承保护，民生保障和公共服务等方面的内容。

上级人民政府民政部门应当加强对行政区划变更事项组织实施的监督指导。

第十七条 县级以上地方人民政府民政部门在审核下级人民政府上报的行政区划变更方案时，应当根据情况自行组织或者委托第三方机构开展实地调查。

开展实地调查，可以采取听取汇报、召开座谈会、查阅资料、个别访谈、随机访或者暗访等形式进行。

第十八条 地方人民政府应当在收到上级人民政府行政区划变更批复文件后及时向社会公告审批机关批准行政区划变更的信息。法律、行政法规和国家有关规定另有规定的除外。

第十九条 行政区划变更引起行政区域界线变化的，毗邻各方人民政府应当按照审批机关批准的行政区划变更方案，依照法律、行政法规和国家有关规定，在行政区划变更完成时限内完成行政区域界线的勘定工作。

第二十条 条例第十五条规定的完成变更情况报告一般应当包括以下内容：

（一）行政区划变更批复内容落实情况；

（二）人民群众反应和舆论反响情况；

（三）行政区划变更的影响和初步效果；

（四）风险控制和处置情况；

（五）行政区划变更后需要勘定行政区域界线的，还应当报告完成界线勘定情况；

（六）其他应当报告的情况。

第二十一条 行政区划变更完成情况报告上报审批机关后 3 个月内，有关地方人民政府民政部门应当将更新后的行政区划图标准样图报批准行政区划变更的人民政府民政部门审核。由组织更新行政区划图的地方人民政府民政部门按照地图管理有关规定送审后向社会公布。

第二十二条　国务院民政部门组织制定各级行政区划代码编码规则。

行政区划变更信息向社会公告之日起1个月内，国务院民政部门或者省、自治区、直辖市人民政府民政部门应当根据行政区划代码编码规则，确定、公布变更后的行政区划代码。

第二十三条　省、自治区、直辖市人民政府应当在每年1月31日前，将本级及下一级人民政府1年内批准的行政区划变更事项（含派出机关变更事项）相关信息集中报送国务院民政部门。

上报的行政区划变更信息应当包括行政区划变更事项列表及相关行政区划变更批复文件。

第二十四条　上级人民政府民政部门发现下级人民政府存在违反条例规定情形的，应当建议其及时纠正，或者提出建议报本级人民政府依法处理。

第二十五条　旗、特区、林区的行政区划管理参照县执行，自治旗的行政区划管理参照自治县执行，盟的行政区划管理参照地区执行。

第二十六条　本办法自2020年1月1日起施行。

【简评】

行政区划管理条例实施办法依托于第65号中华人民共和国民政部令下发，令中包含了该实施办法的制发机关和时间。

例文标题采用"内容＋文种"的写法，内容是《行政区划管理条例》，文种是实施办法。标题简明扼要地交代了该办法的主要内容。

例文正文采用了分条列项式写法。开篇交代了制定行政区划管理条例实施办法的依据。正文主体部分明确了《行政区划管理条例》的具体实施细则，如行政区划的设立、撤销，行政区划变更的风险评估，行政区划变更的审核等。例文最后交代了该办法的施行日期。

从总体来看，例文结构严谨，内容规范得体，便于实际操作与执行。

2. 实施行政管理的办法

【例文】

中华人民共和国国务院令

第715号

现公布《报废机动车回收管理办法》，自2019年6月1日起施行。

总理　李克强

2019年4月22日

报废机动车回收管理办法

第一条 为了规范报废机动车回收活动，保护环境，促进循环经济发展，保障道路交通安全，制定本办法。

第二条 本办法所称报废机动车，是指根据《中华人民共和国道路交通安全法》的规定应当报废的机动车。

不属于《中华人民共和国道路交通安全法》规定的应当报废的机动车，机动车所有人自愿作报废处理的，依照本办法的规定执行。

第三条 国家鼓励特定领域的老旧机动车提前报废更新，具体办法由国务院有关部门另行制定。

第四条 国务院负责报废机动车回收管理的部门主管全国报废机动车回收（含拆解，下同）监督管理工作，国务院公安、生态环境、工业和信息化、交通运输、市场监督管理等部门在各自的职责范围内负责报废机动车回收有关的监督管理工作。

县级以上地方人民政府负责报废机动车回收管理的部门对本行政区域内报废机动车回收活动实施监督管理。县级以上地方人民政府公安、生态环境、工业和信息化、交通运输、市场监督管理等部门在各自的职责范围内对本行政区域内报废机动车回收活动实施有关的监督管理。

第五条 国家对报废机动车回收企业实行资质认定制度。未经资质认定，任何单位或者个人不得从事报废机动车回收活动。

国家鼓励机动车生产企业从事报废机动车回收活动。机动车生产企业按照国家有关规定承担生产者责任。

第六条 取得报废机动车回收资质认定，应当具备下列条件：

（一）具有企业法人资格；

（二）具有符合环境保护等有关法律、法规和强制性标准要求的存储、拆解场地，拆解设备、设施以及拆解操作规范；

（三）具有与报废机动车拆解活动相适应的专业技术人员。

第七条 拟从事报废机动车回收活动的，应当向省、自治区、直辖市人民政府负责报废机动车回收管理的部门提出申请。省、自治区、直辖市人民政府负责报废机动车回收管理的部门应当依法进行审查，对符合条件的，颁发资质认定书；对不符合条件的，不予资质认定并书面说明理由。

省、自治区、直辖市人民政府负责报废机动车回收管理的部门应当充分利用计算机网络等先进技术手段，推行网上申请、网上受理等方式，为申请人提供便利条件。申请人可以在网上提出申请。

省、自治区、直辖市人民政府负责报废机动车回收管理的部门应当将本行政区域内取得资质认定的报废机动车回收企业名单及时向社会公布。

第八条 任何单位或者个人不得要求机动车所有人将报废机动车交售给指定的

报废机动车回收企业。

第九条　报废机动车回收企业对回收的报废机动车，应当向机动车所有人出具"报废机动车回收证明"，收回机动车登记证书、号牌、行驶证，并按照国家有关规定及时向公安机关交通管理部门办理注销登记，将注销证明转交机动车所有人。

"报废机动车回收证明"样式由国务院负责报废机动车回收管理的部门规定。任何单位或者个人不得买卖或者伪造、变造"报废机动车回收证明"。

第十条　报废机动车回收企业对回收的报废机动车，应当逐车登记机动车的型号、号牌号码、发动机号码、车辆识别代号等信息；发现回收的报废机动车疑似赃物或者用于盗窃、抢劫等犯罪活动的犯罪工具的，应当及时向公安机关报告。

报废机动车回收企业不得拆解、改装、拼装、倒卖疑似赃物或者犯罪工具的机动车或者其发动机、方向机、变速器、前后桥、车架（以下统称"五大总成"）和其他零部件。

第十一条　回收的报废机动车必须按照有关规定予以拆解；其中，回收的报废大型客车、货车等营运车辆和校车，应当在公安机关的监督下解体。

第十二条　拆解的报废机动车"五大总成"具备再制造条件的，可以按照国家有关规定出售给具有再制造能力的企业经过再制造予以循环利用；不具备再制造条件的，应当作为废金属，交售给钢铁企业作为冶炼原料。

拆解的报废机动车"五大总成"以外的零部件符合保障人身和财产安全等强制性国家标准，能够继续使用的，可以出售，但应当标明"报废机动车回用件"。

第十三条　国务院负责报废机动车回收管理的部门应当建立报废机动车回收信息系统。报废机动车回收企业应当如实记录本企业回收的报废机动车"五大总成"等主要部件的数量、型号、流向等信息，并上传至报废机动车回收信息系统。

负责报废机动车回收管理的部门、公安机关应当通过政务信息系统实现信息共享。

第十四条　拆解报废机动车，应当遵守环境保护法律、法规和强制性标准，采取有效措施保护环境，不得造成环境污染。

第十五条　禁止任何单位或者个人利用报废机动车"五大总成"和其他零部件拼装机动车，禁止拼装的机动车交易。

除机动车所有人将报废机动车依法交售给报废机动车回收企业外，禁止报废机动车整车交易。

第十六条　县级以上地方人民政府负责报废机动车回收管理的部门应当加强对报废机动车回收企业的监督检查，建立和完善以随机抽查为重点的日常监督检查制度，公布抽查事项目录，明确抽查的依据、频次、方式、内容和程序，随机抽取被检查企业，随机选派检查人员。抽查情况和查处结果应当及时向社会公布。

在监督检查中发现报废机动车回收企业不具备本办法规定的资质认定条件的，应当责令限期改正；拒不改正或者逾期未改正的，由原发证部门吊销资质认定书。

第十七条　县级以上地方人民政府负责报废机动车回收管理的部门应当向社会公布本部门的联系方式，方便公众举报违法行为。

县级以上地方人民政府负责报废机动车回收管理的部门接到举报的，应当及时依法调查处理，并为举报人保密；对实名举报的，负责报废机动车回收管理的部门应当将处理结果告知举报人。

第十八条　负责报废机动车回收管理的部门在监督管理工作中发现不属于本部门处理权限的违法行为的，应当及时移交有权处理的部门；有权处理的部门应当及时依法调查处理，并将处理结果告知负责报废机动车回收管理的部门。

第十九条　未取得资质认定，擅自从事报废机动车回收活动的，由负责报废机动车回收管理的部门没收非法回收的报废机动车、报废机动车"五大总成"和其他零部件，没收违法所得；违法所得在 5 万元以上的，并处违法所得 2 倍以上 5 倍以下的罚款；违法所得不足 5 万元或者没有违法所得的，并处 5 万元以上 10 万元以下的罚款。对负责报废机动车回收管理的部门没收非法回收的报废机动车、报废机动车"五大总成"和其他零部件，必要时有关主管部门应当予以配合。

第二十条　有下列情形之一的，由公安机关依法给予治安管理处罚：

（一）买卖或者伪造、变造"报废机动车回收证明"；

（二）报废机动车回收企业明知或者应当知道回收的机动车为赃物或者用于盗窃、抢劫等犯罪活动的犯罪工具，未向公安机关报告，擅自拆解、改装、拼装、倒卖该机动车。

报废机动车回收企业有前款规定情形，情节严重的，由原发证部门吊销资质认定书。

第二十一条　报废机动车回收企业有下列情形之一的，由负责报废机动车回收管理的部门责令改正，没收报废机动车"五大总成"和其他零部件，没收违法所得；违法所得在 5 万元以上的，并处违法所得 2 倍以上 5 倍以下的罚款；违法所得不足 5 万元或者没有违法所得的，并处 5 万元以上 10 万元以下的罚款；情节严重的，责令停业整顿直至由原发证部门吊销资质认定书：

（一）出售不具备再制造条件的报废机动车"五大总成"；

（二）出售不能继续使用的报废机动车"五大总成"以外的零部件；

（三）出售的报废机动车"五大总成"以外的零部件未标明"报废机动车回用件"。

第二十二条　报废机动车回收企业对回收的报废机动车，未按照国家有关规定及时向公安机关交通管理部门办理注销登记并将注销证明转交机动车所有人的，由负责报废机动车回收管理的部门责令改正，可以处 1 万元以上 5 万元以下的罚款。

利用报废机动车"五大总成"和其他零部件拼装机动车或者出售报废机动车整车、拼装的机动车的，依照《中华人民共和国道路交通安全法》的规定予以处罚。

第二十三条　报废机动车回收企业未如实记录本企业回收的报废机动车"五大总成"等主要部件的数量、型号、流向等信息并上传至报废机动车回收信息系统的，由负责报废机动车回收管理的部门责令改正，并处 1 万元以上 5 万元以下的罚款；情节严重的，责令停业整顿。

第二十四条　报废机动车回收企业违反环境保护法律、法规和强制性标准，污染环境的，由生态环境主管部门责令限期改正，并依法予以处罚；拒不改正或者逾期未改正的，由原发证部门吊销资质认定书。

第二十五条　负责报废机动车回收管理的部门和其他有关部门的工作人员在监督管理工作中滥用职权、玩忽职守、徇私舞弊的，依法给予处分。

第二十六条　违反本办法规定，构成犯罪的，依法追究刑事责任。

第二十七条　报废新能源机动车回收的特殊事项，另行制定管理规定。

军队报废机动车的回收管理，依照国家和军队有关规定执行。

第二十八条　本办法自 2019 年 6 月 1 日起施行。2001 年 6 月 16 日国务院公布的《报废汽车回收管理办法》同时废止。

【简评】

该例文依托于第 715 号中华人民共和国国务院令下发，交代了《报废机动车回收管理办法》的制发机关和时间，同时也可见其重要性。

从属性上看是一则实施行政管理的办法。正文采用总—分的写作方式。开篇就说明了发文的目的，"总"的方面交代了相应概念、报废机动车回收管理的权责分配，"分"的方面体现在对报废机动车回收管理的具体管理办法的阐释上。例文最后进行了相应的补充规定和施行时间说明。总体上看，这是一篇要素较为完整的经典范文。

（三）办法写作小结

1. 内容上的具体性与实践性

办法、条例和规定是比较近似的文种。它们都具有法规性，分章列条的外部形式也比较接近。它们之间的区别体现为：条例的制作单位级别高，意义重大，内容全面、系统。规定的制作单位没有条例那么严格，内容比较局部化，方法、步骤、措施比较详细。而办法由分管某方面工作的职能部门做出，内容更为具体。但这些区别不是绝对的，彼此之间的界限很难划分清楚。例如同是对公文办理做出规定，中央办公厅使用的是条例，而国务院办公厅使用的却是办法。

办法的内容都是与工作实践密切相关的方法、步骤和措施，带有很强的实践性特点。

2. 应用范围上的普遍性

在我国法治化进程中，人们的法治观念一步步加强，自觉守法已逐步成为人们行动的准则，事情无论大小，都要有法可依。而在具体工作落实上，办法可以对某项工作做出具体规定，因而越来越广泛地被行政管理部门所采用。

3. 存在属性上的派生性

有相当一部分办法是为贯彻落实某一法律而制定的，是法律的派生物。例如，国务院和中央军委发布的《中国人民解放军士官退出现役安置暂行办法》的第一条说："根据《中华人民共和国兵役法》和《中国人民解放军现役士兵服役条例》的有关规定，制定本办法。"表明其对法律和条例的依附性十分明显。

五、章程

（一）章程的用法

1. 章程的含义、使用范围及特点

章程是政治、经济、文化等组织或团体的纲领性文件，有明确的范围、宗旨、鲜明的目的性和较强的针对性，对该组织或团体的成员有较强的约束力。

章程的使用范围，一是政党或社会团体，用以规定其组织的性质、任务、宗旨等，让本组织的成员共同遵守，以保证其纯洁性和战斗力；二是企事业单位用以规定其业务性质、活动制度和行为规范，以保证企事业繁荣昌盛。有章可循，诸事好办；无章可依，诸事难成，章程是非常重要的。

章程的基本类型及其特点：

章程共分为两类，一是党政团体章程，如《中国共产党章程》、《中国科技协会章程》；二是企事业单位章程，如《中国人民保险公司章程》。

章程的主要特点是法规性、规范性和约束力。一个政党和团体的章程，就是这个组织的根本法，该组织的所有成员都必须按照章程规定的条文规范自己的行为，其条文具有很强的约束力。违背章程的规定，就要受到该组织的惩罚或谴责，乃至被组织开除。企事业单位的章程，其成员也必须受其制约，严格按照章程规定的业务经营性质、业务活动和基本工作职责去办理。

2. 章程的写法

章程的基本格式由标题、通过时间及会议、正文几部分组成。

（1）标题。章程的标题一般由章程制定者和文种类别组成。在标题下，写上何时由什么会议通过，或何时由何机关批准，或何时公布，这一部分内容使用括号。

（2）正文。章程的正文，一般都采用开门见山和分章列款式的行文方式。大体有两种写法。一是总纲分章式，或总则、分则、附则式。总纲分章式一般用于政党和团体的章程；总则、分则和附则式，多用于企事业单位的章程；二是条目式，即比较简单的章程，逐条写下去，不再分章、分则、分款。

（二）章程实例简评

1. 党政团体章程

【例文】

住房和城乡建设部关于印发
《住房和城乡建设部科学技术委员会章程》的通知

建标〔2019〕88号

各省、自治区住房和城乡建设厅，直辖市住房和城乡建设（管）委，新疆生产

建设兵团住房和城乡建设局，部机关有关司局：

《住房和城乡建设部科学技术委员会章程》已经 2019 年 7 月 16 日召开的第 11 次部常务会议审议通过，现印发给你们，请协助做好科学技术委员会相关工作。

中华人民共和国住房和城乡建设部

2019 年 9 月 3 日

住房和城乡建设部科学技术委员会章程

第一章　总则

第一条　为实施创新驱动发展战略，促进住房和城乡建设领域科学技术进步，提高管理决策的科学化、民主化水平，推动住房和城乡建设事业高质量发展，制定本章程。

第二条　住房和城乡建设部科学技术委员会（以下简称科技委）是在中共住房和城乡建设部党组（以下简称部党组）领导下，为住房和城乡建设部贯彻新发展理念，落实党中央、国务院重大决策部署提供咨询意见和建议的参谋机构。

第三条　科技委由部党组批准组建，科技委章程由部常务会议审议发布。

第四条　科技委日常工作经费纳入住房和城乡建设部年度预算，专项解决。

第二章　组织

第五条　科技委根据住房和城乡建设事业的发展和实际需要，按不同专业领域设置若干专业委员会。

第六条　科技委设主任委员 1 人，常务副主任委员 1 人，副主任委员若干人。主任委员由住房和城乡建设部部长兼任，常务副主任委员由分管科技工作的副部长兼任，副主任委员由部党组成员、副部长等兼任。

第七条　科技委委员由各专业委员会主任委员和部分副主任委员担任，由标准定额司、人事司、住房改革与发展司商各业务司局提名推荐人选。科技委委员名单按程序提请部党组会审议通过后，以部文发布，由住房和城乡建设部聘任。

第八条　因工作需要，科技委可增补或调整组成人员。增补或调整人员名单按程序提请部党组会审议通过后发布。

第九条　科技委每 5 年进行换届。因年龄、健康以及工作变动等原因不便参加科技委活动的委员，不宜继续作为科技委委员推荐人选。

第十条　科技委办公室设在标准定额司，负责科技委日常工作，办公室主任由标准定额司主要负责同志兼任。

第十一条　科技委下设的专业委员会全称为"住房和城乡建设部科学技术委员会×××专业委员会"。

第十二条　专业委员会组建、调整、运行管理和日常工作由主管业务司局负责。专业委员会委员选聘应经所在工作单位或有关行业学（协）会和省级住房和城乡建设行政主管部门及地方有关部门书面推荐，由主管业务司局初审提出推荐人选名单，经征求标准定额司和人事司意见，报相关分管副部长和部长审示后，提请部常务会议审议。主管业务司局负责汇报专业委员会职责、人选名单拟定过程和人员构成。审议通过后，专业委员会委员名单以部办公厅文发布。

第十三条　专业委员会设主任委员1人，副主任委员若干人。原则上主任委员不宜兼任其他专业委员会副主任委员，同一位专家不宜担任多个专业委员会的副主任委员。

第十四条　专业委员会委员原则上不超过50人，特殊情况可适当增加。专业委员会委员由国内相关领域的专家学者组成，应具有较强代表性，根据需要可吸纳社会学、经济学、法学等领域的专家学者。年龄结构应合理，适当吸纳青年专家。专业委员会可聘请德高望重、具有深厚造诣的老专家担任顾问。专业委员会委员应具备以下条件：

（一）作风正派、有良好的学术道德、办事客观公正、遵纪守法、责任心强。

（二）具有高级以上技术职称，在本专业领域具备领先的技术水平，具备坚实的专业知识积累，有较丰富的工程实践经验。

（三）身体健康，年龄适宜，原则上不超过70岁。中国科学院院士、中国工程院院士、国务院参事等可适当延长年龄限制。

第十五条　专业委员会委员由科技委聘任，聘书加盖科技委公章。每届聘期5年，届满后随科技委一同换届。

第十六条　因工作需要，专业委员会可增补或调整组成人员，增补或调整人员名单按程序提请部常务会议审议通过后发布。

第十七条　各专业委员会主管业务司局指定1名联络员，负责专业委员会与科技委办公室联络。涉及多个业务司局的专业委员会工作，由牵头业务司局负责协调其他相关业务司局，其他相关业务司局要积极配合，共同做好工作，科技委办公室负责做好综合协调。

第三章　任务

第十八条　科技委的工作任务是：

（一）负责组织研究或办理部领导交办的有关住房和城乡建设方面的重要事项。

（二）研究和评议住房和城乡建设领域科技发展战略和中长期科技发展规划并提出建议。

（三）对住房和城乡建设创新体系建设和体制改革提出建议。

（四）对住房和城乡建设部科技计划布局、重大科技攻关任务设置提出咨询意见。

（五）研究和评议住房和城乡建设领域重大技术政策并解读。

（六）针对战略性、全局性的重大问题，开展专题调研，提出意见和建议。

（七）开展对政府决策有重要意义的软科学研究，举办科技讲座。

（八）对重大科技项目开展评审和验收，对重大科技政策措施和重大工程建设项目等开展可行性论证、风险评估和后评估。

（九）根据有关评选规则，参与对享受政府特殊津贴专家人选和国家科学技术奖推荐项目的评议和咨询。

（十）聘任科技委专业委员会委员。

第十九条　专业委员会的工作任务是：

（一）了解、掌握、研究住房和城乡建设领域科学技术发展动态和趋势，及时向部有关业务司局提供信息和工作建议，每年至少应撰写1篇综合性报告或发表1篇某项技术发展的专业论文。

（二）参与研究和制定相关行业发展战略、发展规划和政策。

（三）对相关专业领域的工作进行政策和技术指导，提供咨询、政策建议。

（四）参加相关专业领域的评审、评估、检查等工作。

（五）参与重大工程建设项目及其规划设计方案、重大科技成果等的审查。

（六）承担部有关业务司局委托的工作。

第四章　工作制度

第二十条　科技委会议包括全体委员会会议和专题会议。

（一）科技委全体委员会会议。原则上每年召开1次，由科技委主任委员或委托常务副主任委员召集、主持，主任委员、副主任委员、委员参加。会议主要任务是：传达学习中央领导同志的重要指示批示和党中央、国务院有关方针政策；报告年度工作，听取各专业委员会的年度工作汇报，研究部署下一年度的工作；通报委员所提意见和建议情况。

（二）科技委专题会议。根据工作需要，不定期召开科技委专题会议。由科技委主任委员或委托常务副主任委员召集、主持，相关副主任委员、委员及相关专业委员会委员参加。

第二十一条　科技委应采取以下形式征求专家意见和建议：

（一）普遍征求意见和建议。围绕住房和城乡建设部年度中心工作，根据科技委具体工作要求，以向全体科技委委员发函的形式征求意见和建议，每年进行1次。

（二）专题座谈。针对需要研究的重要问题，请有关专家座谈，听取意见和建议，专题座谈不定期召开。

（三）直接访问。根据工作需要，针对不同情况，以直接访问专家的方式征求意见和建议。

第二十二条　根据需要组织专家进行专项调研。根据国家近期出台的方针政策以及中央领导同志交办工作情况，业务司局组织相关专业委员会开展调研。涉及重大且跨专业、跨领域的调研课题由科技委办公室统筹协调。科技委办公室负责将调研情况向科技委主任委员和相关副主任委员报告，并将调研报告送交部领导或有关部门参考。

第二十三条　科技委根据住房和城乡建设部工作重点和国家出台的方针政策，举办科技讲座，一般每年举办1—2次。

第二十四条　住房和城乡建设部编制规划、制定政策过程中，根据工作需要，可由科技委办公室向全体科技委委员发函征求意见和建议。科技委办公室负责将重要的意见和建议以书面形式向科技委主任和相关副主任报告。

第二十五条　部领导交办科技委的工作由科技委办公室组织落实，办理结果向相关部领导报告。交办专业委员会的工作由相关主管业务司局负责办理。

第二十六条　主管业务司局负责制定相关专业委员会工作规则，组织开展专业委员会会议、征求意见和建议、调研座谈、科技讲座等工作。

第二十七条　各专业委员会要在各自的工作业务范围内，各负其责，相互协调配合，发挥多学科、多专业的综合优势，高质量、高效率做好各项工作。

第五章　监督与自律

第二十八条　科技委工作接受住房和城乡建设部监督，依住房和城乡建设部授权履行公权力时，接受驻部纪检监察组的监察监督。主管业务司局负责对相关专业委员会的工作进行指导和监督，促进专业委员会廉洁自律。

第二十九条　专业委员会要健全内部监督自律制度，积极主动组织研究重大问题，提出解决方案。

第三十条　科技委应规范印章管理和发文管理。专业委员会不单独刻制公章和对外发文，相关咨询意见可由主管业务司局代章。

第三十一条　科技委和专业委员会委员在决策咨询活动中应遵循以下要求：

（一）遵纪守法，廉洁奉公，自觉接受社会监督。

（二）遵守独立、客观、公正、实事求是的原则，主动回避有直接利益关系的单位或个人的评审。不发表与政策相悖的言论，依法保守秘密。

（三）未经科技委（或专业委员会）同意，委员个人不得以科技委（或专业委员会）名义或者以科技委（或专业委员会）委员身份组织或参加任何活动、获取利益、发表言论等。

（四）在咨询、评审等活动中，不得超越政策规定收受报酬和其他礼品。

（五）已卸任的科技委委员和专业委员会委员，不得继续以科技委委员、专业委员会委员名义或者以原科技委委员、原专业委员会委员名义开展活动和发表言论。

第三十二条　对违反国家法律、法规和本章程规定的科技委委员和专业委员会委员，予以除名。

第六章　附则

第三十三条　本章程自发布之日起实施，《建设部科学技术委员会章程》、《建设部科学技术委员会工作制度》、《建设部专家委员会管理办法》、《建设部专家委员会工作规则》同时废止。

【简评】

《住房和城乡建设部科学技术委员会章程》通过住房和城乡建设部印发的通知下

达，交代了其制发的基本情况。

标题由章程"适用范围＋文种"组成，其适用范围是"住房和城乡建设部科学技术委员会"，文种类别是"章程"。

正文采用了总则、分则、附则式写法。总则列在章程的前面，交代了制发目的、住房和城乡建设部科学技术委员会的属性和组建以及经费来源等基本问题。第二章至第五章为分则，从组织、任务、工作制度、监督与自律等4个不同的方面详细地阐释了住房和城乡建设部科学技术委员会的运行和管理。第六章是附则，进行了补充规定，注明本章程的实施时间及对原有管理制度的废止。

2. 企事业单位章程

【例文】

中国人民大学章程

序言

中国人民大学前身是1937年成立的陕北公学，以及后来的华北联合大学和华北大学。1949年12月16日，中央人民政府政务院第十一次政务会议根据中共中央政治局的建议，通过了《关于成立中国人民大学的决定》。1950年10月3日，以华北大学为基础合并组建的中国人民大学举行开学典礼，成为中华人民共和国创办的第一所新型正规大学。1954年，被确定为以社会科学为主的综合大学和首批全国重点大学。1960年，被中央确定为综合性全国重点大学。1997年，被确定为国家"211工程"重点建设大学。2003年，被确定为国家"985工程"重点建设大学。2017年，入选国家"世界一流大学和一流学科"建设名单。

中国人民大学以"人民、人本、人文"为理念，以"实事求是"为校训，以"立学为民、治学报国"为办学宗旨，以"人民满意、世界一流"大学为建设目标，以"主干的文科、精干的理工科"为学科特色，以"国民表率、社会栋梁"为人才培养目标。

第一章 总则

第一条 为保障学校依法办学和自主管理，依据《中华人民共和国教育法》、《中华人民共和国高等教育法》、《高等学校章程制定暂行办法》等规定，结合学校实际，制定本章程。

第二条 学校名称为中国人民大学（英文名称为 Renmin University of China，简称 RUC）。

学校法定住所为北京市海淀区中关村大街59号。学校设有中关村校区、通州校区、张自忠路校区和苏州校区，学校经举办者批准可视需要设立和调整校区及校址。

第三条 学校由国家设立，是国务院确定由教育部管理，并由教育部与北京市共建的为国家和社会培养人才的非营利性组织。

第四条　学校坚持党的全面领导，全面贯彻党的教育方针，坚持社会主义办学方向，扎根中国大地办大学，以立德树人为根本，以人才培养、科学研究、社会服务、文化传承创新、国际交流合作为基本职能，实施普通高等教育，适当开展继续教育，积极拓展中外合作办学。

第五条　学校具有独立法人资格，独立承担法律责任，依法享有以下办学自主权：

（一）根据社会需求、办学条件和国家核定的办学规模，制定招生方案，自主调节系科招生比例；

（二）依法自主设置和调整学科、专业，按照国家学位制度的规定授予学士、硕士及博士学位；

（三）根据人才培养需要，自主制定人才培养计划，开展课程建设、教材建设和教学设施建设；

（四）根据自身条件，自主开展科学研究、技术开发和社会服务；

（五）依法自主开展与海内外大学、研究机构的交流和合作；

（六）根据实际需要和精简、效能的原则，自主确定教学、科学研究、行政职能部门等内部组织机构的设置和人员配备；按照国家有关规定，评聘教师和其他专业技术人员的职务，调整津贴及工资分配；

（七）对国家提供的财产、财政性资助、受捐赠财产依法自主管理和使用；

（八）依法获得的其他办学自主权。

第六条　学校实行中国共产党中国人民大学委员会领导下的校长负责制。

第七条　学校坚持党委领导、校长负责、教授治校、民主管理，坚持依法治校，坚持以师生为本，尊重学术自由，实行党务公开、校务公开和信息公开制度，依法接受监督。

第二章　学生

第八条　学生是指被学校依法录取、取得入学资格，具有学校学籍的受教育者。

第九条　学生享有下列权利：

（一）公平接受学校教育，参加学校教育教学计划安排的各项活动，平等利用学校提供的公共教育资源；

（二）参加素质拓展、社会服务、勤工助学，在校内组织、参加学生社团及文化体育等活动；

（三）公平获得在国内外学习深造和参加学术文化交流活动的机会；

（四）在思想品德、综合素质、学业成绩等方面获得公正评价，达到学校规定学业标准时获得相应的学历证书、学位证书；

（五）按国家及学校规定的标准和程序申请奖学金、助学金及助学贷款；

（六）知悉学校改革、建设和发展及其他涉及个人切身利益的事项；

（七）参与学校民主管理，对学校发展和教育、教学改革提出意见、建议和批评；

（八）对学校给予的处分或者处理进行陈述、申辩，向学校或者教育行政主管部门提出申诉；对学校、教职员工侵犯其人身、财产等合法权益的行为，依法申请复议或提起诉讼；

（九）法律、法规和规章规定的其他权利。

第十条　学生应履行下列义务：

（一）尊敬师长，努力学习；

（二）珍惜和维护学校名誉，维护学校利益；

（三）遵守学校的规章制度；

（四）按规定缴纳学费及有关费用；

（五）爱护并合理使用教育设备和生活设施；

（六）法律、法规和规章规定的其他义务。

第十一条　学校以立德树人为根本目标，引导学生养成良好的思想品德和行为习惯，为学生提供心理健康教育和文化体育设施及相关服务。

第十二条　学校建立和完善学生权利保护制度，维护学生合法权益。学校为在学习和生活中遇到特殊困难的学生提供必要的指导和帮助。

第十三条　学校对取得突出成绩和为学校争得荣誉的学生集体和个人进行表彰奖励；对违纪学生给予相应的纪律处分。

第十四条　学校鼓励、支持和保障学生参与学校的民主管理和监督，支持和保障由学生代表大会、研究生代表大会选举产生的学生会委员会和研究生会委员会按照其章程开展活动。

第十五条　在学校接受培训、成人教育、在职学习等其他类型的无学籍的受教育者，其权利义务由受教育者与学校按照平等自愿的原则依法另行约定。

第三章　教职员工

第十六条　学校教职员工由教师、其他专业技术人员、管理人员和工勤人员等组成。

第十七条　学校对教职员工实行下列任职制度：

（一）教师和其他专业技术人员实行资格认证和岗位聘用制度；

（二）管理和工勤人员实行岗位聘用制度。

第十八条　学校按照依法制定的人事管理制度对教职员工定期进行考核，考核结果作为续聘、解聘、晋升、奖励或者处分的依据。

第十九条　教职员工享有下列权利：

（一）按工作职责使用学校的公共资源；

（二）公平获得自身发展所需的机会和条件；

（三）在品德、能力和业绩等方面获得公正评价；

（四）公平获得各种奖励及荣誉称号；

（五）知悉学校改革、建设和发展及其他涉及切身利益的重大事项；

（六）参与学校民主管理，对学校工作提出意见、建议和批评；

（七）就职务聘用、福利待遇、评优评奖、纪律处分等事项表达异议和提出申诉；对学校侵犯其人身、财产等合法权益的行为，依法申请复议或提起诉讼；

（八）法律、法规、规章规定和合同约定的其他权利。

第二十条　学校教职员工应履行下列义务：

（一）尊重学生，爱护学生；

（二）爱岗敬业，勤奋工作；

（三）遵守学校规章制度；

（四）遵守职业道德和学术规范；

（五）未经学校批准，不得在校外兼任实职；

（六）珍惜和维护学校名誉，维护学校利益；

（七）法律、法规、规章规定和合同约定的其他义务。

第二十一条　教师是学校办学的主体力量，学校为教师开展人才培养、科学研究、社会服务、文化传承创新等活动提供必要的条件和保障。

第二十二条　学校逐步提高与学校发展水平相适应的教职员工福利待遇，建立和健全教职员工权利保护机制，维护教职员工合法权益。

第二十三条　学校建立教职员工发展制度，构建完整的培训体系，鼓励和支持教师开展国际学术交流与合作。

第二十四条　学校建立各类表彰奖励制度，对为国家及学校做出突出贡献的教职员工给予表彰、奖励。

第二十五条　学校鼓励和支持教职员工参加学校的民主管理和监督，对学校的工作提出意见或建议。

第二十六条　讲座教授、兼职教授、名誉教授、客座教授、在站博士后、访问学者、进修教师等其他教育工作者，在本校从事教学、科研、进修活动期间，依据法律规定、政策规定、学校规定和合同约定，享受相应的权利，履行相应的义务，学校为其提供必要的条件和帮助。

第四章　管理体制和组织机构

第二十七条　中国共产党中国人民大学委员会（以下简称学校党委）是学校的领导核心，履行党章等规定的各项职责，把握学校发展方向，决定学校重大问题，监督重大决议执行，支持校长依法独立负责地行使职权，保证以人才培养为中心的各项任务完成。学校党委实行"集体领导、民主集中、个别酝酿、会议决定"的议事和决策基本制度。

其主要职责是：

（一）全面贯彻执行党的路线方针政策，贯彻执行党的教育方针，坚持社会主义办学方向，坚持立德树人，依法治校，依靠全校师生员工推动学校科学发展，培养德智体美劳全面发展的社会主义建设者和接班人；

（二）讨论决定事关学校改革发展稳定及教学、科研、行政管理中的重大事项和基本管理制度；

（三）坚持党管干部原则，按照干部管理权限负责干部的选拔、教育、培养、考核和监督，讨论决定学校内部组织机构的设置及其负责人的人选，依照有关程序推荐校级领导干部和后备干部人选。做好老干部工作；

（四）坚持党管人才原则，讨论决定学校人才工作规划和重大人才政策，创新人才工作体制机制，优化人才成长环境，统筹推进学校各类人才队伍建设；

（五）领导学校思想政治工作和德育工作，坚持用中国特色社会主义理论体系武装师生员工头脑，培育和践行社会主义核心价值观，牢牢掌握学校意识形态工作的领导权、管理权、话语权。维护学校安全稳定，促进和谐校园建设；

（六）加强大学文化建设，发挥文化育人作用，培育良好校风学风教风；

（七）加强对学校院（系）等基层党组织的领导，做好发展党员和党员教育、管理、服务工作，发展党内基层民主，充分发挥基层党组织的战斗堡垒作用和党员的先锋模范作用。加强学校党委自身建设；

（八）领导学校党的纪律检查工作，落实党风廉政建设主体责任，推进惩治和预防腐败体系建设；

（九）领导学校工会、共青团、学生会等群众组织和教职工代表大会。做好统一战线工作；

（十）讨论决定其他事关师生员工切身利益的重要事项。

党委实行集体领导与个人分工负责相结合，坚持民主集中制，集体讨论决定学校重大问题和重要事项，领导班子成员按照分工履行职责。

党委书记主持党委全面工作，负责组织党委重要活动，协调党委领导班子成员工作，督促检查党委决议贯彻落实，主动协调党委与校长之间的工作关系，支持校长开展工作。

学校应按期召开党员代表大会，选举产生党的委员会。党的委员会全体会议（以下简称全委会）由常务委员会（以下简称常委会）召集，全委会必须有三分之二以上委员到会方能召开。表决事项时，以超过应到会委员人数的半数同意为通过。

常委会主持党委经常工作，主要对学校改革发展稳定和教学、科研、行政管理及党的建设等方面的重要事项做出决定，按照干部管理权限和有关程序推荐、提名、决定任免干部。

常委会会议由党委书记召集并主持。会议议题由学校领导班子成员提出，党委书记确定。会议必须有半数以上常委到会方能召开；讨论决定干部任免等重要事项时，应有三分之二以上常委到会方能召开。表决事项时，以超过应到会常委人数的半数同意为通过。

第二十八条　校长是学校的法定代表人，在学校党委领导下，贯彻党的教育方针，组织实施学校党委有关决议，行使高等教育法等规定的各项职权，全面负责教学、科研、行政管理工作。校长的主要职责是：

（一）组织拟订和实施学校发展规划、基本管理制度、重要行政规章制度、重大教学科研改革措施、重要办学资源配置方案。组织制定和实施具体规章制度、年度工作计划；

（二）组织拟订和实施学校内部组织机构的设置方案。按照国家法律和干部选拔任用工作有关规定，推荐副校长人选，任免内部组织机构的负责人；

（三）组织拟订和实施学校人才发展规划、重要人才政策和重大人才工程计划。负责教师队伍建设，依据有关规定聘任与解聘教师以及内部其他工作人员；

（四）组织拟订和实施学校重大基本建设、年度经费预算等方案。加强财务管理和审计监督，管理和保护学校资产；

（五）组织开展教学活动和科学研究，创新人才培养机制，提高人才培养质量，推进文化传承创新，服务国家和地方经济社会发展，把学校办出特色、争创一流；

（六）组织开展思想品德教育，负责学生学籍管理并实施奖励或处分，开展招生和就业工作；

（七）做好学校安全稳定和后勤保障工作；

（八）组织开展学校对外交流与合作，依法代表学校与各级政府、社会各界和境外机构等签署合作协议，接受社会捐赠；

（九）向党委报告重大决议执行情况，向教职工代表大会报告工作，组织处理教职工代表大会、学生代表大会、工会会员代表大会和团员代表大会有关行政工作的提案。支持学校各级党组织、民主党派基层组织、群众组织和学术组织开展工作；

（十）履行法律法规和学校章程规定的其他职权。

校长办公会议是学校行政议事决策机构，主要研究提出拟由党委讨论决定的重要事项方案，具体部署落实党委决议的有关措施，研究处理教学、科研、行政管理工作。会议由校长召集并主持。会议成员一般为学校行政领导班子成员。会议议题由学校领导班子成员提出，校长确定。会议必须有半数以上成员到会方能召开。校长应在广泛听取与会人员意见基础上，对讨论研究的事项做出决定。党委书记、副书记、纪委书记等可视议题情况参加会议。

第二十九条　学校重大决策、重要干部任免、重大项目安排和大额度资金的使用等重大问题，由学校党、政领导班子集体研究决定。

党委常委会会议和校长办公会议要坚持科学决策、民主决策、依法决策。对干部任免建议方案，在提交党委常委会会议讨论决定前，应在党委书记、校长、分管组织工作的副书记、纪委书记等范围内进行充分酝酿。对专业性、技术性较强的重要事项，应经过专家评估及技术、政策、法律咨询。对事关师生员工切身利益的重要事项，应通过教职工代表大会或其他方式，广泛听取师生员工的意见建议。对会议决定的事项如需变更、调整，应根据决策程序进行复议。

第三十条　中国共产党中国人民大学纪律检查委员会是学校党内监督的专责机

关，在学校党委和上级纪委双重领导下进行工作，维护党章党规，检查党的路线、方针、政策、决议和国家法律法规，学校规章制度的执行情况，协助学校党委推进全面从严治党、加强党风建设和组织协调反腐败工作。

第三十一条　学校设置人才培养委员会，由人才培养委员会主任主持开展工作。

人才培养委员会的主要职责是：

（一）研究人才培养方面的突出问题、重大趋势，并提出决策咨询建议；

（二）依据法律和有关规定，负责组织审定人才培养规划、人才培养方案、管理制度设计和重要表彰、处分方案；

（三）指导招生、专业建设、课程建设、教材建设、教学组织建设、教学设施建设、教师教学培训和学生管理等工作；

（四）听取和审议人才培养年度工作计划与年度质量报告，审阅人才培养状况基本数据，研究讨论人才培养质量改进及保障措施；

（五）其他需要人才培养委员会决策的重大事项。

人才培养委员会会议由委员会主任主持，实际到会人数达到应到会人数的三分之二以上方可召开，采取表决制做出决定，赞成人数超过应到会人数的半数为通过。

第三十二条　学校依法设置学术委员会，学术委员会是学校最高学术机构，统筹行使学术事务的决策、审议、评定和咨询等职权。学术委员会履行或授权相关专门委员会履行以下职责：

（一）审议决定学位授予标准、教师职务聘任的学术标准与规程、学术道德规范等学术管理制度；

（二）审查评定教师职务拟聘人选、学科专业的设置、变更和撤销等事项，评定并推荐教学和科学研究成果奖；设立学术、科研基金、科研项目以及教学、科研奖项等；

（三）指导学术道德和科学伦理教育，受理审查学术不端行为、学术评价争议，裁决学术纠纷；设立学风建设委员会和学术伦理委员会，并授权其开展相应工作；

（四）对学校事业中长期发展规划、机构编制总体方案、教学科研单位的设置，学校预决算中教学、科研经费的安排、分配和使用以及中外合作办学、重大项目合作等提出意见和建议；

（五）审议学校、学部、学院（系）负责人认为应当提交审议的事项，以及其他按国家或学校规章规定应当审议的事项。

学术委员会全体会议由委员会主任主持，主任因故不能主持时，可委托一名副主任代为主持，实际到会人数达到应到会人数的三分之二以上可以开会，采取表决制做出决定，议事决策实行少数服从多数的原则，重大事项应当以与会委员的三分之二以上同意为通过。

第三十三条　学校设置学位评定委员会，由学位评定委员会主席主持开展工作。

学位评定委员会的主要职责是：

（一）依据法律和有关规定审议学校学科、专业的设置和调整；

（二）做出批准授予学士、硕士、博士学位的决定；

（三）负责提名授予名誉博士学位的人员名单，报国务院学位委员会批准；

（四）制定研究生指导教师遴选标准和办法；

（五）做出撤销已授学位的决定，做出撤销研究生指导教师资格的决定；

（六）其他需要学位评定委员会决策的重大事项。

学位评定委员会会议由委员会主席主持，实际到会人数达到应到会人数的三分之二以上方可召开，采取表决制做出决定，赞成人数超过应到会人数的半数为通过。

第三十四条　学校通过以教师为主体的教职工代表大会等组织形式，依法保障教职工参与民主管理和监督，维护教职工合法权益。校长定期向教职工代表大会报告工作。

教职工代表大会的主要职权是：

（一）听取学校章程草案的制定和修订情况报告，提出修改意见和建议；

（二）听取学校发展规划、教职工队伍建设、教育教学改革、校园建设以及其他重大改革和重大问题解决方案的报告，提出意见和建议；

（三）听取学校年度工作、财务工作、工会工作报告以及其他专项工作报告，提出意见和建议；

（四）讨论通过学校提出的与教职工利益直接相关的福利、校内分配实施方案以及相应的教职工聘任、考核、奖惩办法；

（五）审议学校上一届（次）教职工代表大会提案的办理情况报告；

（六）组织教职工代表大会代表按照有关工作规定和安排评议学校领导干部；

（七）通过多种方式对学校工作提出意见和建议，监督学校章程、规章制度和决策的落实，提出整改意见和建议；

（八）讨论法律、法规、规章规定的以及学校与学校工会商定的其他事项。

教职工代表大会主席团是教职工代表大会的常设领导机构，由代表大会选举产生，在党委领导下依法依规开展工作。

教职工代表大会由主席团主席主持，实际到会人数达到应到会人数的三分之二以上方可召开，采取表决制做出决定，赞成人数超过应到会人数的半数为通过。

第三十五条　中国人民大学学生代表大会、研究生代表大会是学生参与学校民主管理和监督的重要组织形式，按照各自章程行使职权、履行职责。

第三十六条　学校设置校务委员会，作为学校工作的咨议机构，依据其章程就学校重要事项和重大决策提出参考性的意见和建议。

第三十七条　学校董事会是由热心高等教育，关心、支持中国人民大学发展的各界人士自愿组成的咨议机构，旨在促进学校与社会建立广泛联系与合作、筹措学校办学资金，为学校非行政常设机构。

第三十八条　校内各民主党派、无党派人士依据法律和各自章程开展活动，参与学校民主管理。

第三十九条　学校依法设置工会、团委等群众组织，各群众组织在学校党委的领导下，依法履行各自的职责。

第四十条　学校根据工作需要，可设置、变更或者撤销学校的党委和行政部门，并可根据实际情况合理调整各部门的职能。各部门根据学校的授权，履行管理和服务职责，为全校师生员工提供优质服务，构建精细化管理模式。

第四十一条　学校附属的具有独立法人资格的单位，依据法律和学校规定实行相对独立的运营与管理。

第四十二条　学校依据国家有关规定，与其他高等学校、科研机构、国家机关和企事业单位签订协议，联合设立相关机构，开展合作办学、合作研究与技术开发、社会实践等。

第五章　教学科研机构

第四十三条　学校根据人才培养和学科建设的需要设置若干学院，并根据发展需要适时予以调整。学院可根据学校整体的发展目标和办学思路，提出设立系（所）、系级研究机构、院属教研室、实验室等机构的方案，报学校审批。

第四十四条　学院在学校有关规章制度范围内自主开展人才培养、科学研究、社会服务和文化传承创新等活动。学校本着事权相宜和权责一致的原则，在人、财、物等方面规范有序地赋予学院相应的管理权力，指导和监督学院相对独立地自主运行。

第四十五条　学院党委（党总支）在学校党委的领导下开展工作，履行党章等规定的各项职责，负责学院党的建设和思想政治工作，支持行政负责人行使职权，保证以人才培养为中心的各项任务完成。

第四十六条　院长是学院行政的主要负责人，全面负责学院的人才培养、科学研究、学科建设、事业规划、教师队伍建设、对外合作交流和行政管理等工作。

第四十七条　学院实行党委（党总支）会议和党政联席会议制度。党委（党总支）会议按照党内有关规定召开。学院通过党政联席会议，讨论和决定本单位重要事项。

第四十八条　学院设立以教授为主的人才培养委员会、学术委员会等专门委员会，充分发挥教授在教学、科研和管理中的作用。

第四十九条　校属研究机构是学校依据学科发展规划或重大研究任务需要而设置的、以科学研究为主要任务的学校直属机构。校属研究机构的负责人按有关程序由校长任命或聘任。

第六章　财务、资产、后勤

第五十条　学校的举办者应完善学校教育经费投入机制，保障学校办学经费的稳定来源和增长；监督管理学校依法合理地使用教育经费、国有资产，提高经费和资产的使用绩效。

第五十一条　学校经费来源以财政拨款为主、其他多种渠道筹措办学经费为辅。

学校积极拓展办学经费来源，筹集办学资金，不断加大办学投入。

对校友及社会各界友好人士的捐赠，学校本着节俭高效的原则加以使用，确保捐赠目的的实现。

第五十二条　学校实行统一领导、集中核算、分级管理的财务管理体制。建立健全学校各项财务管理制度；构建财务监督体系，防范财务风险，保障资金安全和使用效益。

第五十三条　学校财务信息按照法律、法规、规章的规定予以公开，接受有关部门和社会各界的监督。

第五十四条　学校坚持勤俭办学方针，合理节约支出，建设节约型校园，提高资金使用效益。

第五十五条　学校通过建立和健全资产管理制度，理顺和完善资产管理体制，加强和规范资产管理，优化资源配置，提高资源使用效益，实现资产安全完整和保值增值。

第五十六条　学校依据国家法律、法规和学校有关规定，加强对学校专利权、商标权、著作权、非专利技术、校名校誉、商誉等无形资产的规范管理，维护学校的合法权益和良好形象。

第五十七条　学校不断提高后勤工作管理水平和服务质量，为教学科研服务，为师生员工服务。

第七章　学校与社会

第五十八条　学校依据国家法律、法规及本章程自主管理学校内部事务，不受任何组织和个人的非法干涉。

第五十九条　学校主动接受社会监督和评价，依法实行信息公开制度，及时向社会发布办学信息。

第六十条　学校利用自身优势和办学条件，积极发挥咨政育人、服务社会的作用，与各级各类党政机关、高水平大学、企事业单位开展合作，推动协同创新。广泛凝聚社会资源，积极争取各方面的支持和帮助。

第六十一条　学校利用现代化教育手段和多样化办学机制，开展多种形式的高等学历教育和非学历高等教育及培训，为社会提供多样化的优质教育服务。开展非学历教育及培训以不影响学历教育为前提。

第六十二条　学校加强与所在地方、社区的沟通与合作，根据自身条件为所在地方、社区的发展提供服务。

第六十三条　学校根据国家需要，按照上级部门指派和自身能力，积极开展面向西部地区、老工业基地和革命老区的对口支援。

第六十四条　学校依法设立教育基金会，代表学校接受各类社会捐赠，充分发挥教育基金会在吸引社会捐赠、募集资金等方面的积极作用，增加办学资源。

第六十五条　中国人民大学校友包括在中国人民大学（含原中国人民大学一分校、二分校）及前身学习或工作过的学生和教职员工，被学校授予各种荣誉学位和荣誉职衔的中外各界人士。

第六十六条　中国人民大学校友会是学校依法注册成立的全国性非营利社会组织。学校建立校友工作委员会及其办公室，对校友事务实行专人管理，以多种方式联系和服务校友；优先为校友提供优质的继续教育和其他方面的服务；定期向校友通报学校发展情况与发展设想，听取校友的意见和建议。

第八章　学校标识

第六十七条　学校标识主要包括学校徽志和徽章。

学校徽志是圆形篆书人字徽标，以"人大红"为标准色，以三个并列的篆书"人"字图形为基础，寓意"人民、人本、人文"；下方有"1937"字样，代表学校建校时间；外环上方是"中国人民大学"的英文大写，下方是中国人民大学第一任校长吴玉章题写的校名。

学校徽章为印有学校徽志的圆形证章和题有校名的长方形证章。

第六十八条　学校校旗分为主旗和副旗。主旗为"人大红"色长方形旗帜，副旗为白色长方形旗帜，中央均印有学校徽志、吴玉章题写的校名以及学校英文大写的标准组合。

第六十九条　学校校歌沿用《陕北公学校歌》，由成仿吾作词，吕骥作曲。

第七十条　学校校庆日为 10 月 3 日。

第七十一条　学校的网址是 http：//www.ruc.edu.cn。

第九章　附则

第七十二条　本章程的制定和修改需提交教职工代表大会讨论并征求意见，由校长办公会研究审议，由学校党委常委会讨论审定后，报教育部核准。

第七十三条　本章程由学校党委常委会负责解释。

第七十四条　本章程自教育部核准之日起生效实施。

【简评】

例文标题由章程制定者加文种类别组成，其制定者是"中国人民大学"，文种类别是"章程"。

正文采用了条目式的写法，即按照相关事宜逐条写下去，分为序言和正文两大部分，正文部分包括总则、学生、教职员工、管理体制和组织机构、教学科研机构、财务资产后勤、学校与社会、学校标识和附则等 9 章共计 74 条。例文从制定章程的目的和背景入手，转而阐释了章程的具体内容，最后对章程的通过和发布情况进行了说明。例文篇章布局匀称、合理，正文写作用语凝练、表意清楚。

（三）章程写作小结

（1）必须注意综合性和系统性，持续性与相对稳定性，不可朝令夕改。章程若不注意系统性与综合性，其内在的不健全必将在指导具体实践工作过程中暴露出来。对于暴露出来的问题，相关机关、部门自然会作相应的调整，而这一过程就违背了章程的持续性与相对稳定性特点。

（2）其内容要从大的原则、任务去考虑。章程是政治、经济、文化等组织或团体的纲领性文件，因此其内容要在宏观和微观二者之间作取舍。通常的做法是取宏观全面而视情况舍微观具体。

（3）结构要严谨，条理要清晰。章程若在结构和条理等方面出了问题，将造成操作、执行上的被动。因此，在撰拟章程以及其他文件时，应首先关注结构及逻辑上的问题，这也是任何文种的写作都必须关注的核心问题。

（4）用语要庄重、严谨、准确、简练。这不仅仅是章程写作在用语上的要求，其他任何文件在撰拟过程中都应力求语言庄重、严谨、准确、简练。

六、规则

（一）规则的用法

1.规则的含义

规则是国家机关、社会团体、企事业单位对某一事务或活动的行为准则做出具体规定的规范性文书。

规则和守则、制度都属于行政规章类公务文书，与前面的章程、办法、细则等法规性文件相比，规则的档次要低一些，它只适用于对一定范围内的某一具体管理工作或某一公务活动进行规范，以保证该项工作和活动的顺利进行。如学校制定的《考试规则》，公安部门制定的《交通规则》，图书馆制定的《图书借阅规则》，这些属于具体管理工作的规则。再如《人事争议处理办案规则》、《税务行政复议规则》，则属于规范某一公务活动的规则。

2.规则的写法

（1）标题。规则的标题有两种情况，一种是由适用范围、基本事项、文种组成，如《陕西省人民代表大会常务委员会议事规则》。另一种由事由和文种组成，如《税务行政复议规则》。

必要时可以在文种前加"试行"二字，也可在标题后加括号标明"试行"。

（2）日期。将制发的时间和依据加括号标注于标题之下正中位置，如"（国家体育总局 2013 年 8 月 25 日印发）"。

如果是随正式公文发布的规则，可以不单独注明日期，以发布规则的公文的成文日期为准。

（3）正文。规则的正文有如下几种写法：

一是分章列条式写法。这种写法适用于内容复杂的规则，分为总则、分则、附则三大部分，总则为第一章，分则有若干章，附则为最后一章。各章分若干条。

二是通篇分条式写法。这种写法直接分条，适用于内容比较简单的规则，如《考试规则》、《交通规则》等。

三是引言加条款式写法。其与通篇分条式写法比较相似，只是前面有一段没有列入条款的引言，一般用来交代根据、目的、意义。

（二）规则实例简评

【例文】

国家铁路局关于印发《国家铁路局工作规则》的通知

局属各单位、机关各部门：

现将修订后的《国家铁路局工作规则》印发给你们，自印发之日起施行。

国家铁路局

2020 年 5 月 18 日

国家铁路局工作规则

第一章　总则

一、为使国家铁路局的工作规范化、制度化和科学化，根据《国务院工作规则》，结合国家铁路局实际，制定本规则。

二、国家铁路局工作的指导思想是，在以习近平同志为核心的党中央坚强领导下，高举中国特色社会主义伟大旗帜，以马克思列宁主义、毛泽东思想、邓小平理论、"三个代表"重要思想、科学发展观、习近平新时代中国特色社会主义思想为指导，认真贯彻党的基本理论、基本路线、基本方略，坚持和加强党的全面领导，严格遵守宪法和法律，贯彻落实党中央、国务院决策部署，全面正确履行政府职能，围绕交通强国目标，完善治理体系、提升治理能力，建设人民满意的法治、创新、廉洁和服务型政府部门，建设让党中央放心、让人民群众满意的模范机关。

三、国家铁路局工作准则是，执政为民，依法行政，实事求是，民主公开，务实清廉。

第二章　领导职责

四、国家铁路局坚持和加强党的全面领导，充分发挥党组在全局把方向、管大局、保落实的领导作用，领导班子成员要不断增强"四个意识"、坚定"四个自信"、做到"两个维护"，在深入学习贯彻习近平新时代中国特色社会主义思想上作表率，在始终同党中央保持高度一致上作表率，在坚决贯彻落实党中央各项决策部署上作表率，模范遵守宪法和法律，认真履行职责，为民务实，严守纪律，勤勉廉洁。

五、国家铁路局实行局长负责制，局长领导国家铁路局的全面工作。副局长协助局长工作。

六、局长召集和主持局务会议。国家铁路局重大行政决策事项，必须经局务会议讨论决定。

七、副局长按分工负责处理分管工作；受局长委托，负责其他方面的工作或专项任务，并可代表国家铁路局进行外事活动。

八、局长出差、出访、离岗休假、学习，按照职务排序确定一位副局长主持工作。

九、总工程师、安全总监按照职责分工，协助局长和分管副局长开展工作。

十、机关各部门实行司长负责制，司长领导本部门的工作。副司长协助司长工作。司长出国、出差、脱产学习、休假等期间，委托一位副司长代为主持本部门日常工作。

十一、局属各单位主要负责同志领导本单位工作，班子其他成员协助主要负责同志开展工作。主要负责同志出国、出差、脱产学习、休假等期间，委托一位班子其他成员代为主持本单位日常工作。

局属各单位、机关各部门要各司其职，各负其责，顾全大局，协调配合，切实维护团结统一，政令畅通，坚决贯彻落实国家铁路局的各项工作部署。

第三章　全面履职

十二、国家铁路局要深入贯彻新发展理念，围绕推动高质量发展，建设现代化经济体系，服务交通强国、铁路强国建设，加强和完善经济调节、市场监管、公共服务、生态环境保护职能，深化简政放权、放管结合、优化服务改革，全面提高政府效能，创造铁路良好发展环境，维护社会公平正义。

十三、起草铁路监督管理的法律法规、规章草案，参与研究铁路发展规划、政策和体制改革工作，组织拟订铁路技术标准并监督实施，推动铁路科技创新。

十四、负责铁路安全生产监督管理，制定铁路运输安全、工程质量安全和设备质量安全监督管理办法并组织实施，组织实施依法设定的行政许可。组织或参与铁路生产安全事故调查处理。

十五、负责拟订规范铁路运输和工程建设市场秩序政策措施并组织实施，监督铁路运输服务质量和铁路企业承担国家规定的公益性运输任务情况。

十六、负责组织监测分析铁路运行情况，开展铁路行业统计工作。

十七、负责开展铁路的政府间有关国际交流与合作。

十八、承办国务院及交通运输部交办的其他事项。

第四章　依法行政

十九、国家铁路局要带头维护宪法和法律权威，建设职能科学、权责法定、执法严明、公开公正、廉洁高效、守法诚信的法治政府部门，依法行使权力、履行职责、承担责任。

二十、根据经济社会及铁路行业发展的需要，适时提出相关法律、行政法规立法建议和草案，提出相关部门规章的制修订计划和草案，制定、修改、废止相关规范性文件。

法律、行政法规立法建议和草案，由科技与法制司组织起草；部门规章草案由业务司局起草、局法制机构进行合法性审查。

二十一、国家铁路局要坚持科学民主依法立法，不断提高立法质量。起草法律、行政法规和部门规章草案，要坚持从实际出发，及时准确反映经济社会发展要求，充分反映人民意愿，使所确立的制度能够切实解决问题，备而不繁，简明易行。

完善立法工作机制，扩大公众参与，除依法需要保密外，部门规章的草案要公开征求意见。加强立法协调，对经协调仍达不成一致意见的问题，科技与法制司要列明各方理据，提出倾向性意见，及时按程序报请审定。

二十二、国家铁路局制定规范性文件，要符合宪法、法律、行政法规和国务院有关决定、命令、部门规章的规定，严格遵守法定权限和程序。

制定规范性文件，除依法需要保密外，应当向社会公开征求意见，涉及国务院其他部门职权范围的事项，要充分听取相关部门的意见。其中，涉及公众权益、社会关注度高的事项等，应当事先请示国务院；由局牵头联合其他部门制定的重要规范性文件发布前须经国务院批准。

严格合法性审查，规范性文件不得设定行政许可、行政处罚、行政强制等事项，不得减损公民、法人和其他组织合法权益或者增加其义务。

二十三、国家铁路局要严格规范公正文明执法，健全规则，规范程序，落实责任，强化监督，做到有法必依、执法必严、违法必究，维护公共利益、人民权益和社会秩序。

二十四、国家铁路局着力推进铁路治理体系和治理能力现代化建设，建立健全体现党中央要求符合国家铁路局系统特点、比较完备、务实管用的工作体系制度并抓好落实。

第五章　科学民主决策

二十五、国家铁路局要完善行政决策程序规则，把公众参与、专家论证、风险评估、合法性审查和集体讨论决定作为重大决策的法定程序，增强公共政策制定透明度和公众参与度。

二十六、提请局研究决定的重大事项，应经过深入调查研究，必要时进行合法性、必要性、科学性、可行性和可控性评估论证。涉及多个局属单位、机关部门的，应当做好沟通；涉及国务院相关部门的，应当充分协商；涉及地方的，应当事先征求意见；涉及重大公共利益和公众权益、容易引发社会稳定问题的，要进行社会稳定风险评估，根据需要采取听证会等多种形式听取各方意见。

除依法不予公开的决策事项，应当采取便于社会公众参与的方式充分听取意见。

在重大决策执行过程中，要跟踪决策的实施情况，了解利益相关方和社会公众对决策实施的意见和建议，全面评估决策执行效果，及时调整完善。

二十七、国家铁路局在做出重大决策前要经局党组集体讨论和审议，贯彻落实局党组决策事项，并根据需要通过多种方式，听取党代表、人大代表、政协委员和民主党派人士及社会团体、专家学者、社会公众等方面的意见和建议。

二十八、局领导要亲力亲为抓落实，主动谋划政策举措，解决矛盾问题，加强工作推进，确保政令畅通。

局属各单位、机关各部门必须坚决贯彻落实国家铁路局的决定，各单位、各部门主要负责人是第一责任人。要细化任务措施，层层压实责任，加强协同攻坚，及时跟踪和反馈执行情况。涉及多个单位、部门参与的工作，牵头单位、部门要发挥主导作用，协办单位、部门要积极配合，形成工作合力。综合司要加强督查督办。

第六章　政务公开

二十九、国家铁路局要把公开透明作为行政工作的基本原则，坚持以公开为常态、不公开为例外，全面推进决策、执行、管理、服务、结果公开，以政务公开促进依法行政和政策落地见效。

三十、国家铁路局制定的规范性文件，除依法需要保密和法律、法规对公开期限另有规定的外，应按照《中华人民共和国政府信息公开条例》的要求，于文件形成或变更之日起20个工作日内予以公开；制定出台涉及公共利益、公众权益的政策文件，在制定过程中同步起草文件解读材料，对文件中需说明的信息做好解读，准确传递政策意图，重视市场和社会反映，及时回应公众关切，解疑释惑，稳定预期。

三十一、凡涉及公共利益、公众权益、需要广泛知晓的事项和社会关切的事项以及法律法规和国务院规定需要公开的事项，均应通过政府网站或新闻发布、采访报道等方式，依法、及时、全面、准确、具体地向社会公开。

三十二、收到的政府信息公开申请，由局政府信息与政务公开工作领导小组办公室转相关单位、部门具体承办，承办单位、部门应依法、及时、全面、准确、客观地提出答复意见，由局政府信息与政务公开工作领导小组办公室在法定期限内答复申请人。

三十三、因政府信息公开产生的行政复议和行政诉讼，局政府信息与政务公开工作领导小组办公室、相关单位、部门应协助科技与法制司办理和应对。

第七章　监督制度

三十四、国家铁路局要自觉接受全国人大及其常委会的监督和质询；自觉接受国务院的领导和监督，认真负责地报告工作；自觉接受全国政协的民主监督，虚心听取意见和建议。

机关各部门要依法认真办理全国人大代表建议和全国政协委员提案，加强与代表委员沟通，严格责任，限时办结，主动公开办理结果。

三十五、国家铁路局公职人员要依照有关法律的规定自觉接受国家监察机关的监督。国家铁路局要依照有关法律的规定接受人民法院依法实施的监督，相关单位、部门配合科技与法制司做好行政应诉工作，切实发挥公职律师作用，尊重并自觉履行人民法院的生效判决、裁定，同时要自觉接受审计等部门的监督。对监督中发现的问题要认真整改。

三十六、国家铁路局要严格执行行政复议法，加强行政复议指导监督，纠正违法或不当的行政行为，依法及时化解行政争议。

三十七、国家铁路局要接受社会公众和新闻舆论的监督，认真调查核实有关情况，及时依法处理和改进工作。重大问题要向社会公布处理结果。

三十八、国家铁路局要重视信访工作，进一步完善信访制度，畅通和规范群众诉求表达、利益协调、权益保障渠道；国家铁路局及局属各单位、机关各部门负责同志要亲自阅批重要的群众来信，督促解决重大信访问题。

三十九、国家铁路局要严格执行工作责任制，严格绩效管理和行政问责，加强对重大决策部署落实、部门职责履行、重点工作推进以及自身建设等方面的考核评估，建立健全重大决策终身责任追究制度及责任倒查机制，健全激励约束、容错纠错机制，严格责任追究，提高政府公信力和执行力。

第八章　会议制度

四十、国家铁路局实行局务会议和专题会议制度。根据工作需要，召开司局级干部会议、处级及以上干部会议和全体干部职工大会。

四十一、局务会议由局领导、总工程师、安全总监、综合司司长和参与研究议题的主办部门和相关部门、单位主要负责同志组成，由局长召集和主持，局务会议的主要任务是：

（一）研究讨论贯彻落实国务院重要决策部署以及需要向国务院请示报告的重要事项；

（二）讨论局年度重要工作计划；

（三）讨论履行政府职能的重要行政事项；

（四）讨论重要的内部管理工作制度、政策性文件及影响重大的铁路技术标准；

（五）讨论政务公开的重大问题；

（六）通报和讨论其他重要事项。

局务会议一般每月召开1次。根据需要可安排有关部门、单位负责同志列席会议。

四十二、提交局务会议讨论的议题，由分管局领导协调或审核后提出，由综合司汇总报局长确定；会议文件由局长批印。局务会议的组织工作由综合司负责，议题和文件于会前送达与会人员。

局务会议文件由议题主办部门牵头会同相关部门、单位起草。会议文件应全面准确客观反映议题情况和各方面意见，注重解决实际问题，突出针对性、指导性、前瞻性和可操作性。涉及法律法规和规范性文件的，应备而不繁，逻辑严密，条文明确具体，用语准确简洁。议题主办部门负责审核上会文件的内容和文字，综合司负责审核上会文件的格式，须进行合法性审查的应由局法制机构进行审查。

四十三、局务会议组成人员不能出席局务会议的，向局长请假，并提前告知综合司，由综合司汇总后，向局长报告。

四十四、局务会议的会务组织、会议纪要起草、会议决定事项督办等由综合司负责，会议纪要由局长签发。

局务会议讨论通过决定印发的文件，原则上须在会议结束后5个工作日内印发；需其他部委联合签发或会签的，须在联合签发或会签结束后3个工作日内印发。

四十五、专题会议由局领导和有关部门、单位负责同志组成，一般由局领导召集和主持。受局领导委托，总工程师、安全总监、综合司司长或有关部门的主要负责人可主持召开专题会议。会议主持人根据需要确定参会人员。专题会议的主要任务是：

（一）研究涉及铁路行政履职监管专项工作；

（二）研究协调国家铁路局重要事项和紧急突发事项；

（三）与来访的国家机关部门、地方政府以及企事业单位领导研究铁路发展或行政履职监管有关事项；

（四）研究其他工作事项。

专题会议根据需要召开。

四十六、专题会议的会务组织、会议纪要起草、会议决定事项督办等由主办部门负责，会议纪要原则上由主持会议的局领导签发。

四十七、国家铁路局要加强会议管理，减少会议数量，控制会议规模和时间，严格审批。全局范围的会议尽可能采用视频会议形式召开。各类会议都要充分准备，严肃会风会纪，提高效率和质量，重在解决问题。

第九章　公文审批

四十八、以国家铁路局和国家铁路局综合司名义制发公文，应符合《党政机关公文处理工作条例》的规定，按照《国家铁路局公文处理办法》和局领导分工负责的原则办理，严格遵循行文规则和程序，确保公文质量。

四十九、国家铁路局原则上不直接向国务院请示和报告工作。需向国务院请示或报告的事项，由交通运输部向国务院报文；遇有紧急情况，需直接向国务院请示或报告工作时，同时报送交通运输部。

五十、以国家铁路局名义上行公文，由局综合司司长或副司长审核，由局长签发。如局长不在京、遇时限紧急的文件，由局长授权一位局领导签发。

国务院及交通运输部等上级机关要求限时上报的公文和事项，必须及时办理，并在要求时限内完成。

五十一、以国家铁路局名义平行或下行公文，一般由分管局领导签发。涉及重大事项的，经分管局领导审核后，呈局长签发。内容涉及其他局领导分管工作的，签发前主办部门需报有关局领导审阅。

五十二、机关部门除综合司外不得对外正式行文。机关部门在业务范围内与有关单位商洽工作、询问和答复问题等，可以信函的形式处理，由部门负责人签发。除有关人员任免、奖惩、调动等事项外，机关部门之间一般不相互行文，必要时用便函。

五十三、机关各部门向局领导报送的请示性签报、请局领导签发的公文文稿，部门间如有分歧意见，主办部门的主要负责人应主动协商，达成一致；不能取得一致意见的，应列出各方理据，提出办理建议，与相关部门负责人会签后报局领导决定。

五十四、国家铁路局收到的公文，由局综合司司长按局领导分工呈批，重大事项报局长阅批。仅涉及机关部门具体业务工作的，直接送主管部门阅处。阅批公文涉及多个部门时，应明确主办或牵头部门。

五十五、局属各单位报送国家铁路局的公文，应当符合国家铁路局公文处理的规范要求，由其主要负责人签署，并严格按程序报送。一般不得直接向国家铁路局领导个人报送公文。

五十六、局属各单位、机关各部门要严格办文程序，保证公文质量，做到公文内容完整准确，符合法律法规和党的方针政策，体例规范，文字精练。

五十七、国家铁路局要进一步精简文件简报，加强发文统筹，从严控制发文数量、发文规格和文稿篇幅。凡法律、行政法规已做出明确规定、现行文件已有部署且仍然适用的，一律不再制发文件。分工方案原则上应与文件合并印发，不单独发文。没有实质内容、可发可不发的文件，一律不发。要加快公文运转速度，推行公文电子化办理，提高公文办理效率。

第十章　工作纪律

五十八、国家铁路局工作人员要坚决贯彻执行党和国家的路线方针政策，党中央、国务院决策部署以及国家铁路局工作安排，严格遵守纪律，严格执行请示报告制度，有令必行，有禁必止。

五十九、国家铁路局工作人员必须坚决执行国家铁路局的决定，如有不同意见可在内部提出，在没有重新做出决定前，不得有任何与国家铁路局决定相违背的言论和行为。

六十、局领导代表国家铁路局发表讲话或文章，个人发表讲话或文章，事先须按程序报局长批准；总工程师、安全总监和各部门负责同志代表国家铁路局发表讲话或文章，个人发表涉及未经国家铁路局研究决定的重大问题及事项的讲话或文章，事先须按程序报局长批准。

六十一、要严格执行领导干部外出报备制度。局长出差、出访、离岗休假、学习，事先向中共中央办公厅、国务院办公厅报告，并报告交通运输部主要负责同志。其他局领导、总工程师、安全总监和局属各单位、机关各部门主要负责同志出差、出访、离岗休假、学习，须报局长批准。

六十二、国家铁路局及局属各单位、机关各部门发布涉及国家铁路局重要工作部署、经济社会发展重要问题的信息，要经过严格审定，重大情况要及时向国务院报告。

六十三、国家铁路局工作人员要严格遵守保密纪律和外事纪律，严禁泄露国家秘密、工作秘密或者因履行职责掌握的商业秘密等，坚决维护国家的安全、荣誉和利益。

第十一章　廉政和作风建设

六十四、国家铁路局要认真贯彻全面从严治党要求，严格落实中央八项规定及其实施细则精神，严格执行廉洁从政各项规定，严格遵守局党组关于贯彻落实中央八项规定精神实施办法要求，切实加强廉政建设和作风建设。

六十五、国家铁路局要坚持从严治政。对职权范围内的事项要按程序和时限积极负责地办理，对不符合规定的事项要坚持原则不得办理；对因推诿、拖延等官僚作风及失职、渎职造成影响和损失的，要追究责任；对越权办事、以权谋私等违规、违纪、违法行为，要严肃查处。

六十六、国家铁路局要严格执行财经纪律，艰苦奋斗、勤俭节约，坚决制止奢侈浪费，严格执行住房、办公用房、车辆配备等方面的规定，严格控制差旅、会议经费等一般性支出，切实降低行政成本，建设节约型机关。

严格控制因公出国（境）团组数量和规模。改革和规范公务接待工作，不得违反规定用公款送礼和宴请，不得接受礼品和宴请。严格控制和规范国际会议、论坛、庆典、节会等活动。各类会议活动经费要全部纳入预算管理。

六十七、国家铁路局工作人员要廉洁从政，严格执行领导干部重大事项报告制度，不得利用职权和职务影响为本人或特定关系人谋取不正当利益；不得违反规定干预或插手市场经济活动；加强对亲属和身边工作人员的教育和约束，决不允许搞特权。

六十八、国家铁路局各级领导干部要强化责任担当，勤勉干事创业，真抓实干、埋头苦干，不能简单以会议贯彻会议、以文件落实文件，力戒形式主义、官僚主义、享乐主义和奢靡之风。

六十九、国家铁路局各级领导干部要作学习的表率，积极推进建设学习型机关。

七十、国家铁路局各级领导干部要深入基层，调查研究，指导工作，解决实际问题。要改进调查研究，注重实际效果，减少陪同人员，简化接待工作。

七十一、国家铁路局局属各单位、机关各部门适用本规则。

【简评】

例文采用了分章列条式写法，共十一章七十一条。第一章总则部分明确了制定规则的依据和目的、指导思想以及国家铁路局工作准则。这部分内容一般比较宏观，但能够界定规则的基本价值取向，使阅文者及后续执行者对规则本身有一个整体上的认识，便于整体把握。第二章至第十一章从领导职责、全面履职、依法行政、科学民主决策、政务公开、监督制度、会议制度、公文审批、工作纪律和廉政和作风建设等十个方面比较具体地阐释了《国家铁路局工作规则》的具体内容。章节层次清晰，表述具体，条目清楚，不需再为此规则制定执行细则，便可操作执行，达到了写作"规则"的相关要求。

例文最后以"国家铁路局局属各单位、机关各部门适用本规则"作结，明确了此规则的适用范围。

从总体上来看，例文格式规范，内容完整、全面、清晰，可作为相关机关或部门制定规则的范本。

（三）规则写作小结

1.适用范围的专门性

规则所适用的范围一般比较小，是专门就某一项工作或活动而制定的，超出这一范围便没有什么意义了。如《考试规则》只用于考场，《人事争议处理办案规则》只用于人事争议。规则在特定范围内具有强制性和约束力，相关人员都比较熟悉，而在这一范围之外的人们一般都对其内容比较陌生。

2. 内容的具体性

规则的内容比较具体、细致、周密，往往对具体工作的方方面面、公务活动的每一步骤都做出规定。

规则的内容不得有疏忽和遗漏之处，以免在一些具体的环节上无规可依。

3. 注重可操作性

规则讲究可行性，条款均可直接付诸实施，不需要再制定细则来做解释、补充。

七、制度

（一）制度的用法

1. 制度的含义

制度一词有广义的解释与狭义的解释。就广义而言，在一定条件下形成的政治、经济、文化等方面的体系就是制度（或叫体制），如政治制度、经济制度、社会主义制度、资本主义制度等等。就狭义来讲，是指一个系统或单位制定的要求下属全体成员共同遵守的办事规程或行动准则，如工作制度、财务制度、作息制度、教学制度等等。这里讲的制度专指一种公务文书。

制度可以使某个团体或单位的所有成员共同遵守某些办事规程和行动准则，从而为完成任务或目标提供保证。

2. 制度的写法

制度通常采用条文式写法，即把制度内容分条款逐一写出，其结构可分为标题、正文、结尾三部分。

（1）标题。由制定单位、工作内容、文种三部分组成。如：××医院住院部交接班制度。

（2）正文。这是制度的主体部分。写条文前可加一小段引言，简要、概括地说明制定这项制度的原因、根据、目的等情况。接着逐条写各项内容。一个单位内部的制度也可以不写引文，直接写条款。条文写完后还要写明此项制度从什么日期开始执行。

（3）结尾。制度的结尾应注明制定单位以及日期。

（二）制度实例简评

【例文】

整治虚假违法广告部际联席会议工作制度

为进一步健全完善整治虚假违法广告部际联席会议制度，发挥各成员单位职能作用，建立整治虚假违法广告工作联动机制，制定本工作制度。

一、联席会议组成

（一）联席会议由市场监管总局、中央宣传部、中央网信办、工业和信息化部、公安部、卫生健康委、人民银行、广电总局、银保监会、中医药局、药监局等有关单位组成，市场监管总局为牵头单位。联席会议召集人由市场监管总局主要负责同志担任，各成员单位负责同志为联席会议成员。

（二）联席会议联络办公室设在市场监管总局广告监管司，承担日常事务性工作。联席会议联络员由成员单位有关司局负责同志担任。联席会议成员因工作变动需要调整的，由所在单位提出，通报联席会议联络办公室。

二、联席会议工作规则

（三）联席会议根据工作需要定期或不定期召开，由牵头单位负责召集，成员单位可以根据需要提出召开联席会议的建议。联席会议主要通报、沟通各部门整治工作进展情况，部署阶段性整治工作，研究解决整治工作中的薄弱环节和突出问题，提出政策措施，确定重大事宜。联席会议可根据工作需要，邀请相关部门参加。

（四）联席会议联络办公室应当定期召开联络员会议，落实联席会议确定的具体工作任务，研究提出整治工作重点和具体整治措施，协调各部门工作进展，组织联合督导检查，部署查办重大虚假违法广告案件，并对整治工作进行总结。

（五）联席会议成员单位应在部际联席会议工作机制下，充分发挥各自职能作用，做好本部门相关日常监督管理工作，坚持齐抓共管、各尽其责、综合治理，制定实施推进治理广告问题的措施，及时向联络办公室和有关成员单位通报工作情况，加强部门协作配合，增强监管合力。

三、联席会议成员单位协调配合事项

（六）市场监管总局要履行牵头职责，做好组织协调工作，会同有关部门研究解决广告监管工作中遇到的突出问题，协调组织对影响大、涉及多部门监管职责的重点案件开展联合约谈、联合查处，适时组织开展联合调研。指导药品、保健食品、特殊医学用途配方食品、医疗器械广告审查工作。加大对重点领域广告的监测监管力度，指导地方市场监管部门强化日常监管，加大案件查办力度，查处重大典型违法广告案件，曝光典型虚假违法广告，及时向成员单位通报广告监测以及案件查处等情况，提请有关部门对严重虚假违法广告涉及的广告主、广告经营者、广告发布者及产品，采取通报批评、约谈警告、追究责任、暂停产品销售、列入重点监管对象、缓检缓验、吊销许可等行政处理措施。

（七）中央宣传部要通过新闻通气会、新闻阅评等形式，及时通报提醒媒体单位广告发布中存在的苗头性、倾向性问题，指导和监督媒体在广告活动中加强自律，坚持正确导向，推动公益广告的发展，将虚假违法广告整治情况列为文明城市测评内容；严格对报刊出版单位的管理，督促指导有关单位落实广告发布者责任，清理整治利用专版和新闻报道等形式变相发布广告的行为；会同市场监管等部门深入研究和解决制约媒体广告健康发展的突出问题，支持市场监管部门依法查处和曝光典型虚假违法广告，指导有关部门追究发布不良广告以及虚假违法广告造成恶劣影响的媒体单位有关人员责任。

（八）中央网信办要加强对各网站平台的日常监管，配合市场监管部门做好互联网违法违规广告的处置工作和违法违规网站平台的联合执法工作。加强网上正面宣传引导，大力推送相关部门及权威媒体的宣传引导文章，营造良好网络氛围。

（九）工业和信息化部要依法加强对互联网信息服务提供者和呼叫中心业务经营者、短信息服务提供者的行业管理，与市场监管、卫生健康等部门加强联动配合，指导各地通信管理局对经有关部门认定擅自从事药品、医疗器械、医疗保健等互联网信息服务的，依法依规进行处置；市场监管、卫生健康等部门要及时向电信主管部门提供日常广告监测、网上巡查发现的违法广告及信息的证据材料，提请采取处置措施。

（十）公安部要及时掌握虚假广告犯罪形势，配合有关部门共同协调地方行政机关与公安机关做好执法衔接，指导各地公安机关依法打击虚假广告犯罪。有关行政部门要及时将涉嫌虚假广告犯罪案件移送公安机关，公安机关要配合行政机关做好案件移送，并及时开展审查，符合条件的要依法立案查处。

（十一）卫生健康委要加强医疗机构行业管理，监督指导地方卫生健康行政部门严格审查医疗广告，加大对发布虚假违法医疗广告的医疗机构监督检查力度，将医疗机构发布虚假违法医疗广告情况列入医疗机构校验管理；市场监管部门要及时将查处的虚假违法医疗广告案件信息通报卫生健康行政部门，对发布虚假违法医疗广告情节严重的，提请采取吊销诊疗科目或者吊销医疗机构执业许可证的措施。

（十二）人民银行要依据法定职责加强金融机构行业管理，联合各金融管理部门健全完善金融广告治理协作机制，推动加大金融机构营销宣传行为监管力度，依法督促金融机构合法合规开展金融营销宣传活动，切实保护金融消费者合法权益。研究金融广告违法违规重点难点问题，配合市场监管部门研究制定完善金融广告监管制度，加大违法违规金融广告惩处力度。

（十三）广电总局要加强广播电视播出机构与网络视听节目服务机构的行业管理，监督指导有关单位落实广告审查责任，健全广告审查制度，清理整治各种利用健康养生类节（栏）目等方式，变相发布广告的行为；对不履行广告发布审查责任、虚假违法广告问题屡禁不止的媒体单位以及相关责任人，依法依规予以处理。强化网络视听电子商务直播节目管理，规范服务内容。市场监管部门要将广告违法率居高不下、广告违法问题屡查屡犯的媒体情况通报广电部门，卫生健康、中医药、药监部门要对广播电视播出机构播出的健康养生类节（栏）目的内容提供专业指导，协助规范健康养生类节（栏）目。

（十四）银保监会要依法对银行保险金融机构发布金融广告的行为实施监管，配合市场监管总局等部门对银行保险机构发布金融广告行为的合法性进行认定，加强与相关部门的信息互通。对不符合有关法律、法规和规章要求发布金融广告的机构，依法进行查处。

（十五）中医药局要加强中医医疗机构的管理，监督指导地方卫生健康行政部门、中医药管理部门审查中医医疗广告，对多次发布虚假违法广告被市场监管部门处罚的中医医疗机构，依法给予责令停业整顿、吊销诊疗科目、吊销执业许可等处理，规范民营中医医疗机构经营活动，促进中医药行业健康发展。

（十六）药监局要加强药品、医疗器械、化妆品生产企业监督管理，对相关部门移送的除发布虚假违法广告外，还涉嫌其他违法生产经营行为的，要将相关生产经营者列为重点监管对象，加大惩治力度。

四、联席会议成员单位工作机制

（十七）建立信息沟通通报机制。联席会议成员单位之间要进一步完善信息通报制度，建立部门间沟通渠道，及时将查办案件、处理相关广告主、广告经营者和广告发布者、处理相关企业和产品、暂停产品销售以及吊销经营许可等重要监管信息通告相关部门；有关部门对通报或者移送的案件线索要及时交办，跟踪督办，反馈结果。

（十八）建立监管执法联动机制。部际联席会议成员单位要加强部门间工作衔接，充分利用各自的职能和手段，采取行政处理、经济处罚、刑事追责等多种措施，形成有效的综合监管合力，协同查办严重虚假违法广告涉及的广告主、广告经营者、广告发布者，实现行政执法与刑事司法的有效衔接，增强处罚措施的联动效能。

（十九）建立联合监督检查机制。牵头单位要会同有关行政主管部门，加大联合检查、联合督查、联合告诫、联合公告、联合办案力度；各部门要强化执法监督，落实属地监管职责，考核评价各地广告整治工作，对地方建立和落实联席会议制度情况和各部门发挥职能作用情况进行督查指导。

（二十）建立工作会商研究机制。牵头单位要根据工作需要或者其他部门提议，及时组织有关部门会商工作中出现的新情况、新问题，破解监管难题，研究制定标本兼治措施，针对具体问题，开展联合调研，研究提出有效解决深层次问题的政策建议，完善广告监管体制机制，推动广告业健康发展。

五、其他事项

（二十一）联席会议成员单位要监督指导本系统有关部门履行各自职责，加强与其他部门协调配合，落实联席会议工作制度，共同加大治理虚假违法广告力度。

（二十二）各地可参照本制度，制定地方联席会议工作制度。

（二十三）本工作制度印发后，原《国家工商行政管理总局等九部门关于印发整治虚假违法广告部际联席会议工作制度的通知》（工商广字〔2015〕106号）同时废止。

【简评】

例文标题采用了"工作内容＋文种"两项式的方式命名，工作内容为"整治虚假违法广告部际联席会议"，文种为"工作制度"。

这种工作制度都会依托于法定公文形式下发，例文依托于2020年3月9日国家市场监管总局等十一部门关于印发《整治虚假违法广告部际联席会议 2020 年工作要点》和《整治虚假违法广告部际联席会议工作制度》的通知（国市监广〔2020〕39 号）下发，通知中已经将主送机关列出，因此制度正文省去了引言，直接分条目写条款。正文分五个方面二十三条全面地规定了整治虚假违法广告部际联席会议工作制度的具体安排。条目清晰，可操作性强，最后一条说明了自该制度印发后，需同时废止的有关制度。

（三）制度写作小结

（1）内容要全面详尽，各项规定要明确可行。全面详尽，可保障制度在执行过程中有章法可循；明确可行，方能使制度对所属成员的行为起到规范和约束作用。

（2）用语要准确凝练，通俗易懂。作为所属人员共同遵守和执行的制度，在用语上断不能产生歧义，让执行人员无所适从；用语凝练可使所属人员掌握制度的全部要义，而不至于挂一漏万。当然，制度的用语也不能过于术语化，让人难以了解其真正意蕴。

八、细则

（一）细则的用法

1. 细则的含义

细则是有关机关为实施某一法律、法规、规章而制定的详细具体的法规性文书。

国家的有关法律或上级机关发布的有关条例、规定等，在具体环节上不可能面面俱到，需要相应的管理部门结合实践再作补充和阐释。另外，不同地区不同单位在实行某一法规的时候，允许结合本地区本单位的情况进行具体的处理。因此，有些法规在发布的时候，就在结尾处明确说明："本条例（规定）由××部门负责解释"，或者"各地要结合本地区的情况，制定出实施细则，并于×月×日前报××办公厅"。

2. 细则的写法

（1）标题。细则的标题由原法规名称加"实施细则"或"施行细则"组成，如《中华人民共和国安全法实施细则》、《国家行政机关人员贪污贿赂行政处分暂行规定实施细则》。

（2）日期和制发机关。在标题之下正中，加括号标注发布日期和制发机关名称，或者批准、修订日期和机关名称。随命令、通知等颁布的细则，可不列此项。

（3）正文。正文是细则的主体部分，要对某一法律、法规的实施作具体、周密的阐释、补充和规定，但不得超出原法律、法规的基本内容。

细则的正文有两种写法：

一是章条式写法：这种写法适用于内容较多的细则。全文分为三大部分，分别是总则、分则和附则。

总则是开头部分，主要用来说明制定细则的根据、目的、指导思想、基本原则、实施机关等。总则一般为第一章，分若干条。

分则是细则的主体部分，分若干章，每章再分若干条。分则用来对原法律、法规进行解释、补充，做出细致周密、切实可行的规定。

附则是细则的结尾部分，主要用来提出执行要求。

二是条款式写法：这种写法不分章，直接列条，适用于内容较简单、篇幅较短的细则。根据、目的、基本原则、指导思想等内容，写入前几条；解释、补充和规定，写在中间，条款最多；执行要求写在最后。

（二）细则实例简评

【例文】

中华人民共和国企业法人登记管理条例施行细则

（1988年11月3日国家工商行政管理局令第1号公布，根据1996年12月25日国家工商行政管理局令第66号第一次修订，根据2000年12月1日国家工商行政管理局令第96号第二次修订，根据2011年12月12日国家工商行政管理总局令第58号第三次修订，根据2014年2月20日国家工商行政管理总局令第63号第四次修订，根据2016年4月29日国家工商行政管理总局令第86号第五次修订，根据2017年10月27日国家工商行政管理总局令第92号第六次修订，根据2019年8月8日国家市场监督管理总局令第14号第七次修订）

第一条　根据《中华人民共和国企业法人登记管理条例》（以下简称《条例》），制定本施行细则。

登记范围

第二条　具备企业法人条件的全民所有制企业、集体所有制企业、联营企业、在中国境内设立的外商投资企业（包括中外合资经营企业、中外合作经营企业、外资企业）和其他企业，应当根据国家法律、法规及本细则有关规定，申请企业法人登记。

第三条　实行企业化经营、国家不再核拨经费的事业单位和从事经营活动的科技性社会团体，具备企业法人条件的，应当申请企业法人登记。

第四条　不具备企业法人条件的下列企业和经营单位，应当申请营业登记：

（一）联营企业；

（二）企业法人所属的分支机构；

（三）外商投资企业设立的分支机构；

（四）其他从事经营活动的单位。

第五条　省、自治区、直辖市人民政府规定应当办理登记的企业和经营单位，按照《条例》和本细则的有关规定申请登记。

登记主管机关

第六条 市场监督管理部门是企业法人登记和营业登记的主管机关。登记主管机关依法独立行使职权，实行分级登记管理的原则。

对外商投资企业实行国家市场监督管理总局登记管理和授权登记管理的原则。

上级登记主管机关有权纠正下级登记主管机关不符合国家法律、法规和政策的决定。

第七条 国家市场监督管理总局负责以下企业的登记管理：

（一）国务院批准设立的或者行业归口管理部门审查同意由国务院各部门以及科技性社会团体设立的全国性公司和大型企业；

（二）国务院授权部门审查同意由国务院各部门设立的经营进出口业务、劳务输出业务或者对外承包工程的公司。

第八条 省、自治区、直辖市市场监督管理部门负责以下企业的登记管理：

（一）省、自治区、直辖市人民政府批准设立的或者行业归口管理部门审查同意由政府各部门以及科技性社会团体设立的公司和企业；

（二）省、自治区、直辖市人民政府授权部门审查同意由政府各部门设立的经营进出口业务、劳务输出业务或者对外承包工程的公司；

（三）国家市场监督管理总局根据有关规定核转的企业或分支机构。

第九条 市、县、区（指县级以上的市辖区，下同）市场监督管理部门负责第七条、第八条所列企业外的其他企业的登记管理。

第十条 国家市场监督管理总局授权的地方市场监督管理部门负责以下外商投资企业的登记管理：

（一）省、自治区、直辖市人民政府或政府授权机关批准的外商投资企业，由国家市场监督管理总局授权的省、自治区、直辖市市场监督管理部门登记管理；

（二）市人民政府或政府授权机关批准的外商投资企业，由国家市场监督管理总局授权的市市场监督管理部门登记管理。

第十一条 国家市场监督管理总局和省、自治区、直辖市市场监督管理部门应将核准登记的企业的有关资料，抄送企业所在市、县、区市场监督管理部门。

第十二条 各级登记主管机关可以运用登记注册档案、登记统计资料以及有关的基础信息资料，向机关、企事业单位、社会团体等单位和个人提供各种形式的咨询服务。

登记条件

第十三条 申请企业法人登记，应当具备下列条件（外商投资企业另列）：

（一）有符合规定的名称和章程；

（二）有国家授予的企业经营管理的财产或者企业所有的财产，并能够以其财产独立承担民事责任；

（三）有与生产经营规模相适应的经营管理机构、财务机构、劳动组织以及法律或者章程规定必须建立的其他机构；

（四）有必要的并与经营范围相适应的经营场所和设施；

（五）有与生产经营规模和业务相适应的从业人员，其中专职人员不得少于8人；

（六）有健全的财会制度，能够实行独立核算，自负盈亏，独立编制资金平衡表或者资产负债表；

（七）有符合规定数额并与经营范围相适应的注册资金，国家对企业注册资金数额有专项规定的按规定执行；

（八）有符合国家法律、法规和政策规定的经营范围；

（九）法律、法规规定的其他条件。

第十四条 外商投资企业申请企业法人登记，应当具备下列条件：

（一）有符合规定的名称；

（二）有合同、章程；

（三）有固定经营场所、必要的设施和从业人员；

（四）有符合国家规定的注册资本；

（五）有符合国家法律、法规和政策规定的经营范围；

（六）有健全的财会制度，能够实行独立核算，自负盈亏，独立编制资金平衡表或者资产负债表。

第十五条 申请营业登记，应当具备下列条件：

（一）有符合规定的名称；

（二）有固定的经营场所和设施；

（三）有相应的管理机构和负责人；

（四）有经营活动所需要的资金和从业人员；

（五）有符合规定的经营范围；

（六）有相应的财务核算制度。

不具备企业法人条件的联营企业，还应有联合签署的协议。

外商投资企业设立的从事经营活动的分支机构应当实行非独立核算。

第十六条 企业法人章程的内容应当符合国家法律、法规和政策的规定，并载明下列事项：

（一）宗旨；

（二）名称和住所；

（三）经济性质；

（四）注册资金数额及其来源；

（五）经营范围和经营方式；

（六）组织机构及其职权；

（七）法定代表人产生的程序和职权范围；

（八）财务管理制度和利润分配形式；

（九）劳动用工制度；

（十）章程修改程序；

（十一）终止程序；

（十二）其他事项。

联营企业法人的章程还应载明：

（一）联合各方出资方式、数额和投资期限；

（二）联合各方成员的权利和义务；

（三）参加和退出的条件、程序；

（四）组织管理机构的产生、形式、职权及其决策程序；

（五）主要负责人任期。

外商投资企业的合营合同和章程按《中华人民共和国中外合资经营企业法》、《中华人民共和国中外合作经营企业法》和《中华人民共和国外资企业法》的有关规定制定。

登记注册事项

第十七条　企业法人登记注册的主要事项按照《条例》第九条规定办理。

营业登记的主要事项有：名称、地址、负责人、经营范围、经营方式、经济性质、隶属关系、资金数额。

第十八条　外商投资企业登记注册的主要事项有：名称、住所、经营范围、投资总额、注册资本、企业类型、法定代表人、营业期限、有限责任公司股东或者股份有限公司发起人的姓名或者名称。

第十九条　外商投资企业设立的分支机构登记注册的主要事项有：名称、营业场所、负责人、经营范围、隶属企业。

第二十条　企业名称应当符合国家有关法律法规及登记主管机关的规定。

第二十一条　住所、地址、经营场所按所在市、县、（镇）及街道门牌号码的详细地址注册。

第二十二条　经登记主管机关核准登记注册的代表企业行使职权的主要负责人，是企业法人的法定代表人。法定代表人是代表企业法人根据章程行使职权的签字人。

企业的法定代表人必须是完全民事行为能力人，并且应当符合国家法律、法规和政策的规定。

第二十三条　登记主管机关根据申请单位提交的文件和章程所反映的财产所有权、资金来源、分配形式，核准企业和经营单位的经济性质。

经济性质可分别核准为全民所有制、集体所有制。联营企业应注明联合各方的经济性质，并标明"联营"字样。

第二十四条　外商投资企业的企业类型分别核准为中外合资经营、中外合作经营、外商独资经营。

第二十五条　登记主管机关根据申请单位的申请和所具备的条件，按照国家法律、法规和政策以及规范化要求，核准经营范围和经营方式。企业必须按照登记主管机关核准登记注册的经营范围和经营方式从事经营活动。

第二十六条　注册资金数额是企业法人经营管理的财产或者企业法人所有的财

产的货币表现。除国家另有规定外，企业的注册资金应当与实有资金相一致。

企业法人的注册资金的来源包括财政部门或者设立企业的单位的拨款、投资。

第二十七条　外商投资企业的注册资本是指设立外商投资企业在登记主管机关登记注册的资本总额，是投资者认缴的出资额。

注册资本与投资总额的比例，应当符合国家有关规定。

第二十八条　营业期限是联营企业、外商投资企业的章程、协议或者合同所确定的经营时限。营业期限自登记主管机关核准登记之日起计算。

开业登记

第二十九条　申请企业法人登记，应按《条例》第十五条（一）至（七）项规定提交文件、证件。

企业章程应经主管部门审查同意。

资金信用证明是财政部门证明全民所有制企业资金数额的文件。

验资证明是会计师事务所或者审计事务所及其他具有验资资格的机构出具的证明资金真实性的文件。

企业主要负责人的身份证明包括任职文件和附照片的个人简历。个人简历由该负责人的人事关系所在单位或者乡镇、街道出具。

第三十条　外商投资企业申请企业法人登记，应提交下列文件、证件：

（一）董事长签署的外商投资企业登记申请书；

（二）合同、章程；

（三）有关项目建议书或可行性研究报告的批准文件；

（四）投资者合法开业证明；

（五）投资者的资信证明；

（六）董事会名单以及董事会成员的姓名、住址的文件以及任职文件和法定代表人的身份证明；

（七）其他有关文件、证件。

涉及国家规定实施准入特别管理措施的外商投资企业还应当提交审批机关的批准文件和批准证书。

第三十一条　申请营业登记，应根据不同情况，提交下列文件、证件：

（一）登记申请书；

（二）经营资金数额的证明；

（三）负责人的任职文件；

（四）经营场所使用证明；

（五）其他有关文件、证件。

第三十二条　外商投资企业申请设立分支机构，应当提交下列文件、证件：

（一）隶属企业董事长签署的登记申请书；

（二）原登记主管机关的通知函；

（三）隶属企业董事会的决议；

（四）隶属企业的执照副本；

（五）负责人的任职文件；

（六）其他有关文件、证件。

法律、法规及国家市场监督管理总局规章规定设立分支机构需经审批的，应提交审批文件。

第三十三条 登记主管机关应当对申请单位提交的文件、证件、登记申请书、登记注册书以及其他有关文件进行审查，经核准后分别核发下列证照：

（一）对具备企业法人条件的企业，核发"企业法人营业执照"；

（二）对不具备企业法人条件，但具备经营条件的企业和经营单位，核发"营业执照"。

登记主管机关应当分别编定注册号，在颁发的证照上加以注明，并记入登记档案。

第三十四条 登记主管机关核发的"企业法人营业执照"是企业取得法人资格和合法经营权的凭证。登记主管机关核发的"营业执照"是经营单位取得合法经营权的凭证。经营单位凭据"营业执照"可以刻制公章，开立银行账户，开展核准的经营范围以内的生产经营活动。

变更登记

第三十五条 企业法人根据《条例》第十七条规定，申请变更登记时，应提交下列文件、证件：

（一）法定代表人签署的变更登记申请书；

（二）原主管部门审查同意的文件；

（三）其他有关文件、证件。

第三十六条 企业法人实有资金比原注册资金数额增加或者减少超过20%时，应持资金信用证明或者验资证明，向原登记主管机关申请变更登记。

登记主管机关在核准企业法人减少注册资金的申请时，应重新审核经营范围和经营方式。

第三十七条 企业法人在异地（跨原登记主管机关管辖地）增设或者撤销分支机构，应向原登记主管机关申请变更登记。经核准后，向分支机构所在地的登记主管机关申请开业登记或者注销登记。

第三十八条 因分立或者合并而保留的企业应当申请变更登记；因分立或者合并而新办的企业应当申请开业登记；因合并而终止的企业应当申请注销登记。

第三十九条 企业法人迁移（跨原登记主管机关管辖地），应向原登记主管机关申请办理迁移手续；原登记主管机关根据新址所在地登记主管机关同意迁入的意见，收缴"企业法人营业执照"，撤销注册号，开出迁移证明，并将企业档案移交企业新址所在地登记主管机关。企业凭迁移证明和有关部门的批准文件，向新址所在地登记主管机关申请变更登记，领取"企业法人营业执照"。

第四十条 企业法人因主管部门改变，涉及原主要登记事项的，应当分别情况，持有关文件申请变更、开业、注销登记。不涉及原主要登记事项变更的，企业法人应当持主管部门改变的有关文件，及时向原登记主管机关备案。

第四十一条　外商投资企业改变登记注册事项，应当申请变更登记。申请变更登记时，应提交下列文件、证件：

（一）董事长签署的变更登记申请书；

（二）董事会的决议；

（三）涉及国家规定实施准入特别管理措施的外商投资企业变更股东、注册资本、经营范围、经营期限时，应提交原审批机关的批准文件。

法律、法规及国家市场监督管理总局规章规定设立分支机构需经审批的，应提交原审批机关的批准文件。

外商投资企业变更住所，还应提交住所使用证明；增加注册资本涉及改变原合同的，还应提交补充协议；变更企业类型，还应提交修改合同、章程的补充协议；变更法定代表人，还应提交委派方的委派证明和被委派人员的身份证明；转让股权，还应提交转让合同和修改原合同、章程的补充协议，以及受让方的合法开业证明和资信证明。

外商投资企业董事会成员发生变化的，应向原登记主管机关备案。

第四十二条　经营单位改变营业登记的主要事项，应当申请变更登记。变更登记的程序和应当提交的文件、证件，参照企业法人变更登记的有关规定执行。

第四十三条　外商投资企业设立的分支机构改变主要登记事项，应当申请变更登记。变更登记的程序和应当提交的文件、证件，参照外商投资企业变更登记的有关规定执行。

第四十四条　登记主管机关应当在申请变更登记的单位提交的有关文件、证件齐备后30日内，做出核准变更登记或者不予核准变更登记的决定。

注销登记

第四十五条　企业法人根据《条例》第二十条规定，申请注销登记，应提交下列文件、证件：

（一）法定代表人签署的注销登记申请书；

（二）原主管部门审查同意的文件；

（三）主管部门或者清算组织出具的负责清理债权债务的文件或者清理债务完结的证明。

第四十六条　外商投资企业应当自经营期满之日或者终止营业之日，需经过批准的，在批准证书自动失效之日、原审批机关批准终止合同之日起3个月内，向原登记主管机关申请注销登记，并提交下列文件、证件：

（一）董事长签署的注销登记申请书；

（二）董事会的决议；

（三）清理债权债务完结的报告或者清算组织负责清理债权债务的文件；

（四）税务机关、海关出具的完税证明。

法律、法规规定必须经原审批机关批准的，还应提交原审批机关的批准文件。

不能提交董事会决议的以及国家对外商投资企业的注销另有规定的，按国家有关规定执行。

第四十七条　经营单位终止经营活动，应当申请注销登记。注销登记程序和应当提交的文件、证件，参照企业法人注销登记的有关规定执行。

第四十八条　外商投资企业撤销其分支机构，应当申请注销登记，并提交下列文件、证件：

（一）隶属企业董事长签署的注销登记申请书；

（二）隶属企业董事会的决议。

第四十九条　登记主管机关核准注销登记或者吊销执照，应当同时撤销注册号，收缴执照正、副本和公章，并通知开户银行。

登记审批程序

第五十条　登记主管机关审核登记注册的程序是受理、审查、核准、发照、公告。

（一）受理：申请登记的单位应提交的文件、证件和填报的登记注册书齐备后，方可受理，否则不予受理；

（二）审查：审查提交的文件、证件和填报的登记注册书是否符合有关登记管理规定；

（三）核准：经过审查和核实后，做出核准登记或者不予核准登记的决定，并及时通知申请登记的单位；

（四）发照：对核准登记的申请单位，应当分别颁发有关证照，及时通知法定代表人（负责人）领取证照，并办理法定代表人签字备案手续。

公示和证照管理

第五十一条　登记主管机关应当将企业法人登记、备案信息通过企业信用信息公示系统向社会公示。

第五十二条　企业法人应当于每年1月1日至6月30日，通过企业信用信息公示系统向登记主管机关报送上一年度年度报告，并向社会公示。

年度报告公示的内容及监督检查按照国务院的规定执行。

第五十三条　"企业法人营业执照"、"营业执照"分为正本和副本，同样具有法律效力。正本应悬挂在主要办事场所或者主要经营场所。登记主管机关根据企业申请和开展经营活动的需要，可以核发执照副本若干份。

国家推行电子营业执照。电子营业执照与纸质营业执照具有同等法律效力。

第五十四条　登记主管机关对申请筹建登记的企业，在核准登记后核发"筹建许可证"。

第五十五条　执照正本和副本、"筹建许可证"、企业法人申请开业登记注册书、企业申请营业登记注册书、企业申请变更登记注册书、企业申请注销登记注册书、企业申请筹建登记注册书以及其他有关登记管理的重要文书表式，由国家市场监督管理总局统一制定。

监督管理与罚则

第五十六条　登记主管机关对企业进行监督管理的主要内容是：

（一）监督企业是否按照《条例》和本细则规定办理开业登记变更登记和注销登记；

（二）监督企业是否按照核准登记的事项以及章程、合同或协议开展经营活动；

（三）监督企业是否按照规定报送、公示年度报告；

（四）监督企业和法定代表人是否遵守国家有关法律、法规和政策。

第五十七条　各级登记主管机关，均有权对管辖区域内的企业进行监督检查。企业应当接受检查，提供检查所需要的文件、账册、报表及其他有关资料。

第五十八条　登记主管机关对辖区内的企业进行监督检查时，有权依照有关规定予以处罚。但责令停业整顿、扣缴或者吊销证照，只能由原发照机关做出决定。

第五十九条　上级登记主管机关对下级登记主管机关做出的不适当的处罚有权予以纠正。

对违法企业的处罚权限和程序，由国家市场监督管理总局和省、自治区、直辖市市场监督管理部门分别做出规定。

第六十条　对有下列行为的企业和经营单位，登记主管机关做出如下处罚，可以单处，也可以并处：

（一）未经核准登记擅自开业从事经营活动的，责令终止经营活动，没收非法所得，处以非法所得额3倍以下的罚款，但最高不超过3万元，没有非法所得的，处以1万元以下的罚款；

（二）申请登记时隐瞒真实情况、弄虚作假的，除责令提供真实情况外，视其具体情节，予以警告，没收非法所得，处以非法所得额3倍以下的罚款，但最高不超过3万元，没有非法所得的，处以1万元以下的罚款。经审查不具备企业法人条件或者经营条件的，吊销营业执照。伪造证件骗取营业执照的，没收非法所得，处以非法所得额3倍以下的罚款，但最高不超过3万元，没有非法所得的，处以1万元以下的罚款，并吊销营业执照；

（三）擅自改变主要登记事项，不按规定办理变更登记的，予以警告，没收非法所得，处以非法所得额3倍以下的罚款，但最高不超过3万元，没有非法所得的，处以1万元以下的罚款，并限期办理变更登记；逾期不办理的，责令停业整顿或者扣缴营业执照；情节严重的，吊销营业执照。超出经营期限从事经营活动的，视为无照经营，按照本条第一项规定处理；

（四）超出核准登记的经营范围或者经营方式从事经营活动的，视其情节轻重，予以警告，没收非法所得，处以非法所得额3倍以下的罚款，但最高不超过3万元，没有非法所得的，处以1万元以下的罚款。同时违反国家其他有关规定，从事非法经营的，责令停业整顿，没收非法所得，处以非法所得额3倍以下的罚款，但最高不超过3万元，没有非法所得的，处以1万元以下的罚款；情节严重的，吊销营业执照；

（五）侵犯企业名称专用权的，依照企业名称登记管理的有关规定处理；

（六）伪造、涂改、出租、出借、转让、出卖营业执照的，没收非法所得，处以非法所得额 3 倍以下的罚款，但最高不超过 3 万元，没有非法所得的，处以 1 万元以下的罚款；情节严重的，吊销营业执照；

（七）不按规定悬挂营业执照的，予以警告，责令改正；拒不改正的，处以 2000 元以下的罚款；

（八）抽逃、转移资金，隐匿财产逃避债务的，责令补足抽逃、转移的资金，追回隐匿的财产，没收非法所得，处以非法所得额 3 倍以下的罚款，但最高不超过 3 万元，没有非法所得的，处以 1 万元以下的罚款；情节严重的，责令停业整顿或者吊销营业执照；

（九）不按规定申请办理注销登记的，责令限期办理注销登记。拒不办理的，处以 3000 元以下的罚款，吊销营业执照，并可追究企业主管部门的责任；

（十）拒绝监督检查或者在接受监督检查过程中弄虚作假的，除责令其接受监督检查和提供真实情况外，予以警告，处以 1 万元以下的罚款。

登记主管机关对有上述违法行为的企业做出处罚决定后，企业逾期不提出申诉又不缴纳罚没款的，可以申请人民法院强制执行。

第六十一条 对提供虚假文件、证件的单位和个人，除责令其赔偿因出具虚假文件、证件给他人造成的损失外，处以 1 万元以下的罚款。

第六十二条 登记主管机关在查处企业违法活动时，对构成犯罪的有关人员，交由司法机关处理。

第六十三条 登记主管机关对工作人员不按规定程序办理登记、监督管理和严重失职的，根据情节轻重给予相应的行政处分，对构成犯罪的人员，交由司法机关处理。

第六十四条 企业根据《条例》第三十一条规定向上一级登记主管机关申请复议的，上一级登记主管机关应当在规定的期限内做出维持、撤销或者纠正的复议决定，并通知申请复议的企业。

附则

第六十五条 根据《条例》第三十五条规定应当申请筹建登记的企业，按照国务院有关部门或者省、自治区、直辖市人民政府的专项规定办理筹建登记。

第六十六条 港、澳、台企业，华侨、港、澳、台同胞投资举办的合资经营企业、合作经营企业、独资经营企业，参照本细则对外商投资企业的有关规定执行。

第六十七条 对在中国境内从事经营活动的外国（地区）企业的登记管理，按专项规定执行。

第六十八条 本细则自公布之日起施行。

【简评】

例文采用标题加正文的写法。本细则不是单独存在的，是针对《中华人民共和国企业法人登记管理条例》的运行制定的具体实施细则。

例文内容较复杂、篇幅较长，因此正文分总则、分则和附则的写法，分则分别从登记范围、登记主管机关、登记条件、登记注册事项、开业登记、变更登记、注销登记、登记审批程序、公示和证照管理、监督管理与罚则等章加以说明，具体内容采用条款式写法，层次清晰。标题下用括号形式对《中华人民共和国企业法人登记管理条例施行细则》的发布时间、制发机关和批准、修订时间进行了说明，总则说明了施行细则的制定依据。分则逐条列项地对《中华人民共和国企业法人登记管理条例施行细则》内容进行了说明，这部分构成了全文的主体部分。附则说明了适用情况和施行时间。整个细则结构完整，表述清晰。

（三）细则写作小结

1. 内容上的派生性

细则不是一种独立存在的法规性文书，它必须以某一法律、法规为前提，是某一法律、法规的派生物。

细则作为法律、法规的派生物，只能是对原文的补充、阐释和细节化，使相关法律和法规更详尽、周密和具体，而不能超出原法律、法规的内容范围，更不能自行其是，另立法规。

2. 作用上的解释性与补充性

细则要对原法律、法规的重要词语、规定事项给以阐释，使其含义更明确、具体，更具有可行性。细则还要对原文不够详尽的地方进行补充，补充之后，方能增强原规定的可行性。

3. 表述方式上的详细性

细则还有一大特点就是特别详细，这一点在文种名称中已经显现出来了，以上例文也可证明这一点。

九、守则

（一）守则的用法

1. 守则的含义

守则是国家机关、社会团体、企事业单位为维护公共利益和工作秩序，向所属成员发布的行为准则和道德规范。

守则通行于某一系统或某一单位内部，其成员必须共同遵守。如果涉及面广，守则的内容通常比较原则；如果涉及的是具体的工作事务，守则的内容可以详细一些。

2. 守则的制定依据

守则的制定有三个依据：一是党和国家的方针、政策，二是有关法律、法规，三是全社会共同遵守的道德规范。因此，遵守守则，实际上也就是遵纪守法，就是讲文明、讲道德。

3. 守则的作用

守则对其所涉及的成员有约束作用，但守则从整体上说属于职业道德范畴，不是法律和法规，不具有强制力和法律效应。也就是说，如果有人不按守则办事，可能并不违法，但至少是违背了道德准则，会受到人们的批评和谴责。它旨在培养成员按道德规范办事的自觉性，对本系统、本单位、本部门的工作、学习、生活也能起到一定的保证、督促作用。

4. 守则的写法

（1）标题。守则的标题由适用对象加文种组成。如《公安干警守则》、《商业营业员营业守则》、《全国人民代表大会常务委员会组成人员守则》。

（2）日期。有些守则需要在标题下方正中加括号标注日期和发布机关（或通过守则的会议）。如《全国人民代表大会常务委员会组成人员守则》就注明："1993 年 7 月 2 日第八届全国人民代表大会常务委员会第二次会议通过。"

（3）正文。守则的篇幅一般比较短小，多采用通篇分条式写法。如果内容复杂，为了更有条理性，也可采用条例、规定、章程、细则那样的章条式写法，由总则、分则、附则三部分组成，下面再分章，章下再分条，不过这种情况比较少见。

在正文的写作中，条与条之间的划分是否符合逻辑规律，能不能做到条理清楚，层次分明，是写作成败的关键。另外还要注意语言表达的简练、质朴、准确。

（二）守则实例简评

【例文】

中小学生守则

1. 爱党爱国爱人民。了解党史国情，珍视国家荣誉，热爱祖国，热爱人民，热爱中国共产党。

2. 好学多问肯钻研。上课专心听讲，积极发表见解，乐于科学探索，养成阅读习惯。

3. 勤劳笃行乐奉献。自己事自己做，主动分担家务，参与劳动实践，热心志愿服务。

4. 明礼守法讲美德。遵守国法校纪，自觉礼让排队，保持公共卫生，爱护公共财物。

5. 孝亲尊师善待人。孝父母敬师长，爱集体助同学，虚心接受批评，学会合作共处。

6. 诚实守信有担当。保持言行一致，不说谎不作弊，借东西及时还，做到知错就改。

7. 自强自律健身心。坚持锻炼身体，乐观开朗向上，不吸烟不喝酒，文明绿色上网。

8. 珍爱生命保安全。红灯停绿灯行，防溺水不玩火，会自护懂求救，坚决远离毒品。

9. 勤俭节约护家园。不比吃喝穿戴，爱惜花草树木，节粮节水节电，低碳环保生活。

【简评】

这份由教育部印发的《中小学生守则（2015 年修订）》，采取分条式写法，简洁明了地呈现了中小学生应遵守的九方面内容。在内容表达上，采职总一分方式，总括句高度概括，分项表达具体细化。

（三）守则写作小结

1. 阐述内容上的原则性

守则的原则阐述多于具体要求，它在指导思想、道德规范、工作和学习态度等方面，提出基本原则，但不过多涉及具体事项和方法、措施。

2. 作用上的约束性

守则是用来规范人的道德、约束人的行为的，通常在一个系统内部人人都要熟悉守则，人人都要遵守守则。它虽然不具有法律效力，也没有明显的强制性，但对有关人员的教育作用和约束作用还是很明显的。

3. 格式规范上的完整性

守则一般篇幅都比较短小，但内容涉及成员应该遵循的所有基本原则和规范，系统而完整。为此守则的撰写要注意条目清晰，逻辑严谨。

十、准则

（一）准则的用法

1. 准则的含义

准则即人们在长期工作、生活实践过程中所形成的"应当"与"不应当"的客观要求，也包括一定社会或阶层以戒律、格言等形式自觉概括的善恶标准和规范。

2. 准则的写法

（1）标题。准则的标题通常采用三项式，即"适用范围＋适用内容＋准则"样式。例文标题便是如此。

（2）正文。准则的正文主要包括以下几方面内容：一是发布准则的背景、目的及依据等；二是准则所规定的具体内容，这部分通常采用分条列项方式来写；三是明确准则的制发机关及施行时间。

（二）准则实例简评

【例文】

中国新闻工作者职业道德准则

（中华全国新闻工作者协会第九届全国理事会
第五次常务理事会2019年11月7日修订）

中国新闻事业是中国共产党领导的中国特色社会主义事业的重要组成部分。新闻工作者坚持以马克思列宁主义、毛泽东思想、邓小平理论、"三个代表"重要思想、科学发展观、习近平新时代中国特色社会主义思想为指导，增强"四个意识"，坚定"四个自信"，做到"两个维护"，牢记党的新闻舆论工作职责使命，继承和发扬党的新闻舆论工作优良传统，坚持正确政治方向、舆论导向、新闻志向、工作取向，不断增强脚力、眼力、脑力、笔力，积极传播社会主义核心价值观，自觉遵守国家法律法规，恪守新闻职业道德，自觉承担社会责任，做政治坚定、引领时代、业务精湛、作风优良、党和人民信赖的新闻工作者。

第一条 全心全意为人民服务。忠于党、忠于祖国、忠于人民，把体现党的主张与反映人民心声统一起来，把坚持正确舆论导向与通达社情民意统一起来，把坚持正面宣传为主与正确开展舆论监督统一起来，发挥党和政府联系人民群众的桥梁纽带作用。

1.坚持用习近平新时代中国特色社会主义思想武装头脑，深入学习宣传贯彻党的路线方针政策，积极宣传中央重大决策部署，及时传播国内外各领域的信息，满足人民群众日益增长的新闻信息需求，保证人民群众的知情权、参与权、表达权、监督权；

2.坚持以人民为中心的工作导向，把人民群众作为报道主体、服务对象，多宣传基层群众的先进典型，多挖掘群众身边的具体事例，多反映平凡人物的工作生活，多运用群众的生动语言，丰富人民精神世界，增强人民精神力量，满足人民精神需求，使新闻报道为人民群众喜闻乐见；

3.保持人民情怀，积极反映人民群众的正确意见和呼声，及时回应人民群众的关切和期待，批评侵害人民利益的现象和行为，畅通人民群众表达意见的渠道，依法维护人民群众的正当权益。

第二条 坚持正确舆论导向。坚持团结稳定鼓劲、正面宣传为主，弘扬主旋律、传播正能量，不断巩固和壮大积极健康向上的主流思想舆论。

1.以经济建设为中心，服从服务于党和国家工作大局，贯彻新发展理念，为促进经济社会持续健康发展注入强大正能量；

2.宣传科学理论、传播先进文化、滋养美好心灵、弘扬社会正气，增强社会责任感，严守道德伦理底线，坚决抵制低俗、庸俗、媚俗的内容；

3.加强和改进舆论监督，着眼解决问题、推动工作，激浊扬清、针砭时弊，发表批评性报道要事实准确、分析客观，坚持科学监督、准确监督、依法监督、建设性监督；

4.采访报道突发事件坚持导向正确、及时准确、公开透明，全面客观报道事件动态及处置进程，推动事件的妥善处理，维护社会稳定和人心安定。

第三条 坚持新闻真实性原则。把真实作为新闻的生命，努力到一线、到现场采访核实，坚持深入调查研究，报道做到真实、准确、全面、客观。

1.通过合法途径和方式获取新闻素材，认真核实新闻信息来源，确保新闻要素及情节准确；

2.根据事实来描述事实，不夸大、不缩小、不歪曲事实，不摆布采访报道对象，禁止虚构或制造新闻，刊播新闻报道要署记者的真名；

3. 摘转其他媒体的报道要把好事实关导向关，不刊播违背科学精神、伦理道德、生活常识的内容；

4. 刊播了失实报道要勇于承担责任，及时更正致歉，消除不良影响；

5. 坚持网上网下"一个标准、一把尺子、一条底线"，统一导向要求、管理要求。

第四条　发扬优良作风。树立正确的世界观、人生观、价值观，加强品德修养，提高综合素质，抵制不良风气，保持一身正气，接受社会监督。

1. 强化学习意识，养成学习习惯，不断增强政治素质，提高业务水平，掌握融合技能，努力成为全媒型、专家型新闻工作者；

2. 坚持走基层、转作风、改文风，练就过硬脚力、眼力、脑力、笔力，拜人民为师，向人民学习，深入了解社情民意，增进与群众的感情；

3. 坚决反对和抵制各种有偿新闻和有偿不闻行为，不利用职业之便谋取不正当利益，不利用新闻报道发泄私愤，不以任何名义索取、接受采访报道对象或利害关系人的财物或其他利益，不向采访报道对象提出工作以外的要求；

4. 严格执行新闻报道与经营活动"两分开"的规定，不以新闻报道形式做任何广告性质的宣传，编辑记者不得从事创收等经营性活动。

第五条　坚持改进创新。遵循新闻传播规律和新兴媒体发展规律，创新理念、内容、体裁、形式、方法、手段、业态等，做到体现时代性、把握规律性、富于创造性。

1. 适应分众化、差异化传播趋势，深入研究不同传播对象的接受习惯和信息需求，主动设置议题，善于因势利导，不断提高传播力、引导力、影响力、公信力；

2. 强化互联网思维，顺应全媒体发展要求，积极探索网络信息生产和传播的特点规律，深刻把握传统媒体和新兴媒体融合发展的趋势，善于运用网络新技术新应用，不断提高网上正面宣传和网络舆论引导水平；

3. 保持思维的敏锐性和开放度，认识新事物、把握新规律，敢于打破思维定式和路径依赖，认真研究传播艺术，采用受众听得懂、易接受的方式，增强新闻报道的亲和力、吸引力、感染力，采写更多有思想、有温度、有品质的精品佳作。

第六条　遵守法律纪律。增强法治观念，遵守宪法和法律法规，遵守党的新闻工作纪律，维护国家利益和安全，保守国家秘密。

1. 严格遵守和正确宣传国家各项政治制度和政策，切实维护国家政治安全、文化安全和社会稳定；

2. 维护采访报道对象的合法权益，尊重采访报道对象的正当要求，不揭个人隐私，不诽谤他人；

3. 保障妇女、儿童、老年人和残疾人的合法权益，注意保护其身心健康；

4. 维护司法尊严，依法做好案件报道，不干预依法进行的司法审判活动，在法庭判决前不做定性、定罪的报道和评论，不渲染凶杀、暴力、色情等；

5. 涉外报道要遵守我国涉外法律、对外政策和我国加入的国际条约；

6. 尊重和保护新闻媒体作品版权，反对抄袭、剽窃，抵制严重歪曲文章原意、断章取义等不当摘转行为；

7. 严格遵守新闻采访规范，除确有必要的特殊拍摄采访外，新闻采访要出示合法有效的新闻记者证。

第七条　对外展示良好形象。努力培养世界眼光和国际视野，讲好中国故事，传播好中国声音，积极搭建中国与世界交流沟通的桥梁，展现真实、立体、全面的中国。

1. 在国际交往中维护祖国尊严和国家利益，维护中国新闻工作者的形象；

2. 生动诠释中国道路、中国理论、中国制度、中国文化，着重讲好中国的故事、中国共产党的故事、中国特色社会主义的故事、中国人民的故事，让世界更好地读懂中国；

3. 积极传播中华民族的优秀文化，增进世界各国人民对中华文化的了解；

4. 尊重各国主权、民族传统、宗教信仰和文化多样性，报道各国经济社会发展变化和优秀民族文化；

5. 加强与各国媒体和国际（区域）新闻组织的交流合作，增进了解、加深友谊，为推动人类命运共同体建设多做工作。

对本《准则》，中国记协会员要结合实际制定相应实施细则，认真组织落实；全国新闻工作者包括新媒体新闻信息传播从业人员要自觉执行；各级地方记协、各类专业记协要积极宣传和推动；欢迎社会各界监督。

【简评】

例文由标题、文件通过及修订时间、正文等内容组成。标题由文件的适用范围与文种组成，符合此类文件标题的撰拟规范。正文篇幅适中，大致阐述了如下几层意思：一是制发该准则的背景及意义；二是对新闻工作者职业道德的具体要求，主要包括：全心全意为人民服务、坚持正确舆论导向、坚持新闻真实性原则、发扬优良作风、坚持改革创新、遵守法律纪律和对外展示良好形象等七个方面；三是最后提出了具体要求。例文采用了分条列项式写法，起到了撮要显旨的作用。

（三）准则写作小结

（1）主旨内容明确。即发布准则的主旨在标题及正文中要有明确的指向性。如"中国新闻工作者职业道德准则"中明确提出中国新闻工作者应具备的职业道德和"不应当"的行为。

（2）章节撮要显旨。即在写作准则正文时，一定要明确"应当"的内容，这属于客观范畴要求，同时也便于所属人员贯彻执行。

（3）格式规范严谨。即准则在格式上须规范、严谨，否则其约束力会因格式的不规范而大打折扣。

十一、规程

（一）规程的用法

1. 规程的概念

规程是在一定时空限域内需人们遵守的统一的要求和程序。其目的是规范人们的行动，以便有一个正常的生产和活动的程序。

2. 规程的写法

规程的基本格式一般由标题、正文、署名和日期等部分组成。

（1）标题。规程的标题一般写成"×××操作规程"、"×××工作规程"等形式。

（2）正文。规程的正文通常会分条列项阐释各项具体内容，一般要包括整个活动的每个环节。

（3）署名和日期。规程的署名和日期一般写在正文的右下方，有的也标注在标题之下并用圆括号括起。

（二）规程实例简评

【例文】

水利部办公厅关于印发水利部堰塞湖
应急处置工作规程（试行）的通知

办防〔2019〕103号

部机关有关司局，部直属有关单位：

为规范做好堰塞湖水利应急处置工作，现将《水利部堰塞湖应急处置工作规程（试行）》印发给你们，请按照职责分工，做好相关工作。

水利部办公厅

2019年5月27日

水利部堰塞湖应急处置工作规程

一、总则

根据国务院机构改革和部委"三定"规定，结合《堰塞湖风险等级划分标准》（以下简称《标准》）和《堰塞湖应急处置技术导则》（以下简称《导则》），制定本规程，以规范指导水利部堰塞湖应急处置相关工作。

根据水利部新的"三定"规定，在防汛抗旱方面，水利部主要承担水情旱情监测预警、水工程调度和防御洪水应急抢险的技术支撑等工作。结合堰塞湖应急处置工作实际，水利部在堰塞湖应急处置方面相关工作主要包括信息报送和应急值守、基础资料获取、应急监测、会商研判（包括安全性评价、溃坝洪水分析和预测预报、应急响应）、水工程调度、信息共享和发布、应急处置方案编制、宣传报道、应急处置后续评估总结、灾后水利设施水毁修复等。

二、信息报送和应急值守

堰塞湖险情发生后，防御司第一时间核实堰塞湖基本情况，初判险情危险程度，及时向部领导报告，并以《防汛抗旱简报》向国务院报告，及时通报相关部门，后续视情况按规定报送。堰塞湖应急处置期间，相关流域管理机构和地方水利部门及时报送堰塞湖信息及水利应急处置工作进展。

防御司、信息中心、水文司、相关流域管理机构和地方水利部门等加强值守力量。

三、基础资料获取

堰塞湖险情发生后，信息中心负责商请中国资源卫星应用中心、军委联合参谋部航天系统部等单位提供遥感影像资料，商请自然资源部提供高精度基础地形资料，负责遥感数据处理、堰塞湖监测信息提取和分析，并提出分析结果；负责收集地方和前方工作组等监测研判信息。

相关流域管理机构负责收集流域内所设站点的水文气象资料；会同相关地方水利（文）部门收集其他站点的水文气象资料，收集调查堰塞湖所在区域社会经济、村庄、人口、重要设施分布等情况，调查堰塞体区域基本地质条件和水文地质特性，开展堰塞体及周边范围的地形实测，分析堰塞体体型和形态、结构、物质组成、物理力学性质、水文地质特性、形成机制等，分析计算堰塞湖水位—库容曲线等；组织研判堰塞体情况。

四、应急监测

堰塞湖应急处置期间，在水文司统一安排下，相关流域管理机构负责设站河段内的水文应急监测，负责会同相关部门统一堰塞湖水文应急监测高程基面；相关地方水文部门负责其他河段内的水文应急监测。地方水利部门会同相关部门负责安全监测。

水文应急监测主要包括堰塞湖应急水文勘测、水文监测站网布设、水文应急监测方案、水文信息传输、水文监测资料的快速整编等，并应统一堰塞湖水文应急监测高程基面；安全监测范围包括堰塞体变形和渗流监测以及库区潜在滑坡体、两岸山体滑塌后的边坡、下游受溃坝洪水影响较大的重要基础设施等。监测具体内容参见《导则》要求。

五、会商研判

堰塞湖险情发生后，水利部第一时间进行会商，组织研判堰塞体基本情况，对堰塞湖风险等级进行初步研判，做出工作安排。堰塞湖应急处置期间，根据安全性评价、溃坝洪水分析成果以及险情处置进展等信息，及时组织会商，对水文监测预报预警、水工程调度、抢险技术支撑等工作做出安排部署，并针对堰塞湖洪水风险及时向地方和相关部门、单位发出通知，提醒做好人员转移和下游基础设施安全防护工作。根据会商研判的堰塞湖风险等级，及时启动应急响应，整合力量加强应对。

1. 安全性评价

堰塞湖险情发生后，水利部立即组织开展堰塞湖的风险等级初步评价、危险性评价、上下游影响评估和风险性综合评价等安全性评价，提出上游淹没风险分析、溃坝洪水风险分析等有关成果，并及时将最新成果通报相关部门和地方人民政府。安全性评价具体内容参见《导则》要求。

根据《标准》，按堰塞湖规模大小、堰塞体危险级别、堰塞体溃决损失严重性分级等综合确定的堰塞湖风险等级共分为Ⅰ、Ⅱ、Ⅲ、Ⅳ级。按上级要求和工作职责，相关流域管理机构应会同地方水利部门组织开展堰塞湖风险等级为Ⅰ级，或影响范围涉及两省及以上的堰塞湖的安全性评价，并向水利部报告。相关地方水利部门负责组织其他风险等级堰塞湖的安全性评价。

2. 溃坝洪水分析和预测预报

堰塞湖应急处置期间，信息中心会同相关流域管理机构、中国水科院等单位研究开展坝址溃坝洪水计算、溃坝洪水演进计算，主要计算在不同条件下堰塞湖溃决的坝址最大流量和流量过程线，以及溃坝洪水向下游演进的情况，包括沿程相关断面的流量、水位过程线和洪峰水位、流量到达时间。组织专家联合会商，提出溃坝洪水和沿程演进分析综合成果，并由防御司及时将最新成果通报相关部门和地方人民政府，为制定堰塞湖应急处置除险方案和下游人员避险转移方案提供依据。

信息中心组织相关流域管理机构、相关地方水文部门编制水情预测方案，开展堰塞湖洪水预测预报工作。

3. 应急响应

对风险等级为Ⅰ级，或影响范围涉及两省及以上且风险等级Ⅱ级以上的堰塞湖险情，水利部可视情启动应急响应，由水利部部长主持会商，或委托副部长主持会商，相关司局和单位参加，部署相关工作，视情加密会商频次；当需要采取水工程调度措施应对时，可组织相关部门或单位进行水工程调度联合会商；防御司启动内部应急机制，优化整合力量应对。当堰塞湖险情解除时，应急响应自动终止。

对其他风险等级的堰塞湖险情，水利部视情采取相关应对措施，协助指导地方做好堰塞湖应急处置相关工作。

根据工作需要，以及国务院或相关部委要求，水利部派出相应人员和专家参加工作组，参加相关的联合会商。防御司负责前方水利部派出人员和专家与后方的沟通协调及信息通报。

六、水工程调度

堰塞湖应急处置期间，根据实时水情、来水预测及溃坝洪水、沿程演进和淹没风险分析等成果，防御司组织相关流域管理机构和信息中心提出堰塞湖上下游影响范围内有关水工程调度方案，报经部领导同意后，协调指导相关流域管理机构组织实施。

七、信息共享和发布

防御司负责向相关部门和地方通报堰塞湖溃坝洪水分析及水工程调度等信息；

信息中心归口管理风险等级为Ⅰ级，或影响范围涉及两省及以上或国际河流上堰塞湖实时水情信息的发布，地方水文部门负责统一发布其他堰塞湖的实时水情信息。由信息发布部门牵头建立跨部门、跨行业、跨地区的水文应急监测信息共享机制。涉及国际河流的，国科司负责应急信息通报相关涉外事务，信息中心负责组织实施应急信息对外通报。

八、应急处置方案编制

相关流域管理机构按工作需要或相关要求开展风险等级为Ⅰ级，或影响范围涉及两省及以上堰塞湖应急处置技术方案编制的有关工作，相关地方水利部门配合；相关地方水利部门负责开展其他风险等级堰塞湖的应急处置技术方案的编制。方案编制具体内容参见《导则》，并按程序报批后实施。

九、宣传报道

防御司、办公厅会同宣传教育中心、水利报社等做好水利部堰塞湖应急处置工作的宣传报道。重点做好应对工作部署、水文应急监测、水工程调度、应急抢险技术支撑等方面的宣传，主动与中央电视台、新华社等中央主流媒体联系，及时向主流媒体提供新闻稿件，组织协调开展一线报道，确保宣传报道及时、主动、准确。

十、应急处置后续评估总结

堰塞湖险情解除后，各有关单位按要求开展水利应急处置评估总结，对残留堰塞体、泄流通道及附近山体可能滑坡体（或附近支沟泥石流）等进行综合评估，提出后续处置工作建议。

十一、灾后水利设施水毁修复

防御司根据水利设施受损和应急监测工作开展情况，提出灾后水利设施水毁修复建议，并商财政部门安排经费支持，指导地方开展灾后水利设施修复。

【简评】

例文由标题、发布时间及正文三大部分内容构成，共11条。第一条总则部分对制发《水利部堰塞湖应急处置工作规程》的目的、依据和具体内容进行了概括性的介绍。第二条至第十一条重点说明了规程的具体内容，采用了分章列条式写法。例文篇章布局合理，格式规范，内容表述清晰，是一篇比较优秀的范文。

（三）规程写作小结

（1）规程的内容要完整。在撰制规程过程中，要把需所属人员周知和遵守的统一程序及要求条分缕析地置于规程中，否则会在程序链条上脱节，导致无法实现制定规程的目的。

（2）规程的用语要准确。即切不可使用模棱两可、含糊其词的弹性词语。

（3）规程的格式要清晰。规程作为开展日常工作的文本参考，在章节内容设计上定当条理清晰，层次清楚，结构合理。

十二、公约

（一）公约的用法

1. 公约的含义

公约是条约的一种，通常指国际间为事关政治、经济、文化、技术等重大国际问题而举行国际会议，最后缔结的多方面的条约。公约通常为开放性的，非缔约国可以在公约生效前或生效后的任何时候加入。有的公约由专门的国际会议制定。

公约除了倾向于立法形式的多边条约以外，它与条约并无实质性差别。它的内容一般是专门性的，不如条约的内容重大。

需要说明的是，通常国际上由若干国家共同缔结的多边条约，也叫公约，如联合国通过的《公民权利和政治权利国际公约》。这是一种用来维护国际生活的正常秩序和国与国之间的正常关系的国际性文书，不在我们所讨论的范围之内。

我们所说的公约主要是指在国内一定范围内使用的、带有公共性和督促性的文书。

公约是参与制定的单位和个人共同信守的行为规范，它对于维护社会秩序、促进安定团结、加强社会主义精神文明建设有着不可低估的作用。

2. 公约的类型

（1）部门公约。这里所说的部门不是行政管理部门，而是群众社团、民间组织，如消费者协会制定的消费公约，爱国卫生委员会制定的卫生公约等。

（2）行业公约。一个行业为了加强本行业的职业道德，保护公平竞争，以行业协会出面主持制定的公约，就是行业公约。

（3）民间公约。由居委会、村委会或村民小组出面主持制定的公约，也就是俗称的"村规民约"，就是民间公约。

3. 公约的写法

（1）标题。公约的标题有三种写法：一是适用人加文种，如《教师公约》；二是适用范围加文种，如《花园小区公约》；三是涉及事项加文种，如《护林公约》。

（2）正文。公约的正文由引言、主体和结尾组成。引言主要用来写明制定公约的目的、意义，常套用"为了……特制定本公约"的固定格式。主体通常采用条文式写法，将具体内容一一列出。这部分最重要，一定要做到系统完整，层次清楚，言简意明，朴实通畅。结尾通常用来写执行要求、生效日期等。如无必要，可免除这一部分。

（3）署名与日期。对于有些公约而言，署名是很重要的一项，因为署名就意味着承诺，表明遵守公约的意向，表明愿意为违背公约承担责任。特别是行业公约，这一点显得更为突出。

（二）公约实例简评

1. 部门公约

【例文】

<h3 align="center">安心消费公约</h3>

在抗击新冠肺炎疫情的过程中，连锁企业保供应、保服务、保就业，为社会经济平稳运行做出了重要贡献。病毒肆虐，服务有情。为了在疫情中和疫情后更好地服务顾客，提振消费，恢复经营，为可持续发展打好基础，协会动员广大会员加入"安心消费"公约，发扬公约精神，践行公约要求，让连锁门店成为老百姓最信赖和最安心的消费场所。

公约的基本原则：加入公约的连锁企业，都应通过持续改善和优化创新，向消费者提供"安心产品、安心环境、安心服务"。每个行业和业态的连锁企业，都可结合自身特点，确定"安心消费"的标准和规则并严格执行。协会将引导和支持相关标准、规则的制定、推广和应用。协会鼓励加入公约的会员企业积极分享创新经验和成果，也欢迎相关机构共同参与"安心消费"公约的落地和推广。让我们携手共进，为满足消费者对美好生活的追求做出应有的贡献。

中国连锁经营协会

2020 年 3 月 9 日

【简评】

例文篇幅较短，但表达内容却十分具有时代意义。从写法上看，例文开篇即交代了制定该公约的背景、目的，并采用了公文写作中比较常用的模式化语言"为了……为……"开头，简洁明了，表意清楚、凝练。第二段阐释了公约的主要内容及公约的实施推广。例文整体结构完整，表意清晰，是一篇公约典范。

2. 行业公约

【例文】

<h3 align="center">关于印发《中国工程咨询业行业自律公约》的通知</h3>

各工程咨询单位：

为了建立健全我国工程咨询行业自律机制，维护工程咨询行业的公平竞争和正当权益，提高咨询服务质量，规范从业行为，促进行业健康发展，特制定《中国工程咨询业行业自律公约》。该文件已经第六届会员代表大会审议通过，现印发你们，请遵照执行。

中国工程咨询协会

2018 年 9 月 17 日

中国工程咨询业行业自律公约

第一条　为了建立健全我国工程咨询行业自律机制，规范从业行为，维护工程咨询行业的公平竞争和正当权益，提高咨询服务质量，促进行业健康发展，制定本公约。

第二条　本公约所称的工程咨询是指遵循独立、公正、科学的原则，综合运用多学科知识、工程实践经验、现代科学和管理方法，在经济社会发展、境内外投资建设项目决策与实施活动中，为投资者和政府部门提供阶段性或全过程咨询和管理的智力服务。工程咨询单位是指在中国境内设立的从事工程咨询业务，通过全国投资项目在线审批监管平台备案公示，并具有独立法人资格的企业、事业单位。咨询工程师（投资）是指合法取得"中华人民共和国咨询工程师（投资）职业资格证书"后，在中国工程咨询协会登记合格并取得"中华人民共和国咨询工程师（投资）登记证书"的人员。

第三条　本公约适用于中国工程咨询协会会员单位，也是全国工程咨询行业从业者应当共同遵守的行业规范。

第四条　工程咨询单位应当按照国家有关工程咨询行业管理的规定要求，通过"全国投资项目在线审批监管平台"办理告知性备案，在国家发展改革委通过在线平台向社会公布工程咨询单位基本信息后才能从事工程咨询业务。应当保证所提交的本单位备案信息真实、准确、完整。备案信息有变化的，应当及时通过在线平台告知。

第五条　工程咨询业要以习近平新时代中国特色社会主义思想为指导，全面贯彻党的十九大精神，牢固树立和落实新发展理念，诚实守信，公正廉洁，敬业进取，以高质量的咨询成果和优质的服务，促进投资科学决策规范实施，赢得社会信任。

第六条　遵守国家法律、法规和相关政策，恪守行业规范和职业道德；积极参与和接受行业自律管理，依法依规从业，守法守信经营；自觉接受政府主管部门、行业自律组织以及社会各界的管理和监督，共同抵制和纠正行业不正之风；履行行业的社会责任和义务，维护国家和社会公共利益，维护工程咨询行业的声誉和秩序，塑造"廉洁自律、诚信高效、社会信赖"的行业形象。

第七条　工程咨询单位执业的专业和服务范围应当与全国投资项目在线审批监管平台备案公示的相一致；咨询工程师（投资）必须取得中国工程咨询协会颁发的"咨询工程师（投资）登记证书"和执业专用章，按照"咨询工程师（投资）登记证书"登记的专业执业。咨询成果文件上应当加盖工程咨询单位公章和咨询工程师（投资）执业专用章，对出具的咨询成果文件的真实性、准确性和科学性负责并做出信用承诺。

第八条　增强服务意识，竭诚为客户服务，为客户提供最佳解决方案，切实维护客户合法权益；遵守国家或行业管理有关规定，参照国际惯例和委托方订立书面合同，协商约定各方权利义务，明确咨询活动形成的知识产权归属，忠实履行与客户签订的各项合约；实行有偿服务，由合同双方协商提供服务确定价格，促进优质优价，不直接或间接接受任何有损客观、独立和公正判断的报酬。

第九条　坚持"独立、公正、科学"的服务宗旨，坚持执业尊严。依据法律法规、有关发展建设规划、技术标准、产业政策以及政府部门发布的标准规范等编写咨询成果文件，实事求是，客观、全面分析一切有利因素和不利因素，并向客户如实反馈。承担编制任务的工程咨询单位，不承担同一事项的评估咨询任务。承担评估咨询任务的工程咨询单位，与同一事项的编制单位、项目业主单位之间不存在控股、管理关系或者负责人为同一人的重大关联关系。

第十条　建立健全工程咨询质量管理制度，建立和实行咨询成果质量、成果文件审核等岗位人员责任制，保障咨询成果文件内容和深度符合国家规定和行业规范的要求。建立从业档案管理制度，将委托合同、咨询成果文件等存档备查。实行咨询成果质量终身负责制。工程咨询单位对咨询质量负总责。主持人员对咨询成果文件质量负主要直接责任，参与人员对其编写的篇章内容负责。工程项目在设计使用年限内，因工程咨询质量导致项目单位重大损失的，应倒查咨询成果质量责任。

第十一条　严格按照有关规定申请行业自律性质的工程咨询单位资信评价等级证书和咨询工程师（投资）登记证书。在提供申请材料时，如实提供单位和咨询工程师（投资）的相关信息，不以欺骗、贿赂等不正当手段取得证书。不弄虚作假帮助他人申请咨询工程师（投资）登记。咨询工程师（投资）应当选择一个工程咨询单位执业，工程咨询单位应当配备一定数量的咨询工程师（投资）。

第十二条　加强"工程咨询单位资信评价等级证书"和"咨询工程师（投资）登记证书"以及执业专用章的管理，不伪造、涂改、出租、出借、转让。咨询工程师（投资）不准许他人以本人名义执业，不接受任何影响公正执业的酬劳。

第十三条　以质量、服务、信誉公平竞争，杜绝无序竞争和不正当的价格竞争。不采取弄虚作假、泄露委托方商业秘密等不正当手段排挤竞争对手的公平竞争；不直接或间接试图替代其他工程咨询单位或咨询工程师（投资）已经受托的咨询业务，不采取恶意低价竞争等不正当竞争行为获取咨询业务；不抄袭咨询成果，损害其他工程咨询单位和咨询工程师（投资）权益。

第十四条　加强自身实力建设和能力建设，提高业务水平和经营管理水平。通过各种形式开展学习，更新知识，钻研业务，掌握先进的技术手段，积极推进工程咨询理论方法、技术和服务模式的创新，努力使工程咨询业成为学习型和创新型行业。积极参加协会组织的咨询业务和继续教育培训，学习工程咨询新理论、新知识、新方法和新技术，持续提高业务水平和经营管理能力。

第十五条　遵循公平竞争、相互支持、相互信任、优势互补的原则，各工程咨询单位和各咨询工程师（投资）之间要团结合作，与委托任务涉及到的相关单位，建立良好的合作关系。

第十六条　强化诚信意识，做到严于律己、恪守承诺。积极参加工程咨询单位资信评价工作，主动接受行业协会的指导监督。工程咨询单位的资信评价结果，由国家和省级发展改革委通过在线平台等向社会公布。

第十七条　加快国际化步伐，积极推进国际交流与合作，吸收借鉴国外先进的工程咨询理念和经验。在开展国际工程咨询活动中，遵守所在国家及地区的法律法规，树立良好的国际信誉。

第十八条　热心行业发展，支持协会工作，积极提出意见和建议，共同推进工程咨询事业持续健康发展。

本公约经中国工程咨询协会会员代表大会讨论通过后向社会公布。

【简评】

这份行业公约共 18 条，条理清晰地呈现了制定公约的目的、公约所涉及行业术语的内涵、公约的适用范围以及具体实施细则等内容。该公约通过转文通知以文载文形式印发，故转文通知的具体实施要求便是该公约的实施要求。

3. 民间公约

【例文】

××村村民卫生公约

为了增强全体村民的卫生意识，提高村民自我教育、自我约束的能力，自觉维护公共卫生形象，特制定以下村民卫生公约：

一、环境卫生关系每个村民身体健康，全体村民要自觉遵守本卫生公约，养成清洁、文明的良好习惯。自觉搞好卫生家居。

二、对死禽要深埋处理，防止疾病流行。随时清除自家门前屋后的垃圾、杂物、污物，保持房屋周围清洁美观，农户门前禁止污水溢流，发现污水及时清除，严禁自行焚烧垃圾。

三、村民要将垃圾分类投放，垃圾池内只能倾倒生活垃圾。树枝柴草、家居杂物、建筑垃圾要自行处理，不得倒入垃圾池。百岁老人余物一律送到村级灵堂垃圾池焚烧。

四、各家各户每天要对自家门前屋后的垃圾、杂物、污物进行清理，保持房屋周围清洁美观。把垃圾倒入指定的垃圾池中，不准随地乱堆、乱倒、乱丢。严禁将垃圾废物倒入河道池塘，保证河道整洁通畅。禁止乱扔果皮纸屑，保持地面清洁。

五、保洁员要自觉履行职责，做到垃圾日产日清，接受镇村统一管理，确保我村村容整洁卫生。

六、村委会将不定期组织评出"卫生之家"，并给予荣誉奖励。

本公约从 2019 年 10 月 15 日起开始执行，望全体村民自觉遵守，互相监督，共同执行。

××村村民委员会

2019 年 10 月 11 日

【简评】

由 "××村村民委员会" 制定的卫生公约，便决定了此公约的 "民间公约" 性质。例文开篇以 "为了……特制定以下村民卫生公约" 这一模式化语言界定了行文目的，进而分六条阐释了公约的具体内容，做到了宏观指向与微观具体操作相结合。例文内容完整，结构清晰，格式规范。

（三）公约写作小结

1.注意公众约定性

约定性是公约的突出特点之一。公约虽有约束性，但它不是有关管理部门制定的强制性的法规，而是订约单位或订约人自愿协商缔结的公共约法。它一般不产生于行政管理部门，而是产生于社会团体或民众之间，有一定的民间特色。它不是正式的法律和法规，对参与者只有道德约束力，没有法律效力。

2.恪守长期适用性

公约所涉及的内容一般都具有长期的稳定性，因而公约也具有长期适用性，不会在短期内成为废文。制定公约时应充分考虑到这一点，即要选择大家共同关心的、有长期意义的原则性事项写入公约。如果发现原有的公约已经过时，则要讨论制定新的公约来取代它。

3.明确集体监督性

公约一经公众认定，便成为订约人的行为和道德规范，每个人都有履行公约的义务，不得违反。同时，它也是人们互相监督的依据，每个人也都有以公约为准则监督别人的义务。一旦发现有违背公约的行为，大家都有权进行批评和谴责。

4.坚持基本原则性

公约的内容在多数情况下都是一些基本道德准则和精神文明建设的原则要求，一般不涉及具体的行动方法和实施措施，不像细则那样详尽具体，因而公约大多短小精练。

十三、须知

（一）须知的用法

1.须知的含义及特点

须知是为了使有关人员懂得有关要求，以便遵守执行，从而规范有关人员的思想行为，更好地做好工作，办好事情的一种公文。

须知的主要特点是知照性，让有关人员知道有关的规定要求，因而都是公开地张贴在有关人员的活动场所，而且还给予显著的位置，甚至给予一种鲜明的色彩以引人注目。

2. 须知的写法

须知的内容较广，种类比较多，但是写作方法大体一致。一般由标题、正文、落款和日期构成。

（1）标题。一般由适用范围、适用对象加文种构成。如《大会工作人员须知》，"大会"即适用范围，"工作人员"为适用对象，"须知"即文种。有的也可将适用范围或适用对象省去。

（2）正文。一般分条写出须知的具体事项，也就是要求周知和遵守的事项，每条前面可用数字标注。

（3）落款和日期。一般写在文末的右下方。

（二）须知实例简评

【例文】

2020年托福网考考生须知

一、报名要求

报名前，考生须仔细阅读ETS发布的托福网考考生手册（中国版）并同意ETS关于托福网考考试实施、考试报名和成绩报告方面的所有条款，阅读教育部考试中心托福网考报名网站公布的报名程序、费用支付等方面的内容和重要提示及相关网上报名条款。

报名时，考生须确认所提交全部信息的真实性和准确性，否则将会导致您无法获得托福网考的考试信息和考试成绩。考生须对本人所提交的错误信息造成的后果负责。考生报名时，系统将为考生建立个人账户，存放考生个人的报名信息和考试成绩。该账户由网站指定的NEEA ID号码和考生本人设定的密码控制。考生应妥善保管NEEA ID和密码。

二、证件要求

考场按TOEFL要求严格审核身份证件。考生如未携带ETS要求提供的证件或携带证件不符合要求，将被拒绝进入考场，考费不予退还，考生须仔细阅读并了解TOEFL网考考生手册（中国版）中关于证件要求的部分。如有证件相关疑问，请在考试日期前与托福报名咨询中心联系。

中国大陆TOEFL考场对身份证件的要求：

中国大陆的考生必须携带有效的二代居民身份证原件参加考试。根据中华人民共和国相关法律，任何年龄的公民，均可在户籍所在地申领居民身份证。

中国台湾地区考生必须携带有效的台湾地区居民往来大陆通行证原件参加考试。

中国香港和澳门地区的考生必须携带有效的身份证或护照原件参加考试。

非中国籍考生必须携带有效护照原件参加考试，护照明确显示考生的姓名、照片和签字。

注意：证件上的姓名和生日等个人信息必须与报名信息完全一致。

三、考生到达考场时间

在考试日考生到达考场的时间不得晚于报名确认信标明的时间。迟到者将被拒绝进入考场并不予退款或转考。

08:15 到达考场

08:15 排队进教室签保密协议

08:15 放随身物品

08:15 排队进机房

08:15 拍照

08:15 等待监考老师输入密码

08:15 试音

08:15—08:45 开始考试

四、个人物品要求

除身份证件之外，任何个人物品都不允许带入考试区域，考试区域包括等候室、考场、考试过程中使用的卫生间。个人物品须存放在考点指定的地点，并且考试过程中或休息过程中不再接触这些物品。教育部考试中心、ETS 和考点均不对丢失物品负责。违禁物品包括但不限于：自带文具和键盘、钱包和钱夹、电子及通讯设备、计时器、参考资料、食品和饮料及监考人员认为属于违规的其他物品。如果在考试过程中或休息时发现在考试区域你携带上述任何物品，考场管理员将立即向 ETS 报告，你的考试将不被评分，考试管理员也有权禁止或者终止你的考试。

五、等待进入考场

考生到达考场后应有秩序地在等待区等候，听从考务人员的指令，禁止大声喧哗和拥挤。在完成个人物品的存储、违禁物品检验、身份证件初审以及阅读和签署考务人员分发的保密协议后，等待考务人员安排入场检录。为避免占用考试时间，建议考生利用此时间如厕。

六、考生进场检录和考位安排

考务人员将依次安排考生检录进入考场。考生应携带身份证件和签署的保密协议接受主考检录。主考将核收保密协议，审核证件并进行数码摄像。身份证件上所显示的姓名和生日与报名信息不符的考生将被拒绝进场。主考不能更改考生的姓名，只能对姓名拼写的个别错误（如姓名倒置、空格位置不对等）通过电子邮件提交修改的申请。

考生的座位由计算机系统随机分配。考生的照片、注册号、姓名和生日将显示在所分配考位的计算机显示器上。考务人员将引导考生到达考位就座。此时严禁考生触摸计算机键盘和鼠标。考生应核对显示器上的信息是否正确。在考务人员输入键盘解锁指令后，考生方可使用键盘和鼠标开始考试。

七、考试注意事项

托福网考允许考生在考试进行当中做笔记。考场将发给每位考生一支铅笔和三张专用草稿纸。考试完毕后考生须在退场前将铅笔和草稿纸如数退还。考试计时由计算机系统控制并显示在显示屏上。禁止考生携带和放置个人计时器。

耳机的音量由考生在计算机上通过鼠标调整。

考生在考试时，只需使用计算机的键盘、鼠标和耳机进行考试，不得擅自触摸和拔插计算机其他部件。因考生非正常使用而导致计算机及耳机损坏（如将耳机电缆拉断），由考生负责赔偿。

如遇计算机系统故障或死机，请考生不要紧张，立即举手示意考务人员帮助重新启动考试系统。停机期间考试的计时停止。重新启动系统后将从停止时刻开始。

八、考场规则

考生须服从考务人员的指令，不得大声喧哗扰乱考场秩序。有问题须举手示意等待考务人员前来解决。

考生在考场的任何违规或舞弊行为都将被如实报告给 ETS，违规或舞弊行为将会影响考生的考试成绩甚至考试资格。因违规舞弊而被取消考试成绩或考试资格的考生不得申请更改、退考或退款；情节严重者有可能被禁止参加以后的考试。

违规舞弊行为包括但不限于：

1. 代替他人考试或请他人替考；

2. 采取任何形式协助他人进行舞弊或本人舞弊；

3. 在考场内携有或使用上述违规物品；

4. 通过不正当的手段获取考试信息；

5. 将草稿纸（全部或部分）或试题内容带出考场；

6. 不听从监考人员指令或警告；

7. 故意毁坏考场设施或考试设施；

8. 故意扰乱考场秩序或影响他人考试；

9. 监考人员认定的属于违规或舞弊的其他情况。

九、免费重考

2020 年发生异常情况导致考试无法按时进行或无法完成考试，或无法对考试进行评分的，这些情况可能包括但不限于考试实施失误（考试安排、考试资料和考试设备等方面导致），不可抗力（自然灾害、流行病疫情或其他紧急情况），由 ETS 评估确认后给予受影响考生一次免费重新考试的机会。免费重考的时间和地点由 ETS 安排注册。对于新安排的重考，考生因故不能参加，可在考前 10 天申请取消重考退还全部考试费或一次免费转考。

十、考试成绩

通常情况下，考生可在考试结束约 10—15 个工作日后登录报名网站查询成绩。ETS 正式打印的成绩单通常会在考试日后 8 周左右通过快递寄送到考生报名时提交的中文地址。快递单号将显示在考生个人账户中。托福考试成绩的有效期为考试日后 2 年。

十一、其他服务项目

注册参加托福网考的考生还可选择另外付费提供的服务，包括增送成绩、恢复已取消成绩、口语和作文复议等，详见考生手册和报名程序。

十二、相关信息

考生如对考试服务（包括考试报名、考试实施、考场设施、监考人员等）不满意或认为其权益受到了侵害，请向教育部考试中心托福网考呼叫中心提出投诉。教育部考试中心托福网考呼叫中心电话：86—10—82345×××，考试日服务电话：86—10—61957×××，传真：86—10—82345×××—1—3 或 86—10—61957×××。教育部考试中心托福网考报名网站：http://toefl.etest.edu.cn，http://toefl.etest.net.cn。

【简评】

这份须知由两部分组成，即标题和正文。标题采用了适用范围、适用对象和文种的三项式写法。适用范围是"2020 年托福网考"，适用对象是"考生"，文种是"须知"。

正文分十二条告知了托福考生网考的相关事项。正文首先介绍了报考信息即报名要求、证件要求。随后对考试的详细情况进行了说明，包括考生到达考场时间、个人物品要求、等待进入考场、考生进场检录和考位安排、考试注意事项、考场规则、免费重考、考试成绩。最后还介绍了其他服务项目和相关信息。

作为知照性的文件，这份须知贴近主题、条理清楚、对相关事宜介绍得周密详尽。

（三）须知写作小结

（1）内容要切合实际，必须与某一事项活动的内容相关。

（2）条理要清晰，语言要通俗、准确，易读易记。

（3）须知一般要张贴在有关人员容易看到的地方或印发给相关人员，以便于共同遵守。

十四、通则

（一）通则的用法

1. 通则的概念及类别

通则指适合于一般情况的规章或法则。按其适用领域不同，可将通则作如下划分：

（1）民法通则。《中华人民共和国民法通则》是我国对民事活动中一些共同性问题所作的法律规定。

（2）企业财务通则。《中华人民共和国企业财务通则》是为了适应中国社会主义市场经济发展的需要，加强企业财务管理，规范企业财务行为，保护企业及其相关方的合法权益，推进现代企业制度建设而制定的通则。

（3）贷款通则。《中华人民共和国贷款通则》是为了规范贷款行为，维护借贷双方的合法权益，以保证信贷资产的安全，提高贷款使用的整体效益，促进社会经济的持续发展而制定的通则。

（4）民用建筑设计通则。《中华人民共和国民用建筑设计通则》是作为政府和质量审查机构检查和监督民用建筑工程使用功能和质量的重要标准之一，主要确保建筑物使用中的人民生命财产的安全和身体健康，维护公共利益，并要保护环境，促进社会的可持续发展。

（5）司法鉴定程序通则。《中华人民共和国司法鉴定程序通则》是司法鉴定机构和司法鉴定人进行司法鉴定活动应当遵守和采用的一般程序规则。

（6）旅游规划通则。《中华人民共和国旅游规划通则》是为规范旅游规划编制工作，提高中国旅游规划工作总体水平，达到旅游规划的科学性、前瞻性和可操作性，促进旅游业可持续发展而制定的标准。

　2.**通则的写法**

（1）标题。通则的标题一般由"适用国度+适用领域+通则"三项式组成，如《中华人民共和国旅游规划通则》、《中华人民共和国民用建筑设计通则》等。也有省略"适用国度"项的写法，这也和"通则"随"令"出有很大关系，因为在"令"中已然清楚地交代了发布通则的机关。通则实例简评中的例文便是很好的例证。

（2）正文。通则的正文一般包括如下内容：首先，明确制发通则的背景、目的、依据及适用范围等内容；其次，分条列项阐释通则的具体内容；最后，明确通则的具体制发、施行时间要求及同时废止其他相关通则情况。

（二）通则实例简评

【例文】

中华人民共和国司法部令
第132号

《司法鉴定程序通则》已经 2015 年 12 月 24 日司法部部务会议修订通过，现将修订后的《司法鉴定程序通则》发布，自 2016 年 5 月 1 日起施行。

2016 年 3 月 2 日

司法鉴定程序通则

第一章　总则

第一条　为了规范司法鉴定机构和司法鉴定人的司法鉴定活动，保障司法鉴定质量，保障诉讼活动的顺利进行，根据《全国人民代表大会常务委员会关于司法鉴定管理问题的决定》和有关法律、法规的规定，制定本通则。

第二条　司法鉴定是指在诉讼活动中鉴定人运用科学技术或者专门知识对诉讼涉及的专门性问题进行鉴别和判断并提供鉴定意见的活动。司法鉴定程序是指司法鉴定机构和司法鉴定人进行司法鉴定活动的方式、步骤以及相关规则的总称。

第三条　本通则适用于司法鉴定机构和司法鉴定人从事各类司法鉴定业务的活动。

第四条　司法鉴定机构和司法鉴定人进行司法鉴定活动，应当遵守法律、法规、规章，遵守职业道德和执业纪律，尊重科学，遵守技术操作规范。

第五条　司法鉴定实行鉴定人负责制度。司法鉴定人应当依法独立、客观、公正地进行鉴定，并对自己做出的鉴定意见负责。司法鉴定人不得违反规定会见诉讼当事人及其委托的人。

第六条　司法鉴定机构和司法鉴定人应当保守在执业活动中知悉的国家秘密、商业秘密，不得泄露个人隐私。

第七条　司法鉴定人在执业活动中应当依照有关诉讼法律和本通则规定实行回避。

第八条　司法鉴定收费执行国家有关规定。

第九条　司法鉴定机构和司法鉴定人进行司法鉴定活动应当依法接受监督。对于有违反有关法律、法规、规章规定行为的，由司法行政机关依法给予相应的行政处罚；对于有违反司法鉴定行业规范行为的，由司法鉴定协会给予相应的行业处分。

第十条　司法鉴定机构应当加强对司法鉴定人执业活动的管理和监督。司法鉴定人违反本通则规定的，司法鉴定机构应当予以纠正。

第二章　司法鉴定的委托与受理

第十一条　司法鉴定机构应当统一受理办案机关的司法鉴定委托。

第十二条　委托人委托鉴定的，应当向司法鉴定机构提供真实、完整、充分的鉴定材料，并对鉴定材料的真实性、合法性负责。司法鉴定机构应当核对并记录鉴定材料的名称、种类、数量、性状、保存状况、收到时间等。

诉讼当事人对鉴定材料有异议的，应当向委托人提出。

本通则所称鉴定材料包括生物检材和非生物检材、比对样本材料以及其他与鉴定事项有关的鉴定资料。

第十三条　司法鉴定机构应当自收到委托之日起7个工作日内做出是否受理的决定。对于复杂、疑难或者特殊鉴定事项的委托，司法鉴定机构可以与委托人协商决定受理的时间。

第十四条　司法鉴定机构应当对委托鉴定事项、鉴定材料等进行审查。对属于本机构司法鉴定业务范围，鉴定用途合法，提供的鉴定材料能够满足鉴定需要的，应当受理。

对于鉴定材料不完整、不充分，不能满足鉴定需要的，司法鉴定机构可以要求委托人补充；经补充后能够满足鉴定需要的，应当受理。

第十五条　具有下列情形之一的鉴定委托，司法鉴定机构不得受理：

（一）委托鉴定事项超出本机构司法鉴定业务范围的；

（二）发现鉴定材料不真实、不完整、不充分或者取得方式不合法的；

（三）鉴定用途不合法或者违背社会公德的；

（四）鉴定要求不符合司法鉴定执业规则或者相关鉴定技术规范的；

（五）鉴定要求超出本机构技术条件或者鉴定能力的；

（六）委托人就同一鉴定事项同时委托其他司法鉴定机构进行鉴定的；

（七）其他不符合法律、法规、规章规定的情形。

第十六条　司法鉴定机构决定受理鉴定委托的，应当与委托人签订司法鉴定委托书。司法鉴定委托书应当载明委托人名称、司法鉴定机构名称、委托鉴定事项、是否属于重新鉴定、鉴定用途、与鉴定有关的基本案情、鉴定材料的提供和退还、鉴定风险，以及双方商定的鉴定时限、鉴定费用及收取方式、双方权利义务等其他需要载明的事项。

第十七条　司法鉴定机构决定不予受理鉴定委托的，应当向委托人说明理由，退还鉴定材料。

第三章　司法鉴定的实施

第十八条　司法鉴定机构受理鉴定委托后，应当指定本机构具有该鉴定事项执业资格的司法鉴定人进行鉴定。

委托人有特殊要求的，经双方协商一致，也可以从本机构中选择符合条件的司法鉴定人进行鉴定。

委托人不得要求或者暗示司法鉴定机构、司法鉴定人按其意图或者特定目的提供鉴定意见。

第十九条　司法鉴定机构对同一鉴定事项，应当指定或者选择二名司法鉴定人进行鉴定；对复杂、疑难或者特殊鉴定事项，可以指定或者选择多名司法鉴定人进行鉴定。

第二十条　司法鉴定人本人或者其近亲属与诉讼当事人、鉴定事项涉及的案件有利害关系，可能影响其独立、客观、公正进行鉴定的，应当回避。

司法鉴定人曾经参加过同一鉴定事项鉴定的，或者曾经作为专家提供过咨询意见的，或者曾被聘请为有专门知识的人参与过同一鉴定事项法庭质证的，应当回避。

第二十一条　司法鉴定人自行提出回避的，由其所属的司法鉴定机构决定；委托人要求司法鉴定人回避的，应当向该司法鉴定人所属的司法鉴定机构提出，由司法鉴定机构决定。

委托人对司法鉴定机构做出的司法鉴定人是否回避的决定有异议的，可以撤销鉴定委托。

第二十二条　司法鉴定机构应当建立鉴定材料管理制度，严格监控鉴定材料的接收、保管、使用和退还。

司法鉴定机构和司法鉴定人在鉴定过程中应当严格依照技术规范保管和使用鉴

定材料，因严重不负责任造成鉴定材料损毁、遗失的，应当依法承担责任。

第二十三条 司法鉴定人进行鉴定，应当依下列顺序遵守和采用该专业领域的技术标准、技术规范和技术方法：

（一）国家标准；

（二）行业标准和技术规范；

（三）该专业领域多数专家认可的技术方法。

第二十四条 司法鉴定人有权了解进行鉴定所需要的案件材料，可以查阅、复制相关资料，必要时可以询问诉讼当事人、证人。

经委托人同意，司法鉴定机构可以派员到现场提取鉴定材料。现场提取鉴定材料应当由不少于2名司法鉴定机构的工作人员进行，其中至少1名应为该鉴定事项的司法鉴定人。现场提取鉴定材料时，应当有委托人指派或者委托的人员在场见证并在提取记录上签名。

第二十五条 鉴定过程中，需要对无民事行为能力人或者限制民事行为能力人进行身体检查的，应当通知其监护人或者近亲属到场见证；必要时，可以通知委托人到场见证。

对被鉴定人进行法医精神病鉴定的，应当通知委托人或者被鉴定人的近亲属或者监护人到场见证。

对需要进行尸体解剖的，应当通知委托人或者死者的近亲属或者监护人到场见证。

到场见证人员应当在鉴定记录上签名。见证人员未到场的，司法鉴定人不得开展相关鉴定活动，延误时间不计入鉴定时限。

第二十六条 鉴定过程中，需要对被鉴定人身体进行法医临床检查的，应当采取必要措施保护其隐私。

第二十七条 司法鉴定人应当对鉴定过程进行实时记录并签名。记录可以采取笔记、录音、录像、拍照等方式。记录应当载明主要的鉴定方法和过程，检查、检验、检测结果，以及仪器设备使用情况等。记录的内容应当真实、客观、准确、完整、清晰，记录的文本资料、音像资料等应当存入鉴定档案。

第二十八条 司法鉴定机构应当自司法鉴定委托书生效之日起30个工作日内完成鉴定。

鉴定事项涉及复杂、疑难、特殊技术问题或者鉴定过程需要较长时间的，经本机构负责人批准，完成鉴定的时限可以延长，延长时限一般不得超过30个工作日。鉴定时限延长的，应当及时告知委托人。

司法鉴定机构与委托人对鉴定时限另有约定的，从其约定。

在鉴定过程中补充或者重新提取鉴定材料所需的时间，不计入鉴定时限。

第二十九条 司法鉴定机构在鉴定过程中，有下列情形之一的，可以终止鉴定：

（一）发现有本通则第十五条第二项至第七项规定情形的；

（二）鉴定材料发生耗损，委托人不能补充提供的；

（三）委托人拒不履行司法鉴定委托书规定的义务、被鉴定人拒不配合或者鉴定活动受到严重干扰，致使鉴定无法继续进行的；

（四）委托人主动撤销鉴定委托，或者委托人、诉讼当事人拒绝支付鉴定费用的；

（五）因不可抗力致使鉴定无法继续进行的；

（六）其他需要终止鉴定的情形。

终止鉴定的，司法鉴定机构应当书面通知委托人，说明理由并退还鉴定材料。

第三十条　有下列情形之一的，司法鉴定机构可以根据委托人的要求进行补充鉴定：

（一）原委托鉴定事项有遗漏的；

（二）委托人就原委托鉴定事项提供新的鉴定材料的；

（三）其他需要补充鉴定的情形。

补充鉴定是原委托鉴定的组成部分，应当由原司法鉴定人进行。

第三十一条　有下列情形之一的，司法鉴定机构可以接受办案机关委托进行重新鉴定：

（一）原司法鉴定人不具有从事委托鉴定事项执业资格的；

（二）原司法鉴定机构超出登记的业务范围组织鉴定的；

（三）原司法鉴定人应当回避没有回避的；

（四）办案机关认为需要重新鉴定的；

（五）法律规定的其他情形。

第三十二条　重新鉴定应当委托原司法鉴定机构以外的其他司法鉴定机构进行；因特殊原因，委托人也可以委托原司法鉴定机构进行，但原司法鉴定机构应当指定原司法鉴定人以外的其他符合条件的司法鉴定人进行。

接受重新鉴定委托的司法鉴定机构的资质条件应当不低于原司法鉴定机构，进行重新鉴定的司法鉴定人中应当至少有1名具有相关专业高级专业技术职称。

第三十三条　鉴定过程中，涉及复杂、疑难、特殊技术问题的，可以向本机构以外的相关专业领域的专家进行咨询，但最终的鉴定意见应当由本机构的司法鉴定人出具。

专家提供咨询意见应当签名，并存入鉴定档案。

第三十四条　对于涉及重大案件或者特别复杂、疑难、特殊技术问题或者多个鉴定类别的鉴定事项，办案机关可以委托司法鉴定行业协会组织协调多个司法鉴定机构进行鉴定。

第三十五条　司法鉴定人完成鉴定后，司法鉴定机构应当指定具有相应资质的人员对鉴定程序和鉴定意见进行复核；对于涉及复杂、疑难、特殊技术问题或者重新鉴定的鉴定事项，可以组织3名以上的专家进行复核。

复核人员完成复核后，应当提出复核意见并签名，存入鉴定档案。

第四章　司法鉴定文书的出具

第三十六条　司法鉴定机构和司法鉴定人应当按照统一规定的文本格式制作司

法鉴定意见书。

第三十七条　司法鉴定意见书应当由司法鉴定人签名。多人参加的鉴定，对鉴定意见有不同意见的，应当注明。

第三十八条　司法鉴定意见书应当加盖司法鉴定机构的司法鉴定专用章。

第三十九条　司法鉴定意见书应当一式四份，三份交委托人收执，一份由司法鉴定机构存档。司法鉴定机构应当按照有关规定或者与委托人约定的方式，向委托人发送司法鉴定意见书。

第四十条　委托人对鉴定过程、鉴定意见提出询问的，司法鉴定机构和司法鉴定人应当给予解释或者说明。

第四十一条　司法鉴定意见书出具后，发现有下列情形之一的，司法鉴定机构可以进行补正：

（一）图像、谱图、表格不清晰的；

（二）签名、盖章或者编号不符合制作要求的；

（三）文字表达有瑕疵或者错别字，但不影响司法鉴定意见的。

补正应当在原司法鉴定意见书上进行，由至少 1 名司法鉴定人在补正处签名。必要时，可以出具补正书。

对司法鉴定意见书进行补正，不得改变司法鉴定意见的原意。

第四十二条　司法鉴定机构应当按照规定将司法鉴定意见书以及有关资料整理立卷、归档保管。

第五章　司法鉴定人出庭作证

第四十三条　经人民法院依法通知，司法鉴定人应当出庭作证，回答与鉴定事项有关的问题。

第四十四条　司法鉴定机构接到出庭通知后，应当及时与人民法院确认司法鉴定人出庭的时间、地点、人数、费用、要求等。

第四十五条　司法鉴定机构应当支持司法鉴定人出庭作证，为司法鉴定人依法出庭提供必要条件。

第四十六条　司法鉴定人出庭作证，应当举止文明，遵守法庭纪律。

第六章　附则

第四十七条　本通则是司法鉴定机构和司法鉴定人进行司法鉴定活动应当遵守和采用的一般程序规则，不同专业领域对鉴定程序有特殊要求的，可以依据本通则制定鉴定程序细则。

第四十八条　本通则所称办案机关，是指办理诉讼案件的侦查机关、审查起诉机关和审判机关。

第四十九条　在诉讼活动之外，司法鉴定机构和司法鉴定人依法开展相关鉴定业务的，参照本通则规定执行。

第五十条　本通则自 2016 年 5 月 1 日起施行。司法部 2007 年 8 月 7 日发布的《司法鉴定程序通则》（司法部第 107 号令）同时废止。

【简评】

这是一份随"令"下发的通则。由于"令"的正文已明确《司法鉴定程序通则》的审议通过日期，所以在附件部分不再以题注形式赘述上述内容。例文共 6 章 50 条，阐述了如下内容：总则部分交代了制定此通则的目的、依据，界定了相关概念，对从事司法鉴定的人员及机构应遵循的原则进行了说明并提出了相关要求。第二章至第五章分别从"司法鉴定的委托与受理"、"司法鉴定的实施"、"司法鉴定文书的出具"和"司法鉴定人出庭作证"四个方面阐述了《司法鉴定程序通则》的具体内容。例文最后一章即"附则"部分对通则的相关概念、使用规范及施行日期进行了说明。例文分章列条式写法及总分总结构的使用，使得正文内容逻辑层次清晰，结构合理。

（三）通则写作小结

（1）制发机关受限。通则适合于一般情况的特性，决定了可制发通则的须是级别权限较高的机关或部门，此特性从通则的分类角度便可知晓。

（2）内容及格式上的规范性。作为相关领域周知与遵守的规章或法则，内容必须清楚、明了，否则便会莫衷一是，造成执行上的混乱。格式上的规范性可为通则章节内容清晰地表述提供平台，从而达到外在格式与内在内容的有机统一。

扫一扫，获取本章例文

第十七章 计划性文书

一、计划

（一）计划的用法

由于计划大多针对一个单位的工作内容且只在单位内要求执行，所以一般不以文件形式下发。除标题和正文外，往往还要在题下或文后标明"××××年×月×日制定"字样，以示郑重。计划的标题也是"四要素"写法，其中哪一个要素都不应省略。

计划正文的内容要比规划和设想都要具体、详细得多，一般包括以下几方面内容：

（1）开头。或阐述依据，或概述情况，或直述目的，要写得简明扼要。

（2）主体。即计划的核心内容，阐述"做什么"（目标、任务）、"做到什么程度"（要求）和"怎样做"（措施办法）三项内容，既要写得全面周到，又要写得有条不紊，具体明白。全面工作计划一般采取"并列式结构"（任务、措施分说）。

（3）结尾。或突出重点，或强调有关事项，或提出简短号召，当然也可不写结尾。

（二）计划实例简评

【例文】

国务院办公厅关于印发
国务院2019年立法工作计划的通知
国办发〔2019〕18号

各省、自治区、直辖市人民政府，国务院各部委、各直属机构：

《国务院2019年立法工作计划》已经党中央、国务院同意，现印发给你们，请认真贯彻执行。

国务院办公厅

2019 年 5 月 1 日

国务院2019年立法工作计划

2019 年是中华人民共和国成立 70 周年，是决胜全面建成小康社会、实现第一个百年奋斗目标的关键之年。国务院立法工作的总体要求是：以习近平新时代中国特色社会主义思想为指导，全面贯彻落实党的十九大和十九届二中、三中全会精神，认真贯彻习近平总书记全面依法治国新理念新思想新战略，围绕统筹推进"五位一体"总体布局和协调推进"四个全面"战略布局，坚持党的领导、人民当家作主、依法治国有机统一，坚持稳中求进工作总基调，加强党中央对立法工作的集中统一领导，落实十三届全国人大常委会立法规划，深入推进科学立法、民主立法、依法立法，加大立法统筹协调力度，着力提高立法质量和工作效率，为全面深化改革扩大开放、推动高质量发展、决胜全面建成小康社会提供坚实有力的法治保障，以优异成绩庆祝中华人民共和国成立 70 周年。

一、深入学习贯彻习近平总书记全面依法治国新理念新思想新战略

党的十八大以来，以习近平同志为核心的党中央对全面依法治国做出一系列重大决策，提出一系列全面依法治国新理念新思想新战略，明确了全面依法治国的指导思想、发展道路、工作布局、重点任务，创造性地丰富和发展了中国特色社会主义法治理论。习近平总书记全面依法治国新理念新思想新战略，为全面依法治国提供了根本遵循和行动指南，为加强和改进新时代行政立法工作指明了前进方向、确立了基本原则，必须贯穿于行政立法工作的全过程和各方面。要全面贯彻实施宪法，深化宪法学习宣传教育，以完备的法律法规推动和保证宪法实施，维护宪法权威。要紧紧抓住全面依法治国的关键环节，不断完善立法体制机制，加强重点领域立法，更好发挥法治固根本、稳预期、利长远的保障作用。要贯彻新发展理念，主动围绕党和国家重大发展战略，围绕打好三大攻坚战，加快推进相关行政立法项目，进一

步完善适应高质量发展的制度环境和法律法规，以高质量立法保障和促进高质量发展。要坚持人民主体地位，扩大立法公众参与，努力使每一项立法都符合宪法精神、反映人民意愿、得到人民拥护，不断增强人民群众的获得感、幸福感、安全感。

二、坚决贯彻落实党中央决策部署，科学合理安排立法项目

——围绕打好三大攻坚战，提请全国人大常委会审议固体废物污染环境防治法修订草案，制定非存款类放贷组织条例、处置非法集资条例、私募投资基金管理暂行条例、排污许可管理条例、地下水管理条例，修订外资银行管理条例、报废机动车回收管理办法。

——围绕推动经济高质量发展，提请全国人大常委会审议契税法草案、税收征收管理法修订草案，制定优化营商环境条例、反走私工作条例、企业名称登记管理条例，修订国家科学技术奖励条例、粮食流通管理条例、企业所得税法实施条例、个体工商户条例。

——围绕加强社会主义文化建设，提请全国人大常委会审议著作权法修订草案，制定未成年人网络保护条例，修订水下文物保护管理条例。

——围绕提高保障和改善民生水平，提请全国人大常委会审议退役军人保障法草案，制定保障农民工工资支付条例、消费者权益保护法实施条例、城镇住房保障条例、住房租赁条例、社会保险经办管理服务条例、生物技术研究开发安全管理条例、生物医学新技术临床应用管理条例、建设工程抗震管理条例、城市公共交通管理条例，修订民办教育促进法实施条例、失业保险条例、食品安全法实施条例、生猪屠宰管理条例、医疗器械监督管理条例、化妆品卫生监督条例、收费公路管理条例。

——围绕加强和创新社会治理，提请全国人大常委会审议社区矫正法草案、治安管理处罚法修订草案、海上交通安全法修订草案，制定社会组织登记管理条例、公共安全视频图像信息系统管理条例。

——围绕有效维护国家安全，提请全国人大常委会审议密码法草案、原子能法草案、出口管制法草案、监狱法修订草案，制定领事保护与协助工作条例、外国人永久居留管理条例、关键信息基础设施安全保护条例、人类遗传资源管理条例。

——围绕深化国防和军队改革，提请全国人大常委会审议有关法律草案，制定、修订有关行政法规。

——围绕深入推进依法行政、加强政府自身建设，提请全国人大常委会审议档案法修订草案，制定重大行政决策程序暂行条例、政府督查工作条例、司法所条例，修订预算法实施条例。

为配合中国特色大国外交，推动构建"人类命运共同体"，推动我国积极参与国际规则制定，开展有关国际条约审核工作。

抓紧办好政府职能转变和"放管服"改革、优化营商环境等涉及的法律法规清理工作。抓紧制定外商投资法相关配套法规。配合全国人大及其常委会审议有关法律案。对于其他正在研究但未列入立法工作计划的立法项目，由有关部门继续研究论证。

对于党中央、国务院交办的其他立法项目，抓紧办理，尽快完成起草和审查任务。

三、坚持党的领导，加强和改进新时代行政立法工作

坚持党中央对立法工作的集中统一领导。要增强"四个意识"，坚定"四个自信"，做到"两个维护"，自觉在思想上政治上行动上同以习近平同志为核心的党中央保持高度一致，着力推进党的领导制度化、法治化。要坚持立法服务党和国家工作大局，主动对接、积极融入党和国家重大发展战略、重大决策部署，确保党的主张通过法定程序成为国家意志，保障党的路线方针政策和决策部署得到全面贯彻和有效执行。要加快推动落实社会主义核心价值观入法入规，用强有力的法律制度保障社会主义核心价值观传播、发展。要严格落实立法工作向党中央请示报告制度，凡重大立法事项，立法涉及的重大体制、重大政策调整，以及需要由党中央研究的立法中的重大问题，要按照规定向党中央请示报告。立法工作计划、重大立法项目按照要求提交中央全面依法治国委员会审议。

深入推进科学立法、民主立法、依法立法。要坚持从我国实际出发，围绕行政立法当中的重点难点问题开展调查研究，提高调查研究实效，防止为了调研而调研、调研与立法工作脱节，确保立法遵循和体现经济社会发展规律。要根据深化党和国家机构改革的精神，坚持精简、统一、效能的原则，科学合理地规定行政机关的职权和责任，增强立法的协调性。要深入推进民主立法，切实提高公众参与行政立法的广泛性、有效性、针对性，确保立法倾听民声、体现民情、汇聚民意、集中民智、深得民心。起草、审查与企业生产经营活动密切相关的立法项目，要充分听取企业和行业协会商会的意见。要严格依法立法，全面准确理解把握现行法律法规，确保立法符合宪法精神和上位法规定，立法程序符合法律法规要求。

切实加强法规规章备案审查。要完善法规规章备案审查机制，探索组织开展集中审查和专家、律师协助审查，着重对法规规章是否存在超越法定权限、突破法律行政法规有关规定等突出问题进行审查，切实做到有件必备、有备必审、有错必纠，坚决维护国家法制统一。

积极开展行政立法宣传工作。要把行政立法工作同普法工作有机结合起来，充分发挥政务微博、微信和移动客户端灵活便捷的优势，进一步加强立法的宣传、解读和阐释，使行政立法工作的过程成为宣传普及法律法规、弘扬法治精神的过程，增强全社会法治观念，促进全民守法。对于社会公众普遍关注的热点难点问题，在立法过程中要主动发声，解疑释惑，增强各方面的认同。要扎实做好新法律、新法规的宣传工作，以通俗易懂的方式方法进行宣传，加大立法解读力度，加强立法舆情回应，增进群众理解，消除群众顾虑，凝聚社会共识。

加强行政立法工作队伍建设。要着力打造忠诚干净担当的高素质专业化行政立法工作队伍，确保行政立法工作人员忠于党、忠于国家、忠于人民、忠于法律，切实做到信念过硬、政治过硬、责任过硬、能力过硬、作风过硬。要增进各地区、各部门之间的学习交流、经验共享、信息互通，加大行政立法工作人员深入基层、深

入实践、深入群众的力度，全面提高行政立法工作队伍的政治素质和业务能力。

四、切实抓好立法工作计划的贯彻执行

国务院各部门要高度重视立法工作计划的贯彻执行，加强组织领导、完善工作机制、精细流程管理、强化责任落实、加快工作进度，按规定做好向社会公布征求意见工作，并及时上报送审稿及立法法、行政法规制定程序条例等规定的有关材料，为法规审查、审批等工作留出合理时间。向国务院报送送审稿前，起草部门应当与司法部做好沟通。司法部要及时跟踪了解立法工作计划执行情况，加强组织协调和督促指导。对争议较大的重要立法事项，各有关部门要提高政治站位，妥善处理分歧，争取达成共识，切实保障立法项目按时完成。司法部要加大协调力度，充分利用各种协调机制研究突出问题、协调主要争议。经过充分协调仍不能达成一致意见的，司法部、起草部门应当将争议的主要问题、有关部门的意见以及司法部的意见及时报国务院领导同志协调，或者报国务院决定。

附件：《国务院2019年立法工作计划》明确的立法项目及负责起草的单位（略）

【简评】

标题采取的是"发文机关＋事由＋文种"三项式模式，发文机关是国务院，事由是2019年立法工作，文种是计划。计划的正文首先交代了制订计划的意义和目的，然后分条列项对具体的计划内容进行阐释。分为"深入学习贯彻习近平总书记全面依法治国新理念新思想新战略"、"坚决贯彻落实党中央决策部署，科学合理安排立法项目"、"坚持党的领导，加强和改进新时代行政立法工作"和"切实抓好立法工作计划的贯彻执行"等四部分对具体内容进行了阐释，结构清晰。

（三）计划写作小结

（1）时间限域。计划指向的时间范围多为全年或半年，针对全面工作或某一项工作进行较细致的安排，现实工作中使用频率较高。

（2）目的明确。计划应当立足于当前和今后一段时间需要解决的主要问题和要做的主要工作，应尽量突出工作重点，忌面面俱到。

（3）切实可行。计划可看成是当前及今后某一时期内开展相关工作的指南，因此其可行性程度的高低直接决定了目标能否顺利实现。另外，计划往往要牵涉各个方面，因此应在广泛调查研究和征求意见的基础上制订科学、合理的计划。

二、规划

（一）规划的用法

规划是计划性文书中最宏大的一种，是制发主体为战略地设计未来3—5年发展脉络而使用的计划性文书；从范围上说，大多是全局性工作或涉及面较广的重要工作项目；从内容和写法上说，往往是粗线条的，比较概括，如《××省经济和社会发展十年规划》、《××省工业结构调整规划》等。规划是为了对全局或长远工作做出统筹部署,以便明确方向,激发干劲,鼓舞斗志;相对其他计划类公文而言,规划带有方向性、战略性、指导性,因而其内容往往更具有严肃性、科学性和可行性。这就要求写作者必须首先进行深入的调查和周密的测算,在掌握大量可靠资料的基础上,根据党、国家和具体单位的发展方针确定发展远景和总体目标,然后充分吸收有关意见,以科学的态度,经过多种方案反复的比较、研究和选择,确定各项指标和措施。

规划的具体写法:规划因具有严肃性,所以一般都是通过"指示性通知"来发布的,其格式一般是由"标题"和"正文"两部分组成,一般不必再写落款,也不用写成文时间。规划的标题是"四要素"写法:单位名称+时间期限+内容范围+"规划"二字。如《××省"十一五"期间经济发展规划》。

规划的正文一般都比较长,大致有以下几方面内容:

(1)前言,即有关的背景材料,也就是制定规划的起因和缘由,这是制定规划的依据,因此不能简单地罗列事实。

(2)指导方针和目标要求,这是规划的纲领和原则,是在前言的基础上提出的,因此既要写得鼓舞人心,又要写得坚定有力,要用精练的语言,概要地阐述出来。

(3)主要任务和政策、措施。这是规划的主体和核心,解决"做什么"和"怎样做"的问题,因此任务要提得明确,措施要提得概括有力。这部分写作通常有两种结构:对于全面规划或任务项目较多的规划,因其各项任务比较独立,没有多少共同的完成措施,一般采用以任务为主线的"并列式结构"(措施都在各自的任务之后分别提出);对于专题规划或任务较单一的规划,因其任务项目较少而其项目之间的联系又较大,一般采用任务、措施分说的"分列式结构"。

(4)结尾,即远景展望和号召。这部分要写得简短、富有号召力。

(二)规划实例简评

【例文】

农业农村部关于印发
《全国乡村产业发展规划(2020—2025年)》的通知

农产发〔2020〕4号

各省、自治区、直辖市农业农村(农牧)厅(局、委),新疆生产建设兵团农业农村局:

为深入贯彻党中央、国务院决策部署,加快发展乡村产业,依据《国务院关于促进乡村产业振兴的指导意见》,我部编制了《全国乡村产业发展规划(2020—2025年)》。现印发你们,请认真贯彻执行。

农业农村部

2020年7月9日

全国乡村产业发展规划（2020—2025年）

产业兴旺是乡村振兴的重点，是解决农村一切问题的前提。乡村产业内涵丰富、类型多样，农产品加工业提升农业价值，乡村特色产业拓宽产业门类，休闲农业拓展农业功能，乡村新型服务业丰富业态类型，是提升农业、繁荣农村、富裕农民的产业。近年来，农村创新创业环境不断改善，新产业新业态大量涌现，乡村产业发展取得了积极成效。但存在产业链条较短、融合层次较浅、要素活力不足等问题，亟待加强引导、加快发展。根据《国务院关于促进乡村产业振兴的指导意见》要求，为加快发展以二三产业为重点的乡村产业，制定本规划。

规划期限2020—2025年。

第一章 规划背景

产业振兴是乡村振兴的首要任务。必须牢牢抓住机遇，顺势而为，乘势而上，加快发展乡村产业，促进乡村全面振兴。

第一节 重要意义

当前，我国即将全面建成小康社会，开启全面建设社会主义现代化国家新征程，发展乡村产业意义重大。

发展乡村产业是乡村全面振兴的重要根基。乡村振兴，产业兴旺是基础。要聚集更多资源要素，发掘更多功能价值，丰富更多业态类型，形成城乡要素顺畅流动、产业优势互补、市场有效对接格局，乡村振兴的基础才牢固。

发展乡村产业是巩固提升全面小康成果的重要支撑。全面建成小康社会后，在迈向基本实现社会主义现代化的新征程中，农村仍是重点和难点。发展乡村产业，让更多的农民就地就近就业，把产业链增值收益更多地留给农民，农村全面小康社会和脱贫攻坚成果的巩固才有基础、提升才有空间。

发展乡村产业是推进农业农村现代化的重要引擎。农业农村现代化不仅是技术装备提升和组织方式创新，更体现在构建完备的现代农业产业体系、生产体系、经营体系。发展乡村产业，将现代工业标准理念和服务业人本理念引入农业农村，推进农业规模化、标准化、集约化，纵向延长产业链条，横向拓展产业形态，助力农业强、农村美、农民富。

第二节 发展现状

党的十八大以来，农村创新创业环境不断改善，乡村产业快速发展，促进了农民就业增收和乡村繁荣发展。

农产品加工业持续发展。2019年，农产品加工业营业收入超过22万亿元，规模以上农产品加工企业8.1万家，吸纳3000多万人就业。

乡村特色产业蓬勃发展。建设了一批产值超10亿元的特色产业镇（乡）和超1亿元的特色产业村。发掘了一批乡土特色工艺，创响了10万多个"乡字号"、"土字号"乡土特色品牌。

乡村休闲旅游业快速发展。建设了一批休闲旅游精品景点，推介了一批休闲旅游精品线路。2019 年，休闲农业接待游客 32 亿人次，营业收入超过 8500 亿元。

乡村新型服务业加快发展。2019 年，农林牧渔专业及辅助性活动产值 6500 亿元，各类涉农电商超过 3 万家，农村网络销售额 1.7 万亿元，其中农产品网络销售额 4000 亿元。

农业产业化深入推进。2019 年，农业产业化龙头企业 9 万家（其中，国家重点龙头企业 1542 家），农民合作社 220 万家，家庭农场 87 万家，带动 1.25 亿农户进入大市场。

农村创新创业规模扩大。2019 年，各类返乡入乡创新创业人员累计超过 850 万人，创办农村产业融合项目的占到 80%，利用"互联网＋"创新创业的超过 50%。在乡创业人员超过 3100 万。

近年来，各地在促进乡村产业发展中积累了宝贵经验。注重布局优化，在县域内统筹资源和产业，探索形成县城、中心镇（乡）、中心村层级分工明显的格局。注重产业融合，发展二三产业，延伸产业链条，促进主体融合、业态融合和利益融合。注重创新驱动，开发新技术，加快工艺改进和设施装备升级，提升生产效率。注重品牌引领，推进绿色兴农、品牌强农，培育农产品区域公用品牌和知名加工产品品牌，创响乡土特色品牌，提升品牌溢价。注重联农带农，建立多种形式的利益联结机制，让农民更多分享产业链增值收益。

第三节　机遇挑战

当前，乡村产业发展面临难得机遇。主要是：政策驱动力增强。坚持农业农村优先发展方针，加快实施乡村振兴战略，更多的资源要素向农村聚集，"新基建"改善农村信息网络等基础设施，城乡融合发展进程加快，乡村产业发展环境优化。市场驱动力增强。消费结构升级加快，城乡居民的消费需求呈现个性化、多样化、高品质化特点，休闲观光、健康养生消费渐成趋势，乡村产业发展的市场空间巨大。技术驱动力增强。世界新科技革命浪潮风起云涌，新一轮产业革命和技术革命方兴未艾，生物技术、人工智能在农业中广泛应用，5G、云计算、物联网、区块链等与农业交互联动，新产业新业态新模式不断涌现，引领乡村产业转型升级。

同时，乡村产业发展面临一些挑战。主要是：经济全球化的不确定性增大。新冠肺炎疫情对世界经济格局产生冲击，全球供应链调整重构，国际产业分工深度演化，对我国乡村产业链构建带来较大影响。资源要素瓶颈依然突出。资金、技术、人才向乡村流动仍有诸多障碍，资金稳定投入机制尚未建立，人才激励保障机制尚不完善，社会资本下乡动力不足。乡村网络、通讯、物流等设施薄弱。发展方式较为粗放。创新能力总体不强，外延扩张特征明显。目前，农产品加工业与农业总产值比为 2.3∶1，远低于发达国家 3.5∶1 的水平。农产品加工转化率为 67.5%，比发达国家低近 18 个百分点。产业链条延伸不充分。第一产业向后端延伸不够，第二产业向两端拓展不足，第三产业向高端开发滞后，利益联结机制不健全，小而散、小而低、小而弱问题突出，乡村产业转型升级任务艰巨。

第二章　总体要求

第一节　指导思想

以习近平新时代中国特色社会主义思想为指导，全面贯彻党的十九大和十九届二中、三中、四中全会精神，坚持农业农村优先发展，以实施乡村振兴战略为总抓手，以一二三产业融合发展为路径，发掘乡村功能价值，强化创新引领，突出集群成链，延长产业链，提升价值链，培育发展新动能，聚焦重点产业，聚集资源要素，大力发展乡村产业，为农业农村现代化和乡村全面振兴奠定坚实基础。

第二节　基本原则

——坚持立农为农。以农业农村资源为依托，发展优势明显、特色鲜明的乡村产业。把二三产业留在乡村，把就业创业机会和产业链增值收益更多留给农民。

——坚持市场导向。充分发挥市场在资源配置中的决定性作用，激活要素、激活市场、激活主体，以乡村企业为载体，引导资源要素更多地向乡村汇聚。

——坚持融合发展。发展全产业链模式，推进一产往后延、二产两头连、三产走高端，加快农业与现代产业要素跨界配置。

——坚持绿色引领。践行绿水青山就是金山银山理念，促进生产生活生态协调发展。健全质量标准体系，培育绿色优质品牌。

——坚持创新驱动。利用现代科技进步成果，改造提升乡村产业。创新机制和业态模式，增强乡村产业发展活力。

第三节　发展目标

到 2025 年，乡村产业体系健全完备，乡村产业质量效益明显提升，乡村就业结构更加优化，产业融合发展水平显著提高，农民增收渠道持续拓宽，乡村产业发展内生动力持续增强。

——农产品加工业持续壮大。农产品加工业营业收入达到 32 万亿元，农产品加工业与农业总产值比达到 2.8∶1，主要农产品加工转化率达到 80%。

——乡村特色产业深度拓展。培育一批产值超百亿元、千亿元优势特色产业集群，建设一批产值超十亿元农业产业镇（乡），创响一批"乡字号"、"土字号"乡土品牌。

——乡村休闲旅游业优化升级。农业多种功能和乡村多重价值深度发掘，业态类型不断丰富，服务水平不断提升，年接待游客人数超过 40 亿人次，经营收入超过 1.2 万亿元。

——乡村新型服务业类型丰富。农林牧渔专业及辅助性活动产值达到 1 万亿元，农产品网络销售额达到 1 万亿元。

——农村创新创业更加活跃。返乡入乡创新创业人员超过 1500 万人。

第三章　提升农产品加工业

农产品加工业是国民经济的重要产业。农产品加工业从种养业延伸出来，是提升农产品附加值的关键，也是构建农业产业链的核心。进一步优化结构布局，培育壮大经营主体，提升质量效益和竞争力。

第一节　完善产业结构

统筹发展农产品初加工、精深加工和综合利用加工，推进农产品多元化开发、多层次利用、多环节增值。

拓展农产品初加工。鼓励和支持农民合作社、家庭农场和中小微企业等发展农产品产地初加工，减少产后损失，延长供应时间，提高质量效益。果蔬、奶类、畜禽及水产品等鲜活农产品，重点发展预冷、保鲜、冷冻、清洗、分级、分割、包装等仓储设施和商品化处理，实现减损增效。粮食等耐储农产品，重点发展烘干、储藏、脱壳、去杂、磨制等初加工，实现保值增值。食用类初级农产品，重点发展发酵、压榨、灌制、炸制、干制、腌制、熟制等初加工，满足市场多样化需求。棉麻丝、木竹藤棕草等非食用类农产品，重点发展整理、切割、粉碎、打磨、烘干、拉丝、编织等初加工，开发多种用途。

提升农产品精深加工。引导大型农业企业加快生物、工程、环保、信息等技术集成应用，促进农产品多次加工，实现多次增值。发展精细加工，推进新型非热加工、新型杀菌、高效分离、清洁生产、智能控制、形态识别、自动分选等技术升级，利用专用原料，配套专用设备，研制专用配方，开发类别多样、营养健康、方便快捷的系列化产品。推进深度开发，创新超临界萃取、超微粉碎、生物发酵、蛋白质改性等技术，提取营养因子、功能成分和活性物质，开发系列化的加工制品。

推进综合利用加工。鼓励大型农业企业和农产品加工园区推进加工副产物循环利用、全值利用、梯次利用，实现变废为宝、化害为利。采取先进的提取、分离与制备技术，推进稻壳米糠、麦麸、油料饼粕、果蔬皮渣、畜禽皮毛骨血、水产品皮骨内脏等副产物综合利用，开发新能源、新材料等新产品，提升增值空间。

第二节　优化空间布局

按照"粮头食尾"、"农头工尾"要求，统筹产地、销区和园区布局，形成生产与加工、产品与市场、企业与农户协调发展的格局。

推进农产品加工向产地下沉。向优势区域聚集，引导大型农业企业重心下沉，在粮食生产功能区、重要农产品保护区、特色农产品优势区和水产品主产区，建设加工专用原料基地，布局加工产能，改变加工在城市、原料在乡村的状况。向中心镇（乡）和物流节点聚集，在农业产业强镇、商贸集镇和物流节点布局劳动密集型加工业，促进农产品就地增值，带动农民就近就业，促进产镇融合。向重点专业村聚集，依托工贸村、"一村一品"示范村发展小众类的农产品初加工，促进产村融合。

推进农产品加工与销区对接。丰富加工产品，在产区和大中城市郊区布局中央厨房、主食加工、休闲食品、方便食品、净菜加工和餐饮外卖等加工，满足城市多样化、便捷化需求。培育加工业态，发展"中央厨房＋冷链配送＋物流终端"、"中央厨房＋快餐门店"、"健康数据＋营养配餐＋私人订制"等新型加工业态。

推进农产品加工向园区集中。推进政策集成、要素集聚、企业集中、功能集合，发展"外地经济"模式，建设一批产加销贯通、贸工农一体、一二三产业融合发展的农产品加工园区，培育乡村产业"增长极"。提升农产品加工园，强化科技研发、融资担保、检验检测等服务，完善仓储物流、供能供热、废污处理等设施，促进农产品加工企业聚集发展。在农牧渔业大县（市），每县（市）建设一个农产品加工园。不具备建设农产品加工园条件的县（市），可采取合作方式在异地共同建设农产品加工园。建设国际农产品加工产业园，选择区位优势明显、产业基础好、带动作用强的地区，建设一批国际农产品加工产业园，对接国际市场，参与国际产业分工。

第三节　促进产业升级

技术创新是农产品加工业转型升级的关键。要加快技术创新，提升装备水平，促进农产品加工业提档升级。

推进加工技术创新。以农产品加工关键环节和瓶颈制约为重点，建设农产品加工与贮藏国家重点实验室、保鲜物流技术研究中心及优势农产品品质评价研究中心。组织科研院所、大专院校与企业联合开展技术攻关，研发一批集自动测量、精准控制、智能操作于一体的绿色储藏、动态保鲜、快速预冷、节能干燥等新型实用技术，以及实现品质调控、营养均衡、清洁生产等功能的先进加工技术。

推进加工装备创制。扶持一批农产品加工装备研发机构和生产创制企业，开展信息化、智能化、工程化加工装备研发，提高关键装备国产化水平。运用智能制造、生物合成、3D打印等新技术，集成组装一批科技含量高、适用性广的加工工艺及配套装备，提升农产品加工层次水平。

第四章　拓展乡村特色产业

乡村特色产业是乡村产业的重要组成部分，是地域特征鲜明、乡土气息浓厚的小众类、多样性的乡村产业，涵盖特色种养、特色食品、特色手工业和特色文化等，发展潜力巨大。

第一节　构建全产业链

以拓展二三产业为重点，延伸产业链条，开发特色化、多样化产品，提升乡村特色产业的附加值，促进农业多环节增效、农民多渠道增收。

以特色资源增强竞争力。根据消费结构升级的新变化，开发特殊地域、特殊品种等专属性特色产品，以特性和品质赢得市场。发展特色种养，根据种质资源、地理成分、物候特点等独特资源禀赋，在最适宜的地区培植最适宜的产业。开发特色食品，重点开发乡土卤制品、酱制品、豆制品、腊味、民族特色奶制品等传统食品。开发适宜特殊人群的功能性食品。传承特色技艺，改造提升蜡染、编织、剪纸、刺绣、陶艺等传统工艺。弘扬特色文化，发展乡村戏剧曲艺、杂技杂耍等文化产业。

以加工流通延伸产业链。做强产品加工，鼓励大型龙头企业建设标准化、清洁化、智能化加工厂，引导农户、家庭农场建设一批家庭工场、手工作坊、乡村车间，用标准化技术改造提升豆制品、民族特色奶制品、腊肉腊肠、火腿、剪纸、刺绣、蜡染、编织、制陶等乡土产品。做活商贸物流，鼓励地方在特色农产品优势区布局产地批发市场、物流配送中心、商品采购中心、大型特产超市，支持新型经营主体、农产品批发市场等建设产地仓储保鲜设施，发展网上商店、连锁门店。

以信息技术打造供应链。对接终端市场，以市场需求为导向，促进农户生产、企业加工、客户营销和终端消费连成一体、协同运作，增强供给侧对需求侧的适应性和灵活性。实施"互联网＋"农产品出村进城工程，完善适应农产品网络销售的供应链体系、运营服务体系和支撑保障体系。创新营销模式，健全绿色智能农产品供应链，培育农商直供、直播直销、会员制、个人定制等模式，推进农商互联、产销衔接，再造业务流程、降低交易成本。

以业态丰富提升价值链。提升品质价值，推进品种和技术创新，提升特色产品的内在品质和外在品相，以品质赢得市场、实现增值。提升生态价值，开发绿色生态、养生保健等新功能新价值，增强对消费者的吸附力。提升人文价值，更多融入科技、人文元素，发掘民俗风情、历史传说和民间戏剧等文化价值，赋予乡土特色产品文化标识。

第二节　推进聚集发展

集聚资源、集中力量，建设富有特色、规模适中、带动力强的特色产业集聚区。打造"一县一业"、"多县一带"，在更大范围、更高层次上培育产业集群，形成"一村一品"微型经济圈、农业产业强镇小型经济圈、现代农业产业园中型经济圈、优势特色产业集群大型经济圈，构建乡村产业"圈"状发展格局。

建设"一村一品"示范村镇。依托资源优势，选择主导产业，建设一批"小而精、特而美"的"一村一品"示范村镇，形成一村带数村、多村连成片的发展格局。用3—5年的时间，培育一批产值超1亿元的特色产业专业村。

建设农业产业强镇。根据特色资源优势，聚焦1—2个主导产业，吸引资本聚镇、能人入镇、技术进镇，建设一批标准原料基地、集约加工转化、区域主导产业、紧密利益联结于一体的农业产业强镇。用3—5年的时间，培育一批产值超10亿元的农业产业强镇。

提升现代农业产业园。通过科技集成、主体集合、产业集群，统筹布局生产、加工、物流、研发、示范、服务等功能，延长产业链，提升价值链，促进产业格局由分散向集中、发展方式由粗放向集约、产业链条由单一向复合转变，发挥要素集聚和融合平台作用，支撑"一县一业"发展。用3—5年的时间，培育一批产值超100亿元的现代农业产业园。

建设优势特色产业集群。依托资源优势和产业基础，突出串珠成线、连块成带、集群成链，培育品种品质优良、规模体量较大、融合程度较深的区域性优势特色农业产业集群。用3—5年的时间，培育一批产值超1000亿元的骨干优势特色产业集群，培育一批产值超100亿元的优势特色产业集群。

第三节　培育知名品牌

按照"有标采标、无标创标、全程贯标"要求，以质量信誉为基础，创响一批乡村特色知名品牌，扩大市场影响力。

培育区域公用品牌。根据特定自然生态环境、历史人文因素，明确生产地域范围，强化品种品质管理，保护地理标志农产品，开发地域特色突出、功能属性独特的区域公用品牌。规范品牌授权管理，加大品牌营销推介，提高区域公用品牌影响力和带动力。

培育企业品牌。引导农业产业化龙头企业、农民合作社、家庭农场等新型经营主体将经营理念、企业文化和价值观念等注入品牌，实施农产品质量安全追溯管理，加强责任主体逆向溯源、产品流向正向追踪，推动部省农产品质量安全追溯平台对接、信息共享。

培育产品品牌。传承乡村文化根脉，挖掘一批以手工制作为主、技艺精湛、工艺独特的瓦匠、篾匠、铜匠、铁匠、剪纸工、绣娘、陶艺师、面点师等能工巧匠，创响一批"珍稀牌"、"工艺牌"、"文化牌"的乡土品牌。

第四节　深入推进产业扶贫

贫困地区发展特色产业是脱贫攻坚的根本出路。促进脱贫攻坚与乡村振兴有机衔接，发展特色产业，促进农民增收致富，巩固脱贫攻坚成果。

推进资源与企业对接。发掘贫困地区优势特色资源，引导资金、技术、人才、信息向贫困地区的特色优势区聚集，特别是要引导农业产业化龙头企业与贫困地区合作创建绿色优质农产品原料基地，布局加工产能，深度开发特色资源，带动农民共建链条、共享品牌，让农民在发展特色产业中稳定就业、持续增收。

推进产品与市场对接。引导贫困地区与产地批发市场、物流配送中心、商品采购中心、大型特产超市、电商平台对接，支持贫困地区组织特色产品参加各类展示展销会，扩大产品影响，让贫困地区的特色产品走出山区、进入城市、拓展市场。深入开展消费扶贫，拓展贫困地区产品流通和销售渠道。

第五章　优化乡村休闲旅游业

乡村休闲旅游业是农业功能拓展、乡村价值发掘、业态类型创新的新产业，横跨一二三产业、兼容生产生活生态、融通工农城乡，发展前景广阔。

第一节　聚焦重点区域

依据自然风貌、人文环境、乡土文化等资源禀赋，建设特色鲜明、功能完备、内涵丰富的乡村休闲旅游重点区。

建设城市周边乡村休闲旅游区。依托都市农业生产生态资源和城郊区位优势，发展田园观光、农耕体验、文化休闲、科普教育、健康养生等业态，建设综合性休闲农业园区、农业主题公园、观光采摘园、垂钓园、乡村民宿和休闲农庄，满足城市居民消费需求。

建设自然风景区周边乡村休闲旅游区。依托秀美山川、湖泊河流、草原湿地等地区，在严格保护生态环境的前提下，统筹山水林田湖草系统，发展以农业生态游、农业景观游、特色农（牧、渔）业游为主的休闲农（牧、渔）园和农（牧、渔）家乐等，以及森林人家、健康氧吧、生态体验等业态，建设特色乡村休闲旅游功能区。

建设民俗民族风情乡村休闲旅游区。发掘深厚的民族文化底蕴、欢庆的民俗节日活动、多样的民族特色美食和绚丽的民族服饰，发展民族风情游、民俗体验游、村落风光游等业态，开发民族民俗特色产品。

建设传统农区乡村休闲旅游景点。依托稻田、花海、梯田、茶园、养殖池塘、湖泊水库等大水面、海洋牧场等田园渔场风光，发展景观农业、农事体验、观光采摘、特色动植物观赏、休闲垂钓等业态，开发"后备箱"、"伴手礼"等旅游产品。

第二节 注重品质提升

乡村休闲旅游要坚持个性化、特色化发展方向，以农耕文化为魂、美丽田园为韵、生态农业为基、古朴村落为形、创新创意为径，开发形式多样、独具特色、个性突出的乡村休闲旅游业态和产品。

突出特色化。注重特色是乡村休闲旅游业保持持久吸引力的前提。开发特色资源，发掘农业多种功能和乡村多重价值，发展特色突出、主题鲜明的乡村休闲旅游项目。开发特色文化，发掘民族村落、古村古镇、乡土文化，发展具有历史特征、地域特点、民族特色的乡村休闲旅游项目。开发特色产品，发掘地方风味、民族特色、传统工艺等资源，创制独特、稀缺的乡村休闲旅游服务和产品。

突出差异化。乡村休闲旅游要保持持久竞争力，必须差异竞争、错位发展。把握定位差异，依据不同区位、不同资源和不同文化，发展具有城乡间、区域间、景区间主题差异的乡村休闲旅游项目。瞄准市场差异，依据各类消费群体的不同消费需求，细分目标市场，发展研学教育、田园养生、亲子体验、拓展训练等乡村休闲旅游项目。顺应老龄化社会的到来，发展民宿康养、游憩康养等乡村休闲旅游项目。彰显功能差异，依据消费者在吃住行、游购娱方面的不同需求，发展采摘园、垂钓园、农家宴、民俗村、风情街等乡村休闲旅游项目。

突出多样化。乡村休闲旅游要保持持久生命力，要走多轮驱动、多轨运行的发展之路。推进业态多样，统筹发展农家乐、休闲园区、生态园、乡村休闲旅游聚集村等业态，形成竞相发展、精彩纷呈的格局。推进模式多样，跨界配置乡村休闲旅游与文化教育、健康养生、信息技术等产业要素，发展共享农庄、康体养老、线上云游等模式。推进主体多样，引导农户、村集体经济组织、农业企业、文旅企业及社会资本等建设乡村休闲旅游项目。

第三节 打造精品工程

实施乡村休闲旅游精品工程，加强引导，加大投入，建设一批休闲旅游精品景点。

建设休闲农业重点县。以县域为单元，依托独特自然资源、文化资源，建设一批设施完备、业态丰富、功能完善，在区域、全国乃至世界有知名度和影响力的休闲农业重点县。

建设美丽休闲乡村。依托种养业、田园风光、绿水青山、村落建筑、乡土文化、民俗风情和人居环境等资源优势，建设一批天蓝、地绿、水净、安居、乐业的美丽休闲乡村，实现产村融合发展。鼓励有条件的地区依托美丽休闲乡村，建设健康养生养老基地。

建设休闲农业园区。根据休闲旅游消费升级的需要，促进休闲农业提档升级，建设一批功能齐全、布局合理、机制完善、带动力强的休闲农业精品园区，推介一批视觉美丽、体验美妙、内涵美好的乡村休闲旅游精品景点线路。引导有条件的休闲农业园建设中小学生实践教育基地。

第四节　提升服务水平

促进乡村休闲旅游高质量发展，要规范化管理、标准化服务，让消费者玩得开心、吃得放心、买得舒心。

健全标准体系。制修订乡村休闲旅游业标准，完善公共卫生安全、食品安全、服务规范等标准，促进管理服务水平提升。

完善配套设施。加强乡村休闲旅游点水、电、路、讯、网等设施建设，完善餐饮、住宿、休闲、体验、购物、停车、厕所等设施条件。开展垃圾污水等废弃物综合治理，实现资源节约、环境友好。

规范管理服务。引导和支持乡村休闲旅游经营主体加强从业人员培训，提高综合素质，规范服务流程，为消费者提供热情周到、贴心细致的服务。

第六章　发展乡村新型服务业

乡村新型服务业是适应农村生产生活方式变化应运而生的产业，业态类型丰富，经营方式灵活，发展空间广阔。

第一节　提升生产性服务业

扩大服务领域。适应农业生产规模化、标准化、机械化的趋势，支持供销、邮政、农民合作社及乡村企业等，开展农技推广、土地托管、代耕代种、烘干收储等农业生产性服务，以及市场信息、农资供应、农业废弃物资源化利用、农机作业及维修、农产品营销等服务。

提高服务水平。引导各类服务主体把服务网点延伸到乡村，鼓励新型农业经营主体在城镇设立鲜活农产品直销网点，推广农超、农社（区）、农企等产销对接模式。鼓励大型农产品加工流通企业开展托管服务、专项服务、连锁服务、个性化服务等综合配套服务。

第二节　拓展生活性服务业

丰富服务内容。改造提升餐饮住宿、商超零售、美容美发、洗浴、照相、电器维修、再生资源回收等乡村生活服务业，积极发展养老护幼、卫生保洁、文化演出、体育健身、法律咨询、信息中介、典礼司仪等乡村服务业。

创新服务方式。积极发展订制服务、体验服务、智慧服务、共享服务、绿色服务等新形态，探索"线上交易＋线下服务"的新模式。鼓励各类服务主体建设运营覆盖娱乐、健康、教育、家政、体育等领域的在线服务平台，推动传统服务业升级改造，为乡村居民提供高效便捷服务。

第三节　发展农村电子商务

培育农村电子商务主体。引导电商、物流、商贸、金融、供销、邮政、快递等各类电子商务主体到乡村布局，构建农村购物网络平台。依托农家店、农村综合服务社、村邮站、快递网点、农产品购销代办站等发展农村电商末端网点。

扩大农村电子商务应用。在农业生产、加工、流通等环节，加快互联网技术应用与推广。在促进工业品、农业生产资料下乡的同时，拓展农产品、特色食品、民俗制品等产品的进城空间。

改善农村电子商务环境。实施"互联网+"农产品出村进城工程，完善乡村信息网络基础设施，加快发展农产品冷链物流设施。建设农村电子商务公共服务中心，加强农村电子商务人才培养，营造良好市场环境。

第七章 推进农业产业化和农村产业融合发展

农业产业化是农业经营体制机制的创新，农村产业融合发展是农业与现代产业要素的交叉重组，引领农业和乡村产业转型升级。

第一节 打造农业产业化升级版

壮大农业产业化龙头企业队伍。实施新型农业经营主体培育工程，引导龙头企业采取兼并重组、股份合作、资产转让等形式，建立大型农业企业集团，打造知名企业品牌，提升龙头企业在乡村产业发展中的带动能力。指导地方培育龙头企业，形成国家、省、市、县级龙头企业梯队，打造乡村产业发展"新雁阵"。

培育农业产业化联合体。扶持一批龙头企业牵头、家庭农场和农民合作社跟进、广大小农户参与的农业产业化联合体，构建分工协作、优势互补、联系紧密的利益共同体，实现抱团发展。引导农业产业化联合体明确权利责任、建立治理结构、完善利益联结机制，促进持续稳定发展。有序推进土地经营权入股农业产业化经营。

第二节 推进农村产业融合发展

培育多元融合主体。支持发展县域范围内产业关联度高、辐射带动力强、参与主体多的融合模式，促进资源共享、链条共建、品牌共创，形成企业主体、农民参与、科研助力、金融支撑的产业发展格局。

发展多类型融合业态。引导各类经营主体以加工流通带动业态融合，发展中央厨房等业态。以功能拓展带动业态融合，推进农业与文化、旅游、教育、康养等产业融合，发展创意农业、功能农业等。以信息技术带动业态融合，促进农业与信息产业融合，发展数字农业、智慧农业等。

建立健全融合机制。引导新型农业经营主体与小农户建立多种类型的合作方式，促进利益融合。完善利益分配机制，推广"订单收购+分红"、"农民入股+保底收益+按股分红"等模式。

第八章 推进农村创新创业

农村创新创业是乡村产业振兴的重要动能。优化创业环境，激发创业热情，形成以创新带创业、以创业带就业、以就业促增收的格局。

第一节 培育创业主体

深入实施农村创新创业带头人培育行动，加大扶持，培育一批扎根乡村、服务农业、带动农民的创新创业群体。

培育返乡创业主体。以乡情感召、政策吸引、事业凝聚，引导有资金积累、技术专长和市场信息的返乡农民工在农村创新创业，培育一批充满激情的农村创新创业优秀带头人，引领乡村新兴产业发展。

培育入乡创业主体。优化乡村营商环境，强化政策扶持，构建农业全产业链，引导大中专毕业生、退役军人、科技人员和工商业主等入乡创业，应用新技术、开发新产品、开拓新市场，引入现代管理、经营理念和业态模式，丰富乡村产业发展类型。

培育在乡创业主体。加大乡村能人培训力度，提高发现机会、识别市场、整合资源、创造价值的能力。培育一批"田秀才"、"土专家"、"乡创客"等乡土人才，以及乡村工匠、文化能人、手工艺人等能工巧匠，领办家庭农场、农民合作社等，创办家庭工场、手工作坊、乡村车间等。

第二节　搭建创业平台

按照"政府搭建平台、平台聚集资源、资源服务创业"的要求，建设各类创新创业园区和孵化实训基地。

选树农村创新创业典型县。遴选政策环境良好、工作机制完善、服务体系健全、创业业态丰富的县（市），总结做法经验，推广典型案例，树立一批全国农村创新创业典型县。

建设农村创新创业园区。引导地方建设一批资源要素集聚、基础设施齐全、服务功能完善、创新创业成长快的农村创新创业园区，依托现代农业产业园、农产品加工园、高新技术园区、电商物流园等，建立"园中园"式农村创新创业园。力争用5年时间，覆盖全国农牧渔业大县（市）。

建设孵化实训基地。依托各类园区、大中型企业、知名村镇、大中专院校等平台和主体，建设一批集"生产＋加工＋科技＋营销＋品牌＋体验"于一体、"预孵化＋孵化器＋加速器＋稳定器"全产业链的农村创新创业孵化实训基地。

第三节　强化创业指导

建设农村创业导师队伍。建立专家创业导师队伍，重点从大专院校、科研院所等单位遴选一批理论造诣深厚、实践经验丰富的科研人才、政策专家、会计师、设计师、律师等，为农村创业人员提供创业项目、技术要点等指导服务。建立企业家创业导师队伍，重点从农业产业化龙头企业、新型农业经营主体中遴选一批有经营理念、市场眼光的乡村企业家，为农村创业人员提供政策运用、市场拓展等指导服务。建立带头人创业导师队伍，重点从农村创新创业带头人中遴选一批经历丰富、成效显著的创业成功人士，为农村创业人员提供经验分享等指导服务。

健全指导服务机制。建立指导服务平台，依托农村创新创业园区、孵化实训基地和网络平台等，通过集中授课、案例教学、现场指导等方式，创立"平台＋导师＋学员"服务模式。开展点对点指导服务，根据农村创业导师和农村创业人员实际，开展"一带一"、"师带徒"、"一带多"等精准服务。创新指导服务方式，通过网络、视频等载体，为农村创业人员提供政策咨询、技术指导、市场营销、品牌培育等服务。农村创业导师为农村创业人员提供咨询服务，不替代农村创业人员创业决策，强化农村创业人员决策自主、风险自担意识。

第四节　优化创业环境

强化创业服务。支持地方依托县乡政府政务大厅设立农村创新创业服务窗口，发挥乡村产业服务指导机构和行业协会商会作用，培育市场化中介服务机构。建立"互联网＋"创新创业服务模式，为农村创新创业主体提供灵活便捷在线服务。

强化创业培训。依托普通高校、职业院校、优质培训机构、公共职业技能培训平台等开展创业能力提升培训，让有意愿的农村创新创业人员均能受到免费创业培训。推行"创业＋技能"、"创业＋产业"的培训模式，开展互动教学、案例教学和现场观摩教学。发挥农村创新创业带头人作用，讲述励志故事，分享创业经验。

第五节　培育乡村企业家队伍

乡村企业家是乡村企业发展的核心，是乡村产业转型升级的关键。加强乡村企业家队伍建设的统筹规划，将乡村产业发展与乡村企业家培育同步谋划、同步推进。

壮大乡村企业家队伍。采取多种方式扶持一批大型农业企业集团，培育一批具有全球战略眼光、市场开拓精神、管理创新能力的行业领军乡村企业家。引导网络平台企业投资乡村，开发农业农村资源，丰富产业业态类型，培育一批引领乡村产业转型的现代乡村企业家。同时，发掘一批乡村能工巧匠，培育一批"小巨人"乡村企业家。

弘扬乡村企业家精神。弘扬爱国敬业精神，培养乡村企业家国家使命感和民族自豪感，引导乡村企业家把个人理想融入乡村振兴和民族复兴的伟大实践。弘扬敢为人先精神，培养乡村企业家识别市场、发现机会、敢闯敢干的特质，开发新产品，创造新需求，拓展新市场。弘扬坚韧执着精神，引导乡村企业家传承"走遍千山万水，说尽千言万语，历经千辛万苦"的品质，不畏艰难、吃苦耐劳、艰苦创业。弘扬立农为农精神，引导乡村企业家厚植乡土情怀、投身乡村振兴大潮，带领千千万万的小农户与千变万化的大市场有效对接。依据有关规定，对扎根乡村、服务农业、带动农民、贡献突出的优秀乡村企业家给予表彰。

第九章　保障措施

第一节　加强统筹协调

落实五级书记抓乡村振兴的工作要求，有力推动乡村产业发展。建立农业农村部门牵头抓总、相关部门协调配合、社会力量积极支持、农民群众广泛参与的推进机制，加强统筹协调，确保各项措施落实到位。建立乡村产业评价指标体系，加强数据采集、市场调查、运行分析和信息发布，对规划实施情况进行跟踪监测，科学评估发展成效。

第二节　加强政策扶持

加快完善土地、资金、人才等要素支撑的政策措施，确保各项政策可落地、可操作、可见效。完善财政扶持政策，采取"以奖代补、先建后补"等方式，支持现代农业产业园、农业产业强镇、优势特色产业集群及农产品仓储保鲜冷链设施建设。鼓励地方发行专项债券用于乡村产业。强化金融扶持政策，引导县域金融机构将吸收的存款主要用于当地，建立"银税互动"、"银信互动"贷款机制。充分发挥融资担保体系作用，强化担保融资增信功能，推动落实创业担保贷款贴息政策。完善乡村产业发展用地政策体系，明确用地类型和供地方式，实行分类管理。

第三节　强化科技支撑

建立以企业为主体、市场为导向、产学研相结合的技术创新体系，加强创新成果产业化，提升产业核心竞争力。引导大专院校、科研院所与乡村企业合作，开展联合技术攻关，研发一批具有先进性、专属性的技术和工艺，创制一批适用性广、经济性好的设施装备。支持科技人员以科技成果入股乡村企业，建立健全科研人员校企、院企共建双聘机制。指导县（市）成立乡村产业专家顾问团，为乡村产业发展提供智力支持。

第四节　营造良好氛围

挖掘乡村产业发展鲜活经验，总结推广一批发展模式、典型案例和先进人物。弘扬创业精神、工匠精神、企业家精神，激发崇尚创新、勇于创业的热情。充分运用传统媒体和新媒体，解读产业政策、宣传做法经验、推广典型模式，引导全社会共同关注、协力支持，营造良好发展氛围。

【简评】

由于规划是计划性文书中较宏大的一种，所以从规划的使用时间与适用范围上以及规划内容和写法上均不同于其他计划性文书。例文《全国乡村产业发展规划（2020—2025年）》，便体现了规划的上述特点。2020—2025年期间的实施起止年限，界定了规划的使用时间长度；标题中出现的"全国"、"规划"，说明了此规范文件的制定是为了对全局或长远工作做出统筹部署，带有明确的方向性、战略性、指导性。所以，在其内容上往往要更具有严肃性、科学性和可行性。

例文第一章首先明确了制定该规划的背景，包括重要意义、发展现状和机遇挑战等三个部分。第二章在明确了规划背景的基础上阐释了全国乡村产业发展的总体要求，包括指导思想、基本原则和发展目标等内容。每一部分都有大量的条款作支撑，表述清晰、具体。如第三章第一节"完善产业结构"这部分，便从"拓展农产品初加工"、"提升农产品精深加工"、"推进综合利用加工"等方面宏观地阐述了相关内容，且这样的写作思路几乎贯穿整个规划的写作过程中，符合国家规划的宏观性、战略性、基础性特点。

从总体来看，例文便是在进行深入的调查和周密的测算基础上，在掌握大量可靠资料的前提下，根据党和国家确定的发展远景和总体目标，然后充分吸收有关意见，以科学的态度，对多种方案进行反复的比较、研究和选择，最终确定各项规划指标和措施的结果。

（三）规划写作小结

（1）时间限域。规划是一种带有全局性、方向性的中长期计划，时间指向一般为3—5年。

（2）规划的内容及结构。规划的内容属全局性的部署。由于其内容涉及面较大，为了有条理地进行表述，应在结构上多下工夫。其结构安排应采用总分式，以达到层次清晰、条理分明的写作效果。同时，必须组织有关人员进行认真研究讨论，广泛收集和听取各方面意见及建议，使规划具有科学性、系统性、完整性。

三、纲要

（一）纲要的用法

1.纲要的含义

纲要是一种既具有远景发展设想，又具有较强的政策性、思想性、指导性的提纲挈领式的计划性文种。

2.纲要的写法

（1）标题。纲要的标题通常要说明其适用范围、内容和文种等几个要素，如《中国食物与营养发展纲要（2014—2020年）》便很好地阐释了上述要求。

（2）正文。正文是纲要的主体，应包括制定纲要的背景、原则、任务及实施措施等几方面内容。

（3）结尾。纲要的结尾通常比较简单，一般用一个自然段提出希望要求或发出号召，激励人们为实现纲要中所提出的目标而努力奋斗。

（二）纲要实例简评

【例文】

国务院办公厅关于印发体育强国建设纲要的通知
国办发〔2019〕40号

各省、自治区、直辖市人民政府，国务院各部委、各直属机构：

《体育强国建设纲要》已经国务院同意，现印发给你们，请认真贯彻执行。

国务院办公厅
2019年8月10日

体育强国建设纲要

为进一步明确体育强国建设的目标、任务及措施，充分发挥体育在全面建设社会主义现代化国家新征程中的重要作用，制定本纲要。

一、总体要求

（一）指导思想。

以习近平新时代中国特色社会主义思想为指导，全面贯彻党的十九大和十九届二中、三中全会精神，认真学习贯彻习近平总书记关于体育工作的重要论述，按照党中央、国务院关于加快推进体育强国建设的决策部署，坚持以人为本、改革创新、依法治体、协同联动，持续提升体育发展的质量和效益，大力推动全民健身与全民健康深度融合，更好发挥举国体制与市场机制相结合的重要作用，不断满足人民对美好生活的需要，努力将体育建设成为中华民族伟大复兴的标志性事业。

（二）战略目标。

到 2020 年，建立与全面建成小康社会相适应的体育发展新机制，体育领域创新发展取得新成果，全民族身体素养和健康水平持续提高，公共体育服务体系初步建立，竞技体育综合实力进一步增强，体育产业在实现高质量发展上取得新进展。

到 2035 年，形成政府主导有力、社会规范有序、市场充满活力、人民积极参与、社会组织健康发展、公共服务完善、与基本实现现代化相适应的体育发展新格局，体育治理体系和治理能力实现现代化。全民健身更亲民、更便利、更普及，经常参加体育锻炼人数比例达到 45% 以上，人均体育场地面积达到 2.5 平方米，城乡居民达到《国民体质测定标准》合格以上的人数比例超过 92%；青少年体育服务体系更加健全，身体素养显著提升，健康状况明显改善；竞技体育更好、更快、更高、更强，夏季项目与冬季项目、男子项目与女子项目、职业体育与专业体育、"三大球"与基础大项等实现均衡发展，综合实力和国际影响力大幅提升；体育产业更大、更活、更优，成为国民经济支柱性产业；体育文化感召力、影响力、凝聚力不断提高，中华体育精神传承发扬；体育对外和对港澳台交往更活跃、更全面、更协调，成为中国特色大国外交和"一国两制"事业的重要方面。

到 2050 年，全面建成社会主义现代化体育强国。人民身体素养和健康水平、体育综合实力和国际影响力居于世界前列，体育成为中华民族伟大复兴的标志性事业。

二、战略任务

（一）落实全民健身国家战略，助力健康中国建设。

完善全民健身公共服务体系。充分发挥国务院全民健身工作部际联席会议作用，地方各级政府建立全民健身工作联席会议机制。紧紧围绕便民惠民，抓好全民健身"六个身边"工程建设。积极开展体育强省、全民运动健身模范市、全民运动健身模范县三级联创活动，逐步推动基本公共体育服务在地区、城乡、行业和人群间的均等化。推动全民健身公共服务资源向农村倾斜，重点扶持革命老区、民族地区、边疆地区、贫困地区发展全民健身事业。

统筹建设全民健身场地设施。加强城市绿道、健身步道、自行车道、全民健身中心、体育健身公园、社区文体广场以及足球、冰雪运动等场地设施建设，与住宅、商业、文化、娱乐等建设项目综合开发和改造相结合，合理利用城市空置场所、地下空间、公园绿地、建筑屋顶、权属单位物业附属空间。鼓励社会力量建设小型体育场所，完善公共体育设施免费或低收费开放政策，有序促进各类体育场地设施向社会开放。紧密结合美丽宜居乡村、运动休闲特色小镇建设，鼓励创建休闲健身区、功能区和田园景区，探索发展乡村健身休闲产业和建设运动休闲特色乡村。

广泛开展全民健身活动。坚持以人民健康为中心，制定并实施全民健身计划，普及科学健身知识和健身方法，因时因地因需开展全民健身活动，坚持大健康理念，从注重"治已病"向注重"治未病"转变。推行《国家体育锻炼标准》和《国家学生体质健康标准》，建立面向全民的体育运动水平等级标准和评定体系。大力发展群众喜闻乐见的运动项目，扶持推广各类民族民间民俗传统运动项目。建立群众性竞赛活动体系和激励机制，探索多元主体办赛机制。推进冰雪运动"南展西扩东进"战略，带动"三亿人参与冰雪运动"。

优化全民健身组织网络。发挥全国性体育社会组织示范作用，推进各级体育总会建设，完善覆盖城乡、规范有序、富有活力的全民健身组织网络，带动各级各类单项、行业和人群体育组织开展全民健身活动。组织社会体育指导员广泛开展全民健身指导服务，建立全民健身志愿服务长效机制。

促进重点人群体育活动开展。制定实施青少年、妇女、老年人、农民、职业人群、残疾人等群体的体质健康干预计划。将促进青少年提高身体素养和养成健康生活方式作为学校体育教育的重要内容，把学生体质健康水平纳入政府、教育行政部门、学校的考核体系，全面实施青少年体育活动促进计划。实行工间健身制度，鼓励和支持新建工作场所建设适当的健身活动场地。积极推进冰雪运动进校园、进社区，普及冬奥知识和冰雪运动。推动残疾人康复体育和健身体育广泛开展。

推进全民健身智慧化发展。运用物联网、云计算等新信息技术，促进体育场馆活动预订、赛事信息发布、经营服务统计等整合应用，推进智慧健身路径、智慧健身步道、智慧体育公园建设。鼓励社会力量建设分布于城乡社区、商圈、工业园区的智慧健身中心、智慧健身馆。依托已有资源，提升智慧化全民健身公共服务能力，实现资源整合、数据共享、互联互通，加强分析应用。

（二）提升竞技体育综合实力，增强为国争光能力。

完善举国体制与市场机制相结合的竞技体育发展模式，坚持开放办体育，形成国家办与社会办相结合的竞技体育管理体制和运行机制。创新优秀运动员培养和优秀运动队组建模式，建立向全社会开放的国家队运动员选拔制度，充分调动高校、地方以及社会力量参与竞技体育的积极性。综合评估竞技体育项目发展潜力和价值，统筹各项目发展，建立竞技体育公共投入的效益评估体系。

构建科学合理的训练体系。加强优秀运动队复合型训练团队建设，构建符合科学发展要求的训练体系。统筹国际国内体育科技资源，构建跨学科、跨地域、跨行业、跨部门的体育科技协同创新平台，加强科研攻关、科技服务和医疗保障工作。加大对训练基地科研、医疗、文化教育等支持，把若干现有基地建设成为世界一流的"训、科、医、教、服"一体化训练基地。

建立中国特色现代化竞赛体系。推进竞赛体制改革，建立适应社会主义市场经济、符合现代体育运动规律、与国际接轨的体育竞赛制度，构建多部门合作、多主体参与的金字塔式体育竞赛体系，畅通分级分类有序参赛通道，推动青少年竞赛体系和学校竞赛体系有机融合。深化全国运动会、全国冬季运动会、全国青年运动会改革。支持全国性单项体育协会举办高水平体育赛事活动，鼓励社会力量举办形式多样的系列赛、大奖赛、分站赛等。

做好 2020 年东京奥运会、残奥会和 2022 年北京冬奥会、冬残奥会备战参赛工作。在保持传统优势项目领先地位的基础上，做大做强基础项目；持续加大冰雪项目选材力度，恶补冰雪项目短板，不断提高冰雪竞技水平；扎实推进备战工作，全面加强科学训练、赛事平台建设、反兴奋剂、综合服务保障等工作，建立人才流动绿色通道；打造能征善战、作风优良的一流队伍，确保在 2020 年东京奥运会、残奥会上取得运动成绩与精神文明双丰收，在 2022 年北京冬奥会上实现全项目参赛，取得我国冬奥会和冬残奥会参赛史上最好成绩。

全面推动足球、篮球、排球运动的普及和提高。积极探索中国特色"三大球"发展道路，构建政府主导、部门协同、社会力量积极参与的"三大球"训练、竞赛和后备人才培养体系。加强国际交流与合作，强化科技助力，提高"三大球"训练、竞赛的科学化水平。挖掘"三大球"项目文化，提高大众的认知度和参与度。

推进职业体育发展。鼓励具备条件的运动项目走职业化道路，支持教练员、运动员职业化发展，组建职业联盟。完善职业体育俱乐部法人治理结构，加快俱乐部现代企业制度建设。建立体育经纪人制度，积极探索适应中国国情和职业体育特点的职业运动员管理制度。完善职业体育联赛体制机制，充分发挥俱乐部的市场主体作用，培育形成具有世界影响力的职业联赛。

（三）加快发展体育产业，培育经济发展新动能。

打造现代产业体系。完善体育全产业链条，促进体育与相关行业融合发展，推动区域体育产业协同发展。加快推动互联网、大数据、人工智能与体育实体经济深度融合，创新生产方式、服务方式和商业模式，促进体育制造业转型升级、体育服务业提质增效。

激发市场主体活力。支持体育用品研发设计、生产制造和示范应用，引导企业加大自主研发和科技成果转化力度，开发科技含量高、拥有自主知识产权的产品，支持可穿戴运动设备和智能运动装备的研发与制造，显著提升体育用品供给能力。打造一批具有国际竞争力的知名体育企业和具有国际影响力的自主体育品牌，支持优势企业、优势品牌和优势项目"走出去"。完善健身教练、体育经纪人等职业标准和管理规范。扶持体育培训、策划、咨询、经纪、营销等企业发展。鼓励大型健身俱乐部跨区域连锁经营，鼓励大型体育赛事进行市场开发，支持成立各类体育产业孵化平台。

扩大体育消费。广泛开展群众性体育活动，增强体育消费黏性，丰富节假日体育赛事供给，激发大众体育消费需求。拓展体育健身、体育观赛、体育培训、体育旅游等消费新空间，促进健身休闲、竞赛表演产业发展。创新体育消费支付产品，推动体育消费便利化。支持各地创新体育消费引导机制。

加强体育市场监管。完善体育市场监管体制，推进综合行政执法。充分发挥法律法规的规范作用、行业协会的自律作用、市场的配置作用、公众和舆论的监督作用，促进体育市场主体自我约束、诚信经营。推进体育行业信用体系建设，完善体育企业信息公示制度，强化体育企业信息归集机制，健全信用约束和失信联合惩戒机制。

（四）促进体育文化繁荣发展，弘扬中华体育精神。

大力弘扬中华体育精神。深入挖掘中华体育精神，将其融入社会主义核心价值体系建设，精心培育和发展体育公益、慈善和志愿服务文化。完善中国体育荣誉体系，鼓励社会组织和单项体育协会打造褒奖运动精神的各类荣誉奖励。倡导文明观赛、文明健身等体育文明礼仪，促进社会主义思想道德建设和精神文明创建。

传承中华传统体育文化。加强优秀民族体育、民间体育、民俗体育的保护、推广和创新，推进传统体育项目文化的挖掘和整理。开展体育文物、档案、文献等普查、收集、整理、保存和研究利用工作。开展传统体育类非物质文化遗产展示展演活动，推动传统体育类非物质文化遗产进校园。

推动运动项目文化建设。挖掘体育运动项目特色、组织文化和团队精神，讲好以运动员为主体的运动项目文化故事。培育具有优秀品德和良好运动成绩的体育明星，组织运动队和体育明星开展公益活动。以各类赛事为平台，举办以运动项目为主要内容的文化活动、文化展示。以2022年北京冬奥会和冬残奥会筹办为契机，弘扬冰雪运动项目文化。

丰富体育文化产品。实施体育文化创作精品工程，创作具有时代特征、体育内涵、中国特色的体育文化产品，鼓励开展体育影视、体育音乐、体育摄影、体育美术、体育动漫、体育收藏品等的展示和评选活动。

（五）加强对外和对港澳台体育交往，服务中国特色大国外交和"一国两制"事业。

构建体育对外交往新格局。深化与亚洲各国尤其是周边国家的体育交流合作，务实推进与欧美发达国家的体育互利合作，巩固和发展与非洲和拉美国家的体育友好关系。引导、支持和鼓励体育类社会组织、体育明星、大众媒体、体育企业、海外华侨等在体育对外交往活动中发挥作用。

加强与重点国家和地区体育交流合作。积极参与政府间人文交流活动，扎实推进共建"一带一路"、金砖国家、上海合作组织等多边合作框架下的体育交流活动。制定实施共建"一带一路"体育发展行动计划，积极搭建各类体育交流平台，鼓励丰富多样的民间体育交流。推动与共建"一带一路"国家在体育旅游方面深度合作，打造"一带一路"精品体育旅游赛事和线路。

提升中国体育国际影响力。实施中华武术"走出去"战略，对标奥运会要求，完善规则、标准，力争武术项目早日进入奥运会。通过孔子学院和海外中国文化中心等平台，推动中国传统体育项目的国际化发展。拓展对外传播优势平台，加强与国际体育组织的交流合作，扩大我国在国际体育事务中的影响力和话语权。

深化对港澳台地区体育交流合作。积极开展内地与港澳体育交流合作，支持港澳体育事业发展。邀请港澳相关人士参加和观摩全国综合性运动会。支持港澳申请和举办国际体育赛事。积极稳妥地开展两岸体育交流合作，强化两岸体育交流机制。

坚持在"奥运模式"框架内，妥善处理国际体育活动中的涉台问题。

三、政策保障

（一）加强组织领导。

体育、发展改革、财政、税务、人力资源社会保障、公安、教育、文化和旅游、卫生健康、科技、民政、外交、住房城乡建设、自然资源、农业农村、残联等部门和单位要建立目标任务分解考核和动态调整机制，确保体育强国建设目标如期完成。进一步转变政府职能，充分调动社会力量，构建管办分离、内外联动、各司其职、灵活高效的体育发展新模式，实现体育治理体系和治理能力现代化。

（二）加大政策支持力度。

完善公共财政体育投入机制，多渠道筹措资金支持体育强国建设。合理划分地方各级政府在体育领域的财政事权和支出责任，明确地方主体责任。加大政府性基金与一般公共预算的统筹力度。加大政府向社会力量购买公共体育服务的力度。落实体育税费政策，加强对政策执行情况的评估督查。将全民健身场地设施纳入各级政府经济社会发展规划和各级国土空间规划，统筹考虑全民健身场地设施、体育用地需求，建立社区全民健身场地设施配建标准和评价制度。研究完善建设用地标准，在国家土地政策允许范围内，保障重要公益性体育设施和体育产业设施、项目必要用地，并依法依规办理用地手续。

（三）促进区域协调发展。

积极推进京津冀、长三角、粤港澳、海峡两岸等区域内体育协调发展。加快在海南建设国家体育训练南方基地和国家体育旅游示范区。挖掘中西部地区独特的体育资源优势，形成东、中、西部体育良性互动格局。丰富革命老区、民族地区、边疆地区、贫困地区群众的体育生活，做好体育援疆、援藏工作。

（四）加快体育人才培养和引进。

制定全国体育人才发展中长期规划，实施高层次人才培养专项计划。建立健全适应体育行业特点的人事制度、薪酬制度、人才评价机制。选派重点项目、重点领域专业人才出国（境）培训、留学，支持与海外高水平机构联合培养体育人才。开展体育引智工作，加大人才引进力度。

（五）推进体育领域法治和行业作风建设。

推动《中华人民共和国体育法》修订，加快体育领域相关法规文件立改废释工作。深化体育领域"放管服"改革，精简行政审批事项，加强对体育赛事、体育市场经营等活动的事中事后监管，不断优化服务。强化体育执法，建立体育纠纷多元化解机制。深入开展赛风赛纪和反兴奋剂专项治理。加强运动队党建和运动员、教练员思想政治工作。加强运动员职业道德教育和文明礼仪修养。各类体育协会要加强行业自律，引导行业健康发展、企业规范经营。

（六）加强体育政策规划制定等工作。

制定全民健身、竞技体育、体育产业等领域以及包括"三大球"在内的各运动项目发展规划。全面推进体育标准化建设，重点推进基本公共体育服务建设以及运动水平、赛事活动、教育培训等体育服务领域的规范和标准制修订。进一步完善体育事业和体育产业统计制度。推进体育信息化建设。加强体育基础理论研究，为体育强国建设提供理论支持和决策参考。

【简评】

从例文可知，纲要正文的内容较规划简洁，正文条款多采用提纲挈领式的写作手法，所以宏观政策性、指导性及思想性内容较多。

例文正文开篇便明确了制定此行动纲要的目的，转而从制定纲要的总体要求、战略任务、政策保障等三个方面架构了正文的主要内容。每一部分写作中，开篇均有主旨句，起到了撮要显旨的作用，同时也便于阅文者快速了解正文的核心内容。

例文最后若能单独以要求式尾语作结，如"各地区、各有关部门要……"将会使文章结构更加富有层次。

（三）纲要写作小结

（1）时间限域。纲要是针对全局或某一方面重要工作而制定的时间指向一般为5年以上的一种带有思想性、政策性、指导性的提纲挈领式计划，其所涉及的内容事项重大，时间跨度较长。

（2）要而不繁。要而不繁是纲要写作的要诀，因此在章节设计上要尽量做到条理清晰、层次分明。

四、方案

（一）方案的用法

1. 方案的含义

方案是按有关管理目标，对未来要做的某一重要的专门事项，从总体筹划上所作的最佳选择与安排。一般而言，方案侧重于对某一专项工作从目的、要求到方式、方法到具体进度做出详尽的安排，内容单一，专业性强。与其他计划类文书相比，方案在实践中具有较高的使用频率。

2. 方案的写法

（1）标题。方案的标题一般由制定方案的机关或单位名称、事由、文种三个要素组成；也可只写事由与文种，制定方案的机关或单位名称写在落款处。

（2）正文。方案的正文通常由前言及主体构成。前言部分交代制定方案的缘由、背景情况以及行文的根据、总体目标、意义及相关要求等；主体部分应针对某项工作或某项活动的总体要求、指导思想和基本原则，具体阐述方案的基本内容。

（3）落款。方案的落款由制定方案的单位名称和发文时间构成。

（二）方案实例简评

【例文】

国家卫生健康委 国家发展改革委 财政部 国家医保局 国家中医药局
国务院扶贫办关于印发解决贫困人口基本医疗有保障
突出问题工作方案的通知

国卫扶贫发〔2019〕45号

河北省、山西省、内蒙古自治区、辽宁省、吉林省、黑龙江省、安徽省、福建省、江西省、山东省、河南省、湖北省、湖南省、广西壮族自治区、海南省、重庆市、四川省、贵州省、云南省、西藏自治区、陕西省、甘肃省、青海省、宁夏回族自治区、新疆维吾尔自治区卫生健康委、发展改革委、财政厅（局）、医保局、中医药局、扶贫办：

为贯彻落实党中央、国务院解决"两不愁三保障"突出问题决策部署，根据《国务院扶贫开发领导小组印发〈关于解决"两不愁三保障"突出问题的指导意见〉的通知》（国开发〔2019〕15号），推动全面解决基本医疗有保障突出问题，深入推进实施健康扶贫工程，国家卫生健康委、国家发展改革委、财政部、国家医保局、国家中医药局和国务院扶贫办联合制定了《解决贫困人口基本医疗有保障突出问题工作方案》。现印发给你们（可在国家卫生健康委网站下载），请认真落实。

国家卫生健康委

国家发展改革委

财政部

国家医保局

国家中医药局

国务院扶贫办

2019年7月10日

解决贫困人口基本医疗有保障突出问题工作方案

为贯彻落实党中央、国务院解决"两不愁三保障"突出问题决策部署，深入推进实施健康扶贫工程，以县医院能力建设、"县乡一体、乡村一体"机制建设、乡村医疗卫生机构标准化建设为主攻方向，全面解决贫困人口基本医疗有保障突出问题，确保到2020年全面完成健康扶贫任务，根据《国务院扶贫开发领导小组关于解决"两不愁三保障"突出问题的指导意见》，制定本工作方案。

一、准确把握基本医疗有保障的标准和要求

贫困人口基本医疗有保障，主要是指贫困人口全部纳入基本医疗保险、大病保险和医疗救助等制度保障范围，常见病、慢性病能够在县乡村三级医疗机构获得及时诊治，得了大病、重病后基本生活仍然有保障。建立健全基本医疗保障制度，加强县乡村医疗卫生机构建设，配备合格医务人员，消除乡村两级机构人员"空白点"，做到贫困人口看病有地方、有医生、有制度保障。

指导工作标准包括：医疗卫生机构"三个一"、医疗卫生人员"三合格"、医疗服务能力"三条线"、医疗保障制度全覆盖（详见附件）。

二、加强县医院能力建设

（一）加大支持力度。进一步加大中央预算内投资支持力度，督促地方将符合条件的贫困县（国家扶贫开发工作重点县以及连片特困地区县，下同）县级医院（含中医医院，下同）纳入全民健康保障工程支持范围。各地要落实投入责任，改造和完善县级医院设施，配备基本设备，保障县级医院的正常运转。

（二）强化对口帮扶。进一步明确三级医院帮扶目标、任务和考核指标。组织三级医院加大对深度贫困县的帮扶力度。采取"组团式"支援方式，选派管理和技术人员担任受援医院院长或副院长、护理部主任及学科带头人，帮扶团队不少于5人（中医医院可选派3人），每批人员连续工作时间不少于6个月。帮助贫困县县医院加强针对当地疾病谱的临床专科建设，提升内科、外科、妇产科、儿科、急诊科的常见病、多发病和部分急危重症的诊疗能力。

（三）推进远程医疗。实现贫困县县级医院远程医疗全覆盖，拓展服务内涵，丰富服务内容，通过远程会诊、查房、示教、培训等形式，有效促进优质医疗资源下沉。进一步规范远程医疗服务，逐步完善远程医疗收费和报销政策。

三、加强"县乡一体、乡村一体"机制建设

（四）加强县乡村人员培养培训。持续开展全科医生规范化培训、助理全科医生培训、转岗培训等，加大农村订单定向免费医学生培养力度。继续为贫困地区招聘特岗全科医生，全面解决乡镇卫生院无执业医师问题。鼓励各地继续开展面向村卫生室的免费医学生培养。持续对乡村医生开展实用技能和适宜技术培训，提高乡村医生常见病、多发病诊治和中医药服务能力。

（五）统筹使用县域卫生人力资源。鼓励实行"县聘县管乡用"和"乡聘村用"，为乡镇卫生院和村卫生室聘用合格的医务人员。建立健全压茬选派制度，通过从乡镇卫生院选派医师开展巡诊、派驻等方式，解决村卫生室缺乏合格医生的问题。探索开展省域内非贫困县县级医院对口支援贫困地区乡镇卫生院，定期选派医师到乡镇卫生院执业。

（六）推进县域医共体建设。有条件的地方，进一步开展紧密型县域医共体建设，推进医共体内行政管理、医疗业务、信息系统等统一运作，提高县域医疗卫生服务整体绩效，逐步用区域医保基金总额控制代替具体医疗机构总额控制。

四、加强乡村医疗卫生机构标准化建设

（七）消除"空白点"。推动地方政府落实主体责任，加大投入，按照填平补齐的原则，在脱贫攻坚期内，全面完成乡镇卫生院和村卫生室基础设施建设，合理配置乡镇卫生院、村卫生室医疗设备。加强乡镇卫生院中医药科室建设和村卫生室中医药设备配置。对于扶贫搬迁后新形成的行政村，在地方政府水、电、网等基础设施建设到位前，可通过设置临时医疗点，为群众提供服务。

五、加强贫困地区疾病综合防控

（八）全面落实重点传染病、地方病综合防控三年攻坚行动。按照《健康扶贫三年攻坚行动计划》（国卫财务发〔2018〕38号）要求，做好艾滋病、结核病、血吸虫病、包虫病和大骨节病等地方病综合防治工作，开展现症病人分类救治。

六、保障措施

（九）明确职责分工。坚持中央统筹、省负总责、市县抓落实的管理体制，中央部门负责健康扶贫政策顶层设计、健全工作机制、明确责任要求；地方政府负责结合本地脱贫攻坚实际，制定政策、明确标准并推动落实。卫生健康行政部门牵头实施健康扶贫、加强县乡村医疗卫生服务能力建设、开展分类救治工作，扶贫部门负责将健康扶贫纳入脱贫攻坚总体部署和工作考核，医保部门负责实施医疗保障扶贫、将贫困人口纳入医疗保障制度覆盖范围，发展改革和财政部门负责加强健康扶贫的投入保障。

（十）制定实施方案。各地要结合实际，按照能够解决实际问题、贫困人口普遍认可以及可量化、可实现、可考核的原则，制定具体工作标准和实施方案，对照标准开展排查，摸清底数，建立台账，明确时间表、路线图，并于2019年7月底前将本地具体工作标准和排查结果向国家卫生健康委、国家医保局报备。省内各地原则上不再另行制定标准。

（十一）加大投入支持。中央财政统筹卫生健康领域现有资金渠道，在分配卫生健康转移支付资金时，对"三区三州"和其他深度贫困地区予以适当倾斜。省级、市级财政对解决基本医疗有保障突出问题要予以倾斜支持。县级财政要按规定落实好乡镇卫生院及乡村医生补助经费。对于服务人口较少、按照现有渠道和补助标准不足以维持正常运转的村卫生室，县级财政给予适当补助。贫困县用足用好现有政策，支持符合条件的解决基本医疗有保障突出问题的项目。东西部扶贫协作、对口支援、定点扶贫等要支持解决贫困地区基本医疗有保障突出问题。鼓励各类公益基金、企业等社会力量支持贫困地区医疗卫生机构能力建设。

附件：基本医疗有保障工作标准（略）

【简评】

例文从六个方面建构了解决贫困人口基本医疗有保障突出问题工作方案，层次清晰，结构合理。正文首先交代了行文的目的和依据，使用了公文常用目的化语言"为……"转而以"制定本工作方案"引出具体的方案要求。主要从"准确把握基本医疗有保障的标准和要求"、"加强县医院能力建设"、"加强'县乡一体、乡村一体'机制建设"、"加强乡村医疗卫生机构标准化建设"、"加强贫困地区疾病综合防控"和"保障措施"六个方面构建起了具体方案要求，条目清晰，结构完整。

（三）方案写作小结

（1）时间限域。方案存在于计划之后，是针对某一重要专门事项所作的最佳选择与安排。因此其内容一般比较细化且应具有可行性。

（2）内容安排。方案的内容要体现创意，同时要注意协调各方面关系，如总目标与分目标的关系、整体流程与各具体步骤的关系等。

（3）逻辑结构。方案的逻辑结构应紧紧围绕计划设定的目标进行设计与安排，要求层次分明，结构清晰，为具体执行与操作奠定基础。

五、应急预案

（一）应急预案的用法

1.应急预案的含义

应急预案是各级政府或企业、事业单位根据自身工作权限和职责范围所制定的有关应急方案，以应对处置重大突发性事件而采取的具体措施。

2.应急预案的写法

（1）标题。应急预案的标题有两种写法，一种为"适用范围＋预案内容＋文种"，另一种为"预案内容＋文种"。

（2）正文。应急预案的正文一般由前言、主体和结尾构成。前言部分主要说明制定预案的依据、目的及指导思想等内容；主体部分阐释应对突发事件的目标、措施及具体步骤等；结尾部分明确方案的实施范围、实施时间及相关具体要求等。

（3）落款。应急预案的落款包括制定单位名称及制发预案的日期。

（二）应急预案实例简评

【例文】

安徽省人民政府办公厅关于
印发安徽省防汛抗旱应急预案的通知

皖政办秘〔2020〕36号

各市、县人民政府，省政府各部门、各直属机构：

经省政府同意，现将修订后的《安徽省防汛抗旱应急预案》印发给你们，请结合实际，认真贯彻实施。2017年6月24日印发实施的《安徽省防汛抗旱应急预案》（皖政办秘〔2017〕164号）同时废止。

安徽省人民政府办公厅

2020年4月29日

安徽省防汛抗旱应急预案

1 总则

1.1 编制目的

以习近平新时代中国特色社会主义思想为指导，贯彻落实"两个坚持、三个转变"防灾减灾救灾新理念，做好水旱灾害突发事件的应急准备和处置工作，保证抗洪抢险、抗旱救灾工作高效有序进行，最大限度减少灾害造成的危害，保障经济社会稳定发展。

1.2 编制依据

依据《中华人民共和国防洪法》、《中华人民共和国突发事件应对法》、《中华人民共和国防汛条例》、《中华人民共和国抗旱条例》、《国家防汛抗旱应急预案》及《安徽省抗旱条例》、《安徽省实施〈中华人民共和国防洪法〉办法》、《安徽省突发公共事件总体应急预案》等法律法规、预案，制定本预案。

1.3 适用范围

本预案适用于本省行政区域内水旱灾害的防范与处置。

1.4 工作原则

在省委、省政府的统一领导下，防汛抗旱工作实行各级人民政府行政首长负责制。坚持以人为本、安全第一，统一指挥、分级分部门负责，以防为主、防抗救结合，军地协同、全民参与的原则。

2 组织指挥体系

2.1 省防汛抗旱指挥部及职责

省人民政府设立省防汛抗旱指挥部（以下简称省防指），负责组织、指挥、协调、指导、监督全省防汛抗旱工作。主要职责是：

（1）贯彻落实党中央、国务院、国家防汛抗旱总指挥部及省委、省政府对防汛抗旱工作的决策部署。

（2）制定全省防汛抗旱工作政策、制度等。

（3）依法组织制定重要江河湖泊和重要水工程的防御洪水方案、洪水调度方案、应急水量调度方案等。

（4）组织开展防汛抗旱检查，监督落实重要工程和重点地区防汛抗旱责任。

（5）组织协调、指挥决策和指导监督重大水旱灾害应急抢险救援工作，调度运用影响重大的防洪抗旱工程设施。

（6）指导监督防汛抗旱重大决策的贯彻落实。

（7）承担有关法律法规规定的职责。

2.1.1 省防指组成

省防指由省长任总指挥，分管应急管理部门的副省长任第一副总指挥，分管水利部门的副省长任常务副总指挥，省政府有关副秘书长、省应急厅厅长、省水利厅厅长、省军区战备建设局局长、武警安徽省总队副司令员、省气象局局长任副总指挥，省委组织部、省委宣传部、省发展改革委、省教育厅、省经济和信息化厅、省公安厅、省民政厅、省司法厅、省财政厅、省自然资源厅、省生态环境厅、省住房城乡建设厅、省交通运输厅、省农业农村厅、省商务厅、省文化和旅游厅、省卫生健康委、省广电局、省通信管理局、省粮食和储备局、省能源局、省电力公司、安徽银保监局、安徽民航机场集团、省农垦集团、省消防救援总队、安徽陆军预备役步兵师、武警第二机动总队交通第一支队、中国安能集团第一工程局合肥分公司等单位负责同志为成员。

发生全省性大洪水时，省防指可提请省政府调整省防指负责同志和成员单位，根据需要成立综合协调、综合保障、防洪调度、抢险救援、转移安置、卫生防疫、宣传报道等工作组，承担防汛抗洪相应工作职责。

2.1.2 成员单位职责

省委组织部负责督查各级行政首长防汛抗旱责任制落实情况，掌握党政领导干部在组织抗洪抢险、抗旱和救灾工作中履职情况。

省委宣传部负责把控全省防汛抗旱工作宣传导向，组织、协调和指导新闻宣传单位做好防汛抗旱新闻宣传报道工作。

省发展改革委负责指导防洪抗旱设施规划和建设工作，负责防洪抗旱设施建设、重点工程除险加固、水毁工程修复投资计划的协调安排。

省教育厅负责组织指导各类学校加强防洪避险知识宣传，指导在校师生及时开展应急避险工作，督促指导受灾学校开展灾后自救和恢复教学秩序工作。

省经济和信息化厅负责保障防汛抗旱无线电通信频率及其正常使用，协调保障公众移动通信网的通信畅通。

省公安厅负责维护社会治安秩序，保障运送防汛抗旱抢险救灾人员和物资的道路交通安全畅通；依法打击造谣惑众和盗窃、哄抢防汛抗旱物资以及破坏防洪抗旱设施的违法犯罪活动；协助有关部门妥善处置因防汛抗旱引发的群体性事件；协助组织群众从危险地区安全撤离或转移。

省民政厅负责组织安排危险区民政福利机构设施及财产安全转移等工作。

省司法厅负责本系统的防汛抗旱工作。

省财政厅负责筹集防汛抗旱资金，按照省防指确定的分配方案，及时下拨中央和省级防汛抗旱经费并监督使用。

省自然资源厅负责组织、协调、指导和监督地质灾害防治工作，指导开展群测群防、专业监测和预报预警工作，承担地质灾害应急救援的技术支撑工作。

省生态环境厅负责组织指导水环境质量应急监测，为实施防洪、供水调度提供水质状况，协调做好突发环境事件应急处置工作。

省住房城乡建设厅负责指导城市排水防涝及城市市政公用基础设施安全运行工作。

省交通运输厅负责公路、水路及工程设施防汛抗旱工作，组织抢险救援力量实施公路、水路抢通保通，保障工程设施安全；协助征调防汛抗旱抢险救灾所需车辆、船舶等交通运输工具，优先运送受灾人员、抢险救援人员和抢险救灾物资。

省农业农村厅负责掌握农业洪涝、旱灾信息，组织开展农业生产救灾指导和技术服务，指导灾后农业生产救灾和生产恢复工作；指导渔业船只做好防台风工作。

省水利厅负责水旱灾害防御和日常防汛抗旱工作，组织指导水旱防治体系建设，组织编制洪水干旱灾害防治规划和防护标准并指导实施。开展水情旱情监测预警预报、水工程调度、日常检查、宣传教育、水旱灾害防治工程建设等，承担防汛抗旱抢险技术支撑工作，负责发布水情旱情。

省商务厅负责对灾区生活必需品市场运行和供求形势的监控，协调做好防汛抗洪救灾和灾后生活必需品的组织、供应。

省文化和旅游厅负责指导、协调、监督文化经营单位、旅游 A 级景区做好防汛防台风工作。

省卫生健康委负责洪涝灾区疾病预防控制和医疗救护工作，及时向省防指提供洪涝旱灾区疫情与防治信息，组织开展防病治病，预防和控制疫情的发生和流行。

省应急厅负责综合指导协调各地区和相关部门的水旱灾害防治工作，组织协调重大、特别重大水旱灾害的抢险和应急救援工作。指导协助地方组织抢险救援队伍、调运抢险物资，组织险情巡查、应急处置，转移安置受洪水威胁人员，救援被洪水围困人员。负责灾害调查统计评估和灾害救助。依法统一发布灾情信息。

省广电局负责组织指导各级广播、电视等媒体及应急广播开展防汛抗旱宣传；及时组织播发经省防指审定的防汛抗旱预警、汛（旱）情公告，准确报道汛情、旱情、灾情和各地防汛抗旱重要信息；组织指导各级应急广播覆盖区域建设与使用单位完善与相关部门的信息对接机制，实现信息共享。

省气象局负责天气气候监测和预测预报工作，对汛情、旱情形势做出气象分析和预测，及时发布预报预警；对汛期重要天气形势和灾害性天气做出滚动预报，及时向省防指及有关成员单位提供气象预报信息；组织开展防汛抗旱救灾现场气象保障服务，适时组织人工增雨工作。

省通信管理局负责协调全省通信运营企业和有关专网单位为防汛抗旱提供通信保障；根据汛情需要，协调调度应急通信设施，确保公用通信网设施的防洪安全和通信畅通。

省粮食和储备局根据省应急厅的动用指令，负责省级生活类救灾物资储备和组织调出。

省能源局负责电力建设工程防洪安全监督管理，承担电力设施和电能保护的监督管理工作，协调保障防汛抗洪抢险电力应急供应，协调落实农业抗灾用电指标。

省电力公司负责其所属水库水电站、电力设施的防洪及电力调度安全工作，保障防汛、排涝、抗旱的电力供应。

安徽银保监局负责洪涝旱灾的灾后保险理赔监督工作。

安徽民航机场集团负责所辖机场及设施的防洪安全，优先运送防汛抗旱抢险救灾人员和物资。

省农垦集团负责本系统的防汛抗旱工作。

省军区战备建设局负责协调现役部队、组织民兵力量参加抗洪抢险、抗旱救灾等重大抢险救灾行动。

武警安徽省总队负责组织指挥武警部队担负抗洪抢险救灾任务，参加重要工程和重大险情的应急抢险工作；协助当地政府转移危险地区群众，协同公安机关维护抢险救灾秩序和灾区社会治安等。

省消防救援总队负责组织综合性消防救援队伍参加抗洪抢险排涝、遇险群众救助；协助当地政府做好抗旱地区群众生活保障用水救助工作。

安徽陆军预备役步兵师负责组织所辖预备役部队参加抗洪抢险救灾工作。

武警第二机动总队交通第一支队根据汛情、旱情需要，发挥专业能力和工程装备优势，担负抗洪抢险、营救群众、转移物资、抗旱应急等任务。

中国安能集团第一工程局合肥分公司参加重要工程和重大险情的应急抢险工作。

2.2 省防汛抗旱指挥部办公室及职责

省防汛抗旱指挥部办公室（以下简称省防办）为省防指办事机构，承担省防指日常工作，设在省应急厅。办公室主任由省应急厅厅长担任。主要职责是：

（1）组织拟订并实施省级防汛抗旱应急预案。

（2）收集掌握汛情、旱情、险情、灾情和防汛抗旱行动情况等。

（3）组织防汛抗旱会商，分析研判形势，提出应对方案与建议。

（4）协调、监督各地各有关部门落实省防指工作部署。

（5）组织指导防汛抗旱物资储备和防汛抗旱队伍建设。

（6）组织指导防汛抗旱宣传教育和培训演练。

（7）组织指导重大水旱灾害应急处置的调查评估工作。

2.3 防汛现场指挥机构组成

当发生全省性大洪水时，省防指设立长江、淮河前线指挥部，省委、省政府负责同志任指挥长。当干流及主要支流堤防、水库等发生重大险情时，视情组建现场指挥机构，由当地党委或政府主要负责同志担任指挥长，负责组织、指挥、协调现场抢险救援工作。

2.4 市、县防汛抗旱指挥机构

市、县人民政府设立防汛抗旱指挥部，负责组织、指挥、协调、指导、监督本行政区域的防汛抗旱工作。

2.5 工作组、专家组

省防指成立工作组，由省防指成员单位有关负责同志带队，赴一线指导督促地方开展防汛抗旱工作。

省防指成立专家组，由相关专业的技术和管理专家组成，为防汛抗旱指挥决策、应急处置等提供咨询和建议。

2.6 有关部门配合和衔接机制

应急管理、水利、气象等部门建立定期会商和信息共享机制，健全应急管理信息平台和监测预警网络，共同分析研判汛情旱情和险情灾情，实时共享相关监测预报预警和重要调度信息，联合开展防灾救灾综合演练、检查督察等，形成工作合力。水利部门将水情预报系统接入应急管理部门，向应急管理部门提供实时雨水情信息和预测预报成果。当预报发生大洪水或突发险情时，水利部门组织防洪会商，应急管理等部门派员参加。当江河湖泊达到警戒水位并预报继续上涨时，应急管理部门应组织指导有关地方提前落实抢险队伍、预置抢险物资，视情开展巡查值守，做好应急抢险和人员转移准备。洪水灾害发生后，水利部门按照防汛抗旱指挥部部署，派出水利技术专家组，协助应急管理部门开展险情处置，提供技术支持。在汛期，河道、水库、水电站、闸坝等水工程管理单位必须按照规定对水工程进行巡查，发现险情，必须立即采取抢护措施，并及时向防汛抗旱指挥部和上级主管部门报告。

3 汛（旱）前准备

3.1 责任落实

落实以行政首长负责制为核心的分级负责制、部门责任制、技术责任制、岗位责任制、分包责任制等各类防汛抗旱责任制，确保防汛抗旱责任全覆盖、无盲区。

3.2 应急预案

各级各部门修订完善防汛抗旱应急预案，江河湖泊和水工程防御洪水、抗御旱灾、应急调水方案，台风和山洪灾害防御预案，人员转移避险和抢险救援预案等。

3.3 汛（旱）前检查

各级各部门开展汛（旱）前大检查，查找薄弱环节，限期整改，消除隐患，确保度汛责任和措施落实到位；做好抗旱设备维修保养工作，确保正常运行。

3.4 工程准备

完成水毁工程修复、在建开口工程复堤复坝任务，整治消除各类防洪工程度汛隐患，落实汛期在建涉水工程和病险工程安全度汛方案和措施。

3.5 应急物资

各级防汛抗旱指挥机构、重点防洪工程管理单位以及受洪水、干旱威胁的单位应备足防汛抗旱物资，落实调运措施。

3.6 培训演练

各级各部门及相关单位组织开展防汛抗旱责任人、防汛抢险队员、抗旱服务队员及有关人员开展汛（旱）前培训。各级防汛抗旱指挥机构及防汛抗旱责任单位应开展不同类型的汛（旱）前应急演练。

3.7 宣传教育

各级各部门多渠道、多形式开展防灾避险知识宣传教育，推动防灾避险知识进企业、进农村、进社区、进学校、进家庭，增强社会公众防灾减灾意识，提高风险识别、防灾避险和自救互救能力。

3.8 社会动员

各级政府应广泛动员社会力量，积极参与巡堤查险、抢险除险、人员转移、抗旱供水等防汛抗旱工作。

4 监测预警

4.1 监测预报

气象部门负责灾害性天气监测预报；水利部门负责水情、旱情监测预报；自然资源部门负责地质灾害监测预报；住房城乡建设部门负责城市内涝监测预报。各部门及时向防汛抗旱指挥机构报送信息。

4.2 预警发布

气象部门负责暴雨、台风预警发布，水利部门负责水情（江河洪水、山洪）、旱情预警发布。

4.3 预警响应

4.3.1 当发布暴雨预警时，各级各有关部门采取以下措施：

（1）省防办视情组织多部门会商研判，明确重点影响区域和防范应对工作重点，加强对各地暴雨防范应对工作的指导督促。

（2）省气象局密切监视天气变化，加密天气预报。

（3）省水利厅密切监视水情变化，做好重要江河湖库水情预报，视情调度重要江河湖库预泄；指导督促水工程管理单位按照工程控制运用办法等规定进行调度运用，加强水工程维护、巡查。

（4）省自然资源厅及时发布地质灾害预警，指导督促专业队伍和群测群防员加密地质灾害隐患点巡查。

（5）省住房城乡建设厅组织指导城市内涝预警发布，指导督促各地做好城市地下空间、下凹式立交桥、建筑施工场所等隐患排查整治，城市重点易涝部位应急排涝准备等。

（6）省文化和旅游厅组织指导各地各有关景区发布旅游安全提示信息，必要时督促关闭涉山涉水旅游景区，疏散游客。

（7）省委宣传部、省通信管理局分别协调指导主流媒体、基础电信运营企业广泛发布预警和安全提示信息。

（8）各级防汛抗旱指挥机构及时安排部署，提前转移危险区域人员，做好暴雨防范和应对工作。

4.3.2 当发布江河洪水预警时，各级各有关部门采取以下措施：

（1）省防办组织多部门会商研判，提出防御措施和启动应急预案建议，加强对各地洪水应对工作的指导督促。

（2）省水利厅密切监视水情变化，及时预报重要江河湖库洪水；实施重要水工程调度，适时提出防御洪水调度建议；指导督促水工程管理单位按照工程控制运用办法等规定进行调度运用，做好水工程巡查、险情抢护。

（3）省应急厅指导协助各地做好应急抢险救援力量、物资准备，视情提前预置防洪重点部位抢险救援力量和物资。

（4）省交通运输厅指导督促各地各有关单位做好行洪河道内桥梁、受洪水威胁重要交通道路的巡查、监视，及时发布道路通行、航道通航预警信息，加强道路管护和通航安全管理，做好水毁道路抢修准备。

（5）各级防汛抗旱指挥机构立即动员部署，提前安排可能超警戒水位运行江河堤防、超汛限水位运行水库的巡查防守，提前转移洪涝危险区域人员，按照要求做好行蓄洪区运用准备，及时开机排涝。

4.3.3 当发布山洪预警时，各级各有关部门采取以下措施：

（1）省防办根据山洪灾害防御形势，做出相应工作安排，加强对基层山洪灾害防御工作的指导督促。

（2）省水利厅指导督促受山洪灾害威胁地区及时发布山洪实时预警。

（3）省应急厅指导协助各地做好应急抢险救援力量、物资准备。

（4）省交通运输厅指导督促各地做好山洪灾害危险区内道路管护和通行安全提示。

（5）省文化和旅游厅组织指导各地各有关景区发布旅游安全提示信息，督促关闭山洪灾害危险区内旅游景区，疏散游客。

（6）基层山洪灾害防御责任人立即上岗到位，将预警信息通知到户、到人，按预案提前组织危险区群众转移。

4.3.4 当发布台风预警时，各级各有关部门采取以下措施：

（1）省防办组织多部门会商研判，明确台风重点影响区域和防范应对工作重点，加强对各地台风防御工作的指导督促。

（2）省气象局密切监测台风发展趋势，跟踪监测台风路径、风力及影响范围。

（3）省水利厅加强重要水工程调度，减轻洪水风险。

（4）省应急厅指导协助各地做好应急抢险救援力量、物资准备。

（5）省住房城乡建设厅指导督促各地做好临时构筑物、搭建物、高空作业等隐患排查，及时消除隐患。

（6）省交通运输厅指导督促各地各有关单位做好渡口、在航船只安全管理工作。

（7）省农业农村厅指导督促各地做好渔民上岸、农业设施加固等工作。

（8）各级防汛抗旱指挥机构立即动员部署，提前转移危险区内群众，做好大水面堤防防风挡浪工作。

4.3.5 当发布旱情预警时，各级各有关部门采取以下措施：

（1）省防办根据区域抗旱形势，做出相应工作安排，加强对各地防旱抗旱工作的指导督促。

（2）省水利厅加强旱情、墒情监测预报，做好重要水工程蓄水、引水、提水、调水，增加抗旱水源。

（3）各级防汛抗旱指挥机构加强组织动员，做好各项防旱抗旱准备，及时开展抗旱浇灌、应急送水等工作。

5 信息报告及发布

5.1 信息报告内容

防汛抗旱信息主要包括：雨水情、汛情、旱情、工情、险情、灾情，工程调度运用情况，抢险救灾进展情况，防汛抗旱人力调集、物资及资金投入情况，人员转移及安置等情况。

5.2 信息报送

防汛抗旱信息实行归口管理，逐级上报。防汛抗旱信息的报送应及时、准确、全面，重要信息一事一报，因客观原因一时难以准确掌握的信息，应首报基本情况，再续报详情。重大险情、溃堤破圩、人员伤亡等信息必须第一时间上报。水工程调度运用信息应按照有关规定及时通报下游和受影响地区。

5.3 信息发布

汛（旱）情、灾情和重大决策部署、抗洪抢险、抗旱救灾行动等防汛抗旱信息由省防指通过媒体对外统一发布，其中一般防汛抗旱信息由省防办负责同志审签，重要防汛抗旱信息由省防指负责同志审签。省防指建立新闻发言人制度，省防办会同省政府新闻办适时召开新闻发布会，主动回应舆论关切，正确引导舆论导向。

6 应急响应

6.1 响应分级

按洪涝、旱灾的严重程度和范围，应急响应行动分Ⅳ级（一般）、Ⅲ级（较大）、Ⅱ级（重大）和Ⅰ级（特别重大）四级。

6.2 响应条件

6.2.1 Ⅳ级响应条件

出现下列情况之一，为Ⅳ级响应条件：

（1）长江或淮河流域发生一般洪水，或一条主要支流全线超过警戒水位。

（2）长江、淮河干流堤防发生较大险情，或主要支流堤防发生重大险情。

（3）大中型水库发生较大险情，或重点小型水库发生重大险情。

（4）发生面积大于500万亩的洪涝灾害。

（5）台风可能或已经对我省产生影响。

（6）淮北地区或江淮之间或长江以南发生轻度干旱，或2—3个设区市范围内发生中度干旱，或2个以上设区市市区发生轻度干旱，且预报未来一周无有效降雨。

（7）其他需要启动Ⅳ级响应的情况。

6.2.2 Ⅲ级响应条件

出现下列情况之一，为Ⅲ级响应条件：

（1）长江或淮河流域发生较大洪水，或干流发生2个以上主要控制站超过警戒水位的洪水。

（2）长江、淮河干流堤防发生重大险情，或一般支流堤防发生决口。

（3）大中型水库、大型水闸发生重大险情，或小（2）型水库发生垮坝。

（4）发生面积大于800万亩的洪涝灾害。

（5）台风可能或已经对我省产生较重影响。

（6）淮北地区或江淮之间或长江以南发生中度干旱，或2—3个设区市范围内发生严重干旱，或2个以上设区市市区发生中度干旱，且预报未来一周无有效降雨。

（7）其他需要启动Ⅲ级响应的情况。

6.2.3 Ⅱ级响应条件

出现下列情况之一，为Ⅱ级响应条件：

（1）长江或淮河流域发生大洪水，或干流大部分河段发生超过警戒水位的洪水。

（2）长江、淮河干流一般堤防或主要支流堤防发生决口。

（3）小（1）型水库发生垮坝。

（4）发生面积大于1200万亩的洪涝灾害。

（5）台风可能或已经对我省产生严重影响。

（6）淮北地区或江淮之间或长江以南发生严重干旱，或2—3个设区市范围内发生特大干旱，或2个以上设区市市区发生严重干旱，且预报未来一周无透墒雨。

（7）其他需要启动Ⅱ级响应的情况。

6.2.4 Ⅰ级响应条件

出现下列情况之一，为Ⅰ级响应条件：

（1）长江或淮河流域发生特大洪水，或干流发生2个以上主要控制站超过保证水位的洪水。

（2）长江、淮河干流主要堤防发生决口。

（3）大、中型水库发生垮坝。

（4）发生面积大于1500万亩的洪涝灾害。

（5）淮北地区或江淮之间或长江以南发生特大干旱，且预报未来一周无透墒雨。

（6）其他需要启动Ⅰ级响应的情况。

6.3 响应启动

达到Ⅳ级、Ⅲ级、Ⅱ级、Ⅰ级响应条件，由省防办提出响应启动建议，报省防指领导研究决定。Ⅳ级应急响应启动由省防指副总指挥（省应急厅主要负责同志）研究决定，Ⅲ级应急响应启动由省防指常务副总指挥研究决定，Ⅱ级应急响应启动由省防指第一副总指挥研究决定，Ⅰ级应急响应启动由省防指总指挥研究决定。

6.4 响应措施

6.4.1 Ⅳ级响应行动

（1）省防办实行24小时应急值守，密切关注天气变化，跟踪掌握雨水情、汛情、旱情、工情、险情和灾情。

（2）省防办负责同志组织会商，做出工作部署，加强对防汛抗旱工作的指导，及时上报信息。

（3）省防指成员单位按照职责分工做好相关工作，省防办视情派出工作组赴一线指导防汛抗旱工作。

（4）防汛抗旱相关责任单位应密切监视汛情，加强巡逻查险，巡查情况及时上报同级防汛抗旱指挥机构和上级主管部门。

（5）当地防指应全力做好转移危险区群众、组织巡查防守、开机排涝或抗旱提水等工作，并将工作情况报同级政府和上一级防办；当防洪工程、设施出现险情时，当地政府应立即组织抢险。

6.4.2 Ⅲ级响应行动

（1）省防办实行24小时应急值守，密切关注天气变化，跟踪掌握雨水情、汛情、旱情、工情、险情和灾情。

（2）省防指副总指挥组织会商，做出工作部署，加强对防汛抗旱工作的指导，重要情况及时上报省委、省政府和国家防总，通报省防指成员单位；在省主流媒体发布汛（旱）情公告。

（3）省防指按权限调度防洪抗旱工程；省防指成员单位按照职责分工做好相关工作，根据需要派出工作组，重要情况及时报送省防办；省级防汛物资仓库做好物资调拨准备；交通运输部门协调运送防汛人员、物资的车辆在各等级公路、桥梁和渡口免费优先通行。

（4）有关市县防指可依法宣布本地区进入紧急防汛（抗旱）期，当地防指全力做好转移危险区群众、巡查防守、发动群众参与抗旱等工作，并将工作情况报同级政府和上一级防指。

（5）当防洪工程、设施出现险情时，当地政府应立即成立现场抢险指挥机构组织抢险，并提前安全转移可能受洪水威胁的群众；必要时，按照规定申请组织解放军、武警部队、综合性消防救援队伍参加抗洪抢险和人员转移，上一级防指派出专家组赴现场指导抢险工作。

6.4.3 Ⅱ级响应行动

（1）省防办负责同志带班，实行24小时应急值守，跟踪掌握雨水情、汛情、旱情、工情、险情和灾情，及时做好信息汇总报告、后勤保障等工作。

（2）省防指总指挥或委托第一副总指挥、常务副总指挥组织会商，做出工作部署，重要情况及时上报省委、省政府和国家防总，并通报省防指成员单位；必要时，提请省政府做出工作部署；省政府领导和相关部门负责同志按分工加强防汛抗旱工作督查；定期在省主流媒体发布汛（旱）情公告；可依法宣布部分地区进入紧急防汛（抗旱）期；省防办视情组织召开新闻发布会。

（3）省防指按权限调度防洪抗旱工程；督促地方政府根据预案转移危险地区群众，组织强化巡查防守、抗洪抢险，组织强化抗旱工作；省防指派出工作组、专家组赴一线指导防汛抗旱工作，必要时，省委、省政府派出督查组赴各地督查防汛抗旱工作；省防指成员单位按照职责分工做好应急物资、应急资金、用电指标保障等相关工作，工作情况及时报省防指。

（4）有关市县防指启动防汛抗旱应急预案，可依法宣布本地区进入紧急防汛（抗旱）期，工作情况报同级政府和上一级防指；受灾地区的各级防指负责同志、成员单位负责同志，应按照职责分工组织指挥防汛抗旱工作；相关市县全力配合相邻地区做好防汛抗旱和抗灾救灾工作。

（5）当防洪工程、设施出现险情时，所在地市县政府应立即成立现场抢险指挥机构，全力组织抢险，并提前安全转移可能受洪水威胁的群众；必要时，按照规定申请组织解放军、武警部队、综合性消防救援队伍参加抗洪抢险和人员转移；上级防指派出专家组赴现场指导抢险工作。

6.4.4 Ⅰ级响应行动

（1）省防指副总指挥带班，必要时省防指总指挥或第一副总指挥、常务副总指挥到省防办调度指挥；实行24小时应急值守，做好预测预报、工程调度、信息汇总上报、后勤保障等工作；必要时，从省防指相关成员单位抽调人员，充实值班力量。

（2）省防指总指挥组织会商，防指全体成员参加，做出工作部署，工作情况及时上报省委、省政府和国家防总；必要时，提请省委、省政府做出工作部署；依法宣布进入紧急防汛（抗旱）期；在省主流媒体发布汛（旱）情公告，宣传报道汛（旱）情及抗洪抢险、抗旱行动情况；省防指适时组织召开新闻发布会。

（3）省防指视情提请省委、省政府派出督查组赴重灾区督导防汛抗旱救灾工作，省防指派出工作组、专家组赴一线指导防汛抗旱工作；协调解放军、武警部队、综合性消防救援队伍参加抗洪抢险、抗旱送水；按权限调度防洪抗旱工程；督促地方政府根据预案转移危险地区群众，组织强化巡查防守、抗洪抢险，组织强化抗旱工作；省防指相关成员单位应积极做好应急物资、应急资金、用电指标、交通运输、受灾救助、疾病防控、环境监控等保障工作。

（4）相关市全面启动防汛抗旱应急预案，依法宣布进入紧急防汛（抗旱）期，工作情况及时报省防指；受灾地区的各级党政主要负责同志应赴一线指挥，防指负责同志、成员单位负责同志，应按照职责到分管的区域组织指挥防汛抗旱工作。

（5）当防洪工程、设施出现险情时，所在地市政府应立即成立现场抢险指挥机构，全力组织抢险，并提前安全转移可能受洪水威胁的群众；必要时，按照规定申请组织解放军、武警部队、综合性消防救援队伍参加抗洪抢险和人员转移；省防指领导到现场督查指导抢险工作，并派出专家组进行技术指导。

6.5 响应终止

当江河水位落至警戒水位以下、区域性暴雨或台风影响基本结束、重大险情得到有效控制，旱情已解除或有效缓解，并预报无较大汛情、旱情时，由省防办提出响应终止建议，报省防指领导研究决定。Ⅳ级应急响应终止由省防指副总指挥（省应急厅主要负责同志）研究决定，Ⅲ级应急响应终止由省防指常务副总指挥研究决定，Ⅱ级应急响应终止由省防指第一副总指挥研究决定，Ⅰ级应急响应终止由省防指总指挥研究决定。

7 应急保障

7.1 队伍保障

市、县人民政府应切实加强专业防汛抢险队、抗旱服务队和群众性队伍建设，不断提升与解放军、武警部队和综合性消防救援队伍的协同处置能力，必要时广泛调动社会力量参与抗洪抢险和抗旱救灾。

7.2 物资保障

按照"分级管理、分级储备"的原则，各级应采取集中储备和分散储备、实物储备和协议储备相结合方式储备各类防汛抗旱物资，建立健全物资调拨机制，确保物资储备数量充足、品种齐全、调运及时。

7.3 资金保障

县级以上人民政府应将防汛抗旱经费纳入地方财政预算，确保防汛抢险、抗旱救灾应急所需。中央财政下拨的特大防汛抗旱补助费，应及时安排，专款专用。财政、审计等部门要加强防汛抗旱资金的监督管理工作。

7.4 技术保障

省应急厅建立全省应急管理信息平台，将各级各有关部门应急预案、队伍、物资等数据统一汇入平台并动态更新，与省相关部门应急平台实现互联互通和信息共享。统一规划和布局信息传输渠道，建立多部门共享的全省自然灾害综合监测预警信息系统。建立防汛抗旱业务应用系统，为防汛抗旱指挥调度决策提供技术支撑。

7.5 通信保障

各级政府应建立健全防汛抗旱应急通信保障体系，配备与之相适应的设施设备。各级通信部门应保障防汛抗旱指挥调度的通信畅通，利用现代通信手段，做好紧急状态下防汛通信保障工作。

7.6 交通保障

交通运输部门应优先保证防汛车辆的通行，保障抗洪抢险人员、群众安全转移、防汛抗旱救灾物资的运输；做好抢险救灾所需车辆、船舶的调配和河道通航、渡口的安全监管等工作。

7.7 电力保障

电力、能源等部门协调做好抗洪抢险、抢排渍涝、抗旱救灾等方面的电力供应和应急救援现场的临时供电等工作。

8 后期处置

8.1 善后工作

8.1.1 防汛抗旱征用补偿

防汛抗旱指挥机构在紧急防汛（抗旱）期征用、调用的物资、设备、交通运输工具等，汛（旱）期结束后应及时归还或按有关规定给予补偿。调用专业防汛抢险队或抗旱服务队，由申请调用的单位给予适当补助。

8.1.2 水毁工程修复

汛期结束或洪水退去后，市、县政府要组织有关部门或工程管理单位做好前期工作，提出水毁修复计划，抓紧组织实施，力争在下一次洪水到来之前恢复主体功能。涉及跨行政区域的交通、电力、通信、水利等重要设施的水毁修复工作，由上一级主管部门负责协调。

8.1.3 防汛抗旱物资补充

针对防汛抗旱物资消耗情况，按照分级筹集的原则，各级财政应安排专项资金，由各级防办提出储备计划，相关部门及时补充到位，所需物料数量和品种按物资储备定额确定。

8.1.4 行蓄洪区运用补偿

行蓄洪区运用后，所在地县级以上人民政府应及时组织核查财产损失，提出补偿方案，按程序上报批准执行。

8.1.5 灾后恢复重建

各相关部门应尽快组织灾后重建，原则上按原标准恢复，条件允许可提高标准重建。旱情解除后，对经批准的临时截水工程和设施须尽快拆除，恢复原貌。

8.1.6 次生灾害防范和社会风险管控

各级各相关部门应密切监测分析重特大水旱灾害可能引发的次生灾害，及时采取预防和应对措施；及时防范化解重特大水旱灾害可能引发的社会风险，加强舆情监测和管控，维护社会稳定和社会秩序。

8.2 总结评估

省防指组织对重大水旱灾害应急处置等进行调查，对灾害影响和后果进行评估和总结。各级防办应对当年防汛抗旱工作进行总结、分析和评估，提出改进意见。

9 附则

9.1 名词术语解释

9.1.1 紧急防汛期

根据《中华人民共和国防洪法》规定，当江河、湖泊的水情接近保证水位或者安全流量，水库水位接近设计洪水位，或者防洪工程设施发生重大险情时，有关县级以上人民政府防汛指挥机构可以宣布进入紧急防汛期。在紧急防汛期，各级人民政府防汛指挥机构根据防汛抗洪需要，可依法采取紧急处置措施。当汛情趋缓时，有关人民政府防汛指挥机构应适时依法宣布结束紧急防汛期。

9.1.2 紧急抗旱期

根据《中华人民共和国抗旱条例》规定，在发生特大干旱，严重危及城乡居民生活、生产用水安全，可能影响社会稳定时，省级人民政府防汛抗旱指挥机构经本级人民政府批准，可以宣布本辖区内的相关行政区域进入紧急抗旱期。在紧急抗旱期，有关地方人民政府防汛抗旱指挥机构应当组织动员本行政区域内各有关单位和个人投入抗旱工作。

9.1.3 防御洪水方案

有防汛抗洪任务的县级以上人民政府根据流域综合规划、防洪工程实际状况和国家规定的防洪标准，制定的防御江河洪水等方案的统称。防御洪水方案经批准后，有关地方人民政府必须执行。

9.1.4 一般洪水

洪峰流量或洪量的重现期5—10年一遇的洪水。

9.1.5 较大洪水

洪峰流量或洪量的重现期10—20年一遇的洪水。

9.1.6 大洪水

洪峰流量或洪量的重现期20—50年一遇的洪水。

9.1.7 特大洪水

洪峰流量或洪量的重现期大于 50 年一遇的洪水。

9.1.8 全省性大洪水

省境长江、淮河同时发生特大洪水，如类似 1954 年型洪水，或长江发生 1998 年、淮河发生 2003 年大洪水。

9.1.9 轻度干旱

受旱地区作物受旱面积占播种面积的 30% 以下；以及因旱造成临时性饮水困难人口占所在地区人口比例在 20% 以下。

9.1.10 中度干旱

受旱地区作物受旱面积占播种面积的 30%—50%；以及因旱造成临时性饮水困难人口占所在地区人口比例达 20%—40%。

9.1.11 严重干旱

受旱地区作物受旱面积占播种面积的 50%—80%；以及因旱造成临时性饮水困难人口占所在地区人口比例达 40%—60%。

9.1.12 特大干旱

受旱地区作物受旱面积占播种面积的 80% 以上；以及因旱造成临时性饮水困难人口占所在地区人口比例高于 60%。

9.1.13 城市轻度干旱

因旱城市实际日供水量为正常日供水量的 90%—95%，出现缺水现象，居民生活、生产用水受到一定程度影响。

9.1.14 城市中度干旱

因旱城市实际日供水量为正常日供水量的 80%—90%，出现明显的缺水现象，居民生活、生产用水受到较大影响。

9.1.15 城市严重干旱

因旱城市实际日供水量为正常日供水量的 70%—80%，出现严重缺水现象，居民生活、生产用水受到严重影响。

9.1.16 城市特大干旱

因旱城市实际日供水量为正常日供水量的 70% 以下，出现极为严重的缺水局面，居民生活、生产用水受到极大影响。

本预案有关数量的表述中，"以上"含本数，"以下"不含本数。

9.2 预案管理与更新

本预案由省防办负责管理。根据省防指要求适时组织有关部门、专家对预案进行评估，并视情况需要及时修订。各市防指根据本预案制定相关江河、地区和重点工程的防汛抗旱应急预案，报省防指备案。

9.3 奖励与责任

对防汛抢险和抗旱救灾工作做出突出贡献的先进集体和个人，按有关规定进行表彰和奖励。对防汛抗旱工作中玩忽职守造成损失的，依据有关法律法规，追究当事人的责任，并予以处罚；构成犯罪的，依法追究其刑事责任。

9.4 预案解释部门

本预案由省防办负责解释。

9.5 预案实施时间

本预案自印发之日起实施。

附件：1. 省防汛抗旱应急组织指挥体系图（略）

　　　2. 省防汛抗旱应急分级响应框架图（略）

【简评】

此应急预案篇幅较长，内容充实，为具体操作与执行提供文本支撑。从总体来看，例文表述了如下几层意思：总则部分明确了此应急预案的编制目的、编制依据、适用范围、工作原则，这与其他同类篇章布局文件的总则部分相比，并无太大差异。第二至第八部分分别从组织指挥体系、汛（旱）前准备、监测预警、信息报告及发布、应急响应、应急保障和后期处置等方面阐述了此应急预案的具体内容，内容充实，表述清晰，逻辑层次合理。第九部分为附则部分，重点对一部分名词术语进行了阐释，还说明了预案的管理、更改与解释权以及预案实施时间。

例文要素齐备，篇章布局错落有致，内容表述清晰完整，是一篇不错的范文。

（三）应急预案写作小结

（1）要注意内容表达的具体性。虽然预案也是一种计划，但它是实施计划的一种具体安排，更接近于实际工作。因此，在写作时要将有关的组织分工、措施办法、时间步骤和检查督促等方面的内容具体细致地表述出来。

（2）要合理安排行文结构。应急预案的写作可以采取条文式结构、分部式结构和顺序式结构等多种结构形式。其中条文式结构旨在将工作任务分解成若干项目，按照工作时间的先后顺序或工作的主次轻重逐项逐条地写明具体任务、措施办法、执行部门和人员、完成时间及要求。分部式结构是将工作内容分成若干个部分，每个部分是一方面的工作，可用小标题提示内容范围。顺序式结构是指按照工作开展的先后顺序来安排组织材料。这种结构通常用于工作任务单一、具体，涉及面较窄的应急预案。

六、工作安排

（一）工作安排的用法

1.工作安排的含义

工作安排是对短期内将开展的某项工作作大致安排、时间筹划、提出总体目标和分项目标及相关要求的一种计划体公文。

2.工作安排的写法

（1）标题。工作安排的标题一般由制定工作安排的机关或单位名称、适用时间、内容和文种等几个要素构成，如《2020年广西壮族自治区食品安全重点工作安排》。

（2）正文。首先应明确总的目标、工作任务与要求；其次应交代工作方法、步骤、措施等内容；最后是施行要求及权变措施。

（3）结尾。工作安排的结尾应写明制定工作安排的机关或单位名称及制定日期。

（二）工作安排实例简评

【例文】

广西壮族自治区食品安全委员会关于
印发2020年全区食品安全重点工作安排的通知

桂食安委〔2020〕3号

各市、县（市、区）人民政府，自治区食品安全委员会各成员单位，自治区高级法院、检察院，广西银保监局，广西海警局，广西供销社，广西科协：

《2020年全区食品安全重点工作安排》已经自治区人民政府同意，现印发给你们，请认真贯彻执行。并请各设区市、自治区食安委成员单位和有关单位于6月10日、11月30日前分别将上半年、全年各项工作完成情况报送自治区食安办。联系人：谢×，联系电话：0771—5842×××，电子邮箱：g×sab2021@163.com。

广西壮族自治区食品安全委员会

2020年4月2日

2020年全区食品安全重点工作安排

为深入贯彻落实党中央、国务院和自治区党委、自治区人民政府关于食品安全工作的决策部署，围绕中共中央国务院印发的《关于深化改革加强食品安全工作的意见》、自治区党委自治区人民政府印发的《关于深化改革加强食品安全工作的若干措施》，坚持稳中求进工作总基调，坚持问题导向、目标导向、结果导向，遵循"四个最严"的要求，严把从农田到餐桌的每一道防线，大力推进食品安全放心工程建设攻坚行动，着力提升我区食品安全治理水平，不断提高人民群众获得感、幸福感、安全感。现就2020年全区食品安全重点工作做出如下安排。

一、年度重点任务

（一）做好疫情防控期间食品安全工作。（略）

（二）规范标签标识管理。（略）

（三）深入实施农药兽药使用减量行动。（略）

（四）深入实施校园食品安全守护行动和餐饮质量安全提升行动。（略）

（五）深入实施国产婴幼儿配方乳粉提升行动，推动落实企业主体责任。（略）

（六）加强抽检监测和核查处置。（略）

（七）严惩食品安全违法犯罪。（略）

（八）持续推进"双安双创"示范引领行动。（略）

（九）推动落实属地管理责任。（略）

二、持续推进的重点工作

（一）建立最严谨的标准。（略）

（二）落实最严格的监管。（略）

（三）实行最严厉的处罚。（略）

（四）坚持最严肃的问责。（略）

（五）落实生产经营者主体责任。（略）

（六）开展食品安全风险排查整治。（略）

（七）加强食品安全风险监测与评估。（略）

（八）推动食品产业高质量发展。（略）

（九）强化食品监管能力建设。（略）

（十）构建社会共治格局。（略）

广西壮族自治区食品安全委员会办公室
2020 年 4 月 7 日印发

【简评】

例文由标题和正文两部分组成。标题交代了适用时间、适用范围、事由和文种四项事宜。适用时间是"2020 年"，适用范围是"全区"（广西壮族自治区），事由是食品安全，文种是工作安排。整个标题言简意赅，突出了整个工作安排的性质和任务。

正文开篇交代了 2020 年全区食品安全工作的目的和依据，进而以"现就 2020 年全区食品安全重点工作做出如下安排"转入主体内容的写作。例文条理清晰，层层深入，可操作性强。

（三）工作安排写作小结

（1）适用情况。工作安排适用于范围较小、时间较短、内容单一，要求具体的短期行为。

（2）要讲究可行性。在时间安排上要充分考虑到实际需要与可能，尽量留有可调节的余地。

七、工作要点

（一）工作要点的用法

1. 工作要点的含义

工作要点是指在一个时期的工作计划尚未正式出台之前制定的"准计划"，待正式的计划出台后使命即告完成的计划体公文。

2. 工作要点的写法

（1）标题。工作要点的标题一般由适用时间、适用范围及文种等要素构成，如《×××大学 2014 年学生工作要点》。

（2）正文。工作要点的正文一般由前言和主体两部分构成。前言部分阐释制定工作要点的目的、依据、指导思想以及总的任务要求等。主体部分将前言内容具体化，即将有关的措施和办法逐一列出，但段落篇幅通常比较简短，突出要点之"要"。

（3）结尾。工作要点的结尾处通常比较简洁地注明要点的制定机关或单位名称及成文日期。

（二）工作要点实例简评

【例文】

农业农村部办公厅关于印发
《2020 年农业农村科教环能工作要点》的通知

农办科〔2020〕4 号

各省、自治区、直辖市及计划单列市农业农村（农牧）厅（局、委），新疆生产建设兵团农业农村局，部属有关事业单位，有关农业大学，各省级农业科学院：

为深入贯彻中央经济工作会议、中央农村工作会议和中央 1 号文件精神，落实农业农村部党组工作部署要求，扎实推进农业农村科教环能工作，我部制定了《2020 年农业农村科教环能工作要点》。现印发你们，请结合本地区、本单位实际认真抓好落实。

农业农村部办公厅

2020 年 2 月 23 日

2020 年农业农村科教环能工作要点

2020 年是全面建成小康社会实现之年，是全面打赢脱贫攻坚战收官之年。农业农村科教环能工作总体要求是，坚持以习近平新时代中国特色社会主义思想为指导，深入贯彻党的十九大和十九届二中、三中、四中全会精神，全面落实中央经济工作会议、中央农村工作会议和中央1号文件部署要求，紧扣打赢脱贫攻坚战和补上全面小康"三农"领域突出短板，围绕保供给、保增收、保小康，深入实施乡村振兴科技支撑行动，大力推进农民培训提质增效，切实打好农业污染防治攻坚战，认真谋划"十四五"各项工作，为如期实现全面小康提供坚实支撑。

一、着力强化科技扶贫

（一）持续加大产业技术专家帮扶力度。（略）

（二）切实提升贫困地区农技服务实效。（略）

（三）大力提高脱贫致富培训针对性。（略）

二、着力提高科技创新的产业贡献度

（四）加强基础前沿储备。（略）

（五）加力关键技术攻关。（略）

（六）夯实农业科技创新条件基础。（略）

（七）加强农业转基因生物安全监管。（略）

三、着力加快农业科技机制创新与制度建设

（八）打造产业科技战略力量。（略）

（九）推进产学研深度融合。（略）

（十）深化农业科技体制改革。（略）

（十一）加强农业科研人才队伍建设。（略）

四、着力提升农技推广服务效能

（十二）完善农技推广服务工作机制。（略）

（十三）加强农技推广队伍能力建设。（略）

（十四）打造农业科技转化示范样板。（略）

五、着力办好农民满意的教育培训

（十五）推进农民培训提质增效。（略）

（十六）促进高素质农民学历提升。（略）

（十七）拓展高素质农民发展路径。（略）

六、着力加强农业生态环境保护

（十八）全面强化耕地土壤污染防治。（略）

（十九）深入实施秸秆综合利用行动。（略）

（二十）加快推进农膜回收行动。（略）

（二十一）大力发展农村可再生能源。（略）

（二十二）加强农业生物多样性保护。（略）

【简评】

既然是"工作要点"，正文中自然应体现"要"之意蕴，即选择重要的、主流的工作内容进行撮要显旨式的介绍，以明确相关机关或部门在今后某一个时期内工作的重点及工作方向。例文《2020年农业农村科教环能工作要点》依托于农办科〔2020〕4号通知下发，其制发的根据和目的在通知中交代清楚，因此例文开篇只说明了此项工作的重要意义。工作要点重在执行性和操作性，因此为了便于实际操作与执行，例文对每项具体工作要点都进行了明了的论证，且每一条内容都主旨鲜明，内容明确，层次清晰，便于执行。

（三）工作要点写作小结

（1）突出主旨。工作要点的核心在于"要"，即要紧紧围绕本单位在一定时期内的中心工作有目的、有重点地架构正文内容，切不可信马由缰，主次不分。

（2）用语精练。工作要点是工作计划的"首要之点"，故在文字表达上一定要直陈其事，让阅文者短时间内了然工作要点的主旨内容。

八、工作建议

（一）工作建议的用法

1. 工作建议的含义

工作建议是指在开展某项工作过程中相关机关部门或个人向有关方面提出建设性意见时所使用的一种公务文书。

2. 工作建议的写法

（1）标题。工作建议的标题通常由提出建议的机关部门或个人、建议内容或适用时间及文种三个要素构成，如《××省人民政府2008年工作建议》。

（2）正文。这部分是工作建议的核心，主要包括如下内容：一是提出工作建议的缘由；二是要根据实际情况提出具体的意见、办法、措施、途径等。

（3）结尾。通常用以表达提出建议的机关或单位的希望或要求。依据实际情况也可以省略这部分内容，以求简洁。

（二）工作建议实例简评

【例文】

国家发展改革委运输所推动2021年交通工作的几点建议

2021年，疫情变化和外部环境仍存在诸多不确定性，交通运输行业总体呈现恢复性增长特点，但生产复苏形势仍然不稳定、不平衡，需要紧密围绕推动高质量发展要求，深化交通行业供给侧结构性改革，为引领新发展阶段、构建新发展格局当好先行。

一、抓好常态化疫情防控与交通生产

建立常态化疫情防控交通工作机制，因时因势动态调整、细化和完善交通运输防控措施，完善疫情防控的指挥体系、政策体系、预案体系和物资保障体系。做好国际运输入境的"人"、"物"疫情防控，备战好春运这场运输与防疫的双重"大考"。全力做好新冠病毒疫苗冷链、其他防疫及生产生活物资和医疗人员运输任务。

二、编制好"十四五"综合交通规划

全面深入分析"十三五"综合交通发展经验，客观认识我国交通运输发展阶段和优劣势，科学研判"十四五"时期面临形势，紧抓新一轮科技革命和产业变革等机遇，系统谋划提升交通行业发展硬件水平和治理、服务软实力，突出提升交通应急保障能力，编制出经得住历史考验的"十四五"规划。

三、精准实施交通基础设施补短板

发挥交通投资关键作用，为国家重大战略实施当好先行，扎实推进川藏铁路等国家重点工程，推动境外重大项目落地实施，补齐综合枢纽、港口集疏运等薄弱环节短板，提高交通基础设施韧性和安全水平。加快城市群、都市圈和新型交通基础设施建设，持续推进"四好"农村路建设，全面完成交通建设投资任务。

四、持续提升交通运输发展软实力

进一步深化交通运输改革，完善制度法规体系，加快形成统一开放的运输市场。积极发展联程运输和电子客票等服务，提升旅客出行服务品质。发展多式联运和国际货运网络，加快构建与现代流通体系相适应的交通物流运输体系。引导规范交通发展新业态，激发交通发展新动能，促进交通与关联产业融合发展。

【简评】

国家发展改革委运输所立足当前交通运输行业生产发展大环境，从抓好常态化疫情防控与交通生产、编制好"十四五"综合交通规划、精准实施交通基础设施补短板、持续提升交通运输发展软实力四个主要方面着手，条理清晰地撰拟了推动2021年交通工作的四点建议。

该建议篇幅较短，内容清晰，对做好2021年常规交通工作以及"十四五"综合交通规划编制工作，具有重要的指导意义。

（三）工作建议写作小结

（1）要注意建议、意见的合理性。针对某项具体工作建言献策，旨在更加顺利地完成工作任务。因此建议、意见的合理性可为有关部门制定科学、合理的决策提供必要的支撑。工作建议的合理性为可行性提供前提。

（2）要注意建议、意见的可行性。这就要求提出建议的机关、部门及个人要对建议可行性进行必要而充分的论证，即要提出符合建议要求的可行性措施。

（3）要注意建议、意见的及时性。合理且可行的工作建议若提出时间滞后，虽做了大量努力，结果仍无济于事。因此，客观地把握工作进展现状，并从中揭示出问题的本质，提出可行性解决问题的对策等均应贯彻及时性原则。

九、工作设想

（一）工作设想的用法

1. 工作设想的含义

工作设想也是一种计划体公文。它是一种粗线条勾勒的尚未成熟的非正式计划，具有较强的参考性、理想性和一定的可变性。其适用时间一般较长，范围也较广，侧重于方向性、原则性的引导，内容也往往较为概括。

2. 工作设想的写法

（1）标题。通常由制定工作设想的机关或单位名称、适用时间和文种三个要素组成，如《××市卫生健康局2020年工作设想》。

（2）正文。通常包括如下内容：一是明确工作的任务和总体目标，这是制定工作设想的关键；二是阐明为了实现目标所要采取的主要措施。

（3）结尾。写明制定工作设想的机关或单位名称及制定时间。

（二）工作设想实例简评

【例文】

××市卫生健康局2020年工作设想

2020年，是十三五的收官之年，我市卫生健康工作将以党的十九大精神为指导，坚持一条主线、抓好两项评审、组织三项行动、深耕四项改革，提升五项能力，强化六项保障，统筹提高卫生健康服务能力，力争主要健康指标有较大提高，在健康浙江、健康绍兴考核中达到优秀，为推进"三个××"提供优质的健康保障。

（一）围绕一条主线，大力推进健康××建设。制定2020年度健康××任务清单，出台专项考核办法，严格落实各项推进工作机制，确保健康浙江、健康绍兴评价取得优秀成绩。

（二）抓好两项评审，尽力提升综合医疗实力。一是做好国家卫生城市复评，确保顺利通过。二是做好等级医院评审。根据省统一部署，市人民医院通过三乙综合医院复评，市中医院争创三乙中医医院。

（三）实施三项行动，推进健康民生实事。一是实施0—3岁托育服务省试点行动，切实解决民生领域"关键小事"；二是实施儿童青少年"明眸亮睛"行动，全年完成7万左右学生近视普查工作，儿童青少年近视率较2019年下降1个百分点以上。三是实施院前急救能力提升行动，2020年新建设××、××急救分站2个。

（四）深耕四项改革，打造××医改样板。一是医共体建设，注重融合发展，全力抓好医共体信息化示范县试点工作，新建设联合病房5家，力争县域就诊率至少提升1个百分点，基层就诊率稳定在65%以上。二是公立医院综合改革，注重可持续发展，切实强化重点指标管理，力争在全省考核排位中取得较好成绩。三是"最多跑一次"改革，注重协调发展，做好深化完善文章，不断提升群众感受度。四是基层补偿机制改革，注重科学发展，进一步强化绩效管理系统应用，实施项目深化提质行动，进一步激活服务效率、服务质量。

（五）提升五项能力，竭力增强健康为民服务本领

1.提升医疗健康服务能力。一是强学科。实施"学科建设提升年"行动，巩固发展优势学科，努力提升薄弱学科。市人民医院新设立创伤中心病区、心血管二病区；市中医院购置 DSA、CT 等设备，新开设心内科，重点开展心脏介入治疗；市妇保院与绍兴妇保院实施学科托管。二是强质量。推进 DRGs 质量和绩效评价，加大质控管理力度，重点定期开展 18 项核心制度执行情况检查；组织"好医案评选"活动，开展各线技术比武；三是强基层。启动首届基层特色专科评比，组织实施"优质服务基层行"活动，服务能力达到省定推荐标准的基层医疗机构数达到下达的指标要求。

2.提升公共卫生服务能力。加强基本公卫服务项目管理工作，重点加强服务质量考核。强化公共卫生的属地主体责任和突发公共卫生事件的联防联控机制，加强重大传染病防控工作，有效应对禽流感、登革热等疫情。强化健康管理，重点做好健康体检、妇幼保健、慢病管理、优化随访、预防接种等工作，继续做好血防、艾防、精防等工作。加强社会心理服务体系建设，完成上级下达的目标任务。开展卫生创建工作，2020 年新申报国家卫生乡镇 6 个（××镇、××镇、××镇、××镇、××镇、××镇）。提升老龄健康服务能力，推进医养结合，逐步建立具有×× 特色的医养结合服务体系。

3.提升中医药服务能力。以师徒结对带教为手段，推动中医药传承；以市级"中医新秀"评比为抓手，助推中医骨干成长；以"十大好方"评比为抓手，助力中药事业发展；以全市中医药传承基地建设为契机，努力扩大中医药影响力。

4.提升依法行政执法能力。加大执法力度，提升卫生健康行政执法能力和质量，2020 年办案数同比增长 10% 以上；持续深化医疗乱象整治，加强医疗机构监管，深入开展打击非法行医工作；加强重点场所、职业卫生、中小医疗机构服务质量等监管工作，优质完成"双随机一公开"和监督抽检任务。

5.提升信息化建设能力。以被列入省医共体信息化示范点为契机，加大信息化建设投入力度，进一步打通院内科室间、医共体上下、市内各医疗机构之间医疗健康信息壁垒，促进信息的互联互通、共联共享，重点完成银医合作智慧健康信息化建设，开展 5G、物联网、人工智能等新技术在医疗卫生行业的探索应用。

（六）强化六项保障，确保工作任务落到实处

1.强化党建引领。深入推进"五星三名"争创活动，2020 年底前至少 2 家公立医院达到"五星"成效标准。强化组织体系建设，开展"双培育"工程和"双培养"工程。全面推进清廉医院建设，全年新创建清廉示范医院 5 家以上。

2.强化投入保障。科学谋划卫生健康十四五发展规划、学科建设发展规划等；推

进卫生健康项目建设，投入 2000 万元实施中医院外科大楼改造工程项目，投入 4000 万元启动人民医院放化疗中心建设项目；投资 2.5 亿元启动市妇幼保健院异地新建项目；崇仁中心卫生院工程完成进度目标。

3. 强化人才保障。实施"招才引智"计划，2020 年新招聘 100 人以上，其中新增研究生及 211、985、双一流本科生 30 人以上；实施"招科引技"工作，加强与科研团队、重点学科的对接交流，筹划建设肿瘤研究中心；组织开展首届"学术文化月"活动；实施人才"暖心工程"，积极开展健康向上的文体、慰问活动，营造良好的人才环境。

4. 强化机制保障。进一步完善考核评价管理体系，突出对重点任务、重要事项、重点指标考核比重。进一步强化重点工作落实等的督办工作，提高执行力和落实力。进一步严格考核奖惩，把考核结果与评先树优、领导班子调整、干部提拔任用、晋职晋级挂钩。

5. 强化安全保障。狠抓医疗安全，重点是强化医疗核心制度执行的监管；严抓消防安全，开展智慧消防试点建设，强化消防安全大检查；细抓信访维稳，确保不发生越级信访及群体事件；重抓仪器设备、药品安全，做到常查长警。

6. 强化宣传保障。开展"医在××"、"卫健好故事"、"名医名院名科"等主题宣传活动，锻造"卫生健康·服务民生"品牌。实施全市出院患者临床科室、医院、局机关三级电话回访，将院、科两级出院患者的回访率和调查满意度纳入对各单位年度考核。

2020 年 1 月 3 日

【简评】

例文由标题、正文两大部分构成。标题为"××市卫生健康局 2020 年工作设想"，明确了文件的制发机关、文种及适用年份。正文条理清楚，段落安排张弛有度，便于把握文件的主旨内容。例文首先明确了制定此工作设想的总体思路，进而转入工作设想主体内容的写作。主体内容从六个方面在彰显段落主题的同时，也构成了"××市卫生健康局 2020 年工作设想"的内在逻辑，即要有组织、有目标地开展相关活动，并为活动顺利有序地开展提供保障。这不仅体现了公文写作格式上的逻辑，其内容上的逻辑关联也得以很好地彰显，做到了格式与内容上的逻辑统一。

（三）工作设想写作小结

工作设想旨在描绘未来蓝图，其内容十分广泛，要考虑设想内容的预见性和开创性，同时要实事求是地进行设想，断不能主观空想。

第十八章　总结性文书

一、总结

（一）总结的用法

1.总结的含义

总结是对一定时期内进行过的实践活动做全面的回顾，在回顾的基础上，加以检查、分析、评价、找出成绩、经验、明确问题、教训，揭示出规律性的认识，以提高工作水平，促进今后工作的一种公文。

工作总结和工作报告不同，报告重在汇报反映情况，总结重在回顾经验。工作总结最大的特点是总结性、经验性、规律性。通过总结，可以把已进行的工作实践从感性认识上升为规律性认识，便于指导工作，继续前行。这对做好任何工作都是必不可少的重要环节。

2.总结的类别

最常用的总结主要有综合性总结和专题性总结两种。

（1）综合性总结。综合性总结主要用于全面记载以往一个阶段所做的工作。如年度工作总结、季度工作总结，以及政府工作报告和党代会工作报告中有关工作回顾部分，就属于这一类。

综合性总结通常包括如下内容：一是交代基本情况。概括地介绍工作活动背景，利弊条件，取得的成绩及评价；二是介绍取得的成绩。主要写工作活动的结果，完成的任务，达到的指标，获得的效果，采取的做法。要求具体详细地写作；三是获得的经验。即要对取得成绩、效益所采取的方法进行总结，寻找规律性的认识；四是尚存的问题。尚存的问题在总结的内容中属于支流，因此不必展开来写，只需要找出切实存在的问题并作交代说明即可；五是今后的工作意见。今后的工作意见，主要是明确今后工作的打算和态度，不做详写。

（2）专题式总结。专题式总结适用于对某一项工作或对某一专门问题的总结。专题式总结多以突出的成绩，或典型的经验，或倾向性的问题，或不同常规的做法，或新体会、新认识为写作重点。

3.总结的写法

（1）标题。总结的标题有多种形式，最常见的是由单位名称、时间、主要内容及文种组成，如《××省财政厅2020年工作总结》、《××公司2020年上半年工作总结》。有的标题中不出现单位名称，如《创先争优活动总结》、《2020年科研工作总结》。还有的总结采用双标题。正标题点明文章的主旨或中心，副标题具体说明文章的内容和文种，如《构建农民进入市场的新机制——运城麦棉产区发展农村经济的实践与总结》。

（2）正文。和其他应用文体一样，总结的正文也分为开头、主体、结尾三部分，各部分均有其特定的内容。

总结的开头主要用来概述基本情况。包括单位名称、工作性质、主要任务、时代背景、指导思想，以及总结目的、主要内容提示等。作为开头部分，要注意简明扼要，文字不可过多。

主体是一份总结的主要部分，内容包括成绩和做法、经验和教训、今后打算等方面。这部分篇幅大、内容多，要特别注意层次分明、条理清楚。

主体部分常见的结构形态有三种：

第一，纵式结构。就是按照事物或实践活动的过程安排内容。写作时，把总结所包括的时间划分为几个阶段，按时间顺序分别叙述每个阶段的成绩、做法、经验、体会。这种写法的优点是事物发展或社会活动的全过程都清楚明白。

第二，横式结构。按事实性质和规律的不同分门别类地依次展开内容，使各层之间呈现相互并列的态势。这种写法的优点是各层次的内容鲜明集中。

第三，纵横式结构。安排内容时，既考虑到时间的先后顺序，体现事物的发展过程，又注意内容的逻辑联系，从几个方面总结出经验教训。这种写法多是先采用纵式结构写事物发展的各个阶段的情况或问题，然后用横式结构总结经验或教训。

（3）结尾。结尾应在总结经验教训的基础上，提出今后的方向、任务和措施，表明决心、展望前景。这段内容要与开头相照应，篇幅不应过长。有些总结若在主体部分已将这部分内容表达过了，就不必再写结尾。

（二）总结实例简评

1. 综合性总结

【例文】

内蒙古自治区交通运输厅2019年工作总结

一、2019年工作回顾

过去一年，面对多重困难和挑战，全区交通运输系统在自治区党委、政府的坚强领导下，在交通运输部的大力支持下，深入贯彻落实新发展理念，扎实推进高质量发展，全面完成了各项目标任务，为"十三五"圆满收官奠定了坚实的基础。

（一）三大攻坚战实现新突破。（略）

（二）基础设施建设取得新进展。（略）

（三）服务保障能力得到新提升。（略）

（四）深化改革和法治建设开创新局面。（略）

（五）创新发展形成新动能。（略）

（六）安全生产取得新成效。（略）

（七）党的建设展现新风貌。（略）

此外，综合治理、信访维稳、离退休干部等工作也取得了新成绩。

过去一年的成绩来之不易，是自治区党委、政府和交通运输部坚强领导的结果，是各地区、各有关部门以及各大金融机构、社会各界大力支持的结果，是全系统干部职工团结奋斗、努力拼搏的结果。在此，我代表交通运输厅党组，向所有关心、支持、帮助自治区交通运输事业发展的各级领导、同志们、朋友们致以衷心的感谢，向全系统广大干部职工致以亲切的问候！

二、当前的发展形势与工作要求

2020年是全面建成小康社会和"十三五"规划的收官之年，做好今年的交通运输工作意义重大。我们一定要观大势思大局，保持战略定力，增强忧患意识，坚定发展信心。

从经济发展形势来看。（略）

从行业发展态势来看。（略）

综合研判，今年交通运输发展仍将保持稳中有进、稳中向好态势，我们要坚持问题导向、目标导向、结果导向，扎扎实实做好各项工作。一要坚定不移贯彻新发展理念。新发展理念是引领高质量发展的指挥棒、红绿灯，是关系发展全局的深刻变革。对交通运输工作来讲，就是要牢记建设人民满意交通的发展目的，履行好先行官的职责使命，用好"黄金时期"的发展定位，实现建设交通强国的战略目标。我们一定要深入学习贯彻习近平总书记考察内蒙古重要讲话精神和对交通运输工作系列指示批示精神，把新发展理念真正树立起来，把注意力集中到解决各种不平衡不充分的问题上来，推动基础设施建设从全面通达向重点突破转变，运输服务从数量增长向品质提升转变，增长动力从资金投入向绿色创新转变，治理模式从单打独斗向综合协同转变，争取走出一条以生态优先、绿色发展为导向的高质量发展新路子来。二要确保完成全面建成小康社会目标任务。这是今年交通运输工作的重中之重，是重大的政治任务。我们一定要提高政治站位抓落实，对照各项定性定量指标，全面排查梳理差距和不足，分门别类列出清单、建立台账，全力以赴抓重点、补短板、强弱项，集中优势兵力打歼灭战，跑好全面建成小康社会最后一公里。对有绝对标准的底线任务，不论困难多大、压力多大都要想方设法完成，绝不能打折扣、往后拖。对有相对标准的阶段性任务，要充分考虑为后续全面完成任务赢得主动，握指成拳、精准发力，尽最大努力争取最好结果。三要加快我区交通强国建设。力争到今年底，初步建立综合交通运输发展机制，为自治区落实交通强国战略部署奠定基础；到2035年，建成布局完善、立体互联、安全可靠的综合交通基础设施网络和便捷舒适、经济高效的运输服务体系；到本世纪中叶，交通基础设施规模质量、技术装备、科技创新、智能绿色、安全治理等跟上全国发展步伐，达到全国中上等发展水平，实现人民满意、保障有力。我区已被交通运输部确定为交通强国建设第二批试点单位，交通运输部要求我们力争用1—2年时间取得试点任务的阶段性成果，用 3—5 年时间取得相对完善的系统性成果。各地区、各部门要积极参与谋划、先行先试、抓好任务落实，全力推动我区交通强国建设实现预期目标。

【简评】

综合性总结重点在于"综合"二字，即做出"总结"的机关或部门针对过去某一时期自身职权范围内所涉及的工作进行综合性概括，彰显成绩，明确不足。例文便是内蒙古自治区交通运输厅所作的 2019 年度工作总结，例文采用了分条列项式写法，在每一主题内容下集中阐释相关工作的做法及取得的成就，条理清晰，便于掌握文件的主旨内容。例文最后一段集中阐述了工作中面临的挑战和未来做法，使得文章结构更加完整。

2. 专题性总结

【例文】

××市2019年度政务公开工作总结

2019 年，在市委、市政府的正确领导和省政务公开办的具体指导下，×× 市深入贯彻落实国家、省 2019 年度政务公开工作要点要求，加强政策解读和回应关切，深入推进决策和执行公开，深化重点领域信息公开，不断提高公开实效。今年前三季度，全市主动公开各类政府信息 259082 条，同比增长 5.87%。按照《安徽省政务公开办公室关于印发 2019 年政务公开工作考评方案的通知》（皖政务办〔2019〕3 号）要求，现将有关情况总结如下。

一、2019 年主要工作

（一）紧盯工作重点，加强解读回应

一是加强政策解读。（略）

二是加强新闻发布。（略）

三是加强回应关切。（略）

（二）强化权力监督，推进决策和执行公开

一是推进决策公开。（略）

二是推进执行公开。（略）

三是推进行政执法信息公开。（略）

（三）聚焦政策落实，深化重点公开

一是深化三大攻坚战信息公开。（略）

二是深化"放管服"改革信息公开。（略）

三是深化重点民生领域信息公开。（略）

四是深化财政信息公开。（略）

五是深化重大建设项目批准和实施、公共资源配置领域信息公开。（略）

（四）强化组织推进，夯实工作基础

一是加强组织领导。（略）

二是科学谋划部署。（略）

三是强化年度考评。（略）

四是贯彻落实新《条例》。（略）

五是完善公开平台。（略）

六是实施目录升级。（略）

七是推广试点成果。（略）

八是规范年报发布。（略）

九是抓好基础工作。（略）

二、存在问题及 2020 年工作打算

在肯定成绩的同时，我们也清醒地认识到，我市政务公开工作还存在一些突出问题，主要表现为：一是政策解读质量有待进一步提高，解读内容还不够规范；二是基层政务公开工作有待进一步推进，标准化规范化水平还不够高；三是新《条例》宣传贯彻工作有待进一步加强，宣传形式还不够丰富，贯彻落实还不够到位。下一步，将重点抓好以下几方面工作。

一是在加强政策解读上下功夫。进一步健全政策解读前置审核程序，督促指导各地各单位按照"谁起草谁解读"原则，紧紧围绕政策制定背景、起草过程、工作目标、主要内容、创新举措和下一步工作考虑等，加强下步解读工作。同时，针对基层工作特点，积极运用线上线下相结合的形式开展解读工作，助推政策文件落地生效。

二是在加强基层公开上下功夫。按照国家、省相关文件要求，在学习借鉴滁州市定远县、六安市金寨县等基层政务公开标准化规范化国家级试点经验做法的基础上，进一步完善"全国基层政务公开标准化规范化试点成果推广"专题页面，并加强相关信息公开。不断推进基层政务公开发布和查询点、公开栏、宣传栏等建设，方便广大群众通过不同渠道获取政府信息。

三是在加强新《条例》宣传贯彻上下功夫。继续组织开展形式多样的宣传活动，多角度、多层次、全方位宣传新《条例》。积极邀请省内外专家领导来我市开展新《条例》专题讲座，进一步学习好、理解好、运用好新《条例》。同时，不断完善政府信息公开各项工作制度，推进新《条例》宣传贯彻工作深入落实。

四是在加强创新示范上下功夫。进一步加大政务新媒体方式直播政府新闻发布会的频次，切实做好直播前预告、直播中图文和视频播放、直播后发布实录展示等工作。严格落实"政府开放日"制度，聚焦教育、医疗、城管、环保等群众关心关注的重点部门，推进"政府开放日"工作制度化、常态化、规范化。

××市政务公开办公室

2019 年 12 月 19 日

【简评】

这是一份专题性工作总结，专门针对 ×× 市 2019 年度政务公开工作进行的总结。例文篇幅较长，正文信息量较大，足见 ×× 市政务公开办公室已比较全面地掌握了行文中所需的大量信息。当然，这也是撰拟任何一份规范、完整的文件所必须要做的前期准备工作。

例文正文首先交代了工作的背景依据，进而以较大篇幅阐释了政府信息公开工作总体情况和一些具体情况。在介绍了工作成绩的基础上，也总结出工作中存在的主要问题，并提出了改进措施和下一步的工作打算，这使得全文在"过去—当下—未来"这一常用的写作思路中全面地揭示了文件的主旨内容。

（三）总结写作小结

（1）找出规律，突出重点。撰拟总结，目的在于立足当前、面向未来，以使相关部门对今后工作的认识更加明确、行动更加自觉、步伐更加稳健有力。为此，就必须通过总结找出工作中带有规律性的东西。具体说，就是把工作中的基本经验、主要做法，贯彻党的方针政策上的成功之处，指导工作开展的得力之法等总结提炼出来。这既有利于明确今后开展相关工作的价值指向，又可避免行文上的"流水账"弊端。

（2）重视调查研究，熟悉情况。总结的对象是过去做过的工作或完成的某项任务，进行总结时，要通过调查研究，努力掌握全面情况和了解整个工作过程，只有这样，才能进行全面总结，避免以偏概全。

二、工作汇报

（一）工作汇报的用法

1. 工作汇报的含义及类别

工作汇报是下级机关、部门向上级机关、部门汇报相关工作的进展及完成情况时使用的一种总结性文书。依据汇报的内容，可将工作汇报分为综合性工作汇报、专题性工作汇报；依据汇报的时间层次，可将工作汇报分为临时工作汇报、阶段工作汇报等。

2. 工作汇报的写法

（1）标题。一般由汇报主体名称、主要内容和文种三个要素构成，例如《中国自行车协会助力车专业委员会工作汇报》。

（2）正文。首先宏观概括开展工作所遵循的基本原则及工作中取得的成就；其次要全面详细地阐述具体工作内容，该部分多采取分条列项式写法，兼顾全面详细与条理清晰。

（3）结尾。工作汇报的结尾通常写明汇报主体名称及汇报时间。

（二）工作汇报实例简评

【例文】

民建中央经济委员会工作汇报

民建中央第十一届经济委员会自成立以来，在中央委员会和中央专门委员会工作领导小组的领导下，在×××常务副主席的指导下，在会中央调研部的支持配合下，经济委员会以联系、动员、组织会内专业人才，围绕经济领域中的重大及热点问题参政议政，为会中央履行参政党职能服务为宗旨，注重发挥特色和优势，不断创新工作方式，全体委员齐心协力、甘于奉献、积极作为，各项工作取得了较为突出的成绩。主要工作情况汇报如下：

一、加强自身建设，建立健全工作机制和制度规范

按照《民建中央专门委员会通则》要求，以及会中央提出的"加强思想政治引领，准确把握性质定位，努力提高专门委员会建设工作水平"的要求，经济委员会注重加强机制和制度建设，确保专委会各项工作有序进行。

1. 加强政治学习。经济委员会要求各位委员认真学习习近平新时代中国特色社会主义思想和中共十九大精神，认真学习会中央关于做好专委会工作的各项文件要求，以及会中央领导讲话精神要求，并通过微信交流群加强沟通交流，提高委员的大局观和政治把握能力，提升参政议政履职能力和水平。

2. 完善工作机制。形成了分管副主席直接领导、主任全面负责、副主任相互协作、秘书处具体实施的工作机制。经济委每年至少召开两次主任会议，一次全体会议，在每年年底召开的主任会议上，围绕会中央中心工作，研究制定经济委员会下一年度工作计划，经分管副主席同意后，报中央专门委员会工作领导小组审议，审议通过后，下发全体委员。

3. 建立工作制度。研究制定了民建中央经济委员会《工作规则》和《五年工作规划》，明确规定经济委员会的性质定位、工作宗旨、工作思路、主要任务、委员的责任与义务等方面内容，确立了专委会全体会议和主任会议、课题调研、反映社情民意、委员考勤、经费使用、成果采用情况反馈等制度。按照民建中央《关于建立专门委员会成员履职档案的通知》要求，认真做好委员履职档案工作。

二、深入调查研究，不断提升参政议政质量和实效

1. 紧密围绕会中央中心工作开展活动并提交成果。一是积极参与会中央专题调研。2018年以来，经济委员会共有12人次分别参加了会中央8项专题调研，并提交调研材料。二是认真开展经济形势分析研究。经济委员会广泛发动委员开展经济形势分析研究，先后有12人次参加了会中央2018年上、下半年，以及2019年上半年经济形势分析座谈会，并发言。三是积极做好会中央两会提案和反映社情民意工作。2018年，经济委员会提交了59篇参政议政材料，3篇材料被转化为民建中央集体提

案；提交了 35 篇社情民意信息，被会中央采用报送 8 篇。四是认真完成会中央交办的其他工作，如参加国家发改委等单位就《民建中央关于完善企业破产和市场退出机制的提案》办理工作到民建中央机关走访座谈，并发言；为征集全国政协 2019 年协商议题提交 8 条建议，为会中央征集年度重点专题选题提交 15 条建议等。

2. 认真开展经济委员会年度课题调研并提交成果。2018 年，经济委员会围绕"大数据推动制造业高质量发展"主题，在福州市开展调研，经过多次论证后形成调研报告，报送会中央。在 2019 年的全国两会上，根据该报告转化的提案作为民建中央集体提案提交全国政协。2019 年 5 月，经济委员会围绕军民融合与创新发展课题在青岛市开展调研。下一步，经济委将围绕"优化营商环境"课题进行研讨和调研；并开展"完善多元调解制度，加强营商环境司法保障工作"、"乡村振兴"课题调研。

三、加强央地合作，实现资源共享并为地方建真言

经济委员会按照会中央提出的坚持"创新、开放、合作、共享"理念要求，分别于 2018 年 7 月和 10 月、2019 年 5 月，以"民族边远地区脱贫攻坚与可持续发展"、"大数据与产业经济发展"、"融合创新发展"为主题，先后与民建贵州省委、黔东南州州委，民建福建省委、福州市委，民建山东省委、青岛市委，联合举办了 3 次论坛或研讨会，并邀请了相关政府部门、省级和市级民建相关专委会及会员代表参加，活动规模均为 100 人以上。活动从当地经济社会发展实际出发进行选题，并将理论研讨与实地调研相结合，力求通过论坛，为当地发展提出切实可行的意见建议，受到了当地的欢迎和肯定。2019 年 8 月，经济委员会将在陕西省西安市召开全体会议暨优化营商环境研讨会，围绕优化营商环境主题开展研讨和交流。

【简评】

这是一则由民建中央经济委员会于 2019 年 7 月制发的事关民建中央经济委员会主要工作的汇报。此工作汇报由标题和正文两部分构成。开篇简要交代成文背景，以"主要工作情况汇报如下"转入汇报主体内容。主旨部分内容主要从"自身建设"、"调查研究"和"央地合作"等三个方面进行建构，概括了过去的工作概况，条分缕析，概括性强。

（三）工作汇报写作小结

（1）坚持实事求是的原则。撰拟工作汇报必须坚持实事求是的原则，是成绩就写成绩，是错误就写错误，这样才能有益于现在，有益于将来。

（2）表述上叙议结合，夹叙夹议。在叙述手法上工作汇报除了采用叙述、说明外，还要议论，即通过典型材料的介绍及分析评议，阐明作者的观点，使经验教训条理化、理论化，避免空洞无物和堆砌材料两种偏向。

三、述职报告

（一）述职报告的用法

1.述职报告的含义及特点

述职报告是党政机关，人民团体、企事业单位的干部，向主管领导部门、人事部门或选区的选民，或本单位的职工群众，陈述自己在一定时期内工作实绩、问题和设想的自我述评性的报告文书。这是促进和监督干部忠于职守，组织、人事部门正确选拔任用干部，考核干部，克服用人上、看人上的主观主义、官僚主义，提高干部的政策、思想水平的有效工具。

述职报告，最初曾用"总结"或"汇报"的形式出现，经过一段时间的使用，逐步形成了独具特色的体式，其主要特点是：自述性、自评性、报告性。

2.述职报告的种类

述职报告的分类，可以从几个不同的角度进行划分，因而存在着交叉现象。

（1）从内容上划分可分为三种，即综合性述职报告，是指报告内容是一个时期所做工作的全面、综合的反映；专题性述职报告，是指报告内容是对某一方面工作的专题反映；单项工作述职报告，是指报告内容是对某项具体工作的汇报，这往往是临时性的工作，又是专项性的工作。

（2）从时间上划分可分为三种，即任期述职报告，是指对任现职以来的总体工作进行报告，一般来说时间较长、涉及面较广，要写出一届任期的情况；年度述职报告，这是一年一度的述职报告，写本年度的履职情况；临时性述职报告，是指担任某一项临时性的职务，写出其任职情况，比如主持一项科学实验或组织了一项体育竞赛，写出其履职情况。

（3）从表达形式上划分可分为两种，即口头述职报告，是指需要向选区选民述职，或向本单位职工群众述职，用口语化的语言写成的述职报告；书面述职报告，是指向上级领导机关或人事部门报送的书面述职报告。

要注意将"工作总结"同述职报告区别开来。工作总结，可以是单位的、集体的，也可以是个人的，其写作角度是全方位的，即凡属重大的工作业绩，出现的问题，经验教训，今后工作设想等都可以写。而述职报告却不同，它要求侧重写个人执行职守方面的有关情况，往往不与本部门、本单位的总体业绩、问题相掺杂。

3.述职报告的写法

述职报告没有固定的写作模式，根据不同类型和主旨，可灵活安排结构。一般由标题、上款、正文、落款四部分组成。

（1）标题。述职报告的标题，常见的写法有三种：一是文种式标题，只写《述职报告》；二是公文式标题，姓名＋时限＋事由＋文种名称，如《20××至20××试聘期述职报告》《20××年至20××年任商业局长职务的述职报告》；三是文章式标题，如《20××年述职报告》《思想政治工作要结合经济工作一起抓——××造纸厂厂长王××的述职报告》。

（2）上款。书面述职报告的上款，写主送单位名称，如"××党委"、"××组织部"或"××人事处"等；口述述职报告的上款，写对听者的称谓，如"各位代表"、"各位委员"、"各位同志"，或"各位领导，同志们"。

（3）正文。述职报告的正文，由导言、主体、结尾三部分组成。

导言，又叫引语，一般交代任职的自然情况，包括何时任何职，变动情况及背景；岗位职责和考核期内的目标任务情况及个人认识；对自己工作尽职的整体估价，确定述职范围和基调。这部分要写得简明扼要，给听者一个大体印象。

主体主要写作如下内容：对党和国家的路线方针政策、法纪和指示的贯彻执行情况；对上级交办事项的完成情况；对分管工作任务完成的情况；在工作中出了哪些主意，采取了哪些措施，做出哪些决策，解决了哪些实际问题，纠正了哪些偏差，做了哪些实际工作，取得了哪些业绩；个人的思想作风、职业道德、廉洁从政和关心群众等情况；写出存在的主要问题，并分析问题产生的原因，提出今后改进的意见和措施。

这部分要写得具体、充实、有理有据、条理清楚。由于这部分内容涉及面广，量多，所以宜分条列项写出，同时要注意"条"、"项"的内在逻辑关系。

结尾一般用"以上报告，请审阅"、"以上报告，请审查"、"特此报告，请审查"、"以上报告，请领导、同志们批评指正"等作结。

（4）落款。述职报告的落款，写上述职人姓名和述职日期或成文日期。署名可放在标题之下，也可以放在文尾。

（二）述职报告实例简评

【例文】

2018年度基层党建工作述职报告

按照市委要求，现将 2018 年度抓基层党建工作情况述职如下。

一、基层党建工作情况

1. 知行合一拧实责任链条。（略）

2. 强基固本夯实基层堡垒。（略）

3. 围绕中心抓实党建引领。（略）

二、存在的突出问题

一是整县推进工作有弱项。对农村领域党建研究部署较多，对机关、社区、"两新"组织等领域党建调研督办较少，与基层党建"整县推进"的要求还有差距。

二是农村党员管理有短板。在破解农村党员管理难问题上，思考不够深，还存在农村党员队伍整体结构不优、外出流动党员管理服务不够经常等问题。

三是基层基础保障有欠缺。对基层党组织办公条件、活动场所等"硬件"建设比较重视，对活动场所作用发挥等"软件"方面研究不够。对村级集体经济发展等一些难点问题，没有充分压实乡镇党委指导责任，还有部分村集体经济收入没有稳定过五万元。

三、下一步工作打算

一是以更严要求落实主体责任。建立县镇村三级党建责任清单，实行项目化推进、常态化督导、制度化约谈，严格落实考核奖惩，推动基层党建目标任务落地见效。改进考核办法，推动基层轻装上阵抓落实。

二是以更实举措提升党建质量。扎实开展"不忘初心、牢记使命"主题教育，推进"两学一做"常态长效，增强党员队伍生机活力。开展"基层党建质量提升年"，大力实施"红色堡垒"、"红色头雁"、"红色细胞"工程，常态化推进支部分类定级，分层分批抓好党组织书记培训，全面推行党员分类管理、积分制管理，抓实抓好各领域党建工作。

三是以更大力度强化党建引领。坚持以"党建引擎"推动中心工作。对标中央脱贫攻坚专项巡视反馈问题，加大软弱涣散党组织整顿力度，完善村级后备干部"千人计划"，加强驻村工作队管理，建强脱贫攻坚主力军。坚持党建领航，促推乡村振兴。落实发展规划，精准施策发力，强筋壮骨村级集体经济。充分发挥基层党组织的领导核心作用，着力构建党建引领、各方协同、群众参与的社会治理模式。

×县县委书记　毕××
2019 年 3 月 10 日

【简评】

概括地讲，述职报告的写作思路如下：首先明确组织所赋予的职务、职责，然后对履职所取得的成就进行概括总结，最后阐述工作中尚存的亟待解决的问题及今后努力的方向。例文虽未完全按照上述写作思路架构正文内容，但基本写作思路清晰，内容完整。当然，例文若能比较简洁、清楚地阐释"我于××年××月开始担任××职务。××职务需要履行的职责为××"，将使听阅报告的人更加清晰地评价其履职情况。正文其他部分采用分条列项式写法，达到了段落安排合理、内容阐述清晰的目的。

（三）述职报告写作小结

（1）要全面清晰。"全面"即要求阐述工作职责、成绩及问题、未来打算等内容时要突出述职报告格式上的要求及各部分内容的合理架构与安排；"清晰"即要求逻辑层次合理，用语简洁明了，不含糊其词、不拖泥带水。

（2）要实事求是。不论总结成绩还是阐释存在的问题均应客观、真实。这就要求述职者端正态度，不搞虚假描述。同时也要求述职者所在的机关部门认真对待述职考核工作。只有多管齐下，才能保证述职的实事求是氛围。

四、心得体会

（一）心得体会的用法

1. 心得体会的含义

心得体会是一种个体在读书、学习、实践后所写的包含主观感受在内的总结性文字，其中读书心得同学习札记相近；实践体会同经验总结相类似。

2. 心得体会的写法

（1）标题。心得体会的标题通常由"动宾词组＋文种"组成，如"学习……讲话的心得体会"、"参加……会议的心得体会"等。

（2）正文。首先要概括地介绍所参加活动的基本概况；其次要比较明确地阐发切身感受，表达一种发自内心的深刻体悟，情感要真挚，用语要恰到好处；最后应阐释化体悟与感受为实践的动力、决心。

（3）落款。心得体会的落款应写明撰拟心得体会的主体名称及时间。

（二）心得体会实例简评

【例文】

不忘初心跟党走　牢记使命勇向前

——学习习近平新时代中国特色社会主义思想心得体会

"装点此关山，今朝更好看"，以习近平新时代中国特色社会主义思想为指引的中国，华丽且壮美的画卷正铺展开来。习近平新时代中国特色社会主义思想是我们凝聚力量、攻坚克难的强大思想武器，作为央企基层单位的党委副书记、纪委书记、工会主席，要用多途径、多方法充分认识新思想的重大政治意义、理论意义、实践意义，以高度的使命感和责任感，自觉性和坚定性，认真、系统、深入学习贯彻，切实把思想和行动统一到新时代思想上来。

学习贯彻习近平新时代中国特色社会主义思想是一项长期的政治任务，是一个持续推进、不断深化的过程，必须经常学，反复学，持续学，持之以恒，久久为功。要以自觉的态度、有力的措施，推动学习贯彻新思想向广度和深度拓展，思想认识进一步统一，理论水平进一步提升，大局意识进一步增强，工作作风进一步转变。新思想也为公司党委的日常工作指明了方向，公司党委将在新思想的指导下，展现新作为，创出新成效。下面，我将最近对于新思想的所学所想进行分享：

一、深刻学习习近平新时代中国特色社会主义思想的丰富内涵

习近平新时代中国特色社会主义思想，是对马克思列宁主义、毛泽东思想、邓小平理论、"三个代表"重要思想、科学发展观的继承和发展，是马克思主义中国化最新成果，是党和人民实践经验和集体智慧的结晶，是中国特色社会主义理论体系

的重要组成部分，是全党全国人民为实现中华民族伟大复兴而奋斗的行动指南，必须长期坚持并不断发展。

习近平新时代中国特色社会主义思想，吸引着想要透过中国找寻未来方向的世界目光，同时，在马克思主义中国化的进程中，它有着明确的时代意义和时代特色，是这个时代的产物，是马克思主义中国化的最新成果。这个最新成果表明它与时代结合得最紧密，是最前沿、最新的东西，和改革开放以来我们所说的中国特色社会主义理论体系相衔接，同时又和中国特色社会主义进入新时代相呼应，符合党的共同意愿。

习近平新时代中国特色社会主义思想，是坚持和发展中国特色社会主义，改革开放以来我们党全部理论和实践探索的主题。习近平同志以一系列创新观点，深刻回答了新时代坚持和发展中国特色社会主义的总目标、总任务、总体布局、发展方向等一系列基本问题，为中国特色社会主义注入了新的科学内涵，丰富发展了中国特色社会主义理论体系。"八个明确"和"十四个坚持"构成了习近平新时代中国特色社会主义思想的主要内容。"八个明确"清晰阐明了在新时代坚持和发展什么样的中国特色社会主义，明确了新时代坚持和发展中国特色社会主义的总目标、总任务、总体布局等基本问题。"十四个坚持"的基本方略具体谋划了怎样坚持和发展中国特色社会主义，对经济、政治、法治、科技、文化、教育、民生等各方面做出理论分析和政策指导。"八个明确"的基本内容和"十四个坚持"的基本方略相辅相成，构成了系统完整、有机统一的科学理论体系。

通过系统深入的学习，自己对习近平新时代中国特色社会主义思想的理解更透彻了，也对自己本职工作的大方向更好把握了，党教育我们要坚定信心，跨入新时代，就要展现新作为，面对群团工作，我们更要以群众基础为依托，开展丰富多样的活动，发挥党员的先锋模范带头作用，同时要做好工会的大管家。

二、深刻领会习近平新时代中国特色社会主义思想的重大意义

（一）感悟新成就，增强"四个自信"

过去五年是党和国家发展进程中极不平凡的五年，党和国家事业取得历史性成就、发生历史性变革。五年来的成就是全方位的、开创性的，五年来的变革是深层次的、根本性的。五年来，我们党以巨大的政治勇气和强烈的责任担当，提出一系列新理念、新思想、新战略，出台一系列重大方针政策，推出一系列重大举措，推进一系列重大工作，解决了许多长期想解决而没有解决的难题，办成了许多过去想办而没有办成的大事，推动党和国家事业发生历史性变革。这一切的表述，并不仅仅只是写在纸上，而是真真切切地改变了我们的生活。祖国的厚积薄发，让我们挺起腰杆，信心十足。中国特色社会主义进入了新时代，这意味着中华民族迎来了从站起来、富起来到强起来的伟大飞跃；意味着我们的道路、我们的理论、我们的制度、我们的文化不断发展，给世界上那些既希望加快发展又希望保持自身独立性的国家和民族提供了全新选择，为解决人类问题贡献了中国智慧和中国方案。

（二）铭记新目标，提升理论素养

我生于20世纪60年代，真真切切感受到祖国建立之初的艰难。祖国从山河破碎到建立新中国，从一穷二白到现在蒸蒸日上。尤其是改革开放以来，也就是在1978年十一届三中全会之后，我们党对我国社会主义现代化建设做出战略安排，提出"三步走"战略目标，一是解决人民温饱问题，二是人民生活总体上达到小康水平，三是建成社会主义现代化国家，前两个目标已提前实现。党中央把从2020年到本世纪中叶的目标分为两个阶段来安排。第一个阶段，从2020年到2035年，在全面建成小康社会的基础上，再奋斗十五年，基本实现社会主义现代化。第二个阶段，从2035年到本世纪中叶，在基本实现现代化的基础上，再奋斗十五年，把我国建成富强、民主、文明、和谐美丽的社会主义现代化强国。从全面建成小康社会到基本实现现代化，再到全面建成社会主义现代化强国，是新时代中国特色社会主义发展的战略安排。

作为一名基层党务干部，我们应该响应党中央的号召。秉持追求新知的光荣传统，始终保持旺盛的学习热情和强烈的求知欲望，要坚持知与行的统一，向书本学习、向实践学习，尤其要向群众学习，深入基层单位，关注基层员工工作生活方面的需要，积极努力为基层员工解决实际问题，做好本职工作，做好工会的"大管家"，职工的"娘家人"。只有这样，我们才能全面谱写社会主义现代化新征程的壮丽篇章！

（三）牢记新嘱托，践行新思想

中国共产党人的初心和使命，就是为中国人民谋幸福，为中华民族谋复兴。实现中华民族伟大复兴是有史以来中华民族最伟大的梦想，是我们党向人民、向历史做出的庄严承诺。作为一名共产党员，作为一名基层的党务工作者，必须全面牢记共产党人的初心和使命，把这个初心和使命与我们自身结合起来，做到融于心、表于行。

习近平新时代中国特色社会主义思想的创立，是中国特色社会主义进入新时代最为显著的标志，实现了马克思主义基本原理与中国具体实际相结合的又一次飞跃，是马克思主义中国化最新成果，是党和人民实践经验和集体智慧的结晶，是中国特色社会主义理论体系的重要组成部分，是全党全国人民为实现中华民族伟大复兴而奋斗的行动指南，具有重大的政治意义、理论意义、实践意义。同时习近平新时代中国特色的社会主义思想，为我们企业发展指明了方向，也为我们企业如何适应新时代、做出新作为和基层党务干部如何做好党建工作提出了新的要求，也是时代发展的必然产物，对于科学客观认识我国当前国情、解决当前我国社会发展的主要矛盾、对于进一步深化经济体制改革、对于取得未来的胜利、对于我国乃至世界都会产生深远且具有里程碑式的影响。

三、坚定践行习近平新时代中国特色社会主义思想

实现中华民族伟大复兴是近代以来中华民族最伟大的梦想。中国共产党一经成立，就义无反顾肩负起实现中华民族伟大复兴的历史使命，并已经进行了97年的不

懈努力，今天，我们民族比历史上任何时期都更接近、更有信心和能力实现中华民族伟大复兴的目标，但是中华民族伟大复兴，绝不是轻轻松松、敲锣打鼓就能实现的，还需要付出更为艰巨、更为艰苦的努力。

中国共产党人的初心和使命，就是为中国人民谋幸福，为中华民族谋复兴。作为一名共产党员，只有牢牢把握这个根本动力，永远与人民同呼吸、共命运、心连心，永远把人民对美好生活的向往作为奋斗目标，才能以永不懈怠的精神状态和一往无前的奋斗姿态，继续朝着实现中华民族伟大复兴的宏伟目标奋勇前进；只有深入领会习近平新时代中国特色社会主义思想的坚定信仰信念、鲜明人民立场、强烈历史担当、求真务实作风、勇于创新精神和科学思想方法生态法，才能以永不懈怠的精神状态和一往无前的奋斗姿态推进事业发展，成为中国特色社会主义事业的忠诚建设者。

要有情怀，不忘初心。古语有句话："不忘初心，方得始终。"那么，什么是初心？是我们人生开始时希望我们变成一个什么样人的最初心情，是让你当初心潮澎湃的念想，是让你甘愿卧薪尝胆的理由，是让你能够逆流而上的动力。入党时高举右手宣誓时的情景还历历在目："我志愿加入中国共产党，拥护党的纲领，遵守党的章程，履行党员义务，执行党的决定，严守党的纪律，保守党的秘密，对党忠诚，积极工作，为共产主义奋斗终身，随时准备为党和人民牺牲一切，永不叛党。"对于基层党员干部而言，不忘初心，就是坚持"居之不倦，行之以忠"；牢记"清心为治本，直道是身谋"的箴言；保持"权为民所用、情为民所系、利为民所谋"的本色。党员干部一定要有为民服务的情怀，才有做工作的热情。要牢记自己为什么入党，干事情不是为了安稳的饭碗，而是为了能够为群众做点滴之事。最大的喜悦，不是来自于看得到的收入数字，而是来自于为人民服务，来自于基层群众反馈给你的那一抹微笑。这种喜悦，才是持久的，会在自己的心中，留下印痕。

要有作为，奋发向上。作为一名党员干部，一定要想作为、有作为，不能安于现状、贪图享乐。习近平总书记强调"群团事业是党的事业的重要组成部分"。"作为"怎么来，其实，就是一点一滴，从手上做出来、从脚下走出来，用时间累积起来、用付出堆砌起来。当然，这也离不开学习、思考，充电、提升，用理论指导实践，用实践推动工作，从而做出成绩。我认为，必须要站在公司整体的高度，站在群众利益期盼的立场上，想公司之所想、想职工群众之所思，这样才有想作为的基础，才有做好工作的力量。有了基础，才能勇于奋发，主动作为。一定要想得多、说得多、做得多。我作为一名党群干部，要时刻心系群众、心系社会，做有益于社会的事，回馈社会。

装饰公司从2013年开始，连续6年全力开展社会公益活动。从2013年来到××小学看望留守儿童；2014年的情聚××山石头老寨，为少数民族贫困家庭修缮房屋，到2015年走进××镇××村看望农民工兄弟；2016年前往×××特殊教育学校陪伴聋哑儿童度过难忘的"六一儿童节"；2017年3月来到×××市社会福利中心与孤寡老人及儿童播种希望，传递温暖，9月来到××××镇职业康复中心为残疾人送去慰问品和节日的祝福；今年 1 月，我们来到山东 ××，慰问一线环卫工人，为他们带去冬季慰问品及慰问金。

从"饰亮心灵"到公司党委在"十三五"期间新提出的"爱与饰界童行"原创品牌，这是"饰亮工程"党建品牌的进一步延伸与转型升级。结合企业自身实际，扶贫助弱，为需要帮助的弱势群体送去温暖与关爱，让他们期待更美好的明天。装饰公司所做的这些公益活动不仅彰显央企的社会责任，也是切实将装饰公司的行业特色与当今弱势群体的需求联系起来，不流于形式，做了实事，是切切实实地为特殊群体着想，也是装饰公司党委回馈社会，助力社会和谐的有力体现，对公司文化建设提供了强有力的支撑。六年的坚持与沉淀，装饰公司对待公益活动所做品牌俨然成为公司凝心聚力、服务基层的靓丽名片。

要有担当，勇于向前。作为党群干部一定要有担当，才能有工作的积极性与主动性，敢于担当是一种责任。习近平总书记说："看一个基层党员干部，很重要的是看有没有责任感，有没有担当精神。"因此我们应该在大事难事面前勇挑重担、敢于负责，在急事危事面前挺身而出、冲锋在前。古人尚能有"先天下之忧而忧，后天下之乐而乐"的胸怀与担当，我们共产党员、基层干部也一定可以做到。我们应该积极应对挑战，发挥主观能动性，在问题面前不回避、在困难面前不推诿、在挫折面前不退步，要用行动激发热情，以担当排除阻力，用成果回报公司。尤其是在做基层工作的时候，如果我们做得不够好，一定要找自己的短板，要主动承担责任，党员干部要和基层群众同甘共苦，只有这样，我们最终才能奋力走向新时代。在平凡的岗位，为国家的繁荣与发展奉献自己的热情与行动。

历史的画卷，总是在砥砺前行中铺展；时代的华章，总是在新的奋斗里书写。新时代、新思想，带来了新变化，提出了新要求，党员干部要注重学习、敢于担当、求真务实，切实将习近平新时代中国特色社会主义思想的宣传贯彻落地生根。展望未来，我们的任务更加艰巨，面对新形势、新任务，我们一定要坚定信心，努力探索，在思想上瞄准前沿，在思路上创新发展，在实践上领先一步，努力践行习近平新时代中国特色社会主义思想，不忘初心跟党走，牢记使命勇向前。

【简评】

例文标题较长且使用了副标题形式，概括起来就是"学习……心得体会"，符合写作要求。正文首先对学习习近平新时代中国特色社会主义思想内容的背景进行了说明，即"为什么学"，转而进入"学什么"和"怎么样"这一重要内容。其次，完成了"为什么学"、"学什么"以及学完之后"怎么样"等内容的介绍，一份格式规范、内容完整的心得体会已然生成。例文写作具体心得体会部分，在语言上进行了高度凝练，在内容上进行了深刻挖掘，充分体现了学习该思想的必要性与重要性。最难能可贵的是例文最后把思想上的东西转化为对实践行动的要求，做到了理论和实践的有机结合。

（三）心得体会写作小结

（1）有感而发。写作心得体会切忌空发议论。因此在参与学习文件精神、听取工作报告等活动时，要认真细致地记录活动的相关内容，并由此提炼出真挚的感受，融入心得体会写作中。

（2）要注意行文结构。撰拟心得体会首先要明确何时何地参加了何种活动，然后重点阐释给自己带来的触动、感受，最后应展望未来的行动，即化体会为实践的原动力。

第十九章　会议文书

扫一扫，获
取本章例文

一、会议日程

（一）会议日程的用法

1. 会议日程的含义

会议日程是指把一次会议的全部活动项目和内容按天或上、下午单位时间做出的具体安排。会议日程不仅细化会议议程框架内的全部议题性活动，还要具体安排会议中的各项仪式性活动，如开幕式、闭幕式等，还可细括报到、招待会、参观、考察以及离会等辅助活动和工作环节。

2. 会议日程的写法

（1）标题。由会议活动的名称加"日程"或"日程安排"或"日程表"组成。

（2）稿本或题注。会议日程如果需要在大会上或主席团会议上通过，在提交时应写明"草案"，并用圆括号括起，放在标题之后或下方居中。在大会上或主席团会议上通过的会议日程，在标题下方注明该议程通过的日期、会议名称，并用圆括号括入。其他会议日程可在标题下方注明会议举办的年份。如标题中已经显示年份信息或者落款处写明制定日期的，则可省略不写。

（3）正文。正文部分有两种格式。一种是表格式，内容上一般要设活动的时间、名称、内容、主持人（召集人）、参加对象、活动地点、活动要求（备注）等项目。另一种为日期式，即按日期先后排列会议的各项活动，每项议程和活动名称前标明序号或起止时间。

（4）落款。一般由会议组织机构的秘书处署名，在大会上或主席团会议上通过的会议日程无须落款。

（5）制定日期。不经大会或主席团会议通过的会议日程要标明制定的具体日期。

（二）会议日程实例简评

【例文】

山西省第十三届人民代表大会常务委员会第八次会议日程
（2019年1月19日至1月20日）

1月19日（星期六）

下午3：00 第一次全体会议（主持人：×××）

一、通过会议议程（草案）

二、听取关于省十三届人大二次会议筹备工作情况的报告

三、听取关于个别代表的代表资格的报告

四、听取《山西省开发区条例（草案）》审议结果的报告

五、听取关于《山西省国民经济和社会发展第十三个五年规划纲要》实施情况中期评估报告

地点：常委会会议厅

参加人员：常委会组成人员和列席人员

全体会议结束后召开分组会议

一、审议《大同市人民代表大会常务委员会关于修改〈大同市人民代表大会常务委员会讨论决定重大事项的规定〉的决定》等5部地方性法规和其审议结果的报告及批准决定草案（书面）

二、审议《山西省开发区条例（草案）》和其审议结果的报告

三、审议关于调整山西省第十三届人民代表大会第二次会议召开时间的决定（草案）（书面）

四、审议山西省第十三届人民代表大会常务委员会向山西省第十三届人民代表大会第二次会议所作的工作报告稿（书面）

五、审议关于个别代表的代表资格的报告

六、审议山西省第十三届人民代表大会第二次会议议程（草案）（书面）

七、审议山西省第十三届人民代表大会第二次会议主席团和秘书长名单（草案）（书面）

八、审议山西省第十三届人民代表大会第二次会议议案审查委员会组成人员名单（草案）（书面）

九、审议山西省第十三届人民代表大会第二次会议列席人员名单（草案）（书面）

地点：六层、七层会议室

参加人员：常委会组成人员和列席人员

1月20日（星期日）

上午8:30党组扩大会（主持人：×××）和非中共组成人员通报会（主持人：×××）

听取关于被提请任免人员的情况介绍

党组扩大会议地点：八层主任会议室

参加人员：常委会组成人员中的中共党员

非中共组成人员通报会地点：三层一号会议室

参加人员：常委会组成人员中的非中共党员

9:00第二次全体会议（主持人：×××）

一、听取关于2017年度金融企业国有资产管理情况的专项报告

二、听取关于我省金融企业国有资产管理情况的调研报告

地点：常委会会议厅

参加人员：常委会组成人员和列席人员

全体会议结束后举行专题讲座（主持人：×××）

地点：常委会会议厅

参加人员：常委会组成人员和列席人员

下午3:00联组会议（主持人：×××）

审议《山西省开发区条例（草案）》

地点：常委会会议厅

参加人员：常委会组成人员和列席人员

联组会议结束后召开分组会议

一、审议人事任免议案

二、审议关于《山西省国民经济和社会发展第十三个五年规划纲要》实施情况中期评估报告

三、审议关于2017年度国有资产管理情况的综合报告、关于2017年度金融企业国有资产管理情况的专项报告

地点：六层、七层会议室

参加人员：常委会组成人员和列席人员

5:00主任会议（主持人：×××）

一、听取关于调整山西省第十三届人民代表大会第二次会议召开时间的决定（草案）、关于山西省第十三届人民代表大会第二次会议议程（草案）审议情况的汇报

二、听取关于山西省第十三届人民代表大会常务委员会向山西省第十三届人民代表大会第二次会议所作的工作报告稿审议情况的汇报

三、听取关于个别代表的代表资格的报告，山西省第十三届人民代表大会第二次会议主席团和秘书长名单（草案）、议案审查委员会组成人员名单（草案）、列席人员名单（草案），人事任免议案审议情况的汇报

四、听取《山西省开发区条例（草案）》、关于五部地方性法规批准决定草案审议情况的汇报

地点：八层主任会议室

参加人员：主任会议成员、机关党组书记、副秘书长、纪检监察组组长和法制委、财经委、法工委、人事代表工委、预算工委、研究室负责人

5:30　第三次全体会议（主持人：×××）

一、表决关于调整山西省第十三届人民代表大会第二次会议召开时间的决定（草案）

二、表决山西省第十三届人民代表大会常务委员会向山西省第十三届人民代表大会第二次会议所作的工作报告稿

三、表决山西省人民代表大会常务委员会代表资格审查委员会关于个别代表的代表资格的报告

四、表决山西省第十三届人民代表大会第二次会议议程（草案）

五、表决山西省第十三届人民代表大会第二次会议主席团和秘书长名单（草案）

六、表决山西省第十三届人民代表大会第二次会议议案审查委员会组成人员名单（草案）

七、表决山西省第十三届人民代表大会第二次会议列席人员名单（草案）

八、表决省人大常委会关于提请省十三届人大二次会议审议《山西省开发区条例（草案）》的决定（草案）

九、表决关于批准《大同市人民代表大会常务委员会关于修改〈大同市人民代表大会常务委员会讨论决定重大事项的规定〉的决定》的决定（草案）

十、表决关于批准《长治市养犬管理条例》的决定（草案）

十一、表决关于批准《长治市禁止燃放烟花爆竹规定》的决定（草案）

十二、表决关于批准《长治市大气污染防治条例》的决定（草案）

十三、表决关于批准《临汾市饮用水水源地保护条例》的决定（草案）

十四、表决人事任免名单（草案）

十五、向通过任命人员颁发任命书

十六、新任命人员进行宪法宣誓

地点：常委会会议厅

参加人员：常委会组成人员和列席人员

闭会

注：日程安排如有变动，另行通知。

【简评】

会议日程，简单地讲就是供与会人员了解每日会议流程、程序的文本，对于指引与会人员合理安排参会时间具有重要意义。例文是山西省一次人民代表大会常务委员会的会议日程，交代了自1月19日—20日期间会议的流程，详尽、具体。

（三）会议日程写作小结

（1）时间布局要合理。会议日程的合理安排应重点考虑时间要素，即在有限的时间内合理安排会议的相关内容，不能过于紧张、更不能过于松散。紧张将带来疲劳感，松散会导致不重视思想，这些均是办会应重点考虑的问题。

（2）表述内容要清晰、具体。这有助于参会人员了解会议的相关细节，为按时到指定地点参会、就餐、交流提供了必要的前提。

二、会议须知

（一）会议须知的用法

1.会议须知的含义

会议须知是会议主办方为了更加有序地推进会议日程而制定的包含会议地点、会议时间安排及相关注意事项等内容的具有指导性与参照性的文书。

2.会议须知的写法

（1）标题。会议须知的标题常由会议名称或适用对象与文种组成，如《中国人民政治协商会议第七届松阳县委员会第一次会议须知》。

（2）正文。会议须知的正文要分条陈述，条文不宜过多，便于自觉遵守。其主要包括会议地点、会议时间安排及相关注意事项等内容。

（3）落款。可注明会议主办方秘书处名称及日期，也可省略落款项。

（二）会议须知实例简评

【例文】

×××市十届人大五次会议第一次全体会议会议须知

一、集中精力开好会议，按时出席会议，无特殊原因不得请假。对无故缺席的政协委员和列席人员进行通报。

二、开会期间会场、楼道、卫生间、大厅严禁吸烟。

三、参会人员凭会议证件进入市级机关大院；政协委员、列席人员随行车辆统一停放政府院内，按要求摆放整齐。

四、列席市十届人大五次会议第一次全体会议在嘉峪关大剧院。

五、开会时间：

1月12日　09:00—12:00 会议报到

中共党员委员会议

1月13日　09:00—10:45 开幕会

10:45—12:00 小组讨论

15:00—18:00 小组讨论

1 月 14 日 09:00—10:30 列席市十届人大五次会议第一次全体会议

15:00—17:00 小组讨论

17:00—18:00 常委会议

1 月 15 日 09:00—10:30 小组讨论

11:00—12:00 常委会议

15:00—15:40 选举会

15:40—16:00 常委会议

16:00—17:00 闭幕会

六、大会秘书处设秘书组、组织组、提案组、宣传组、会务组、安保组，有事请与相关工作组联系。

大会秘书长：×××（兼）

秘书组：×××

组织组：×××

提案组：×××

宣传组：×××

会务组：×××

安保组：×××

【简评】

会议须知与会议通知、会议日程所叙之事相比，更加详尽、具体。会议通知主要是召集相关人员参会，并使其了解会议的起始时间及报到地点；会议日程一般是在与会人员报到后才收到的用以介绍何时召开何会的日程表，一般不会混杂每一会议在何地点召开等内容；会议须知便是在上述内容基础上告知与会人员参会具体地点、作息时间、住宿用餐及相关注意事项等内容。当然，对于"大会"、"长会"来讲，上述流程是应完全必备的，而对于"小会"、"短会"来讲，在实际操作中，通常把会议日程和会议须知内容整合到一起，更有助于为参会人员提供参考。

（三）会议须知写作小结

（1）细化——体现主办方的服务意识。会议须知旨在提醒参会人员在会期间应注意的细小事项，这可使参会人员感觉到主办方对会议的重视，也将促进参会人员认真参会意识的提升。

（2）精确——体现主办方的严谨作风。"办会"旨在提供一个平台，进而完成会议日程内容。严谨的办会作风将使会议收到事半功倍的效果，达到传递精神、交流思想的目的。

三、大会主持词

（一）大会主持词的用法

1.大会主持词的含义

大会主持词是会议主持者主持会议时使用的带有指挥性、引导性的讲话。一般大型或正规的会议都要有会议主持词，所以其使用频率较高。主持词和其他公文一样，也有其特点，有其特有的写作套路，不熟悉它，不掌握它的写作规律，就难以得心应手，更难达极致。因此，有必要对其进行研究和探讨，以便使写出的会议主持词更规范、更具体。

2.大会主持词的写法

（1）开头部分。这一部分主要介绍会议召开的背景、会议的主要任务和目的，以说明会议的必要性和重要性。可分为五方面内容：

一是首先宣布开会。

二是说明会议是经哪一级组织或领导提议、批准、同意、决定召开的，以强调会议的规格以及上级组织、上级领导对会议的重视程度。

三是介绍在主席台就座的领导和与会人员的构成、人数，以说明会议的规模。

四是介绍会议召开的背景，明确会议的主要任务和目的，这是开头部分的"重头戏"，也是整篇文章的关键所在。

五是介绍会议内容。为了使与会者对整个会议有一个全面、总体的了解，在会议议程进行之前，主持人应首先对会议内容逐一介绍。

（2）中间部分。在这一部分，可以用最简练的语言，按照会议的安排，依次介绍会议的每项议程。

（3）结尾部分。这一部分主要是对整个会议进行总结，并对如何贯彻落实会议精神提出要求，做出部署。

（二）大会主持词实例简评

【例文】

市民间组织联合会成立大会主持词

同志们：

现在开会。

为了充分发挥全市民间组织的整体优势，构建加强民间组织交流与沟通的新平台，经市委、市政府研究，决定召开今天这次民间组织联合会成立大会，建立民间组织联合会组织机构，健全民间组织联合会章程和相关制度，选举产生民间组织联合会理事会和领导机构，培育和引导民间组织健康规范发展，促进全市民间组织做大做强，为全市经济社会发展做出积极贡献。

出席今天大会的领导有：省民政厅民间组织管理局局长×××同志、石家庄市民间组织管理办公室主任×××同志；市政府副市长×××同志、市政府副市长×××同志；在主席台就座的还有民政局局长×××同志。参加今天大会的有：全市各民间组织代表。今天会议应到代表106名，实到代表102名，请假4名，符合法定人数。

今天的会议共有十三项议程。

首先，进行大会第一项议程，由民间组织联合会筹备小组组长×××同志做联合会筹备情况报告。

（略）

下面，进行大会第二项议程，审议通过《城市民间组织联合会领导机构选举办法（草案）》。请市农经局局长×××同志宣读《城市民间组织联合会领导机构选举办法（草案）》。

（略）

请各位代表进行审议，有意见的请举手发表意见。

……

大家都没有意见。鼓掌通过。

下面，进行大会第三项议程，选举产生我市第一届民间组织联合会理事会，请报社总编、网络服务中心主任×××同志宣读理事建议名单。

（略）

根据刚才大会通过的《城市民间组织联合会领导机构选举办法》，请各位代表对候选人名单进行表决。

赞成的请举手。

……

反对的请举手。

……

弃权的请举手。

……

通过。

下面，进行大会第四项议程，选举产生城市民间组织联合会常务理事、会长、常务副会长、副会长、秘书长、副秘书长。

请刚才选举产生的首届理事会人员和主席台各位领导到一楼1号会议室，参加市第一届民间组织联合会第一次理事会选举。其他人员观看市京剧戏迷协会演出的精彩节目。选举结束后继续开会。

……

同志们，现在继续开会。

下面，进行大会第五项议程，宣布市第一届民间组织联合会领导成员名单，宣读名字的时候请起立与各位代表见面。会长：×××，常务副会长：×××，副会长：×××、×××、×××、×××、×××、×××、×××、×××，秘书长：×××，副秘书长：×××。让我们大家以热烈的掌声向他们的当选表示祝贺！

下面，进行大会第六项议程，请市民间组织联合会名誉会长、市政府副市长×××同志宣布"城市民间组织联合会正式成立"。

（略）

请省民政厅民间组织管理局×××局长和×××副市长为民间组织联合会会徽揭牌。

……

下面，进行会议第七项议程，请市民间组织联合会名誉会长、市政府副市长×××同志向市民间组织联合会颁发"社会团体登记证书"。

……

下面，进行大会第八项议程，审议通过《城市民间组织联合会章程（草案）》。请市农业开发办公室主任×××同志宣读《城市民间组织联合会章程（草案）》。

（略）

请各位代表进行审议，有意见的请举手发表意见。

……

大家都没有意见。鼓掌通过。

下面，进行大会第九项议程，审议通过《城市民间组织联合会会费缴纳与管理办法（草案）》。请市工商局党组书记、个体劳动者协会会长×××同志宣读《城市民间组织联合会会费缴纳与管理办法（草案）》。

（略）

请各位代表进行审议，有意见的请举手发表意见。

……

大家都没有意见。鼓掌通过。

下面，进行大会第十项议程，审议通过《城市民间组织联合会财务管理实施细则（草案）》。请市人行行长×××同志宣读《城市民间组织联合会财务管理实施细则（草案）》。

（略）

请各位代表进行审议，有意见的请举手发表意见。

……

大家都没有意见。鼓掌通过。

下面，进行大会第十一项议程，请市民间组织联合会常务副会长×××同志宣读贺词。

（略）

下面，进行大会第十二项议程，请市民间组织联合会会长×××同志讲话。

（略）

下面，进行大会第十三项议程，领导讲话。

首先，让我们以热烈的掌声欢迎省民政厅民间组织管理局×××局长讲话。

（略）

让我们以热烈的掌声欢迎市政府副市长、市民间组织联合会名誉会长李市长讲话。

（略）

今天这次大会到此圆满结束。

请与会人员领取材料后到招待所大餐厅门前合影，合影后到中楼小餐厅就餐。

散会。

2007 年 10 月 25 日

【简评】

概括地讲，大会主持词是在了解大会全部日程的基础上依照会议时间、会议内容建构一个简洁的语言"网络"。由例文可知，该语言"网络"从整体结构上看由开头、中间及结尾三部分构成，中间部分多用简练的语言指引会议按部就班地进行。

（三）大会主持词写作小结

（1）地位附属。主持词是为领导讲话和其他重要文件服务的，其附属性表现在两个方面：从形式上看，主持词的结构是由会议议程所决定的，必须严格按照会议议程谋篇布局，不能随意发挥；从内容上看，主持词的内容是由会议内容所决定的，不能脱离会议内容。

（2）篇幅短小。主持词的篇幅一般不宜过长，要短小精悍，抓住重点，提纲挈领。而篇幅过长，重复会议内容就会造成主次不分。

（3）重在头尾。会议主持词的主要部分在开头的会议背景介绍和结尾的会议总结布置两部分，中间部分分量较轻，只要简单介绍一下会议议程就可以了。因此，会议主持词的撰写，重点在开头和结尾。

（4）结构独立。会议主持词分为开头、中间和结尾三个部分，而且每部分都相对独立。

四、开幕词

（一）开幕词的用法

1.开幕词的含义及特点

开幕词是在一些大型会议开始时由会议主持人或主要领导人所作的开宗明义的讲话。开幕词具有如下特点：

一是简明性。开幕词要简洁明了、短小精悍，最忌长篇累牍，言不及义，多使用祈使句，表示祝贺和希望。

二是口语化。它的语言应该通俗、明快、上口。

2. 开幕词的种类

按内容可以分为侧重性开幕词和一般性开幕词两种。侧重性开幕词往往对会议召开的历史背景、重大意义或会议的中心议题等，做重点阐述，其他问题一带而过。一般性开幕词则只对会议的目的、议程、基本精神、来宾等做简要概述。

3. 开幕词的写法

开幕词通常由标题、称谓及正文三部分组成。

（1）标题。开幕词的标题通常有三种写法：一是用会议名称做标题；二是会议名称之前再加上领导人姓名；三是用提示中心或主旨做标题，在后面通常加上副标题。

（2）称谓。一般写在标题下行顶格，称呼通常用"同志们"、"朋友们"、"各位代表"等。

（3）正文。一般包括导言、主体和结尾。导言写宣布开幕之类的话。主体部分一般包括以下内容：会议的筹备和出席会议人员情况；会议召开的背景和意义；会议的性质、目的及主要任务；会议的主要议程及要求；会议的目标及深远影响等等。但写作中一定要把握会议的性质，郑重阐述会议的特点、意义、要求和希望，对于会议本身的情况如议程等，要概括说明，点到为止；行文则要明快、流畅，评议要坚定有力，充满热情，富于鼓舞力量。最后是结尾，一般写"祝大会圆满成功"。

（二）开幕词实例简评

【例文】

中国书法家协会第八次全国代表大会开幕词

（2021年1月26日　北京）

××　×

尊敬的×××部长，各位领导、各位嘉宾、同志们、朋友们：

在中宣部、中国文联的关心指导下，经过认真筹备，中国书协第八次全国代表大会今天隆重开幕了。首先，我谨代表中国书协第七届主席团和理事会，向莅临大会的各位领导、各位嘉宾，以及参加本次书代会的各位代表，表示热烈的欢迎！向为我国书法事业的繁荣发展做出杰出贡献的老一辈书法艺术家致以崇高的敬意！向长期以来关心支持中国书协工作和书法事业发展的社会各界朋友表示衷心的感谢！向辛勤耕耘在书法事业一线的全国广大书法工作者致以诚挚的问候！

中国书协第八次全国代表大会是在举国上下深入学习贯彻党的十九届五中全会精神之际，在如期完成新时代脱贫攻坚目标任务、实现第一个百年奋斗目标、乘势而上开启全面建设社会主义现代化国家的新征程，向第二个百年奋斗目标进军的伟大历史时刻召开的一次重要会议。这次大会的主要任务是：高举习近平新时代中国特色社会主义思想伟大旗帜，认真学习贯彻十九届五中全会精神和习近平总书记关于文艺工作的重要论述，坚持中国特色社会主义文化发展道路，增强"四个意识"、坚定"四个自信"、做到"两个维护"，总结中国书协第七次全国代表大会以来的工作，研究部署今后五年的工作任务，审议大会工作报告，修改协会章程，选举产生协会新一届领导机构，广泛团结引导全国广大书法工作者，自觉承担起"举旗帜、聚民心、育新人、兴文化、展形象"的使命任务，坚定不移走中国特色社会主义发展道路，推进书法事业繁荣发展，为全面建设社会主义现代化国家贡献力量。

中国书协第七次全国代表大会以来的五年，是党和国家事业发展进程中极不平凡的五年，也是我国文艺事业在正本清源、守正创新中取得历史性成就、发生历史性变革的五年，在以习近平同志为核心的党中央的坚强领导下，中国特色社会主义建设进入了新征程，社会主义文艺迎来了繁荣发展的新时期。中国书协坚持以人民为中心的工作导向，着眼"文艺工作要服务党和国家工作大局"这一重要遵循，积极发挥党和政府联系书法工作者的桥梁纽带作用，以社会主义核心价值观为引领，以建设德艺双馨的书法队伍为工作重点，以创作优秀作品为中心任务，在加强党的建设、推出精品力作、培养骨干新秀、深化协会改革、推动行业建设、促进对外交流等方面取得长足进步，在弘扬传统文化、塑造民族精神等方面做出了重要成绩，获得了书法界的广泛认可。

各位代表、各位嘉宾，书法艺术是中华民族传统文化的结晶，是我国文艺事业的重要组成部分，中国书协担负着传承优秀文化、塑造美好心灵、弘扬社会正气的重要职责。五年来，广大书法工作者团结一心、开拓进取、崇德尚艺，充分证明了这是一支敢于担当、勇于奉献、尽职尽责、可敬可爱的队伍。不久前召开的党的十九届五中全会站在时代发展和战略全局的高度，把文化建设摆在突出位置，对"十四五"期间繁荣发展文化文艺事业，提高国家文化软实力做出了全面部署，明确提出了推进社会主义文化强国的大政方针和目标要求。党中央对弘扬中华优秀传统文化、繁荣发展书法艺术高度重视，我国书法事业迎来了重要的发展机遇。今天，中共中央政治局委员、中央书记处书记、中宣部部长×××同志亲临大会，还将作重要讲话，充分体现了党中央对书法事业的高度重视，体现了对广大书法工作者的亲切关怀。

各位代表、同志们，全面建设社会主义现代化国家新征程即将开启，推进社会主义文化强国建设的号角已经响起，我们坚信，广大书法家和书法工作者一定要站在历史的新起点，把观念和行动都落实到建设社会主义文化强国战略上来，齐心协力，开拓进取，把艺术理想融入党和人民的事业之中，共同谱写我国书法事业繁荣发展的壮美篇章，为推动社会主义文化大发展大繁荣，建设社会主义文化强国，为实现"两个一百年"的奋斗目标，开启全面建设社会主义现代化国家的新征程做出新的更大贡献！我们相信，在全体代表的共同努力下，这次大会一定会开成一次高举旗帜、服务大局、民主团结、鼓劲奋进的大会，开成一次统一思想、振奋精神、凝心聚力、共谋发展的大会。

预祝中国书协第八次全国代表大会圆满成功！

【简评】

从格式上看，例文由标题、称谓及正文构成。正文表达了如下几层意思：一是对相关人员表示欢迎、敬意、感谢、问候；二是对大会召开的背景、过往取得的成绩、未来发展的方向等进行了说明；三是结尾部分，表达了对大会的期望。

（三）开幕词写作小结

（1）要注意简明性。这一要求与会议开幕之初在场人员的心情息息相关。经过长时间的筹备工作，迎来会议开幕的一刻，在场人员定当心潮澎湃，热情高涨。若开幕词过长，无异于在高涨、澎湃的心情上泼冷水，难以起到"一鼓作气"之功效。

（2）语言应该通俗、明快、上口。大型会议定有来自五湖四海的参会人员，若语言不够通俗、上口，一则会使在会人员不能完全理解所言内容，再则无法起到鼓动气氛的作用。

五、闭幕词

（一）闭幕词的用法

1.闭幕词的含义及特点

闭幕词是一些大型会议结束时由有关领导人或德高望重者向会议所作的讲话。具有总结性、评估性和号召性。

闭幕词与开幕词一样，具有简明性和口语化两个共同特点，其种类与开幕词相同。

2.闭幕词的写法

闭幕词由标题、称呼和正文三部分组成。

标题和称呼的写法与开幕词基本相同。在标题和称谓之后，另起一段写作正文。

首先说明会议已经完成预定任务，现在就要闭幕了；然后概述会议的进行情况，恰当地评价会议的收获、意义及影响。核心部分要写明：会议通过的主要事项和基本精神；会议的重要性和深远意义；向与会人员提出贯彻会议精神的基本要求等等。

一般说来，这几方面内容都不能少，而且顺序是基本不变的。写作时要掌握会议情况，有针对性地对会议内容予以阐述和肯定；同时可以对会议未能展开但已认识到的重要问题做出适当强调或补充；行文要热情洋溢，用语要简洁有力，起到激发斗志，增强信念的作用。结尾部分一般先以坚定语气发出号召，提出希望，表示祝愿等；最后郑重宣布会议闭幕。

（二）闭幕词实例简评

【例文】

中国工会第十七次全国代表大会闭幕词

（2018年10月26日）

××ｘ

各位代表，同志们：

现在我受×××主席委托，致大会闭幕词。

在以习近平同志为核心的党中央亲切关怀和坚强领导下，在与会全体代表的共同努力下，中国工会第十七次全国代表大会圆满完成了各项议程，即将胜利闭幕。这次大会，是在我国进入全面建成小康社会决胜阶段、中国特色社会主义进入新时代召开的一次重要会议，意义重大而深远。大会以习近平新时代中国特色社会主义思想为指导，全面贯彻党的十九大精神，坚持中国特色社会主义工会发展道路，审议并通过了全总十六届执委会报告、《中国工会章程（修正案）》、财务工作报告、经审工作报告，选举产生了中华全国总工会新一届领导机构，是一次团结、务实、鼓劲、奋进的大会。大会的胜利召开，必将激励全国亿万职工和工会干部，以昂扬向上的精神状态和一往无前的奋斗姿态，投身新时代中国特色社会主义建设的伟大实践，在全面建成小康社会、实现中华民族伟大复兴中国梦的历史进程中谱写工运事业和工会工作新篇章！

党中央高度重视这次大会。习近平总书记等党和国家领导人出席了大会开幕式，王沪宁同志代表党中央向大会作了致词。李克强总理为全体代表作了经济形势报告。会后，习近平总书记还将与全总新一届领导班子成员集体谈话，并发表重要讲话。党中央高度评价我国工人阶级在改革开放和社会主义现代化建设中发挥的重要作用和做出的突出贡献，绽放出夺目的时代风采，充分肯定各级工会组织围绕中心、服务大局，忠诚履职、积极作为，各项工作取得了重要进展和成就，并对工人阶级和工会组织在新时代新征程中更好发挥作用提出了新的更高要求，充分体现了对工人阶级的亲切关怀，对工会组织的殷切期望，为我们进一步指明了前进方向。我们为此深受教育鼓舞、倍感振奋激励，一定要认真学习领会，坚决贯彻落实到工会各项工作中去。

×××主席代表全总十六届执委会在大会上作的报告，全面贯彻习近平新时代中国特色社会主义思想和党的十九大精神，回顾总结了过去五年工会工作的重要成就，系统论述了深入学习贯彻习近平新时代中国特色社会主义思想、坚定不移走中国特色社会主义工会发展道路的重大课题，概括阐述了习近平总书记关于工人阶级和工会工作的重要论述的深刻内涵和实践要求，提出了今后五年工会工作的主要任务，是一份体现中央精神、反映职工意愿、凝聚工会智慧，指导新时代工会工作沿着正确方向不断创新发展的重要文献。

过去五年，在以习近平同志为核心的党中央坚强领导下，中华全国总工会第十六届执行委员会和各级工会组织凝心聚力、砥砺奋进，各项工作取得积极进展和显著成效。这些成绩的取得，凝聚着广大工会干部的拼搏奉献和辛勤汗水。这次大会后，有些同志由于工作变动或年龄等原因，不再担任全总第十七届执行委员会委员和经费审查委员会委员。他们在任职期间尽心尽力、尽职尽责，勤勤恳恳、兢兢业业，为党的工运事业和工会工作做出了重要贡献。

在这里，我谨以本次大会的名义，向中华全国总工会第十六届领导班子成员、执委会委员、经审委员和各级工会干部表示诚挚的谢意，向全国总工会的老领导、老同志，向所有关心支持工会工作的各级党政领导和各界朋友致以崇高的敬意！这次大会选举产生了中华全国总工会新一届执行委员会和主席团，这是全体代表和全国广大职工对我们的信任和重托。我谨代表十七届执委会全体成员，对全体代表表示衷心的感谢！

各位代表！

中华全国总工会第十七届执行委员会任期的五年，是决胜全面建成小康社会、开启全面建设社会主义现代化国家新征程的关键时期。党中央对我们寄予厚望，职工群众对我们充满期待。面对新时代、新形势、新任务，我们深感责任重大、使命光荣。下面，讲五点意见。

一是要始终坚持自觉接受党的领导的正确政治方向。深入学习贯彻习近平新时代中国特色社会主义思想和党的十九大精神，特别是习近平总书记关于工人阶级和工会工作的重要论述，牢固树立"四个意识"，切实增强"四个自信"，坚决维护习近平总书记党中央的核心、全党的核心地位，坚决维护党中央权威和集中统一领导，始终在政治立场、政治方向、政治原则、政治道路上同以习近平同志为核心的党中央保持高度一致。

二是要勇于承担团结引导职工群众听党话、跟党走的政治责任。加强对职工的思想政治引领，引导广大职工践行社会主义核心价值观，增强对党的基本理论、基本路线、基本方略的政治认同、思想认同、情感认同，更加紧密地团结在以习近平同志为核心的党中央周围，坚定不移听党话，矢志不渝跟党走。

三是要牢牢把握为实现中华民族伟大复兴的中国梦而奋斗的工人运动时代主题。围绕国家重大战略、重大工程、重大项目、重点产业，不断深化"中国梦·劳动美"主题教育，广泛深入持久开展"当好主人翁、建功新时代"主题劳动和技能竞赛，引导广大职工为实现党的十九大确定的目标任务建功立业。

四是要认真履行维护职工合法权益、竭诚服务职工群众的基本职责。顺应职工群众对美好生活的向往，积极参与和支持全面深化改革特别是供给侧结构性改革，做好去产能过程中职工权益维护工作，推动构建和谐劳动关系；健全工会服务职工体系，做实服务职工工作，把党和政府的关怀与工会的温暖送到广大职工心坎上，成为职工信得过、靠得住、离不开的知心人、贴心人、"娘家人"。

五是要始终保持改革创新、不断进取的精神状态。围绕增强政治性、先进性、群众性这条主线，深化工会改革创新，构建联系广泛、服务职工的工会工作体系，把工会组织建设得更加充满活力、更加坚强有力；不断推进产业工人队伍建设改革，造就一支宏大的高素质的产业工人队伍；深入落实全面从严治党要求，以党的政治建设为统领，切实抓好工会系统党的建设，打造高素质专业化的工会干部队伍，激励广大工会干部以新担当、新作为创造属于新时代的新业绩。

大会闭幕后，代表们将回到各自的工作岗位上，希望各位代表和各级工会组织，及时向党委和政府汇报大会精神，迅速在各级工会干部和广大职工中掀起学习宣传贯彻大会精神的热潮，特别是要传达好、学习好、宣传好、贯彻好习近平总书记在同全总新一届领导班子成员集体谈话时的重要讲话精神、王沪宁同志代表党中央在工会十七大上的致词精神，传达贯彻好王东明主席在大会上的报告和在全总十七届一次执委会上的讲话精神。要把贯彻落实工会十七大精神与深入贯彻落实习近平新时代中国特色社会主义思想和党的十九大精神紧密结合起来，与贯彻落实习近平总书记关于工人阶级和工会工作的重要论述紧密结合起来，进一步把思想和认识统一到党中央的决策部署和对工会工作的重要指示上来，把智慧和力量凝聚到贯彻落实这次大会确定的目标任务上来。要紧密结合本地区、本产业、本部门、本单位实际，积极主动、创造性地落实好大会提出的各项任务，努力开创新时代工会工作新局面。

各位代表、同志们，新时代开启新征程，新时代期待新气象。让我们更加紧密地团结在以习近平同志为核心的党中央周围，高举中国特色社会主义伟大旗帜，以习近平新时代中国特色社会主义思想为指导，坚定不移走中国特色社会主义工会发展道路，团结动员亿万职工为决胜全面建成小康社会、夺取新时代中国特色社会主义伟大胜利、实现中华民族伟大复兴的中国梦再创佳绩、再立新功！

【简评】

这份闭幕词篇幅适中、语言凝练、条理清晰、结构完整。其正文表达了四层意思：一是对大会的基本情况进行了高度概括；二是对中华全国总工会第十六届执行委员会的工作进行了充分肯定；三是对中华全国总工会第十七届执行委员会未来发展提出五点意见；四是对学习贯彻落实大会相关讲话精神进行了部署与安排。

（三）闭幕词写作小结

（1）用语要意味深长。会议即将结束，但会议精神要在实际工作中践行。因此，会议闭幕词在肯定大会收获的同时，还要意味深长地提出落实会议精神的相关要求，但篇幅不宜过长。

（2）语言应该通俗、明快、上口。这一要求与会议开幕词的相关要求一致，此处不再赘述。

六、会议贺信

（一）会议贺信的用法

会议贺信一般由标题、称谓、正文、结尾和落款五部分构成。

（1）标题。会议贺信的标题通常由文种名构成。如在第一行正中书写"会议贺信"四个字。

（2）称谓。顶格写明被祝贺单位或个人的名称或姓名。写给个人的，要在姓名后加上相应的礼仪名称如"同志"。称呼之后要用冒号。

（3）正文。会议贺信的正文要交代清楚以下几项内容：第一，结合当前的形势状况，说明对方取得成绩的大背景，或者某个重要会议召开的历史条件；第二，概括说明对方都在哪些方面取得了成绩，分析其成功的主观、客观原因，这一部分是会议贺信的中心部分，一定要交代清楚祝贺的原因；第三，表示热烈的祝贺，要写出自己祝贺的心情，由衷地表达自己真诚的慰问和祝福，要写些鼓励的话，提出希望和共同理想。

（4）结尾。结尾要写上祝愿的话。如"此致——敬礼"、"祝争取更大的胜利"等。

（5）落款。写明发文的单位或个人的名称、姓名，并署上成文的时间。

（二）会议贺信实例简评

【例文】

致市学生联合会第二次代表大会的贺信

值此××市学生联合会第二次代表大会开幕之际，我代表市委向大会的召开表示热烈的祝贺！向全市青年学生致以诚挚的问候！

近年来，市学联高举习近平新时代中国特色社会主义思想伟大旗帜，在市委的坚强领导下，在共青团的帮助指导下，围绕中心、服务大局，在组织、宣传、教育、引导青年学生方面做了大量工作。全市广大青年学生积极响应党的号召，胸怀理想、锤炼品格，刻苦学习、开拓创新，踊跃参与青年创新创业创优、青年志愿者服务等活动，为××经济社会高质量发展做出了积极贡献。实践证明，当代××青年学生不愧为大有希望、大有作为的一代。

当前，××市正处在夺取全面建成小康社会伟大胜利，即将踏上实现第二个百年奋斗目标新征程的关键时期。这为广大青年学生施展才华、建功立业提供了更加难得的机遇、更加广阔的舞台。希望广大青年学生以习近平新时代中国特色社会主义思想为指引，自觉把理想抱负融入国家和民族的事业中，把个人成长融入推动全市高质量发展的征程中，坚定信仰追求、练就过硬本领，努力在推动××高质量发展的生动实践中实现青春梦想、书写人生华章。

学联事业是党的群团事业的重要组成部分，是党联系青年学生的桥梁和纽带。各级党委和政府要切实加强对青年学生工作的领导，为广大青年学生成长成才、建功立业创造良好条件。各级共青团组织和学联组织要紧跟时代步伐，把握青年学生工作特点和规律，深化改革创新，组织动员广大青年学生坚定跟党走、奋进新时代，为奋力谱写中原更加出彩的 ×× 绚丽篇章贡献磅礴青春力量！

最后，预祝大会圆满成功！

中共 ×× 市委书记　×××
2020 年 10 月 27 日

【简评】

这份大会贺信篇幅简短，语言精练，内容完整，逻辑清晰。该贺信正文主要表达了三层意思，一是对大会召开表示祝贺，二是对市学联近年来为 ×× 经济社会高质量发展做出的积极贡献进行肯定，三是对市学联当前及未来的发展提出了殷切希望。

（三）会议贺信写作小结

（1）贺信之"贺"要实事求是。不能盲目夸大"贺"的具体内容，否则会使参会人员有不实之感；自然也不该毫无根据地缩减"贺"的分量，否则将误导人们对会议重要程度的认识。

（2）内容要简洁、凝练。会议贺信一般会在会议期间宣读，若篇幅过长，自然会冲淡会议主题内容。

七、会议祝辞

（一）会议祝辞的用法

1.会议祝辞的含义

会议祝辞是在重要会议上由主要领导人所作讲话的文稿。会议祝辞的使用频率和领导人出席重要会议或大型活动的次数息息相关。

2.会议祝辞的写法

（1）标题。会议祝辞的标题应当载明会议或活动的名称和文种，如《×××同志在 ×× 县青年联合会二届一次全体委员会议上的祝辞》。在标题之中或标题之下一般要署上致辞人的职务和姓名。

（2）称呼。标题之下另起一行顶格写明称呼，要注意恰当、得体，如"尊敬的各位来宾、女士们，先生们"等。

（3）正文。会议祝辞的正文主要包括如下内容：一是表达对会议或活动的祝贺之意；二是对会议或活动进行扼要评价，阐明其意义和重要性；三是提出有关的希望和要求，向有关人员发出号召。

（二）会议祝辞实例简评

【例文】

×××同志在××县青年联合会二届一次全体委员会议上的祝辞
（2005年11月22日）

各位委员、同志们：

今天，××县青联二届一次全体委员会议隆重召开了，这是全县广大青年热切关注的一件大事。这次大会的召开，对于团结带领全县广大青年高举邓小平理论伟大旗帜，努力实践"三个代表"重要思想，深入贯彻落实党的十六届五中全会精神，贯彻市委三次党代会和省青联七届一次全会精神，积极投身改革和建设事业，为实现××新时期发展目标建功立业具有重要意义。在此，我代表共青团黑河市委、黑河市青年联合会向大会的召开表示热烈的祝贺！向出席会议的全体委员、全县各族各界青年致以亲切的问候和良好的祝愿！向一贯重视和支持青联工作的××县各级党政领导致以崇高的敬意！

××县青联工作有着较好基础。自××县青联成立以来，在县委的高度重视、亲切关怀和正确领导下，全县青联组织紧紧围绕党的中心工作，积极探索，大胆实践，努力加强自身建设，创造性地开展青年活动，青联的各项工作都迈出了可喜步伐，为××县的改革开放、经济建设和社会各项事业的发展做出了积极的贡献。

（略）

当前，我们正置身于全面建设小康社会的新时期，也是黑河全面加快发展最为关键的阶段，更是广大青年施展抱负、展示才华、大有作为的大好时期。在这样的形势任务面前，我们要抓住机遇，承前启后地承担起这一历史责任。这是时代的召唤，也是黑河市委和全市人民对我们广大青年寄予的殷切厚望。因此，××县青联组织要紧紧围绕县委确立的"农业强县、工业立县、旅贸活县、科教兴县"战略目标，积极进取，奋力拼搏，锐意创造，更好地组织带领全县广大青年站在时代的前列，为××县乃至全市经济社会的加快发展创造出新的业绩。

创造新业绩，就要广泛团结凝聚青年，汇聚加快发展的蓬勃力量（略）

创造新业绩，就要积极引导青年投身实践，奏响加快发展的时代强音（略）

创造新业绩，就要竭诚服务青年，不断加强青联自身建设（略）

青联组织要继续发扬爱国、团结、进步的光荣传统，紧密结合现在正在开展的增强共青团员意识主题教育活动，不断增强政治意识和组织意识，更好地代表和维护青年的利益，不断发展壮大青联队伍，提高青联委员素质，保持青联组织的先进性。要解放思想，不断创新，大胆探索在新时期加强青联建设的新方法、新路径，使之能够适应不断发展变化的新形势、新任务、新要求，为青联事业全面发展提供坚实的组织保证。要放眼于青联事业的新发展，紧紧依靠党的领导，努力创造青联工作全面活跃的新局面。

各位委员、同志们，××县青联二届一次全委会的召开，标志着××青联工作又步入了一个新的发展阶段。团市委、市青联相信，通过这次会议，××县青联一定能够高举邓小平理论伟大旗帜，努力实践"三个代表"重要思想，紧紧依靠县委的领导，团结和带领广大青年在建设"小康××"的实践中谱写出更加壮丽的青春乐章。

【简评】

例文由标题、致祝辞时间、称谓及正文等要素构成。由于会议祝辞是在与会期间对未果事项提出的祝愿与希望，所以在其正文写作中要注意时态的灵活运用，即结合当前的实际情况展望对未来的美好祝愿。例文首先对××县青联二届一次全体委员会议的隆重召开进行了高度评价，然后转入对当前所处形势的思考，指出××县青联组织"要……"，"更好地组织带领……"，"为……创造出新的业绩"。例文以三个"创造新业绩，就要……"的表述方式，对未来的工作提出了殷切希望，并在此基础上对青联组织提出了具体要求。例文最后一段重申主题内容，即以召开的会议为依托，对××县青联下一步工作的有序开展表示祝愿和希望，做到了首尾呼应，逻辑贯通。

（三）会议祝辞写作小结

（1）要紧扣会议或活动的主题。即祝辞所"祝"的内容应是会议或相关活动的主题内容，若只关注细枝末节，将使人对致辞者产生生搬硬套、不着边际之感。

（2）用语要精当。"精"即要求所发之辞应简洁、凝练，开门见山，一语中的；"当"即要求所发之辞应与在场人员之感不谋而合、与会议主题息息相关。

八、会议记录

（一）会议记录的用法

1. 会议记录的含义

会议记录是由会议组织者指定专人，如实、准确地记录会议的组织情况和会议内容的一种机关应用性文书。会议记录一般用于比较重要的会议或正式的会议，它要求真实、全面地反映会议的本来面貌。

2. 会议记录的作用

（1）依据作用。会议记录忠实地记录了会议的全貌。会议精神、会议形成的决定和决议、会议对重大问题做出的安排，如果在会议后期需要形成文件，要以会议记录为依据；如果不形成文件，与会者在会后传达贯彻会议精神和决定是否准确，也要以会议记录为依据进行检验。

（2）素材作用。会议进行过程中连续编发的会议简报，以及会议后期制作的会议纪要，都要以会议记录为重要素材。会议简报和会议纪要可以对会议记录进行一定的综合、提要，但不得对会议记录所确认的内容进行歪曲和篡改。可以说，会议记录是形成会议简报和会议纪要的基础。

（3）备忘作用。会议记录可以作为会议情况和会议内容的原始凭证。时过境迁，有关会议的内容和情况可能无法在记忆中复现了，甚至当时做出的重要决定可能也记不清了，这时就不妨检索会议记录。会议记录还可以成为一个部门和单位的历史资料，若干年后，通过大量会议记录可以了解这个单位的历史进程和发展状况。

3. 会议记录的写法

（1）标题。标题由会议名称加文种名称组成，如《××××会议记录》。如果使用的是专用的会议记录本，连"记录"二字也可省略，只写会议名称即可。

（2）会议组织概况。主要包括如下内容：会议时间，开会地点，主持人的职务及姓名，出席人，列席人，缺席人，记录人。

（3）会议内容。这部分内容会随着会议的进展逐步完成，没有固定的模式。一般包含以下方面：会议的议题、宗旨、目的；会议议程；会议报告和讲话；会议讨论和发言；会议的表决情况；会议决定和决议；会议的遗留问题。这些是一般会议都有的项目，但侧重点及先后次序会有所不同。

（4）结尾。可将主持人宣布散会一项记入，也可以将散会一项略去不记。

最后，由主持人和记录人对记录进行认真校核后，分别签上姓名，以示对此负责。

（二）会议记录实例简评

【例文】

小学语文电子教材开发研讨会会议记录

时间：2007年6月13日

地点：×区中心小学

参加对象：各校学科组和技术组主要成员

本次研讨活动主要对照语文电子教材开发技术标准，检查各册教材二度开发的进程状况，提出存在问题，商量整改措施，为下阶段各校利用暑假对资源精加工处理提供参考依据。经各校交换检查、互相交流，提出了在电子教材二度开发过程中共同存在的如下问题：

1. 文章中的段落编排、文字格式与技术标准不符，特别是有很多文章段前段后有空行，首字缩进不统一；

2. 部分学校二度开发没有很好地关注新教材，以及时更新电子教材中的内容，导致电子教材内容和文本教材有出入；

3. 部分资源的选择没有能够严格按照标准执行。如"教学参考"一栏的资料中，较多地提供了教学设计，对教材分析、课文背景、作者简介等缺少关注；

4. 资源不均衡，各册均存在薄弱课文；

5. 补充资源录入到的具体栏目还需进一步调整，要按学科标准执行。

各册电子教材存在的具体问题为：

第一册

1. 所有课文的作业栏目均为空白；

2. 个别文章发表的栏目不合适，应调整，如《人有两个宝》的作者简介发表在"多媒体资源"一栏、"识字 5"的教案发表在"拓展阅读"一栏等；

3. 相当一部分文章段前段后空行情况比较突出；

4.《升国旗》《我叫神州号》等部分文章的"多媒体资源"不能播放；

5. 整册电子教材的大栏目设置顺序不一致，看起来不是十分规范；

6. 部分文章的排版格式、视频上传没有按照技术标准设置。

第二册

1.《吃水不忘挖井人》没有课文，第 14、第 19 两课的课文内容与教材不符，"识字 5"课文中的图片排列混乱；

2. "教学参考"与"拓展阅读"两大栏目中的文章内容格式没按技术标准设置，"多媒体资源"中的图片上传格式不符合技术标准；

3. 第 7、第 14、第 19 课文朗读不能播放、第 8、第 15、第 16、第 24、第 26 等课件不能打开或者下载；

4.《乌鸦喝水》一文中"多媒体资源"提供的漫画与课文主题冲突；

5. "教学参考"栏目内一部分文章的标题重复，但内容不同，要按内容重新命名；

6. 部分栏目课文的"拓展阅读"与"多媒体资源"内的图片等资料重复，建议整改。

第三册

1. 大部分课文的"作业"一栏中没有设置拓展性课后练习；

2. 部分栏目没有任何文章，如《青蛙看海》的课文、《朱德的扁担》的"拓展阅读"、"多媒体资源"；另《梅兰芳学艺》"多媒体资源"中的"灵"字动画的笔顺不对；

3. 第 12—第 23 课的所有"动画朗读"不能正常播放；

4. 部分课文内的图片顺序颠倒，且排列不齐，把页面撑大，以致不能正常浏览，如《美丽的丹顶鹤》；

5. 课文链接有的文字变色，有的文字不变色，本册内要做到统一；

6. 部分"教学参考"、"拓展阅读"中的文字格式设置不规范。

第四册

1. 所有课文均没有设置拓展性课后练习，"练习 5"、"练习 6"、"练习 7"、"练习 8"没有任何内容；

2. 部分文章排版、文字格式不规范，未按技术标准统一要求；

3. "拓展阅读"内的文章标题有部分重复，标题与内容不符；

4. 最后几课的"教学参考"一栏内容较少，后添加的课文（如练习）的页面被撑得很大；

5. 第 19、第 20 课的视频资源链接不正确；

6. 部分课文的"教学参考"、"拓展阅读"与"多媒体资源"中的材料放置不科学，未按技术标准的要求归类。

第五册

1. 部分文章标题重复显示，《军神》《掌声》两篇课文有栏目空缺，应按技术标准补充相关资料；

2. 部分文字段落格式不符合技术标准要求；

3. 在一些文章中有白色的背景，可能是直接从网上粘贴过来的，应予修正；

4. 音频文件（mp3）最好不用下载播放的形式，建议用直接可点击播放的形式；

5. 部分"多媒体资源"的图片过小，影响阅读；

6. 大部分视频文件均为下载播放形式，并且多为 MOV 或 RAM 格式，建议按技术标准修改为直接点击播放形式。

第六册

1. 几乎所有课文的生字都是老教材的生字，与现行教材不符；

2. 大部分文章的段落、文字格式与技术标准不符；

3. 部分视频、图片、网站等资源打不开，如《槐乡五月》、《赶海》、《南沙群岛》等；

4. 部分课文提供的教学设计有重复、不完整现象；

5. "练习 5"课文居中排版，"习作 3"字号过小；

6. 部分课文的"教学参考"、"拓展阅读"与"多媒体资源"中的材料放置不科学，未按技术标准的要求归类。

第七册

1. 有几课课题序号错误，有五六课的课文没有相关插图，还有两课的课文内容错误，如《九色鹿》、《一路花香》等；

2. "多媒体资源"中有多个文字的书写动画和个别视频不能正常播放，建议全部检查一遍；

3. 大部分文章的文字段落格式不符合技术标准；

4. 图片大小不一致，格式不符合技术标准；

5. 第 3 课链接的网站与课文相关性不大，《古诗两首》提供的网站不正确；

6. 大部分练习中的"习题与指南"没有提供材料。

第八册

1. 大部分文字编排、文章段落要重新进行调整；

2. 所呈现的图片未能分类和整合，如《走，我们去植树》可将同类图片归类放置在一页；

3.部分课文提供的材料未按设计要求的序列放置；

4.第17、第21、第22课的课文与新教材的内容有出入；

5.第22课的课文链接有指向错误。

第九册

1.电子教材没有紧跟教材更新，大部分"多媒体资源"无法正常播放；

2.大部分课文的"作业"栏目缺少拓展性练习；

3.大部分文章的段落和文字格式不符合技术标准的要求；

4.部分文章中的图片不能正常显示，如第4、第5、第8、第10、第16、第23等课；

5.第1、第23课课文内容有错误，第14、第15课的"拓展阅读"、"多媒体资源"中有误传的与本课无关的内容；

6.课次使用不统一，有的用的是数字，有的用的是"第×课"，有的没有显示课次，建议按教材标准统一设置。

第十册

1.大栏目缺《培养良好的学习习惯》、"学和做2"、生字表；

2."教学参考"、"拓展阅读"等栏目里有部分文章均为相同或相似标题，应根据具体文章不同的内容修改标题，让浏览者一眼就能知道该文章的主要内容；

3.部分文章里的插图没有以环绕方式呈现；

4."教学参考"、"拓展阅读"里有部分文章的文字格式不一致。

第十一册

1.部分文章段落、文字格式不符合技术标准，需要修改；

2."参考资料"、"拓展阅读"、"多媒体资源"等栏目中有部分文章标题相同，或文章相同，建议删除，如第16、第17、第18课、"练习5"等；

3."习作6"、"练习6"、"口语交际6"、《大自然的文字》所有的栏目均"ID出错"，不能正常进入；

4.1—4单元暂时未更新。

第十二册

老教材，暂时未更新。

针对二度开发过程中存在的问题，经过研讨，形成如下会议决议：

1.对进一步整改的意见：

总要求：严、实、细、全。

2.六个关注：

（1）继续关注基础性工作，基础性工作要精细。如图片插入的格式、标题的双重性、文字的统一等，要做到尽量少出差错，争取不出差错。

（2）继续关注自查自纠工作，自查自纠工作要扎实。各校要根据本次会议检查情况，为老师设计互查表格，安排一定的时间自查自纠，安排好人员，分配好任务，指定好时间，保证自查自纠的质量。

（3）继续关注薄弱环节，薄弱环节要攻坚。针对电子教材的薄弱环节攻坚，各校进行技术会诊，发挥群体力量，争取使薄弱点不薄弱，确保电子教材各项材料的均衡度。

（4）继续关注所有栏目，栏目内容要均衡。部分学校在二度开发中过度关注了"多媒体资源"，使这一栏中的资料庞大，其他栏目显得薄弱；"教学参考"过度关注了教学设计，忽略了背景资料、作者简介、教材分析等，使"教学参考"变成了教学设计和教学反思的收集。本次自查自纠中，要注意重点栏目和全册各栏都必须兼顾。

（5）继续关注技术标准，技术标准要统一。根据技术标准的要求，对段落、格式等进行统整；如有创新，册内要统一。

（6）继续关注整改时间，整改时间要妥善安排。各校要妥善安排时间，保证按时完成整改工作。

3. 两个必须：

（1）第一——第十一册必须在7月3日前完成整改，并到×××中心小学集体交换检查。

（2）第十二册的二度开发工作必须在放假后一个月内完成。

2007 年 6 月 14 日

【简评】

例文标题采用了会议名称加文种名称形式，主题鲜明，提纲挈领。正文主要表述了如下几层意思：一是明确了会议召开的时间、地点及参会对象；二是用较小的篇幅交代了会议内容，即"对照语文电子教材开发技术标准，检查各册教材二度开发的进程状况，提出存在的问题，商讨整改措施，为下阶段各校利用暑假对资源精加工处理提供参考依据"；三是提出了各册教材二度开发过程中存在的共性问题及各分册面临的具体问题，表述具体、细致，为下一步整改工作顺利进行提供了方向；最后，例文对相关教材的整改工作提出了总的要求及需要关注的六个核心问题，并确定了整改期限。从例文来看，会议记录可为后续工作的开展提供依据与方向，为相关工作顺利有效地衔接提供了保障。

（三）会议记录写作小结

（1）真实性。会议记录的执笔者与其他文章的写作者有一个重要的区别，那就是他只有记录权没有改造权。会议是什么样就记成什么样，与会者发言时说了什么就记下什么，记录者不能进行加工、提炼，不能增添、删减，不能移花接木，不能张冠李戴。

（2）原始形态性。会议记录是会议情况和内容的原始化记录。所谓原始，就是未经整理，未经综合。在这一点上，它与会议简报、会议纪要有着很大不同。会议简报和会议纪要也是真实的，但不是原始的。虽然在内容上可能没有太大差别，但在存在形态上，会议记录与会议简报和会议纪要的差异甚大。

（3）完整性。会议记录对会议的时间、地点、出席人员、主持人、议程等基本情况，领导讲话、与会者的发言、讨论和争议的问题、形成的决议和决定等内容都要记录下来，且没有太多的选择余地。

九、会议新闻

（一）会议新闻的用法

1.会议新闻的含义及分类

会议新闻是与会议有关的新闻报道的统称。一般的会议新闻分三类：一类是集会，如演讲会、报告会、表彰会、纪念会等；二是工作会议，如研讨会、现场会、例会等；三是记者招待会。尽管有很多类别的会议，但会议新闻在其中所起的作用是不容忽视的。通过会议新闻，可及时地将会议内容公布于众，便于社会各界了解会议动态及会议精神。

2.会议新闻的写法

（1）标题。会议新闻的标题通常由会议名称加文种构成，如《2008年全国保险监管工作会议新闻》。在标题下方通常以题注的形式写明会议新闻的来源及时间，并用圆括号括起。

（2）正文。会议新闻的正文主要包括如下内容：一是会议简况；二是会议审议通过的事项、指出或强调的重要内容；三是就上述内容择要阐述其重要意义。

（二）会议新闻实例简评

【例文】

中国银保监会召开2019年
银行业和保险业监督管理工作会议新闻

近日，中国银保监会召开2019年银行业和保险业监督管理工作会议，深入学习贯彻中央经济工作会议精神，回顾总结去年工作，研究分析当前形势，安排部署2019年工作。银保监会党委书记、主席郭树清出席会议并讲话。

2018年，银保监会在以习近平同志为核心的党中央坚强领导下，全面加强党的领导和党的建设，坚决落实党中央、国务院决策部署，全力化解突出风险，维护金融体系稳定，提升银行业保险业服务实体经济能力，不断深化改革扩大开放，扎实做好机构改革组织实施，各项工作迈出坚实步伐，取得积极成效。

会议指出，必须认真学习贯彻习近平新时代中国特色社会主义思想，牢固树立"四个意识"，不断增强"四个自信"，坚决做到"两个维护"，在思想上政治上行动

上同以习近平同志为核心的党中央保持高度一致。(略)

会议认为,当前银行业保险业风险总体可控,但面临的形势依然复杂严峻。(略)

会议要求,要坚持不懈治理金融市场乱象,进一步遏制违法违规经营行为,有序化解影子银行风险,依法处置高风险机构,严厉打击非法金融活动,稳步推进互联网金融和网络借贷风险专项整治。(略)

会议强调,必须把防范系统性风险与服务实体经济更紧密结合起来。(略)

会议号召,银保监会系统广大干部职工要更加紧密地团结在以习近平同志为核心的党中央周围,坚持把党的政治建设作为党的根本性建设,站在新的起点上做好银行保险监管工作,以优异成绩庆祝中华人民共和国成立70周年,为决胜全面建成小康社会、实现中华民族伟大复兴的中国梦做出新的贡献。

【简评】

银保监会于2019年1月17日发布的《2019年银行业和保险业监督管理工作会议新闻》为公众呈现了多方面会议内容:指导思想、风险管理、市场乱象、服务实体。此会议新闻内容虽较多,但都紧紧围绕上述各方面内容进行架构,且每一部分下面都有比较清晰、完整的支撑材料,如第一部分便用"会议指出……"强调会议的主旨内容。总之,例文主旨清晰、段落安排合理,格式要素齐备,便于公众了解、周知此事。

(三)会议新闻写作小结

(1)要及时、客观地报道会议内容。这体现了会议新闻写作的时效性原则,便于外界公众及时了解大会精神及相关内容。

(2)用语要凝练、准确。这符合新闻报道的要求,也体现会议新闻文种自身的写作特性。在具体实施过程中应注意二者有机兼顾。

第二十章　礼仪性文书

扫一扫,获
取本章例文

一、欢迎词

(一)欢迎词的用法

欢迎词是国家机关或单位在举行隆重庆典、大型集会、欢迎仪式或洗尘宴会上,主人对宾客的来临表示热烈欢迎而使用的讲话稿。

欢迎词是社交礼仪演讲词的一种,使用较多,言辞热情,旨在对来宾表示欢迎和尊重,表达友好交往、增强交流与合作的心愿,营造和强化友好和谐的社交气氛。

欢迎词具有应对性,一般来说,主人致欢迎词后,宾客即致答谢词。

欢迎词和祝酒词有时可以互用，在欢迎宴会上发表的欢迎词往往叫祝酒词。但欢迎词和祝酒词也有所不同：祝酒词只用于宴会上，祝酒词可表示欢迎，也可表示欢送；祝酒词的结尾句，一般为"为××××干杯！"的祝酒语句，而欢迎词的结尾句多为表示祝愿成功、愉快的语句。

欢迎词的正文，语言要朴实、热情、简洁、平易，语气要亲切、诚恳，感情要真挚，宜多用短句，言辞应力求格调高雅。回顾以往的叙述要简洁，议论不要过多，力求精当；对主宾的赞颂和评价要热情中肯。可以有适当的联想与发挥。整个篇幅不宜过长。

如遇来宾的意见、观点与主人不一致时，写作欢迎词当坚持求同存异的原则，多谈一致性，不谈或少谈分歧，可恰当采用委婉语、模糊语句，尽力营造友好和谐的气氛。

（二）欢迎词实例简评

【例文】

在第十八届国史学术年会上的欢迎词

（2018年9月19日 上海）

上海社会科学院党委书记 ×××

在上海社会科学院庆祝建院60华诞之际，中国社会科学院当代中国研究所、中华人民共和国国史学会和来自全国各地的专家学者为我们送来了这样丰厚的贺礼，我们备感荣幸，也备受鼓舞。在此，我谨代表上海社会科学院党政班子和全院职工，向莅临会议的各位领导、各位专家表示热烈的欢迎和诚挚的感谢！向第十八届国史学术年会的召开表示热烈的祝贺！

上海社会科学院成立于1958年9月7日，是新中国最早建立的社会科学院，由当时的中国科学院上海经济研究所和上海历史研究所、上海财经学院、华东政法学院、复旦大学法律系合并而成。此后，伴随中国社会主义建设、发展、改革的变迁，上海社会科学院历经沧桑，艰辛探索，曲折前行。尤其是1978年改革开放以后复院重建，上海社会科学院的发展进入一个新的历史时期。根据中央精神，按照中共上海市委、市政府的部署，把握改革开放的时代要求，牢记哲学社会科学工作者的使命责任，上海社会科学院全体职工加强对重大理论与实际问题的研究，专注哲学社会科学建设，努力为改革开放和社会主义现代化建设提供理论支撑和智力支持。无论是在真理标准问题大讨论的过程中，还是在上海改革开放和发展各个时期的重大战略问题研究中；无论是在繁荣发展中国特色哲学社会科学方面，还是在加强中国特色新型智库建设方面，上海社会科学院的专家学者都积极参与和建言献策，不断涌现理论成果和在决策咨询方面做出贡献。

上海社会科学院是上海唯一的综合性人文和社会科学研究机构，是全国最大的地方社会科学院。目前上海社会科学院有 17 个研究所、12 个直属研究中心、7 家直属单位，在职工作人员达 700 多人，其中专业技术人员超过 600 人，具有高级职称的研究人员占 60% 以上。上海社会科学院也是国务院学位委员会首批批准的学位授予单位，拥有 8 个博士学位授权点、62 个硕士学位授权点、2 个博士后科研流动站，面向全球招收国外留学生；目前在读研究生近 700 人。

2015 年 12 月 1 日，上海社会科学院入选首批 25 家全国高端智库，它是首批试点单位中唯一一家接受地方党委、政府领导和管理的国家高端智库。近年来，上海社会科学院大力实施智库建设和学科发展"双轮驱动"发展战略，加快建设哲学社会科学创新的重要基地、马克思主义中国化的坚强阵地、国内外学术交流的重要平台、具有国内外重要影响力的国家高端智库，为国家和上海经济社会发展提供了强大智力支撑。

60 年沧桑巨变，一甲子砥砺前行！回顾走过的历程，在上海市委、市政府和市委宣传部的领导下，在各部门、各区、各方面的大力支持下，一代又一代上海社会科学院人接续努力，团结奋斗，辛勤耕耘，开拓创新，涌现出一批批在海内外学界有影响力的专家学者和重要成果，为中国特色哲学社会科学的发展和新型智库建设做出了积极贡献。60 年来，上海社会科学院始终与时代同行，与国家发展休戚与共。我们取得的一切成就得益于我们所处的伟大时代，离不开各级领导的指导支持，与海内外学界和社会各界的关心帮助分不开，靠的是所有同仁薪火相传、不懈奋斗。在上海社会科学院院庆 60 周年大会召开之际，中共中央政治局委员、上海市委书记×× 在给我院的批示中指出：上海社会科学院要始终坚持以习近平新时代中国特色社会主义思想为指导，进一步加强哲学社会科学研究，推进国家高端智库建设，为上海加快建设"五个中心"、卓越的全球城市和具有世界影响力的社会主义现代化国际大都市，为实现"两个一百年"奋斗目标和中华民族伟大复兴的中国梦做出更大的贡献。

抚今追昔，百感交集；面向未来，任重道远。上海社会科学院要认真学习、深刻领会习近平总书记在全国宣传思想工作会议上的重要讲话精神，始终不忘初心，牢记哲学社会科学工作者的责任，在上海市委、市政府和市委宣传部的领导下，坚持以习近平新时代中国特色社会主义思想为指导，以学术为立院之本，以服务上海、服务全国为使命担当，深入实施繁荣理论研究与推进智库建设"双轮驱动"发展战略，再创新业绩，再做新贡献，再添新辉煌。

上海社会科学院 60 年所取得的成绩离不开各方的支持。2012 年 10 月 20 日，在中国社会科学院与上海市委宣传部的大力支持下，中国社会科学院当代中国研究所与我院历史研究所合作建立了当代中国研究所国情调研（上海）基地。基地的建立直接推动了我院在国史研究方面的学科发展，2013 年我院历史研究所成立了当代史研究室，基地发布的系列课题有我院历史所、经济所、政治所学者的广泛参与，基地组织的多次国情调研有我院党政办公室、科研处、智库处、历史所等部门的协同配合，基地还组织了几次大的学术研讨会，如此密切的学术合作与交流在其他机构中是不多见的，在此我再次向中国社会科学院当代中国研究所和市委宣传部的领导表示诚挚的感谢！希望在未来的发展中能继续得到各方的指导和支持！我们希望与会的专家学者也借由这次会议更多地了解上海和上海社会科学院，更多地研究上海，与我院建立更多的学术合作，多提宝贵意见和建议。

【简评】

对来宾致欢迎词，一方面可以表达对来宾的欢迎与尊敬，同时也可拉近双方的距离，进而为其后的会晤和交流提供良好的开端。例文是上海社会科学院党委书记在第十八届国史学术年会上的欢迎词。该欢迎词开篇表达了欢迎、感谢、祝贺；主体部分重点介绍了上海社会科学院的全貌；最后表达了感谢和希望。整体看，该欢迎词主题清晰，表达主旨内容简洁凝练、重点突出。

（三）欢迎词写作小结

（1）要以礼待人，情挚意切。这可充分体现出对宾客的尊重之情和友好合作之意。即便会晤、交往双方存在分歧，在行文中如有涉及，也应力求含蓄婉转。

（2）用语要凝练、恳切，切合实际。只有如此，方能彰显"礼"与"情"之主旨。

（3）篇幅要尽量短小精悍。欢迎词一般适用于隆重典礼、喜庆仪式、公众集会或者设宴洗尘等特定场合，因而其在篇幅上应力求简短，切忌长篇累牍，空洞乏味。

二、欢送词

（一）欢送词的用法

同欢迎词一样，欢送词也由标题、称呼、正文和落款组成。

（1）标题。欢送词标题的写法一般有两种。一种是单独以文种命名，如《欢送词》；另一种由活动内容和文种名共同构成，如《在××研讨会结束典礼上的讲话》。

（2）称呼。欢送词的称呼要求写在开头顶格处。要写出宾客的姓名称呼。如"尊敬的各位女士们、先生们"、"亲爱的×××大学各位同仁"。

（3）正文。欢送词的正文一般由开头、中段和结尾三部分构成。

开头通常应说明此时在举行何种欢送仪式，发言人是以什么身份代表哪些人向宾客表示欢送的。

欢送词在中段部分要回顾和阐述双方在合作或访问期间在哪些问题和项目上达成了一致的立场、取得了哪些有突破性的进展，陈述本次合作交流中双方的合作和交流给双方所带来的益处，阐述其深远的历史意义。对于私人欢送词还应注意表达双方在共事合作期间彼此友谊的加深以及分别之后的想念之情。若为朋友送行，还要加上一些勉励的话。

在结尾处通常再次向来宾表示真挚的欢送之情，并表达期待再次合作的心愿。

亲朋远行尤其要表达希望早日团聚的惜别之情。

（4）落款。欢送词在落款处要署上致词的单位名称、致词者的身份、姓名，并署上成文日期。

（二）欢送词实例简评

【例文】

在体育代表团挥师广东
参加九运会欢送仪式上致的欢送词

同志们：

再过两天，万众瞩目的中华人民共和国第九届运动会就要在广东隆重举行。今晚，我省体育代表团，肩负着省委、省政府的重担，肩负着六千五百万三湘父老的期望，即将踏上光荣之旅，拼搏之旅，开赴广东，征战九运赛，为湖南人民争光，借此机会，我谨代表省委、省人民政府以及全省六千万各族人民，希望你们继续发扬三湘奥运健儿不畏强手，顽强拼搏的精神，在九运赛上充分体现强者风范，力争发挥出最佳竞技水平；希望你们继续发扬团结协作，无私奉献的精神，充分体现湖南代表团（芙蓉王）体育文明之师的风范，以饱满的热情和必胜的信心夺取运动成绩与体育道德双丰收；希望你们以扎实的工作作风，认真完成各项工作任务，以高超的运动技艺，确保实现"保八争七"的九运目标。

我省体育健儿是一支能征善战，勇于拼搏，不怕困难的队伍；是一支团结协作，纪律严明，作风优良的队伍。我相信，只要我们广大运动员、教练员和全体工作人员有个好的精神状态，只要我们能够在比赛场上发挥出好的竞技水平，只要我们能够展现出良好的体育道德风尚，就一定能完成省委、省政府提出的"弘扬奥运精神，巩固十强地位，决心再创辉煌"的光荣任务，以优异的成绩，谱写湖南体育事业的新篇章，为我省的两个文明建设做出应有的贡献。待到大家凯旋时，我们一定像欢迎奥运健儿一样，摆上庆功宴为你们祝捷、庆功。

祝大家一路顺风！

【简评】

例文篇幅较短，三个自然段表达了三层意思：一是说明了九运会的召开时间、体育代表团的重任及殷切希望；二是作了出征前的动员鼓励工作，用三个"只要……"构成的排比句，表达了对运动员的信心；三是对运动员的祝词，即"祝大家一路顺风"，干净利索，不拖泥带水。

（三）欢送词写作小结

（1）要有真情实感。在撰拟欢送词过程中最忌表达"客走主人安"之意，即便在以前以及当下会晤与交往过程中存在某些观念上的分歧，也应落落大方、彬彬有礼，这样方能为双方的再次会晤与交往提供可能。

（2）篇幅适度。致"欢迎词"一般会受时空的限制，因此力求篇幅简短、精悍。致"欢送词"在时间与空间方面的限制较前者相比已然明显弱化，因此可考虑双方接触的真切程度、时间富余程度等因素，适当调整"欢送词"的篇幅。

三、领导讲话稿

（一）领导讲话稿的用法

1. 领导讲话稿的含义

广义上说，前面所介绍的开幕词、闭幕词、大会工作报告，也都是领导讲话稿。但这里所说的领导讲话稿是狭义的，是指领导人在会议上用于口头发表的、带有一定指示性或指导性的文稿。重要的会议，要有领导讲话、代表发言、分组讨论等项目，所以领导讲话稿是一种常用的会议文书。

领导讲话稿提倡由领导人自己撰写，也可由领导授意，秘书代写，最终由领导审定使用。领导讲话稿不像大会工作报告那样有着鲜明的集体意识性，它可以有领导个人的观点。有些领导在胸有成竹的情况下，也可以不用文稿，直接在大会上演说，由别人记录下来再形成文稿。

2. 领导讲话稿的特点

（1）主旨鲜明，重点突出。如果一个领导在台上讲话，说了很多，听众还不知道他要表达什么意思，这个讲话稿一定是不成功的。领导讲话稿要做到主旨鲜明、重点突出。针对什么问题，表明什么观点，拥护什么方针，传达什么政策，批评什么错误，提出什么要求等等，都要集中明确。

为了做好这一点，讲话稿的写作首先要注意围绕一个中心话题来写，其次要注意抓住要点、突出重点，不要面面俱到。

（2）语言通俗，表达生动。常见有些领导在台上讲话时，台下的听众或心不在焉，或窃窃私语，或左顾右盼，或昏昏欲睡，这样的讲话根本达不到预期的目的，不是成功的讲话稿。造成这种情况的原因可能是讲话稿内容空洞，也可能是语言枯燥、表达生硬，引不起听众的兴趣。

语言通俗、表达生动，是领导讲话稿的基本特点之一，在写作中必须注意这一点。为此，八股腔调不能有，枯燥的说教不能有，要使用生动活泼的语言，要有启发性和吸引力。

（3）台上台下，双向交流。讲话稿在引起台下人思想和感情的共鸣时，才算是真正被听众接受了。事实上，讲话稿虽然是一个人说、众人听的单声话语，但台下听众用表情与讲话人进行的无声交流，决定了讲话不是单向性的，而是与听众的相互交流。

为此，撰写讲话稿时必须心中有听众，要预测听众可能出现的反应，力求与听众形成共鸣。

3. 领导讲话稿的类型

（1）宣传鼓动性讲话。在誓师会、动员会、庆祝大会、成立大会、运动会开幕式、群众集会等大会上，运用较多的是宣传鼓动性的讲话稿。这种讲话稿，重视思想的宣传和精神的鼓舞，一般不作指示、不部署工作，但可以改变听众的精神面貌，唤起听众投身某项工作或事业的热情。

（2）分析指导性讲话。布置中心工作，或研究某一问题，或统一与会者思想的会议，运用较多的是分析指导性讲话。这种讲话针对某项工作、某一问题，进行深刻的理性分析，深入浅出，循循善诱，逻辑性强，说服力强。

（3）总结评论性讲话。总结会、表彰会、办公会、经验交流会以及大会闭幕式上的领导讲话，侧重于总结评论。或对前一段的工作，或对大会的成果，或对各种有价值的意见或建议，作一番总结评论，肯定成绩，指出问题和今后努力方向，是这种讲话的主要内容。

4. 领导讲话稿的写法

（1）标题及称谓。领导讲话稿的标题有两种写法：

一是单标题。由讲话人姓名、会议名称、文种组成，如《李克强在中欧论坛汉堡峰会第六届会议上的讲话》。也可以省略讲话人姓名，如《在第十七次中国——东盟（10+1）领导人会议上的讲话》。

二是双标题。写法是：将主要内容或中心思想概括为一句话作主标题，再由讲话人姓名、会议名称、文种组成副标题。如《联通引领发展　伙伴聚焦合作——在"加强互联互通伙伴关系"东道主伙伴对话会上的讲话》。

在标题下将讲话当天的日期用阿拉伯数字书写，加括号置于标题下方中央。

根据会议的性质、与会者的身份，分别使用"同志们"（党的会议常用）、"各位代表"（代表大会常用）、"各位专家学者"（学术会议常用）、"女士们，先生们"（国际性会议常用）等。

（2）正文。领导讲话稿的正文由引言、主体及结尾等内容构成。

讲话稿的引言有多种写法，归纳起来有下列主要类型：一是强调时间、空间，概略描述场面，庆祝大会比较多地采用这种引言；二是表示慰问和祝贺，上级领导出席下属某部门或系统会议时的讲话，较多采用这种引言；三是开门见山，提出中心话题，在传达精神、布置工作的会议上的讲话，较多采用这种引言。

主体是讲话稿的核心部分。在写作中需注意主题明确、内容充实、层次清楚、表达通畅、文字准确。

主体部分的层次安排主要是并列和递进两种方式。

并列式结构就是将几个方面的问题相互并置地排列起来，说完一个，再说一个，各个层次之间如果相互交换位置，一般不影响意思传达。在部署工作的会议或总结性的会议上的讲话，这种写法比较常见。

递进式结构是由现象到本质、由表层到深层的层次安排方法，各层意思之间呈现逐层深入的关系。在统一思想的会议上，较多采用这种讲话方式。

讲话稿的主体，因会议不同、讲话人的身份不同、内容侧重点不同、领导之间先后讲话的次序不同，其写法也会有较大的差异。以上说的两种结构方式，只是就大体而言，具体操作起来还需要灵活处理。

相当多的实用文体都不一定要有结尾，但讲话稿不同，它一定要有一个结尾。否则，听众会以为领导还没有讲完。

（二）领导讲话稿实例简评

【例文】

××校长在2020年中国人民大学毕业典礼上的讲话

亲爱的同学们，尊敬的各位老师、各位朋友：

大家好！

今天，我们第一次以这样一种特殊的线上线下结合的方式，为2020届毕业生举行隆重的毕业典礼。这个特殊的典礼相信将是人民大学历史上，同时也会是你们人生记忆中最难忘的记忆。今天典礼的会场不大，但今天的典礼穿越时空，覆盖中国和世界。今天典礼出席的人数不多，但今天的典礼创造着从未有过的"一个都不能少"。中国人民大学今年共有7758名学生毕业，虽然你们中的绝大多数不在今天的现场，但我知道，大家的心向往着这里。此刻，我听得见你们的心跳，看得见你们的目光。在这里，作为校长，我代表学校，向你们和你们的亲友表示最热烈的祝贺！向悉心指导你们的老师们表示最衷心的感谢！

每一届毕业生，都有各自难忘的大学经历，但2020届毕业生，无疑是具有特殊意义的一届！你们在学校的几年，赶上了国家和学校的一系列重大事件，党的十九大胜利召开、改革开放40周年、新中国成立70周年、校庆80周年，等等。特别是今年，我国全面实现小康之年，又是我校命名组建70周年，年初又赶上突然爆发的疫情。我想，这几年一定给大家留下了深刻的记忆，也让每个人都经受了严峻的考验。正如恩格斯所说："一个聪明的民族，从灾难和错误中学到的东西会比平时多得多。"让我感到欣慰的是，面对这场史无前例的疫情，同学们不仅全力配合学校的防控要求、服从国家疫情防控大局，更能够克服种种不适应、不习惯、不方便，自觉居家隔离、积极投入线上学习，主动适应网络答辩、云端求职等新的形势变化，为同学们的毕业季增添了独特的人生阅历。

突发的新冠肺炎疫情让大家离开校园已有半年，校园没有你们的欢声笑语，显得异常的宁静，但在这宁静的背后，有着学校全体师生员工对你们浓烈的关爱。疫情期间，我们各学院各部门的老师始终与每一位同学保持着热线联系，我们没有让一个学生"失联"！在这宁静的背后有着师生线上课堂热烈的讨论，疫情期间，我们开设了4105门线上课程，1734位老师的参与，教务部门、信息技术中心日以继夜的工作，搭建起全方位、全天候、无时差的空中课堂，我们没有让一个学生"失学"！在这宁静的背后有着人大人对校园的精心守护，学校办公室、教工部、学工部、校团委、保卫处、后勤集团、校医院、明德物业等等，还有未离校的200多名同学，通过半年来的艰辛努力，我们没有让一个角落"失控"。在这里，我要向在疫情防控的特殊学期里，展现出"对学生关心、对教学精心、对校园尽心"精神的师生员工们致以崇高的敬意，谢谢大家！

今天，大家满怀留恋与不舍即将奔向人生的新阶段，临别之际，我有几句话与大家共勉。

第一，义不旋踵，做一个化危为机勇毅不惧的奋斗者。

我们所处的这个时代，既是中华民族发展的最好时代，也是实现中华民族伟大复兴的最关键时代。

今年是我们国家决胜全面小康、打赢脱贫攻坚战、实现"第一个百年目标"之年。这是一座里程碑，是一代又一代中华儿女接续奋斗的结晶，更是新一代穿越历史的集结。你们正是这一新的历史集结的中坚力量，站在"第一个百年目标"基础上，向着我们民族伟大复兴的"第二个百年目标"出发！

从现在起，到本世纪中叶我们将实现"第二个百年目标"的30年，恰是你们风华正茂的年华。这种个人命运与祖国强盛的紧密交织，是何等的幸运和荣光！当然，幸运与失落、荣光与苦难总是并行的，并且越是接近目标的实现，越是会遇到前所未有的挑战，相信大家已经深切体会到了，我们国家发展闯过"贫困陷阱"之后，前面面临的"中等收入陷阱"、"修昔底德陷阱"等危机更为深刻，年轻的你们必须用稚嫩的肩膀扛起这份新时代的责任！

第二，饮水思源，做一个胸怀家国砥砺奋进的传承者。

越是危难时刻，越显家国情深，这是中华民族的文化底色和精神气质，更是人大人最值得珍视的红色基因。今年是人民大学命名组建七十周年，七十年来，从"中国不会亡，因为有陕公"，到"插在敌人心脏上的一把剑"，到"解放区最高学府"，再到"人民共和国建设者的摇篮"和"我国人文社会科学领域的一面旗帜"，中国人民大学始终与党和国家同呼吸、共命运，一代代人大人牢记初心、勇担使命，从锐意进取的奋斗时代里来，往赓续奋进的现代化建设中去，从继承优良传统的初心里来，往走在时代前列的使命中去。

作为人民大学的毕业生，作为陕公精神的传承者，我希望你们无论走到哪里，都要有饮水思源、懂得回报的感恩之心，感恩党和国家，感恩社会和人民。我希望无论你们取得多大的成就，都要牢记以民族大义为念、以人民社稷为重，始终胸怀忧国忧民之心、爱国爱民之情，贯彻"立学为民、治学报国"的宗旨，把个人理想融入国家和民族的事业中。我更希望无论你们遇到多大的诱惑，都要学会明辨是非、保持定力、恪守正道，用勤劳的双手和诚实的劳动创造美好生活，在人生道路上走得更正、走得更远。

第三，不弃微末，做一个脚踏实地扎根奉献的担当者。

我们常讲，一代人有一代人的长征，一代人有一代人的担当。青年有理想、有担当，国家和民族就有希望。担当是什么？担当是解决时代所提出的问题。习近平同志说，时代是出卷人。马克思说，问题是时代的口号。理想是什么？理想是追求价值的实现。根植"青春梦"于"中国梦"，奔赴祖国最需要的地方，这就是你们用实际行动诠释的人大人的理想！

刚才大家听到了××同学的演讲，他是从云南××州××县大山里走出来的孩子。××州是脱贫攻坚战最难啃的"三区三州"之一，××县又是其中深度贫困的县，今年将摘掉贫困县的帽子，告别贫困。这其中包含了全国各方面的支持，也包括我们人民大学的努力。作为教育部直属高校中对××县进行教育专项扶贫的对口支援高校，我们由衷地祝福××！但摆脱绝对贫困只是第一步，更困难的是克服相对贫困，脱贫不易，但建立长期脱贫机制更为重要，需要我们做出全方位的努力，尤其是增大贫困地区人力资本积累，发展当地教育事业。××从云南××县大山里考进人民大学，现在学成后又回到云南家乡，去那里从事基础教育，特别是在疫情期间，××同学回到××义务支教，这种情怀才是真正对家乡的爱，这才是有出息，才是真正的圆梦！在未来的生活中，不论从事哪一行业，我希望大家都要时刻提醒自己，脚踏实地、埋头苦干，从身边小事做起，从一点一滴做起，让自己成长为有更大格局和追求的人，在担当中历练，在尽责中成长，让青春在新时代的广阔天地中绽放！

第四，久久为功，做一个勇立潮头敢为人先的开创者。

当下，我们正在经历"百年未有之大变局"，这是一个竞争异常激烈的时代。这既为青年施展才华、竞展风采提供了广阔舞台，也对青年能力素质提出了新的更高要求。不论是成就自己的人生理想，还是担当时代的神圣使命，青年都要努力提高内在素质，锤炼过硬本领，勇立时代潮头，争做时代先锋。

毛泽东同志说："世界是你们的，也是我们的，但是归根结底是你们的。你们青年人朝气蓬勃，正在兴旺时期，好像早晨八九点钟的太阳。希望寄托在你们身上。"习近平同志也指出："青年最富有朝气、最富有梦想，世界的未来属于年轻一代。"如果世界会变得更好，那将取决于你们。梦在前方，路在脚下。自胜者强，自强者胜。同学们要勇敢肩负起时代重任，让勤奋成为青春远航的动力，让增长本领成为青春搏击的能量，让自己在锲而不舍、驰而不息的奋斗中不断开辟事业发展的新天地，努力在实现中华民族伟大复兴的中国梦的生动实践中放飞青春梦想。

大约是从去年起，逢毕业季，明德广场上会树立起一张高铁车票的模型，上边写着：始发站：延安；本站：中国人民大学；下站：前程似锦。让我们乘上这新时代的列车，始终奋进在时代前列！

韶华易逝，毕业有期，但人大与你们的亲情无期！志合者，不以山海为远。无论天南海北，你们是学校永远的牵挂；无论岁月更迭，人大是你们永远的家！谢谢大家！

2020 年 6 月 30 日

【简评】

这份毕业典礼上的讲话稿篇幅适中，条理清晰地表达了对 2020 届毕业生的祝贺与希望。该讲话稿开篇 3 段重点介绍了疫情防控背景下，学校师生以及各职能部门齐心协力完成各项教学活动的基本情况。在此基础上，用四个工整对仗的小标题，从奋斗者、传承者、担当者、开创者四个角度，表达了对 2020 届毕业生的勉励与希望。从语言表达看，该讲话稿用了比较多的短句子，契合公开场合讲话对句子长短的需求。

（三）领导讲话稿写作小结

（1）要恰当选用句式。撰拟领导讲话稿要尽量使用短句，避免长句，尽量不用倒装句。

（2）要恰当选用语气。领导讲话时的语气很重要，它往往决定着其内容的影响力和感染力。要针对不同的受众，选用恰当的语气。综合了简洁、凝练的短句以及恰当、适用的语气的领导讲话稿，定能发挥不寻常的功效。

四、祝酒词

（一）祝酒词的用法

1.祝酒词的含义及特点

祝酒词是在重大庆典、友好往来的宴会上发表的讲话。宴会上祝酒是招待宾客的礼仪。一般来说，主宾均要致祝酒词。主方的祝酒词主要是表示对来宾的欢迎；客方的祝酒词主要是表示对主方的谢忱。如果出于某种需要，也可在祝酒词中做出符合宴会氛围的深沉、委婉或幽默的表达。

祝酒词因以酒为媒介，加之热烈的语言，会为酒会平添友好的气氛。

祝酒词具有如下特点：一是祝愿性，祝愿事情的成功或祝愿美好、幸福。二是祝酒词因其场合比较隆重或热闹，因此不宜太长，言词要简洁而有吸引力。

2.祝酒词的写法

开头部分或表欢迎、问候或表感谢。主体部分根据宴请的对象、宴会的性质，简略地表述主人必要的想法、观点、立场和意见，既可以追述已经获得的成绩，也可以畅叙友情发展的历史，还可以展望未来。结尾可用"让我们为……干杯"或以"为了……让我们干杯"表达礼节性的祝愿。写作上的要求也大致与欢迎词、欢送词相同。

（二）祝酒词实例简评

【例文】

外交部部长王毅在外交部2019年新年招待会上的祝酒词

尊敬的杨洁篪主任和夫人，

尊敬的戴秉国前国务委员，

尊敬的各位使节、代表和夫人，

女士们，先生们，朋友们：

　　大家晚上好！很高兴同大家欢聚一堂，一起辞旧迎新。首先，我对出席今天招待会的各国使节和代表表示热烈欢迎，对鼎力支持外交工作的各部门、各地方的同志们表示衷心感谢。

　　刚刚过去的2018年，是国际形势继续深刻演变的一年，各种不确定、不稳定因素仍在不断积累。面对纷繁复杂的国际形势，身处百年未有之大变局，中国外交在以习近平同志为核心的党中央坚强领导下保持定力、开拓进取，又取得一系列新的进展。

　　一年来，我们确立了习近平外交思想的指导地位，为进入新时代的中国外交提供了根本遵循和行动指南。我们高举构建人类命运共同体旗帜，从世界各国的共同利益出发，对如何应对百年变局给出了中国方案。在世界关注和期待的目光里，中国日益走近国际舞台的中央。中国承担的角色更加鲜明，中国发挥的作用更加凸显。

　　2018年，中国是维护稳定的重要力量。面对世界贸易组织规则受到冲击，多边主义体系面临挑战，我们既坚定维护自身正当权益，又顺应各国共同期待，推动中国同美国的经贸摩擦重回对话协商解决的轨道，给国际社会带来积极正面的预期。我们同俄罗斯的全面战略协作伙伴关系坚如磐石，继续保持高水平发展和深化，为全球战略稳定不断注入正能量。我们同欧洲加强沟通协调，就维护多边主义进程、应对各种全球性挑战达成共识。中国同各国的关系稳中有进，为国际形势的总体稳定做出了积极贡献。

　　2018年，中国是引领开放的重要力量。习近平主席在纪念改革开放40周年大会、首届国际进口博览会、博鳌亚洲论坛等重要场合做出中国将继续推进改革开放的明确宣示，推出一系列扩大开放的重要举措。在保护主义和逆全球化日益抬头情况下，中国坚定地站在历史进步的一边，以实际行动表明与各方分享发展机遇、共同构建开放型世界经济的诚意与决心，为确保全球经济继续沿着开放包容方向发展发挥了应有作用。

　　2018年，中国是推动合作的重要力量。去年是习近平主席提出"一带一路"倡议5周年。一年来，我们推动"一带一路"建设在既有成果基础上实现更高质量发展，各方的参与热情不断高涨，又有60多个国家和国际组织与中国签署共建"一带一路"合作文件,总数达到近170个,一批重大项目也正在稳步推进。此外,去年中国与发展中国家合作取得历史性成果。中非合作论坛北京峰会规模空前,中非双方宣布构建更加紧密的命运共同体,推出以"八大行动"为核心的上百项合作举措。中国与阿拉伯国家、中国与拉美国家的集体合作也迈上了新台阶。

2018年,中国是守护和平的重要力量。去年朝鲜半岛局势出现重大转机,我们鼓励半岛北南双方抓住机遇改善关系,支持美朝两国重启对话建立互信。我们还同各方一道维护并执行伊朗核问题全面协议,致力于中东地区的和平稳定。我们提出解决缅甸若开邦问题三阶段思路,推动缅孟就遣返工作达成原则共识。我们提议设立中国、阿富汗和巴基斯坦三方外长对话机制,就推进阿富汗和平进程达成重要共识。我们还积极参与斡旋叙利亚、巴勒斯坦等问题,为维护地区和平承担了应尽责任。

2018年,中国是捍卫国际秩序的重要力量。习近平主席在二十国集团领导人峰会、亚太经合组织领导人非正式会议、金砖国家领导人会晤等场合旗帜鲜明地反对保护主义和单边主义,呼吁坚定维护以联合国为核心的国际体系,坚定维护以规则为基础的多边主义,引导峰会形成一系列具有开创性、引领性、机制性的成果。我们高举构建人类命运共同体旗帜,推动全球治理体系朝着更加公正合理的方向发展,成为世界乱象中的中流砥柱。

2018年,中国是促进发展的重要力量。中国经济克服各种困难和下行压力,秉持新发展理念,取得6.6%的中高速增长,实现了各项预期目标,经济总量超过90万亿人民币,进出口总额突破30万亿人民币。特别值得一提的是,去年消费对中国经济增长的贡献率达到76%,说明中国经济的结构调整和转型升级不断取得积极进展,为实现可持续增长和高质量发展提供了有力保障。事实证明,中国经济这一全球最重要的引擎依然动力充沛,将继续为世界经济增长发挥不可替代的作用。

女士们,先生们,朋友们,

2019年是中华人民共和国建国70周年。70年来,尤其是党的十八大以来,中国的外交事业接续奋斗,开拓进取,为维护世界和平繁荣、促进人类发展进步做出了中华民族的重大贡献。我们将全面总结中国外交走过的伟大历程,继承弘扬迄今形成的优秀传统,在以习近平同志为核心的党中央坚强领导下,全面贯彻落实习近平外交思想,不忘初心,砥砺前行,不断开创中国特色大国外交的新局面。

我们将继续走和平发展道路。和平发展,是中国外交的根本方向。它植根于中华民族五千年的传统文化,发扬于中国共产党心系天下的历史担当。中国,将沿着和平发展道路坚定走下去,永远不称霸,永远不搞扩张。新的一年,我们将高举构建人类命运共同体旗帜,坚持大小国家一律平等,坚持不干涉别国内政,坚持构建相互尊重、公平正义、合作共赢的新型国际关系。同时,我们希望其他国家也都能选择和坚持和平发展,只有这样,我们的这个星球才能实现普遍和真正意义上的和平安宁。

我们将继续践行合作共赢理念。合作共赢,是中国外交始终不渝的目标。它符合中国与各国的共同利益，顺应世界潮流的前进方向。新的一年，我们将坚持共商共建共享，与各方共同开好第二届"一带一路"国际合作高峰论坛，推动"一带一路"建设实现更高质量发展，取得更多务实成果。我们将全面落实中非合作论坛北京峰会各项成果，加强中国和东盟、中国和阿拉伯、中国和拉丁美洲、中国和中东欧等地区合作机制的建设，推动同广大发展中国家的互利合作迈上新台阶。

我们将继续维护国际多边秩序。多边主义，是中国外交坚持的重要理念。它源于各国对上世纪两次世界大战惨痛教训的反思，是维护世界和平与发展的重要保障。新的一年，我们将同各国一道，支持联合国为世界和平与发展发挥应有作用，呼吁各国切实遵守联合国宪章的宗旨和原则。我们也愿同各方加强在二十国集团、亚太经合组织、上海合作组织、金砖国家等框架下合作，推进 2030 年可持续发展议程，推动气候变化《巴黎协定》生效落实，通过多边合作共同应对各种全球性挑战。

我们将继续推进伙伴关系建设。伙伴关系，是中国外交对国与国关系的创新。它秉持"对话而不对抗、结伴而不结盟"，超越了零和博弈，摒弃了赢者通吃，是通向构建新型国际关系，直至人类命运共同体的必然路径。新的一年，我们将以庆祝中俄建交 70 周年为契机，全方位推进中俄高水平战略协作。我们将落实好中美两国元首达成的重要共识，妥善处理矛盾和摩擦，共同致力于以协调、合作、稳定为基调的中美关系。我们将与欧洲国家共同坚持多边主义，携手完善全球治理。我们将进一步增强与周边各国以及广大发展中国家的政治互信与务实合作。

我们将继续斡旋地区热点问题。维护和平，是中国外交义不容辞的责任。新的一年，我们将积极践行中国特色热点问题解决之道，为解决国际地区热点问题发挥更大作用，做出更多贡献。2019 年是半岛核问题能否取得实质性突破的关键一年，我们将与国际社会一道，支持朝方继续坚持无核化方向，鼓励美方展现相向而行的诚意，期待朝美两国最高领导人第二次会晤取得新的重要成果，推动实现半岛完全无核化与建立半岛和平机制进程"双轨并进"。此外，我们也将继续维护伊朗核问题全面协议，积极就妥善解决缅甸若开邦问题开展斡旋，建设性参与阿富汗问题的政治解决进程，并为叙利亚、巴勒斯坦等热点问题的解决做出不懈努力。

我们将继续服务国内改革发展。服务发展，是中国外交的应有之义。当前，中国正处于打赢脱贫攻坚战和实现全面建成小康社会第一个百年奋斗目标的冲刺阶段。新的一年，我们将紧紧围绕国内发展的需要，全力营造总体有利的外部环境。发挥外交优势，化解风险挑战，助力开拓多元化市场。继续做好省区市全球推介活动，服务雄安新区规划建设、2022 年冬奥会等重大任务，并为打赢扶贫攻坚战做出应有贡献。

我们将继续捍卫自身正当权益。维护国家利益，是中国外交的神圣职责。中国从来都尊重别国的正当权益，同时，我们的正当以及合法权益也不容侵犯。新的一年，我们将坚持一个中国原则，坚定维护国家的主权、安全和发展利益，坚决反对外部势力在台湾、港澳、涉疆、涉藏事务以及海上问题的干预和挑衅。我们也将全力维护自身在经济、科技、创新等各方面应有的发展权利，反对任何针对中国的单边主义和霸凌行径。

女士们，先生们，朋友们，

新年孕育着新的希望。我们期待与各国风雨同行，携手合作，共同开创更加美好的未来。现在，我提议：

为世界和平与繁荣，

为中外友谊与合作，

为各位来宾的健康与幸福，干杯！

【简评】

例文是外交部部长在新年招待会上所进行的讲话，讲话者身份和会议性质决定了此次讲话所要表达的主要内容，即对过去一年的总结和对新一年的展望。当然，既然是祝酒词必然免不了表达感谢和祝福之情。因此正文主要表达如下三层意思：第一部分是致词人以外交部部长的身份表达对来宾的美好祝福；第二部分是结合举办招待会的主题从宏观角度展望过去已取得的成就；第三部分是对未来的发展前景提出殷切希望；最后以"为……干杯"呼应致词人的提议。

（三）祝酒词写作小结

（1）要感情饱满，富有感染力。致祝酒词通常要表达对来宾的美好祝福，因此要感情真挚，以真情感染宾客，使宾主双方的友谊得到进一步升华。

（2）要恰切适度。撰写祝酒词并在相应的场合以语言的形式表述出来，其主旨在于对有关的人和事表示良好的祝愿。因此，在撰拟过程中切不可随意挥洒、不着边际。

（3）要简洁凝练。社交活动中的祝酒词，只是开展宴会活动的一个引子。在撰写祝酒词时必须注意内容要实实在在，用语及篇幅要简洁凝练，否则供主宾及宾客之间交流的时间将被占用，难以发挥宴会为多方交流提供平台的作用。

五、答谢词

（一）答谢词的用法

1.答谢词的含义

答谢词属于礼节性社交活动中所使用的讲话稿。它是在专门的仪式、宴会或招待会上"主"方致"欢迎词"之后，"宾"方对"主"方的盛情接待表示感谢时所使用的一种礼仪文书。

2.答谢词的写法

（1）标题。答谢词标题的撰写方式比较灵活，可直接以文种作为标题；也可由"致词人＋致词场合＋文种"三个要素组成。

（2）称谓。"答谢词"的称谓通常是致"欢迎词"一方，二者呈前后呼应关系。

（3）正文。答谢词的正文主要表述如下三层意思：一是对主人的热情接待表示由衷的感谢；二是就主宾双方共同关心的一些问题表达自己的观点及殷切的希望等；三是对"主"方的热情接待再次表示感谢，以示强调。

（二）答谢词实例简评

【例文】

连战会见胡锦涛时的答谢词

胡总书记、各位女士、先生：

今天本人跟内人以及中国国民党三位副主席，率同很多的朋友，大家一起应胡总书记的邀请能够来访问大陆，访问北京、南京、西安、上海，我要在这里首先表示最由衷的感谢。

过去这几天，所有的工作的同仁们，大家都尽心尽力，让我们旅程非常顺利，非常的愉快，也特别地感谢他们。

诚如总书记刚才所讲，今天的聚会是国民党和共产党六十年来的头一次，也是在两岸的情况之下56年来党和党见面交换意见最高层次的一次，难能可贵。

我也很坦诚地来跟各位提到，那就是这一趟来的并不容易。我一再讲台北、北京，台北、南京距离不远，但是因为历史的辛酸，让我们曲曲折折，一直到今天才能够见面。所以我说，有点相见恨晚的感觉。

当然，中国国民党、中国共产党，我们过去曾经有过冲突，我们都知道这些历史的过程。但是历史毕竟已经是过去的事情，我们没有办法在此时此刻再来改变历史，但是未来却是掌握在我们的手里。

当然，历史的进程不会是很平坦的，但是这个不确定的时代，不确定的未来，尤其给我们提供了很多很多的机会，假如我们都能够以正面的态度勇敢地来面对，以迎接未来这种主导的理念，来追求未来，我相信"逝者已矣，来者可追"。

这是今天我们怀抱着非常殷切的期望，能够来到这个地方，亲自跟总书记，跟各位女士、先生交换意见。

我个人觉得，两岸今天形势的发展，实在是让我们非常的遗憾，因为在1992年，各位都知道，经过双方的努力，不眠不休，夜以继日的努力，当时参与的很多位都在场，我们终于能够建立一个基本的共识。

在那个基础之上，我们在1993年进行了辜振甫先生和汪道涵先生的会谈，打破了40多年来的一个僵局。

两岸的人民同声叫好，对未来充满了希望。我那个时候主持行政的工作，也是全力地在配合，表达我个人以及国民党坚定的一个意向，辜汪两位先生会谈之后，事实上带来两岸大概有八年之久的非常稳定的、发展的、密切交流的时间，非常正面的发展。

但是遗憾的是，过去这十多年来所发生的事情，大家都很了解。离开我们这样一个共同塑造愿景的进程受到了很大的挫折。

但是，我也感到一个非常令我们欣慰的事情，那就是胡总书记在一两个月前所提到的对和平的一个呼吁，和平的一个愿景，可以说给我们一个很大的正面的思考方向。

今天，我个人虽然是国民党的主席，也是带着一份人文的情怀，一种和平的期盼，同时也是身为民族的一分子，来到这个地方。

我觉得我们来到这里，有几项意义，可以跟各位做一个报告：

第一，今天有人还只在从五十年前甚至于六十年前国共之间的关系、思维、格局来思考这个问题，来评断我们的访问，但是我觉得，我们已经远远超越了那个时代，已经远远超越了那个格局。今天诚如刚才总书记讲的，我们是以善意为出发，以信任为基础，以两岸人民的福祉做依归，以民族长远的利益做目标。我相信，我们在这样的基础之上，绝对应该避免继续对峙、对抗，甚至于对撞，要的是和解，要的是对话。所以，我们也相信，这样的做法有民意的基础，有民意的力量，我在这里不必再麻烦大家举很多的数据。

第二，和平都是大家所希望的，但是和平必须要沟通，沟通必须要有架构。

什么是架构？国民党跟中国共产党，我们在1992年是经过了非常辛苦的一个沟通的过程，提到了"一中各表"的基础，当然不幸的是这几年来这样的一个基础被曲解、被扭曲，成为其他的意义，这个我们大家也都很了解。但是我们本身国民党从来就没有任何的改变，我们也希望能够继续在这样的基础之上建构两岸共同亮丽的未来和远景。

第三，我想借这个机会特别指出，我们很希望，这次国民党可以说是来得不易，既然有这样良好的契机，现在是我们可以总结过去历史的一个契机，让我们把握当前，让我们共同来开创未来。所以，在这样的一个理念之下，我非常盼望，过去那种恶性的循环不要让它再出现，我们尽我们的力量能够建立一个良性的循环，从点到面，累积善意，累积互信，我相信这种面的扩充会建立一个非常坚实的基础，而不是像这种恶性的循环，冤冤相报，由点而线而面，其结果互信完全崩盘，善意不在，结果是我们大家都受到损害。

所以，今天我以这些心情很坦诚地跟总书记和各位女士先生提到我个人亲历的一个历程。

这次56年以来头一次国民党主席和副主席，党的干部能够到南京紫金山中山陵向中山先生致敬，心情感伤、复杂，但是我们也非常的感谢。

中山先生弥留的时候一再要大家和平奋斗来救中国，和平奋斗事实上不是那个时候的一个专利，而是大家要共同努力，一直到今天，我都信奉不渝。

秉持这样的精神，我都相信双方假如继续加强我们相互的理解和信任，我相信一定会给我们两岸所有的人民带来更好的、更多的安定，更好的、更多的繁荣，同时更重要的是给两岸带来亮丽光明的希望和未来，这是我今天在这里首先跟总书记和各位表达的一些意见。

谢谢。

【简评】

此答谢词由标题，称呼及正文组成。一般而言答谢词与欢迎词有着内容上和逻辑上的呼应关系，有欢迎自然有答谢。例文从表达对胡总书记最由衷的感谢入手，切入答谢词主旨内容的演说。从正文可以看出，例文的各段落都比较简短，但表达的意思均能切中主题。既然是"56 年来党和党见面交换意见最高层次的一次，难能可贵"，自然在答谢词中会提及如何利用好这次契机，针对双方共同关注的问题发表言论。因此，例文正是在一方已致完欢迎词的基础上，结合自身此行的目的所作的答谢演说。

例文结尾处对双方共同关注的未来友好交往问题提出殷切的期望，并表达了坚定的信心与决心。

（三）答谢词写作小结

1. 内容与结构要合乎规范

内容与结构合乎规范的答谢词，一方面可体现致答谢词一方的严谨、认真态度，表明答谢的内容均出于本意；另一方面也可使接受者感觉到对方的真诚态度，收到积极的回应效果。当然，内容与格式上合乎规范这一要求，不仅在此文种上适用，在所有的行文中都应遵守这样的规范要求。

2. 感情要真挚、坦诚而热烈

既然要"答谢"，就应该动真情、吐真言，这就是所谓"真挚、坦诚"。况且，"答谢"的本身，就是一种"言情"方式，既然要"言情"，就应热烈奔放、热情洋溢。

3. 评价要恰如其分

一般说来，对于对方行动的评价，要恰如其分，不可故意拔高、无限升华，以免造成"虚情假意"之嫌。

4. 篇幅要简短，语言要精练

礼仪"仪式"毕竟不是开大会，致词一般应尽量简短些。答谢词要想篇幅简短，语言必须精练，应尽可能地将可有可无的字、句、段删掉，努力做到"文约旨丰"，言简意赅。

六、演讲稿

（一）演讲稿的用法

1. 演讲稿的含义

演讲稿也叫演说词，它是在较为隆重的仪式上和某些公众场所发表的讲话文稿。

演讲稿是进行演讲的依据，是对演讲内容和形式的规范和提示，它体现着演讲的目的和手段，演讲的内容和形式。

演讲稿是人们在工作和社会生活中经常使用的一种文体。它可以用来交流思想、感情，表达主张、见解；也可以用来介绍自己的学习、工作情况和经验等等；演讲稿具有宣传、鼓动、教育和欣赏等作用，它可以把演讲者的观点、主张与思想感情传达给听众以及读者，使他们信服并在思想感情上产生共鸣。

2. 演讲稿的写法

演讲稿的结构分开头、主体、结尾三个部分，其结构原则与一般文章的结构原则大致一样。但是，由于演讲是具有时间性和空间性的活动，因而演讲稿的结构还具有其自身的特点，尤其是它的开头和结尾有特殊的要求。这主要体现在：

开头要抓住听众，引人入胜；主体要环环相扣，层层深入；结尾要简洁有力，余音绕梁。

（二）演讲稿实例简评

【例文】

创想未来，重新出发
——北京大学国家发展研究院 2020 届MBA毕业生代表××毕业演讲

尊敬的各位老师、各位同学：

我是国发院MBA毕业生××。今天能够站在这里做毕业演讲，是这两年国发院学习生涯抛给我的彩蛋，在此感谢学院给我这样一个难得的机会。作为一个从小住在北大红楼边上的北京孩子，北大情怀一直扎根在我心里。就像刚刚开学的时候，看着校园、教室、老师，这里的一切都让我的内心涌动着无法抑制的兴奋，而今天，与这么多优秀的同学一起毕业，将会是我人生又一个里程碑。

记得入学时×××老师曾跟我们讲，Part time MBA是最不容易的一群人，必须要平衡工作、家庭和学业，而我们会慢慢给出自己的答案。今天我们回过头来想想，几乎所有人平衡的结果都是家人付出更大的牺牲，以此换来我们珍贵的学习时间，在此对他们怎么感谢都不为过。

很幸运，在这里碰到30年一遇的好同学，人到中年又热血了一把，我们一起代表学院参加北京市MBA篮球联赛，决赛拼了3个加时，虽然最终未能夺冠，但参与到其中的队友们心里清楚，这个亚军是我们作为一个集体，一场场流血流汗拼出来的结果。我们的意志力和精气神赢得了所有对手的尊重，也打出了国发院的精神。

最近读了一本书《重来也不会好过现在》，它从哲学的角度诠释了中年危机的自救。这种危机不仅仅来自于年龄，当你感到人生的错失和局限，就是时候重新出发了。这便是两年前我所面临的困顿，也正是这种与危机的博弈，让我选择了BiMBA，没有社交和工作晋升动机，只是希望随着时光的推移，能够打造一身铠甲，让我具备重新审视和规划人生的能力，用新的视角和态度，帮助我战胜内心的恐惧，走向人生的丰盈。

感谢这两年来经历的所有，感谢每一位老师和同学们，和你们共同度过的两年时光，让我在抵达人生的十字路口时，拥有了做出合宜选择和判断的能力。

对我们 2020 届毕业生来说，也许还有同学觉得这不是我们最理想的毕业典礼，这种思维逻辑是立足过去看现在，但我们一定要记得，100 多年来，北大人一直选择的都是立足现在看未来。在疫情席卷全球、经济受创的多重约束之下，这可能已经是我们今天最理想的毕业典礼了。在叹息现在与创造未来之间，北大人从不犹豫。

让我们一起，立足现在，创想未来，通过汇聚和发挥你我的力量，让这个社会、时代变得更好。

谢谢大家！

【简评】

这份演讲稿篇幅简短，语言平实，内容精练，表达了毕业生在毕业之际对母校、师长、同学的真挚情感，抒发了个人创想未来，重新出发的热情与梦想。该演讲稿回顾了入学前、入学时的情景，描述了学习期间的思想、行动，最后以立足现在看未来的气魄紧扣演讲稿主题，一气呵成，逻辑清晰。

（三）演讲稿写作小结

（1）针对性。演讲是一种社会活动，是用于公众场合的宣传形式。它为了以思想、感情、事例和理论来晓喻听众，打动听众，"征服"群众，必须要有现实的针对性。

（2）可讲性。演讲的本质在于"讲"，而不在于"演"，它以"讲"为主、以"演"为辅。由于演讲要诉诸口头，拟稿时必须以易说能讲为前提。

（3）鼓动性。演讲是一门艺术。好的演讲自有一种激发听众情绪、赢得好感的鼓动性。要做到这一点，首先要依靠演讲稿思想内容的丰富、深刻，见解精辟，有独到之处，发人深思；语言表达要形象、生动，富有感染力。如果演讲稿写得平淡无味，毫无新意，即使在现场"演"得再卖力，效果也不会好，甚至相反。

七、慰问信

（一）慰问信的用法

慰问信通常有标题、抬头、正文、结尾、落款五部分构成。

（1）标题。慰问信的标题通常由以下三种方式构成：一是单独由文种名称组成，如《慰问信》；二是由慰问对象和文种名共同组成，如《给抗洪部队的慰问信》；三是由慰问双方和文种名共同组成，如《××致××××将士的慰问信》。

（2）抬头（称呼）。慰问信的开头要顶格写上受信者的名称或姓名称呼。如果是写给个人的，应在姓名之后，加上"同志"、"先生"等字样，后加冒号，如"×××

先生"等。

（3）正文。正文要另起一行，空两格写慰问的内容。慰问信的正文一般由发文目的、慰问缘由或慰问事项等几部分构成。

（4）结尾。结尾表示共同的愿望和决心，如"……困难是暂时的，最后的胜利一定属于我们！"等。接着写祝愿的话，如"祝你们取得更大的成绩"、"祝节日愉快"等等。

（5）落款。慰问信的落款要署上发文单位或发文个人的称呼，并在署名右下方署上成文日期。

（二）慰问信实例简评

【例文】

致全校女教职工的慰问信

亲爱的姐妹们、女同胞们：

在这阳光明媚、草长莺飞、春意盎然的三月，在举国上下喜庆"两会"胜利召开的时刻，第104个"三八妇女节"即将来临。校工会向辛勤工作，为学校发展、为教育事业发展付出心血、做出贡献的全校女教职工致以节日的祝福和真挚的问候！祝愿大家健康快乐、青春永驻、幸福美丽！

在过去的一年里，在校党委和行政部门的正确领导下，我校呈现出强劲的发展势头，教学、科研、管理、服务及各项工作都取得了可喜的成绩。这些成绩无不凝结着你们的心血和汗水，镌刻着你们的奋斗和奉献。你们拼搏奋进、自立自强、开拓进取、锐意创新，积极为学校建设和发展献计献策，在各自的岗位上充分施展了自己的聪明才智，真正撑起了学校的"半边天"，充分展示了现代女性的精神风貌。在平凡的工作岗位上，你们对工作精益求精，兢兢业业，无私奉献，表现出巾帼不让须眉的开拓精神；你们肩负工作和家庭的双重压力，将满腔热情投入到教育事业之中，为学校的建设和发展做出了贡献。校工会向你们表示崇高的敬意和衷心的感谢！

2014年是全面贯彻落实党的十八大精神的重要一年，也是学校抓住机遇，迎接挑战，全面建设省部共建的有特色、高水平、现代化综合性大学的关键一年。希望全校女教职工在今后的工作中，继续发扬自尊、自爱、自信、自强的精神，提高自身综合素质，充分发挥聪明才智，求真务实，勇于创新，脚踏实地，开拓进取，努力做政治坚定的女性，努力做道德高尚的女性，努力做业务精湛的女性，努力做事业有成的女性，进一步撑起学校发展的"半边天"，为学校的健康发展，为实现更高目标贡献自己的智慧和力量！

祝大家节日愉快，工作顺利，生活幸福，阖家欢乐！

×××大学校工会

2014年3月7日

【简评】

例文格式要素齐备，主要有标题、称谓、正文、发文机关署名及成文日期。开头一段表达了对全校女教职工的节日问候；第二段概括阐述了全校女教职工为学校的建设和发展所做出的贡献；第三段对全校女教职工提出了希望。该文层次清晰，内容完整，语言凝练，格式规范。

（三）慰问信写作小结

（1）把握好感情基调。慰问信的字里行间要体现出同被慰问者的感情共鸣和对其现状的理解。无论褒奖其成绩，抑或表达对其不幸的同情、安慰，都要准确定位写作的感情基调。因为，过度地营造一种氛围，将失去"慰问"在情感基调上要适中这一要义。

（2）选择恰当的发布方式。对于受信者来说，慰问信可使其获得慰问之情；对广大群众而言，可借发布慰问信之机，对其进行宣传、教育，此乃一举多得之方。因此，慰问信发布方式选择的恰当与否，将直接关乎慰问信的功效能否被有效地发挥。依照不同背景情况，发布慰问信可采取张贴、广播电视播发以及慰问电的形式等。

八、公开信

（一）公开信的用法

1. 公开信的含义

公开信是将某些事项让广大群众广为周知而公开发表的一种专用书信。主要用于公布有关事项、讨论问题、征求意见或表明立场。公开信的内容应具有普遍的思想教育意义，是宣传、教育、发动群众完成某项任务或了解某件事情真相的一种好形式。

2. 公开信的写法

（1）标题。写明某领导机关或团体致某对象的公开信。

（2）称呼。写公开信对象的称呼，后加冒号。

（3）正文。另起一行，空两格写具体的内容，要求针对性强，观点明确，给写信对象以鼓励、鞭策或向写信对象阐明立场。

（4）结尾。写表示发信者态度的话。

（5）署名。写发信单位、个人名称并写日期。公开信要根据不同对象和不同话题采取相适应的语气。

（二）公开信实例简评

【例文】

致全区纳税人的公开信

尊敬的纳税人：

你们好！南粤春早，花满凤城，在这个充满希望和活力的春天，我们迎来了全国第28个税收宣传月，借此机会，我谨代表中共××区委、××区人民政府，向为××经济社会发展做出积极贡献的广大纳税人朋友致以衷心的感谢和崇高的敬意！

根深方有叶茂，源远才能流长。长期以来，广大纳税人，特别是以×××、×××为代表的一大批××优秀企业家，辛勤耕耘、创新创富，为促进××城市建设、经济发展、社会进步做出了重大贡献。2018年，全区同舟共济，实现地区生产总值3163.9亿元，税费收入691.42亿元，其中区级税收收入175.3亿元。连续七年位居全国综合实力百强区榜首，第十次入围"中国全面小康十大示范县市"，获评全国绿色发展百强区第一名，获批率先建设广东省高质量发展体制机制改革创新实验区。

税收取之于民，用之于民，××区委、区政府始终把人民对美好生活的向往作为奋斗目标，坚持税收服务民生、服务发展，将财政支出向就业、住房、教育、文化、医疗、社保、养老等重点民生领域倾斜，推进落实"十件民生实事"，竭力让全区人民共享改革发展成果。

全区税务部门忠实履行"为国聚财，为民收税"的神圣使命，全面推进国税地税征管体制改革，落实减税降费各项政策，优化税收营商环境，推进税制改革，开展"便民办税春风行动"，以纳税人需求为中心，全力提升满意度，着力增强获得感。

2019年是新中国成立70周年，是全面建成小康社会关键之年，也是××全面贯彻落实《粤港澳大湾区发展规划纲要》和率先建设广东省高质量发展体制机制改革创新实验区的开局之年。更大规模的减税降负、更深层次的税制改革、更高水平的纳税服务，将进一步帮扶小微企业和高新技术企业，进一步为广大纳税人切实简政减负，进一步为市场注入更多活力，更好地服务××经济社会高质量发展。衷心希望全区纳税人能一如既往关心、理解和支持税收工作，诚信经营，锐意进取，争做高质量发展的推动者和排头兵。

××区委、区政府将高举习近平新时代中国特色社会主义思想伟大旗帜，与全区纳税人一道，以闻鸡起舞、日夜兼程、风雨无阻的奋斗姿态，主动抢抓粤港澳大湾区建设和率先建设广东省高质量发展体制机制改革创新实验区的双重发展机遇，奋力闯出一条高质量发展的××之路。

我坚信，在我们的共同努力下，××的明天一定会更加灿烂辉煌。

祝愿全区纳税人工作顺利、阖家幸福、万事胜意！

××市××区人民政府区长　×××

2019年4月8日

【简评】

公开信的重点体现在"公开"。××市××区人民政府区长的"致全区纳税人的公开信"便很好地体现了公开信的上述特点。一是标题体现公开特点，因为此公开信的对象是全区纳税人；二是"尊敬的纳税人"这一称呼包含公开的特性。

例文围绕"公开"二字进行架构，不仅符合公开信的写作要求，也为公众参与政府管理提供了平台。这里已不仅是探讨公文格式完善与否的问题，而是探讨文件的政策性内容。这也是目前公文写作研究范式转换的必然趋势。

（三）公开信写作小结

（1）表达事项要兼具公开性与普遍性。就是说，公开信所发布的内容必须是受信者所普遍关注的。只有如此，才能体现公开信的"公开"主旨与普遍周知诉求。

（2）发布形式的多元化。公开信的发布形式多元、宽泛，主要可通过张贴、报刊、广播、电视和网络等形式传播。当然，也要根据实际情况选择恰当的发布形式，以便收到最佳的效果。

九、倡议书

（一）倡议书的用法

1. 倡议书的含义及类别

倡议书是公开提倡某种做法，倡导某项活动，鼓动别人响应的一种信函文书。

依据不同的划分角度，倡议书有不同的种类：

从作者角度分，倡议书分为个人倡议书和集体倡议书两种。从传播角度分，倡议书有传单式倡议书、张贴式倡议书、广播式倡议书和登载式倡议书。

从文章角度看，无论是个人发出的倡议，还是集体发出的倡议，其写法大体相同。即使不同传播方式的倡议书，其写法也大体相同。

2. 倡议书写法

倡议书由标题、称谓、正文、署名、日期等要素构成。

（1）标题。倡议书的标题通常只写"倡议书"三字。但有时也可把倡议的内容或倡议的单位写在标题上。

（2）称谓。有明确倡议对象的，写上倡议对象的名称，如"全国未婚的青年朋友们"、"××毕业班全体党员"。有的倡议面很广，可以写"亲爱的朋友们"，或省略称谓。

（3）正文。正文是倡议书的主体部分。这部分内容主要包括倡议的目的和倡议事项。

（4）署名、时间。有的采取集体署名的方式，如"2019级行政管理班全体党员"。有的可让每个党员亲笔署名，以示真实和参与者众，显示其广泛性的群众基础。若几个单位共同倡议的，主办方排在前面，然后逐行签写倡议单位名称。按一般书信格式，在署名下一行书写上年、月、日。

（二）倡议书实例简评

【例文】

节约用水倡议书

水是万物之母、生存之本、文明之源，是经济社会发展的重要基础。××市是全国110个重点缺水城市和13个资源型缺水城市之一。水资源短缺已成为制约全市经济社会可持续发展的主要瓶颈。去冬今春以来，东、西大河上游来水较往年明显减少，供用水矛盾更加突出。为深入贯彻习近平总书记提出的"节水优先、空间均衡、系统治理、两手发力"的治水思路，全面落实《××市节水行动实施方案》，推动全市水资源节约集约利用，保障水安全，××市全民节水行动工作领导小组办公室向全市人民倡议：

全社会积极行动起来，自觉树立"节约用水光荣、浪费用水可耻"的观念，自觉做到爱水、惜水、节水，自觉承担起建设节水型社会的责任。

公共机构特别是党政机关、医院、学校要带头开展水效领跑者引领行动，对标"节水制度齐全、节水管理严格、节水指标先进"的要求，切实强化节水管理责任，落实节水措施，杜绝长流水和跑冒滴漏，争做节约用水的示范者、推动者！

农业生产要严格计划用水，厉行节约用水，大力推广高效节水灌溉，把用水大户变成节水大户。我市农业用水占全市总用水量的80%，如果把灌溉水利用率提高五个百分点，一年的农业节水可达2500万立方米，这将极大地缓解全市水资源的供需矛盾。

工业企业要积极推广和使用节水新工艺、新技术、新设备，加大治污力度，提高工业用水重复利用率。重点用水企业要建立科学合理的节水管理岗位责任制，设立水务经理，健全节水制度，考核落实班组耗水基础指标，创建节水型企业。

学校要不断强化节水教育，在广大青少年中传播节水理念，学习水情知识，树立节水意识，努力培养科学、文明、节约的用水习惯！

城乡居民要积极行动起来，使用节水器具，采用节水技术，坚持一水多用。从节约厨房一盆水、浴室一缸水、洗衣一桶水做起，珍惜每一滴水。人人节约一滴水的潜力巨大，"滴水"在1小时可以集到3.6千克水，1个月可集到2.6吨水，这足以供给一个人一个月的生活用水。

新闻媒体要发挥宣传教育和舆论监督功能，深入持久地宣传、动员全社会力量参与节水型社会建设，褒扬先进典型，批评制止浪费水的不良行为，进一步培养和提高全民节水意识，促进节约用水习惯的形成。

节约用水并不难，难的是心中有节水的意识，并注重养成节水的好习惯。让我们共同携起手来，以实际行动支持全市节水工作，为全面落实《××市节水行动实施方案》和建设幸福美好新××贡献自己的智慧和力量！

××市全民节水行动工作领导小组办公室

2021年×月×日

【简评】

这份节约用水倡议书虽未直接标注层次结构序数，但整体层次十分清晰。第一段、第二段明确了节约用水的必要性与紧迫性并发出倡议，引起下文；第三段至第八段分别对公共机构、农业生产、工业企业、学校、城乡居民、新闻媒体等主体节约用水发出具体倡议，增强了倡议的针对性；最后一段提出了希望和号召。该倡议书使用具体数字辅助正文内容的表达，比较具有直观性。

（三）倡议书写作小结

（1）倡议的内容要兼具普遍性与时代性。普遍性可使接受者产生共鸣，然后方可化共鸣之情为实际行动之力量；时代性可使接受者设身处地去考虑所倡议内容的现实之需，并进而转化为自觉的行动。普遍性与时代性均付诸倡议的最终目的，即以实际行动回应倡议的内容。

（2）用语要富有感召力与鼓动性。与命令（令）、决定等文种相比，倡议书所倡导的内容对接受者而言没有任何强制性和约束力，完全依靠接受者的情感共鸣并转化为实际行动。因此，在撰拟倡议书时，用语须饱含真情、凝练明快，从而对接受者产生强烈的感召力与鼓动性，激发他们投身所倡议的活动中去，实现发布倡议书的目的。

十、感谢信

（一）感谢信的用法

1.感谢信的含义和主要特点

（1）感谢信的含义。感谢信是向帮助、关心和支持过自己的集体（党政机关、企事业单位、社会团体等）或个人表示感谢的专用书信，有感谢和表扬双重意思。写感谢信既要表达出真切的谢意，又要起到表扬先进，弘扬正气的作用。它广泛应用于个人与个人之间、个人与组织之间、组织与组织之间，用以向给予自己帮助、关心和支持的对方表示感谢。

（2）感谢信的主要特点。

一是感谢对象要确指。感谢信都有确切的感谢对象，以便让大家都清楚是在感谢谁。

二是表述事实要具体。感谢别人是有具体的事由的，否则就会显得抽象空洞。

三是感情色彩要鲜明。感动和致谢的色彩强烈鲜明，言语里充满感激之情。

2. 感谢信的种类

依据不同的划分标准感谢信有不同类别：

（1）按感谢对象的特点来划分可分为写给集体的感谢信与写给个人的感谢信。

（2）按感谢信的存在形式来划分可分为公开张贴的感谢信、寄给单位、集体或个人的感谢信。

3. 感谢信的写法

感谢信通常由标题、称呼、正文、结语和落款五部分构成。

（1）标题。感谢信标题的写法有如下几种形式："感谢信"——单独由文种名称组成；"致×××的感谢信"——由感谢对象和文种名称共同组成；"××街道致××学校的感谢信"——由感谢主体、感谢对象与文种名称组成。

（2）称呼。开头顶格写被感谢的机关、单位、团体或个人的名称及姓名，并在个人姓名后面附上"同志"等称呼，然后再加上冒号。

（3）正文。感谢信的正文从称呼下一行空两格开始写，要求写上感谢的内容和感谢的心情。应分段写出以下几个方面：

一是感谢的事由，概括叙述感谢的理由，表达谢意；二是对方的事迹，具体叙述对方的先进事迹，叙述时务必交代清楚人物、事件、时间、地点、原因和结果，尤其重点叙述关键时刻对方给予的关心和支持；三是揭示意义，在叙述事实的基础上指出对方的支持和帮助对整个事情成功的重要性以及体现出的可贵精神，同时表示向对方学习的态度和决心。

（4）结语。书写表示敬意的话、感谢的话。如"致以最诚挚的谢意"等。

（5）落款。感谢信的落款署上写信单位的名称或个人姓名，并且署上成文日期。

（二）感谢信实例简评

【例文】

中共××县委　　××县人民政府致湖北省委省政府的感恩信

中共湖北省委、湖北省人民政府：

川鄂鱼水情，鄂汉一家亲。冬日阴霾，新型冠状病毒肆虐神州大地，摧残伤害湖北恩人。亲人受难、恩人受挫，33万××人民感同身受、切肤之痛，我们向受疫情影响的湖北亲人们表达最深切的慰问！向奋战在疫情防控一线的"最美逆行者"们致以最崇高的敬意！

援建铸丰碑，恩情永铭记。2008年，突如其来的"5·12"汶川特大地震，让××山河破碎、千疮百孔、满目疮痍，成为39个国定重灾县之一。废墟之上，孤立无援、百废待兴。危难时刻，湖北省委、省政府响应党中央、国务院的号召，倾全省之力、集全省之智，千里驰援××；湖北亲人不顾安危、不计生死，风餐露宿、白攻夜战，以拔山之志书写援建奇迹，以"湖北速度"展现无疆大爱，21.15 亿元援建资金、116 个援建项目，三年重建两年完成，×× 在灾难中奋起、从涅槃中重生，整体向前迈进 20 年。从此 ×× 的山山水水烙上了湖北印记，×× 人民的内心铸进了湖北恩情！

疫情阻击战，鄂汉心连心。今天，湖北省委、省政府和英雄的湖北亲人们正在党中央、国务院的坚强领导下，以非凡的意志、果断的担当、超常的付出，奋战在疫情防控第一线，与疫情比快、同死神赛跑，以勇气泅渡生命之河，用坚毅跨越生死难关。每一个 ×× 人无不与亲人感同身受，每一条消息无不牵动 ×× 人民的心，×× 人民和各界人士纷纷行动，向湖北人民捐助防控疫情善款 916.76 万元。绵薄之力无以回报援建大爱，若有需、我必在，×× 将竭尽全力感恩湖北亲人，同呼吸、共命运、心连心，永远与湖北亲人同在！

多难更兴邦，明天更美好。33 万 ×× 人民向在疫情中失去生命的湖北亲人表示深切的哀悼！我们坚信英雄的湖北亲人一定能打赢这场疫情防控阻击战，在共克时艰中弘扬"湖北精神"，凝聚磅礴伟力，赢得生命礼赞。

衷心祝愿湖北的明天更加美好！

中共 ×× 县委　×× 县人民政府

2020 年 2 月 5 日

【简评】

例文由标题、称呼、正文、发文机关及成文日期等部分构成。标题"中共 ×× 县委　×× 县人民政府致湖北省委省政府的感恩信"，明确了文件的写作限域。例文感谢的对象为"中共湖北省委、湖北省人民政府"，由此可知，正文的感谢内容定当围绕这一感谢主体展开。正文篇幅虽篇幅有限，但凝练地表述了如下几层意思：一是介绍了撰拟感谢信的背景；二是对感谢对象的事迹进行概括说明；三是对湖北省表达了物资财政方面的支持。最后，例文以热情洋溢的语言表达了感谢之情以及战胜疫情的决心。

从总体来看，例文采用了记叙与议论相结合的表达方式，做到了记叙诚恳，议论适度。这也是撰拟感谢信在语言上的具体要求，既不能浮夸，也不能刻板，需夹叙夹议地表达真实事迹及真实情感。

（三）感谢信写作小结

（1）用语要情真意切。感谢信的篇幅不在乎长短，关键要以情真意切的用语达到感谢对方的目的。如果过多地堆砌客套话，反而给对方以应付之感。

（2）格式要规范具体。外在格式的规范，将使对方感受到发布感谢信一方的真情实意。若漏洞百出，将给对方以敷衍之感。

十一、请柬

（一）请柬的用法

1.请柬的含义及样式

请柬，又称请帖、柬帖，是为了邀请客人参加某项活动而发的礼仪性书信。

使用请柬，既可以表示对被邀请者的尊重，又可以表示邀请者对此事的郑重态度。凡召开各种会议，举行各种典礼、仪式和活动，均可以使用请柬。所以请柬在款式和装帧设计上应美观、大方、精致，使被邀请者体会到主人的热情与诚意，感到喜悦和亲切。

2.请柬的写法

从撰写方法上说，不论哪种样式的请柬，都有标题、称谓、正文、敬语、落款和日期等。

（1）标题。在封面印上或写明"请柬"二字，一般应做些艺术加工，即采用名家书法、字面烫金或加以图案装饰等。

（2）称谓。顶格写清被邀请单位名称或个人姓名，其后加冒号。个人姓名后要注明职务或职称，如"××先生"、"××女士"。

（3）正文。请柬正文另起行，前空两格，写明活动的内容、时间、地点及其他应知事项。

（4）敬语。请柬一般以"敬请（恭请）光临"、"此致敬礼"等作结。"此致"另起行，前空两格，再另起行，写"敬礼"等词，需顶格。

（5）落款和日期。此部分要写明邀请单位或个人姓名，之后写明日期。

（二）请柬实例简评

【例文】

请柬

×××：

中国·山东·潍坊第×届风筝节定于2019年4月20日至25日在潍坊市举行。欢迎您莅临指导。

报到时间：（略）

报到地点：（略）

中国·山东·潍坊国际风筝节组委会

2019年3月20日

【简评】

此请柬的要素比较齐全，主要包括标题、主送、正文、发请柬机关及日期。从例文可知，请柬的正文一般比较简短，交代如下几层意思：一是因何活动发请柬；二是活动的具体时间；三是活动的具体地点。这里应注意，在请柬中必须清楚地标明活动的具体时间及具体地点。否则，收到请柬的机关或人员便无法及时、准确到指定地点参与相关活动。

（三）请柬写作小结

（1）文字要美观，用词要谦恭，要充分表现出邀请者的热情与诚意。

（2）语言要精练、准确，凡涉及到时间、地点、人名等一些关键性词语，一定要核准、查实。

（3）语言要得体、庄重。

（4）在纸质、款式和装帧设计上，要注意艺术性，做到美观、大方。

十二、讣告

（一）讣告的用法

讣告也叫讣文，是人死后报丧的凶讯。讣告应该在向遗体告别前尽早发出，以便逝者亲友做好赴丧准备。讣告有三种形式：公告式、简便式、一般式。公告式隆重、庄严，往往由高级机关团体发出。简便式的讣告常作为一则消息在传播媒体上公布，旨在晓谕社会。民间常用一般式讣告。内容主要有以下几方面：

（1）标题。标题写"讣告"二字，或冠以逝者名字"×××讣告"，字体应大于正文。宜用楷、隶书体。

（2）正文。正文首先写明逝者姓名、身份、民族、因何逝世、逝世的日期、地点、终年岁数；其次简介逝者生前重要事迹、具有代表性的经历；然后写明吊唁、开追悼会的时间、地点。

（3）落款。落款应署明发布讣告的个人、团体名称及发布讣告的时间。

（二）讣告实例简评

【例文】

讣告

××省交通运输厅退休干部×××同志因病医治无效，不幸于×年×月×日×时×分在××市去世，终年九十岁。今定于×年×月×日×时在××殡仪馆火化，并遵×××先生遗愿，一切从简。

特此讣告。

×× 市交通运输厅

× 年 × 月 × 日

【简评】

例文标题仅用了"讣告"二字，符合此类文件写作要求。正文亦比较简短，交代如下几项内容：一是逝者职务级别；二是逝者姓名；三是逝者死因；四是逝者去世的具体时间。上述内容通常在一句话中介绍完毕。然后是召开追悼会、火化时间及地点等内容。

（三）讣告写作小结

（1）按传统习惯，写讣告只能用黄、白两种纸。一般情况，长辈之丧用白色纸，幼辈之丧用黄色纸。若在网络空间发布讣告，字迹颜色只能是黑色。

（2）讣告的语言要求简明、严肃、郑重，以体现对死者的哀悼。

（3）讣告格式不容随意调整，否则，便失去了严肃、郑重之要求。

十三、唁电

（一）唁电的用法

1. 唁电的含义

唁电是向丧家表示吊问的电报。它既可以表示对死者的悼念，又可以向丧家表示安慰和问候。

2. 唁电的写法

（1）标题。唁电的标题有两种形式。一是直接由文种名称构成；二是由逝者亲属姓名或单位名称与文种名共同构成，如《致许广平同志的唁电》。

（2）开头。唁电开头是收唁电方的单位或逝者家属的姓名。

写法是顶格写，称呼后面加冒号。

（3）正文。唁电正文要另起一行，空两格再写。正文通常由以下几项内容构成：第一，直接抒写噩耗传来之后的悲恸心情，话无须多；第二，以沉痛的心情，简述逝者生前所表现的优秀品德及功绩；第三，表达致电单位或个人对逝者遗志的继承和决心，或表达一定要在逝者优秀品德或精神的感召下奋勇前进等；第四，向逝者家属表示亲切的问候和安慰。

（4）结尾。一般写上"肃此电达"、"特电慰问"等字样。

（5）落款。唁电落款写在右下方，要写明拍发唁电的单位名称或个人姓名。然后在下面署上发电时间。

（二）唁电实例简评

【例文】

中共中央致许广平同志的唁电

上海文化界救国会转许广平同志鉴：

　　鲁迅先生逝世，噩耗传来，全国震悼。本党与苏维埃政府及全苏区人民，尤为我中华民族失去最伟大的文学家、热忱追求光明的导师、献身于抗日救国的非凡的领袖、共产主义苏维埃运动之亲密的战友而同声哀悼，谨以至诚电唁。深信全国人民及优秀之文学家，必能赓续鲁迅先生之事业，与一切侵略者、压迫势力作殊死的斗争，以达到中华民族及其被压迫阶级之民族和社会的彻底解放。

　　肃此电达

中国共产党中央委员会

苏维埃中央政府

1936 年 10 月 23 日

【简评】

　　例文要素齐全，由标题、主送、正文、专用尾语、发文机关及成文日期等内容组成。例文正文虽简短，但凝练地表达了三层意思：一是震悼之情；二是十分恰当地对死者进行了评价；三是对生者的希望。

　　例文用语恰到好处，表哀悼之情用了"震悼"一词；评价逝者用了"最伟大的"、"导师"，以及"领袖"等词汇，所有这些词汇都表达了对逝者的敬仰；对生者提出希望用"深信"、"必能"等词汇，相信其定能化悲痛为力量以投入革命事业。

　　例文以其短小的篇幅，阐述了深刻的意思，堪称同类文件写作的典范。

（三）唁电写作小结

　　（1）写唁电虽说要情感真切地表达自己对逝者的哀悼和对生者的慰问，但由于此类文件重在安慰对方，所以要把文件的重点放在问候对方上，要让对方感到你的关怀，而不可为死者大用笔墨，这样会使对方看完唁电后更加悲伤。

　　（2）写唁电用词要十分恰当，尤其对死者评价要准确，如不太了解死者情况，可少说或不说。

　　（3）写唁电的语气要体贴入微，如拉家常，要让对方能真正从你的文字中得到抚慰和问候。一般而言，唁电不可太长。

十四、悼词

（一）悼词的用法

1.悼词的含义

悼词是对死者表示哀悼的话或文章。它有广义和狭义之分。广义的悼词指向死者表示哀悼、缅怀与敬意的一切形式的悼念性文章；狭义的悼词专指在追悼大会上对死者表示敬意与哀思的宣读式哀悼文体。

2.悼词的写法

通常来讲悼词没有固定的格式，但宣读体悼词形式却相对稳定，这里主要介绍一下宣读体悼词的格式写法。宣读体悼词主要由三部分构成。

（1）标题。标题的组成方式有两种情况。一种是直接由文种名称承担标题，如《悼词》。另一种由死者姓名和文种名共同构成，如《在×××同志追悼会上的悼词》。

（2）正文。悼词的正文通常由开头、中段、结尾三部分构成。

悼词开头以沉痛的心情说明召开或参加此次追悼会的目的，尽可能全面而准确地说明死者的职务、职称和称呼，以示尊崇，要注意这些称呼之间的先后排列顺序。接着简要地概述死者何年何月何日何时何原因与世长辞。

悼词中段承接开头、缅怀死者。这是悼词的主体部分。此部分主要由两方面组成，一是介绍死者的生平事迹，二是对死者的思想、精神、作风、品质、修养等做出综合的评价，介绍其对他人和社会产生的积极影响。

（3）结尾。悼词结尾主要写明生者对死者的悼念及如何继承其未竟的事业、化悲痛为力量，为国家、为社会做出更大的贡献等内容。

（4）落款。悼词一般在开头就已介绍了参加追悼会的人员情况，所以悼词的落款一般只署上成文日期即可。

（二）悼词实例简评

【例文】

萧三同志追悼会悼词

1983年2月4日9时55分，中国共产党优秀党员萧三同志与世长辞了。我们党失去了一位老一代的无产阶级革命家，一位杰出的无产阶级文化战士，国际著名诗人，一位为中国革命和世界革命、为保卫世界和平和促进各国人民的友谊和文化交流做出了积极贡献的政治活动家和国际活动家。此刻，我们的心情非常沉重和悲痛。

萧三同志1896年10月10日生于湖南省湘乡县萧家冲。少年时代，他曾和毛泽东同志在湘乡县东山小学同学，之后一起在长沙湖南第一师范求学。他和毛泽东、蔡和森等同志一起创建了"新民学会"，并为毛泽东同志主办的《湘江评论》撰稿。此后，他参加了五四运动。1920年与赵世炎等同志一同赴法国勤工俭学。在法期间，他参加了以"实行社会革命，改造中国与世界"为宗旨的"工学世界社"的组织工作，加入了赵世炎、周恩来等同志组织的"少年共产党"（即"社会主义青年团"）。1922年他经胡志明同志介绍和王若飞等五位同志加入法国共产党，同年转入中国共产党，协助陈乔年、邓小平等同志出版刊物《少年》，1923年到莫斯科东方劳动者共产主义大学学习。1924年1月与任弼时等同志代表中共莫斯科支部参加了列宁的葬礼及护灵活动。同年夏回国。曾任共青团湖南省委书记、中共湖南省委委员、共青团北方区委书记、中共张家口地委书记、共青团中央组织部部长和代理书记等职。1927年参加上海工人三次武装起义的筹备、组织工作，同年出席中国共产党第五次全国代表大会，1945年出席党的第七次全国代表大会。新中国成立后，先后出席了第一、第二、第五届全国人民政治协商会议和第一、第二届全国人民代表大会，并当选为第五届全国政协常委。

萧三同志对中国无产阶级文艺运动和世界各国人民的斗争以及文化交流事业做出了重要贡献。早在1928年，他在莫斯科东方大学任教期间，就开始从事文学活动。1930年他作为中国左翼作家常驻代表，出席了在苏联哈尔科夫举行的国际革命作家会议，并主编该会刊物《世界革命文学》的中文版。1934年他出席了苏联作家第一次代表会议，会见了高尔基，并代表中国左翼作家联盟作了大会发言。经我党组织批准他参加过苏联共产党，担任过两届苏联作家协会党委委员。在苏期间，他与鲁迅保持着密切的通讯联系，并通过文艺作品向全世界介绍了中国工农红军、土地革命及其领袖人物，写了毛泽东、朱德等同志的传略，写了大量的诗歌、散文和一些小说、报告文学等作品，被译为俄、保、英、德、法、西、日、捷等多种文字，在国际上产生了广泛的影响。

萧三同志的作品，充满高度爱国主义和国际主义精神，歌颂党和党的领袖，揭露国民党反动派，反映了国内外人民的革命斗争。他坚持文艺的革命性、战斗性和群众性，力求使文艺和革命血肉一体。他的《毛泽东同志的青少年时代》一书，一直在我国人民中广泛流传，同时也受到国外读者的重视和欢迎。由他主编的《革命烈士诗抄》及其续集，成为进行革命传统、革命理想和革命情操教育的宝贵教材。他坚持诗歌民族化与大众化的方向，努力探索革命文艺的道路，积极宣传、实践毛泽东文艺思想，为中国新文学和新诗歌的成长、繁荣，付出了毕生的辛勤劳动。他的主要诗集有：《和平之歌》、《友谊之路》、《萧三诗选》、《伏枥集》，俄文诗集《湘笛集》、《我们的命运是这样的》、《埃弥·萧诗集》、《萧三诗选》等。萧三同志是著名的文学翻译家，是广为流传的《国际歌》歌词的主要译者之一。为了密切配合革命斗争的需要，他翻译了剧本《马门教授》、《新木马计》、《光荣》和影响广泛的剧本《前线》以及《列宁论文化与艺术》等名著。

萧三同志对我国文学运动的贡献是多方面的，他长期担任文艺界各种领导职务，做了大量的工作。1939年春回延安后，任鲁迅艺术学院编译部主任、陕甘宁边区和延安文协常委，文化俱乐部主任、中共中央宣传部文委委员，并主编《大众文艺》、《中国导报》和《新诗歌》等杂志。1946年任华北文协主任。新中国成立后历任中国文联委员、中国作协书记、顾问、作协外国文学委员会主任和国际笔会中心副会长等职，为我国文学事业的发展作了长期不懈的努力。

萧三同志又是一位著名的国际文化活动家和保卫世界和平的战士。他曾担任中华人民共和国文化部对外文化联络事务局局长、中国人民对外文化协会常务理事、中国人民保卫世界和平委员会委员、中苏友好协会副总干事、世界和平理事会常务理事及书记处中国书记，并常驻书记处工作两年。作为一位著名的文化战士和中国人民的和平使者，常年奔走于世界各地，出席历届保卫世界和平会议，访问过许多国家，两次出席亚非作家会议。参加了亚洲及太平洋区域和平会议，为保卫亚洲和世界和平做出了有益的贡献。

萧三同志一贯坚持马克思列宁主义、毛泽东思想，坚持社会主义，时刻以普通党员的标准严格要求自己，尊重组织，关心群众。1962年他把自己主编的《革命烈士诗抄》全部编辑费上缴。1981年又把《萧三诗选》的全部稿费捐赠给四川灾区人民。

在十年内乱中，萧三同志受到林彪、江青、康生一伙的诬陷和迫害，被非法关押七年多，他和"四人帮"及其爪牙进行了面对面的斗争，无情地揭露和谴责了"四人帮"和康生的阴谋活动。恢复自由以后，他虽然已是八十高龄，体弱多病，但始终以老骥伏枥的精神顽强工作，还尽力参加各种社会活动。晚年，他写了大量的革命回忆录和诗歌。他在辛勤劳动和与疾病顽强斗争中走完了他生命的最后历程。病危期间，他还认真学习党的十二大文件，表示完全拥护党的十一届三中全会以来的党的路线方针、十二大的决议，他念念不忘未竟的事业。去年12月4日他口授了一封给胡耀邦同志的信，再次表达了这位老革命家对党的无限忠诚。他写道"……我是无限感激也无限惭愧：我要为党做的事都没有做完。我的诗文集，特别是延安以来的日记还没有头绪，命在旦夕时，我不曾想到死。开始清醒时，我想到的第一件事，也是这批资料，我一定要把它贡献给党，决不能'带走'。我为此同疾病奋战，坚持自己的誓言：生命不息，战斗不止……趁我还有余力，还有记忆，请求再帮助我一次：组成几个人的班子，加速完成上述资料整理工作，一旦此事告终，我死也瞑目。"

胡耀邦同志迅速批准了他的要求，并向萧三同志转达了他的殷切希望和关注。萧三同志是中国人民和我们党的忠实儿子，是世界进步人类的忠实朋友，他为中国人民的革命事业和人类的进步事业奋斗了一生，鞠躬尽瘁，献出了自己的一切。我们要学习他对敌斗争的顽强精神、一丝不苟的工作作风、热爱人民的高尚品质、严于律己的崇高精神。萧三同志永远是我们学习的榜样！

萧三同志和我们永别了！我们要化悲痛为力量，在十二大精神鼓舞下，为把我国建设成为一个高度民主、高度文明的社会主义现代化国家，为开创我国社会主义文学事业的新局面，为促进中外文化交流，为发展同各国人民的友好事业和保卫世界和平，而努力奋斗！

【简评】

例文标题由死者姓名和文种名共同构成。正文开头部分介绍了萧三同志辞世时间，并用极精练的语言对萧三同志的身份进行了概括。

正文主体部分重点阐述了萧三同志的生平业绩，肯定了他一生对党、对人民事业的不朽贡献，让人们从中学习死者积极的思想作风，继承死者的遗志。通常这种歌颂是严肃的，不夸大、不粉饰，要根据事实，做出合理的评价。在表达哀思之余，应勉励生者节哀奋进。例文在结尾一段便很好地表达了化悲痛为力量的积极向上的心态。

例文语言简朴、严肃、概括性强。这也是写作悼词应注意的关键问题。

（三）悼词写作小结

（1）总结死者生平业绩，肯定其一生的贡献。现代性悼词是一种具有高度思想性和现实性的文体，人们以此既寄托哀思又通过死者的业绩激励后来者。

（2）悼词的内容是积极向上的，情感基调是昂扬健康的。它应该排除一切感伤主义、悲观主义、虚无主义等消极内容。它不是面向过去，而是面向现在和将来，人们常说的"化悲痛为力量"意即如此。

（3）表现形式和表现手法的多样性。悼词既可以写成记叙文或议论文，又可以写成优秀的散文作品；既能以叙事为主，也能以议论为主，还可以抒情为主。同时既有供宣读的形式，又有书面形式。概括来讲，充分肯定死者对社会的贡献，真诚表达生者对死者的悼念和敬意，以质朴无华的语言和多种多样的形式体现化悲痛为力量的积极内容。

第二十一章　人事管理文书

扫一扫，获取本章例文

一、先进事迹

（一）先进事迹的用法

写作先进事迹材料的主体一般有两种情况：一是先进个人，如先进工作者、优秀党员、劳动模范等；二是先进集体或先进单位，如先进党支部、先进车间或科室，抗洪抢险先进集体等。无论是先进个人还是先进集体，他们的先进事迹，内容各不相同，因此要整理材料，不可能固定一个模式。一般来说，可大体从以下方面进行整理：

（1）要拟定恰当的标题。先进事迹材料的标题，有两部分内容必不可少，一是要写明先进个人姓名和先进集体的名称，使人一眼便看出是哪个人或哪个集体、哪个单位的先进事迹。二是要概括标明先进事迹的主要内容或材料的用途。

（2）正文。要写明先进个人的简要情况，包括姓名、性别、年龄、工作单位、职务、是否党团员等。此外，还要写明有关单位准备授予他（她）什么荣誉称号，或给予哪种形式的奖励。对先进集体、先进单位亦是如此。

（3）要写先进人物或先进集体的主要事迹。这部分内容是全篇材料的主体，要下工夫写好。其关键在于要写得既具体，又不繁琐；既概括，又不抽象；既生动形象，又很实在。

为了使先进事迹的内容眉目清晰、更加条理化，在文字表述上还可分成若干自然段来写，特别是对那些涉及较多方面的先进事迹材料，采取这种写法尤为必要。如果将各方面内容材料都混在一起，是不易写明的。在分段写时，最好在每段之前根据内容拟出小标题，或以明确的观点加以概括，使标题或观点与内容浑然一体。

（4）先进事迹材料的署名。整理先进个人和先进集体的材料，都是以本级组织或上级组织的名义；是代表组织意见的。因此，材料整理完结后，应经有关领导同志审定，以相应一级组织正式署名上报。这类材料不宜以个人名义署名。

（二）先进事迹实例简评

【例文】

抗震救灾先进事迹
（中国网通集团工会　2008年6月4日）

13个昼夜的高原坚守——记四川网通维护中心干线光缆维护主管×××

四川汶川5·12地震发生后，四川网通全体员工夜以继日奋战在抗灾抢险的第一线，凭借着高度的责任感和使命感，全力确保全国各单位、各部门抗震救灾指挥部和百姓群众的通信畅通。四川省维护中心干线光缆维护主管×××同志就是其中普通的一员，他千里驰援灾区，坚守阿坝高原，抢护恢复通信，谱写了抗震救灾新篇章。

危难之际　舍小家顾大家

5月12日地震发生后，职业敏感度使×××意识到，强烈的地震一定会造成杆路损坏、长途传输光缆中断，不仅给公司造成巨大损失，而且会严重影响到群众的通信。早一分钟恢复通信，灾区人民就多一分希望。

×××来不及打电话关心家人的情况，就紧急赶到海特机房了解和检查网络设备的受损情况。看到机房设备未出现大的损坏，他又冒着余震不断的危险，赶赴另一个核心枢纽营门口机房查看受损情况。

随后，按照公司抢险救灾指挥部的安排，×××和相关部门人员赶赴汶川，并沿线检查都江堰到汶川的光缆受损情况，回到公司海特指挥部已是第二天凌晨2:00多。此时他才想起还一直未与家人联系，也不知道家人的安危。但情况紧急，他继续连夜紧急安排人员做好全省干线光缆受损情况的统计工作，立即制定通信抢险方案。

翻越夹金山　挺进汶川

5月16日清晨，×××被任命为阿坝抢险队队长，负责打通汶川到马尔康的光缆。担负着此重任，他立即带着2部车10个人，从成都前往马尔康。一路余震不断，他们在蜿蜒崎岖的山路上前行，途经小金县，翻越了夹金山，一步一步到达马尔康和米亚罗交叉的卓客基镇。

此时已是深夜11点。×××当机立断，对抢险工作进行了安排：从米亚罗同时向马尔康和汶川两边方向测试光缆，将人员分成3个组，一组为先遣组，负责勘测查看情况；一组为抢修组，负责光缆的接续抢通；一组为后勤保障组，负责供给和信息沟通协调。

5月18日一大早，汶川的道路上弥漫着灰尘和烟雾，随处可见因山体滑坡而被击打得面目全非的车辆，行驶的车辆随时可能被飞石击中、泥石流掩埋。

但不时砸向车顶的飞石并没有吓退×××一行队员的脚步。在接到米亚罗到汶川17KM有断点的通知后，×××立即安排抢险队前往抢修，经过队员的努力，当天抢险队向前推进6KM，接续了好几处断点，并迅速向汶川挺进，力争尽快利用北方公司应急通信车开通基站恢复汶川通信。

分工协作　抢险汶川

5月19日，×××协同阿坝分公司和沈阳机动局的同事们，通过布放电源线、2M线、接地线等工作，利用卫星车，于当天晚上9:30开通了红军桥基站，并为当地群众提供免费打电话报平安服务。

5月20日，×××返回马尔康，按照率先抢通松潘、茂县、汶川的方案，×××作为抢通马尔康的组长，负责光缆抢修方案的制定和组织实施。在他的指挥协调下，陆续开通了松潘、川主寺大灵通机站，恢复了樟扎建设银行大客户专线和九黄机场ONU的通信，开通了茂县、松潘和汶川到马尔康的本地电路。

5月23日晚上8:00，集团统一调集的第三批抢险队员和抢险物资到达马尔康。×××迅速组织人员分工，分配通信设备。由于多日来连续作战，加之昼夜温差较大，他出现了高原反应，喘粗气和胸闷等症状，但他仍然咬紧牙关，直到5月24日凌晨4:00，将货物卸载并分配完才休息。随后，在他的带领与协调下，通过全体队员的艰辛协作，顺利调通了成都到马尔康的15个2M电路，恢复松潘、川主寺、茂县、汶川雁门SCDMA基站、恢复了大客户马尔康证券、人民银行和党校的专线电路，按时并成功全面恢复了阿坝州的所有业务，夺取通信抢险的全面胜利。

5月28日，虽然满身疲惫，但却满怀喜悦的×××回到了成都。至此，他已经在灾区第一线连续战斗了13天！

辽宁网通赴川救援队队长××出色完成通信抢修纪实

打通都江堰市到汶川县的通信，他冒着山体滑坡、乱石飞滚的危险，前往探路，又带着队伍抢通光缆；恢复灾区通信，他率先登危楼探路，说："要砸先砸我一个。"关爱灾区人民，他把一个旅游团被困信息以最快速度报告给抗震救灾指挥部，使200多名游客脱险；向灾区人民献上爱心，他和队员们一样，以地当床、以天作被，把仅有的口粮让给灾民吃……

他，是××，今年43岁，现任辽宁网通维护中心经理，在传输战线奋斗了23年，来到灾区，××的眼睛湿润了。"要尽我的一切力量帮助灾民！"这个信念支撑着××勇往直前，战胜山体滑坡、飞石等各种困难。

步行探路　修复汶川线路

5月15日中午，××带着救援队按照抗震救灾指挥部和集团公司指挥部的统一部署，来到地震重灾区都江堰市，要抢通都江堰市到震中汶川县的光缆。此时，汶川县已同外界失去联系，党中央、国务院和当地政府急盼汶川的地震信息。而从都江堰到汶川，要经过此次特大地震的重灾区映秀镇。这里的公路两旁都是陡峭的大山，受地震和大雨的摧残，山体随时滑坡，乱石飞滚，极易造成人员伤亡。面对险情，××决定把危险留给自己，亲自去探路。他乘一辆抢险车，找了一位当地向导，奔向通往汶川的公路。他细心地观察光缆线路。在距离映秀镇8公里左右时，由于山体滑坡，已经没有了路，××就靠步行。道路环境险恶，光缆路的一侧是山崖，地震后疏松的岩石不时从石壁上飞落下来，扬起阵阵尘土。不远处山体滑坡的响声惊天动地。××没有停下脚步。经过2个多小时的生死较量，××探明了光缆被山体滑坡砸断处。他返回驻地，马上带领救援队员，带上发电机、熔接机等设备，驱车七八公里，步行3公里，到达了光缆被山体滑坡砸断处，抢通了部分光缆线路。

爬危楼七十座架设基站光缆　××冲在最前

地震重灾区安县的新城区花荄镇，有6个SCDMA基站，其中4个基站之间的光缆线路被坍塌的楼房砸坏，要重新布放3段4公里长的光缆，需从多幢危楼顶上通过。危楼多半塌了一个角，墙体裂痕很深很长，室内墙皮脱落，楼梯扭曲，说话声稍大，就会有墙皮、砖块或水泥掉下来。在危楼面前，××让队员们原地待命，自己登上危楼，察看楼形、看有没有马上倒塌的危险。经过两个小时的实地调查，××画出了一张架设新光缆的路由草图。而新路由要穿越6幢危楼顶。其中有三幢危楼最危险，风大时，楼体都在晃。××把队员们分成3个小组，他说："这三幢最危险的楼我上。"他还叮嘱大家，登危楼时，走步要轻，不要大声说话，两个人之间要保持一层楼的距离。××还科学指挥架光缆：一人在楼下负责用绳子绑送光缆，另两个人在楼上拽缆和固定光缆。在××的带领和组织下，队员们顶着烈日登危楼架光缆，利用一天时间完成了架缆任务，恢复了花荄镇本地环网通信，灾民们纷纷使用 SCDMA 手机打电话同外界联系，称赞网通救援队不怕危险、技术过硬、抢修速度快，是最强的通信公司。

在抗震救灾保通信的日子里，××带领队员爬危楼有七十幢，几乎每天都在同死神赛跑。5 月 16 日，是××同他的队员们最难忘的一天。这天，他带领队员们在安县抢通线路。安昌老城区有许多从北川来的灾民，因通信拥塞，灾民们很难同外界沟通信息。看着灾民们焦灼、企盼的眼神，××心急如焚。为了尽快抢通 SCDMA 基站，让灾民尽快同外界通信，××组织队员们在危楼上紧张作业。这时，××带着 5 名队员来到一幢四层楼的危楼下，这幢楼是接通光缆的必经之处。而此楼是受灾最重的危楼，墙体裂缝宽大，已无人敢从此楼体前走过。楼下的路边有三个光缆头要接上。否则，整个 SCDMA 基站不能贯通。××说："为了灾民早日用上 SCDMA，不能再等了。要用最短的时间接上光缆头。"××带着队员迅速赶到楼下，接通了光缆线路。当他们装好了仪器，把抢险车开出离此楼二三十米远时，此楼"轰"的一声坍塌下来。在后怕中，××心中有了一丝的快慰：安昌 SCDMA 恢复了通话。灾民们乐了，××也乐了。他心里装的是灾区的父老乡亲。

专业技术过硬　高效实施通信抢险

××肯于钻研，精通光缆接续、测试、组网，熟悉传输设备和动力设备专业。这些本领使××在四川抗震救灾恢复通信中发挥了重要作用。他帮助四川网通制定抢修方案、设计新路由，采用新技术、新方法，采用因地制宜的方式使通信抢险快速完成。在梓潼县，为了给中医院周边地区提供通信，需要建设临时活动机房。按照原设计，需要布放一条 700 多米的光缆到活动机房，而且光缆必须经过一处危楼。××勘察了周边情况后，建议将活动机房安装在马路人孔井附近。××还为活动机房安装电源开关，布设供电线路。设备开通后，县中医院周边的通信立刻恢复了正常。而且缩短了抢修用时，节省了 700 多米光缆，避开了危楼。在安县老城区抢修通信中，救援队通过测试发现断点在距 SCDMA 基站 5.6 公里处，到现场观察后发现，此处房屋成片坍塌，砸坏光缆 500 多米，急需临时布放光缆。为了保证临时光缆布放路由安全可靠，避免余震发生再次伤及光缆，××因地制宜，将临时光缆绑挂在附近的大树上。在××的带动下，两组队员克服困难，在安县老城区和新城区共布放光缆 10 余公里、接头 5 个，到 20 时 20 分恢复了当地 800 多个固话用户和宽带用户的通信。

情系灾区　竭尽所能帮助受灾群众

看着灾民排长队打电话、给手机充电和寻找亲人等热切需求，××下令："灾民盼着通信，我们必须无偿地把 SCDMA 和固话提供给灾民使用。"

抢险接光缆时，需要用小型油机发电。××就安排队员多带些电源插板，供灾民给手机等充电用。在辽宁网通的救援队伍中，有一支由 35 名员工和 12 辆装备了世界先进通信设备的应急通信车队组成的抢险队。××也常嘱咐他们，要多给灾民提供免费通信服务。5 月 20 日，这支应急通信车队在汶川县，通过车载 KU 频段卫星地面站，将车载 1000 线程控交换机异地接入网通北京公网，开通了固定电话。截至 22 日 18 时

30分，现场免费为在汶川县的解放军、武警救援部队、医疗救护队、卫生防疫队、学校和受灾群众等装机24部，提供免费的固定电话服务。1500多名灾民和救援人员使用了这些固话同外界沟通信息。同时，应急通信车队还利用油机车在灾民聚集地给灾民手机和电热水器通电，为学校700多名参加高考的高三学生提供了6个照明灯泡，及时通电，供学生学习使用。据不完全统计，在××的组织下，辽宁网通救援队先后为上万灾民和救援人员提供免费固话、SCDMA通话和充电服务。

××情系灾民。5月16日，在驱车抢修通信途中，一名当地中年女同志挡在了车前。××迅速下车了解情况。这名女同志讲四川方言，××听不懂，就用笔同她交流。原来，该女同志的父母于5月9日随当地一个200多人的"夕阳旅游团"到绵阳市北川县小寨子旅游，应该于5月13日返回，可是地震后杳无音讯。该女同志请求奔赴绵阳抢险的××，把该旅游团的信息尽快报告给当地抗震救灾指挥部。××马上答应，并请女同志放心，要以最快速度传达到。××让司机加快车速赶往绵阳。路上，当地的一位同志说："这样的事和人太多了，很难管。"××说："在灾害面前，虽然我们是企业，但也要以灾民利益为重，帮助灾区办好事。"在××的督促下，抢险车很快到了绵阳。××第一件事儿就是赶到绵阳抗震救灾指挥部，报告了"夕阳旅游团"失踪的信息。随后，抗震救灾指挥部组织了查找，很快找到了被困的旅游团。当××听到来自抗震救灾指挥部的信息，200多名旅游团员无一人掉队、受伤，安全回到了成都，心中非常高兴。这些天里，他一直挂念着"夕阳旅行团"。

5月17日，救援队来到地震重灾区桑枣镇抢险。此时，整个镇子房屋95%倒塌，没有电、没有水。××立刻把自己那份午饭面包、饼干送给了一个十来岁的男孩。他的行为也带动了其他队员去效仿，当地灾民被感动得哭泣起来。

看着满目疮痍的城市、山河和经历痛苦的灾民，××深感自己肩上责任重大。他与队员们一起，战胜生活上的困难，夜以继日投入抗震救灾保通信的战斗。

辽宁网通救援队在绵阳市等灾区，××同20多名队员一起住在连接起来的大帐篷里。因雨水大，帐篷里十分潮湿。每个人的身下只有一个薄薄的棕垫和凉席。因被子只有十床，而且没有褥子，常常是两个人盖一个被子。队员们睡下不到半个小时，草地上的潮气就渗透上来。早晨醒来，队员的腰上都是水珠，被子上是一层露珠。下大雨时，雨水从帐篷外淌进来，大家的被子、腿会被浇湿。还有数不尽的蚊虫叮、跳蚤咬，浑身是包。面对潮湿，××就让管后勤的同志多买些辣椒给大家吃。××在帐篷里同大家一起"受罪"。他总是笑着说："这点苦算什么，与灾区人民比起来微不足道。"

吃饭，××和队员一样，早晨吃点粥和馒头、咸菜，中午和晚上，全部是方便面，饼干，没有蔬菜和水果。有时为了尽快抢通线路，连午饭都省掉了。这里的温差大，在江油市抢险，白天的温度最高达到摄氏三十六七度，要戴着安全帽施工，××同队员们一同架光缆，浑身都湿透了，他和队员们坚持着，挺住了。

××带领辽宁网通应急技术救援队的勇士，每天工作十多个小时，有时奋战到后半夜。在短短 13 天的时间里，他们共测试、维修、布放光缆达四十多公里，接通光缆接头 32 个，恢复 SCDMA 基站 54 个、SCDMA 基站供电系统 2 套，SCDMA 基站光缆引接 11 处，为大客户提供 20 部固定电话和宽带数据业务，建立开通电路 33 条，抢通了绵阳市、都江堰市、江油市、安县、汶川县、平武县、梓潼县、马尔康县等"三市五县"通信。为数万名灾民和许许多多救援人员同外界联系提供了通信服务，有力地确保了抗震救灾通信指挥的畅通，在四川汶川特大地震的抢通通信中，彰显了辽宁网通服务人民、奉献社会的良好企业形象。

【简评】

既然是先进事迹，自然会有别于一般平常的事迹。换句话讲，这些事迹发生的时间、地点自然不同于寻常时刻；参与到事件中的人物自然奉行人民群众的利益高于一切的原则，并具备在困境中坚忍地完成任务的品格；事件的影响范围及其鲜明程度自然高于其他平凡小事。

例文便是如此。中国网通集团工会于 2008 年 6 月 4 日发布的抗震救灾先进事迹，介绍了"四川网通维护中心干线光缆维护主管 ××× 13 个昼夜坚守高原"以及"辽宁网通赴川救援队队长 ×× 出色完成通信抢修"任务的先进事迹。

例文中频繁出现的时间副词已不再是简单的告知人们的时刻表，而是代表着时间就是生命；例文中大量出现的数据，正昭示着人们在面对这场灾难时在做着怎样坚韧不拔的努力以及在如何坚毅地克服着外界的重重压力。

例文用分条式写法，给人们一个完整的先进事迹图景；例文中的细节描写，又给人们展现了图景背后的精神力量，那就是为了人民的生命安全而义无反顾地投入到工作中去的英雄气概。

（三）先进事迹写作小结

（1）要站在时代高度，放眼全局。写作先进事迹材料的宗旨就在于以典型事例推动当前工作的深入开展。因此，撰写时需站在时代高度，做出及时、正确的反应。

（2）做到实事求是。这就要求在撰拟先进事迹材料时，必须深入实际进行认真的调查研究，准确地掌握第一手材料，以便对先进事迹做出恰如其分的反映。

（3）条分缕析，主旨鲜明。由于先进事迹材料所涉及的内容很多，因此在撰拟先进事迹材料时需合理安排和使用材料，做到条分缕析，主旨鲜明。如果面面俱到地论述先进事迹，那么必将导致主次不分，影响先进事迹材料的质量和效用。

二、任职公示

（一）任职公示的用法

1. 任职公示的含义

公示是用于发布需要公众了解和掌握的情况，以征询公众的意见和接受公众监督的一种周知性公文，自 20 世纪 90 年代以来，随着我国政治体制改革的逐步深化，以及党政机关和企业、事业单位党务、政务和公务的民主化和公开化而产生的一个新文种。任职公示即相关机关或部门在正式提拔、任用某一职务级别的工作人员之前，以公开张贴或网络发布的方式公布拟任用情况，以征询机关、部门或公众的意见并接受其监督的一种周知性公文。就日常发布的任职公示来看，公示期一般为七天，并在文件后标注出监督电话及通讯地址等。

2. 任职公示的写法

（1）标题。一般按三要素的公文式标题拟写，例如《中共 ××× 省委组织部关于 ××× 同志任职的公示》。

（2）正文。任职公示正文的写法比较固定，一般包含以下三部分：

第一，发布任职公示的缘由。简要写明发布公示的目的、原因、根据等内容。

第二，发布任职公示的具体事项。这部分应简要而具体地写明需要而且应该让一定范围公众了解的有关内容。

第三，发布任职公示的具体要求。在此部分应简要写明需要公众反馈的意见。要写清反馈意见的形式、时间限定、联系人、联系电话等。个别的还要说明保密要求，以打消提供意见者的顾虑。

（3）落款。一是写发布任职公示的机关或单位名称的全称或规范化简称；二是写发布任职公示的时间，用阿拉伯数字写明完整的年月日。

（二）任职公示实例简评

【例文】

干部任前公示

依据《党政领导干部选拔任用工作条例》规定，为加强干部选拔任用工作的民主监督，现将拟任职的干部进行任前公示（按姓氏笔画为序），公示期限为 2019 年 12 月 30 日—2020 年 1 月 6 日（5 个工作日）。

马×× 男，汉族，1964 年 9 月生，55 岁，1987 年 8 月参加工作，1986 年 1 月入党，省委党校国民经济管理专业研究生毕业，现任省委组织部副部长、省公务员局局长，拟任省委非公有制经济组织和社会组织工作委员会书记（正厅级）。

付×× 男，汉族，1972 年 3 月生，47 岁，1996 年 7 月参加工作，1995 年 4 月入党，中国石油勘探开发研究院矿场普查与勘探专业在职研究生毕业，工学博士，教授，现任东北石油大学副校长、党委常委，拟任黑龙江工程学院党委副书记，提名为黑龙江工程学院院长。

冯×× 男，汉族，1965 年 9 月生，54 岁，1990 年 8 月参加工作，1994 年 6 月入党，东北林业大学林业企业管理专业研究生毕业，现任省委组织部部务委员（副厅长级），拟任省委组织部副部长。

朱× 男，汉族，1968年8月生，51岁，1988年9月参加工作，1993年12月入党，黑龙江大学经济法专业在职大学毕业，现任省营商环境建设监督局二级巡视员，拟任省营商环境建设监督局党组成员，提名为省营商环境建设监督局副局长。

刘×× 女，汉族，1963年3月生，56岁，1986年7月参加工作，1992年7月入党，新加坡南洋理工大学公共管理专业在职研究生毕业，现任省委宣传部对外推广处处长、一级调研员，拟任省社会科学界联合会副主席、党组成员。

孙×× 男，汉族，1968年5月生，51岁，1992年7月参加工作，1992年4月入党，东北农学院作物专业大学毕业，农业推广硕士，现任东北农业大学纪委副书记，拟任牡丹江医学院纪委书记、党委常委。

官×× 女，汉族，1964年7月生，55岁，1987年7月参加工作，1992年12月入党，哈尔滨工业大学金属材料及工艺铸造专业大学毕业，现任省工业和信息化厅规划与投资处处长、一级调研员，拟任省工业和信息化厅党组成员，提名为省工业和信息化厅副厅长。

姜×× 男，汉族，1973年12月生，46岁，1994年11月参加工作，1993年12月入党，黑龙江大学民商法学专业研究生毕业，现任省纪委监委第七监督检查室副主任，拟任省纪委监委第三监督检查室主任（副厅长级）。

高×× 女，汉族，1964年9月生，55岁，1986年7月参加工作，1984年12月入党，省委党校经济管理专业研究生毕业，现任省总工会组织部部长、一级调研员，拟任省总工会副主席、党组成员。

对上述拟任职人选如有情况和问题，可在公示期内反映，反映情况和问题必须实事求是，应签署或告知真实姓名、工作单位和联系方式；对线索不清的匿名信和匿名电话，公示期间不予受理。

受理单位：中共黑龙江省委组织部举报中心

电话：0451—12×××

地址：哈尔滨市南岗区果戈里大街×××号

邮政编码：150001

黑龙江省委组织部

2019年12月30日

【简评】

这份任职公示由标题、正文、发文机关及成文日期等要素构成。

例文第一自然段以公文常用的模式化语言"依据……为……现将……"开篇，简洁明了地交代了行文依据、目的等内容，并以"现将拟任职的干部进行任前公示"切入正文写作。

正文交代了任职人员的姓名、基本信息等内容，清晰明了。

例文最后交代了公示期内监督检举电话、受理单位等信息。这也是任职公示及其他类别的公示所应必备的内容，所以不容遗漏。

（三）任职公示写作小结

（1）要正确使用文种。任职公示作为周知性公文，极易与通知、通告、公告等文种混淆。这就说明任职公示这一文种的法律效力同上述文种相比尚存在差距。正确的做法是，将公示直接作为文种，并在结构模式及写法上视同正式公文。

（2）要采取适当的发布形式。发布任职公示，应当根据其发布范围和具体内容表达的实际需要而采取适当的载体形式。

三、处分决定

（一）处分决定的用法

1.处分决定的含义

处分决定是党政机关、企事业团体及其他社会组织在决定给予违反相关纪律及规定的人员处分时所作的书面决定。

2.处分决定的写法

处分决定的标题、主送机关及落款与其他文种的写作要求大致相当。处分决定的正文一般包括以下内容：

一是交代受处分者简历。包括姓名，性别，年龄，民族，籍贯，家庭出身，本人成分，入党和参加工作时间，主要工作经历，现在工作单位，党内和行政职务，行政级别，历史上受过何种处分，等等。

二是陈述主要错误事实。应该写明在什么时候、什么地方、什么情况下，犯了什么错误，造成什么后果。受处分的人如果犯有几种不同性质的错误，要分清主次，叙述清楚。决定中所列举的事实和情节，必须查证核实。引用材料要准确，不能断章取义。对错误事实的分析，要恰如其分，合情合理，不能作无根据的推论，甚至无限上纲。

三是分析错误根源。根据客观事实，分析产生错误的主观和客观原因，思想根源和社会根源，以便更好地教育本人和其他同志。

四是确定错误性质。对党员所犯错误的性质，必须做出明确的结论，事实和性质要相符，实事求是，不夸大，不缩小。并要写明其错误对党的事业的危害程度，以及给予何种处分。写处分决定，要做到事实准确，定性恰当，文字精练，通俗易懂。

（二）处分决定实例简评

【例文】

××学院关于刘××违纪的处分决定

院内各单位：

刘××，女，××学院国际经济与贸易专业学生，学号2013××××。

2019年4月12日，刘××盗走同寝室一位同学的招商银行信用卡，并于当天和4月18日持卡到×××手机城、××××百货大楼等地消费，金额达1600元。经校保卫处调查，确定了刘××的盗窃事实，刘××本人也对此事供认不讳。

刘××的行为违反了校纪校规，在学院造成了不良影响，鉴于事发后刘××认错态度良好，并及时退赔，现根据《××大学××学院学生纪律处分办法（试行）》第二十一条第一款之规定决定：

给予刘××记过处分。

如本人对处分决定有异议，可于接到本处分决定后第二日起五个工作日内依据《××大学××学院学生校内申诉处理办法（试行）》的相关规定向学生申诉处理委员会提出申诉。

××大学××学院

2014年5月20日

【简评】

例文由标题、主送、正文、发文机关及成文日期等部分组成。标题为标准的三项式，发文机关为"××学院"，事由为"刘××违纪"，文种为"处分决定"。正文介绍了如下情况：一是违纪人员即刘××的具体情况；二是刘××的违纪事实；三是相关部门对刘××违纪行为所做出的具体处分决定；最后介绍了申诉制度。例文虽简短，但表达意思清楚，语言凝练。

（三）处分决定写作小结

（1）逻辑要清晰。处分决定的正文一般应按如下逻辑行文：谁违纪违规了—违纪违规的事实是什么—违纪违规的主客观原因分析—违纪违规具体的客观的处分决定—对当事人及他者的要求等。实际上，很多文种的撰拟逻辑均如此，回答了这些基本问题，也就完成了公文正文内容的架构。

（2）格式要规范。一旦下发处分决定，就应考虑如何发挥处分决定最大的警示作用，而这一功能上的要求便需要尽最大可能地完善处分决定的写作格式，通过规范化的格式塑造文件的约束力。

四、聘书

（一）聘书的用法

1. 聘书的含义及适用情况

聘书，也称聘请书，它一般指机关、团体、企事业单位聘请某些有专业特长或有威望的人完成某项任务或担任某项职务时所发的具有邀请性质的专用书信。

一般来讲聘书适用于以下一些情况：

学校、企业等在需要某方面有特长或有专业技能的人才时，发出聘书。

社会团体或某些重要的活动为了提高自身的知名度、扩大影响力，常常聘请一些有名望的人加盟或参与，以期更好地开展活动。如聘请名人作顾问，作指导，作为某项比赛的评委等均属于这种情况。

2. 聘书的写法

聘书一般已按照书信格式印制好，中心内容由发文者填写即可。完整的聘书格式一般由以下几部分构成：

（1）标题。聘书往往在正中写上"聘书"或"聘请书"字样，有的聘书也可以不写标题。已印制好的聘书标题常用烫金或大写的"聘书"或"聘请书"字样组成。

（2）称谓。聘请书上被聘者的姓名称呼可以在开头顶格写，然后再加冒号；也可以在正文中写明受聘人的姓名称呼。常见的印制好的聘书则大都在第一行空两格写"兹聘请 × ×……"

（3）正文。聘书的正文一般要求包括以下一些内容：

首先，交代聘请的原因及担任的职务。

其次，写明聘任期限。如"聘期两年"、"聘期自 2006 年 2 月 20 日至 2008 年 2 月 20 日"。

再次，聘任待遇。聘任待遇可直接写在聘书上，也可另附详尽的聘约或公函写明具体的待遇，这要视情况而定。

最后，正文还要写上对被聘者的希望。这一点一般可以写在聘书上，但也可以不写，而通过其他的途径使受聘人切实明白自己的职责。

（4）结尾。聘书的结尾一般写上表示敬意和祝颂的结束用语。如"此致——敬礼"、"此聘"等。

（5）落款。落款要署上发文单位名称或单位领导的姓名、职务，并署上发文日期，同时要加盖公章。

（二）聘书实例简评

【例文】

聘书

兹聘请赵 × × 同志为 × × 学院硕士生研究生导师，聘期自 × 年 × 月 × 日至 × 年 × 月 × 日，聘任期间享受硕士生研究生导师福利待遇。

× × 学院（章）

× 年 × 月 × 日

【简评】

聘书的使用频率亦比较广泛，其写作格式也很好掌握。标题一般仅写"聘书"二字。正文通常以段代篇，表述如下几层意思：一是聘请的对象；二是赋予该对象以何种职务；三是聘用起始日期；四是聘任期间的相关待遇。在落款部分应清楚地标明聘任机关（印章）及成文日期，从而明确其有效性。

（三）聘书写作小结

（1）聘书写作过程中要郑重严肃，对有关招聘的内容要交代清楚。

（2）聘书的书写要整洁、大方、美观。

（3）聘书一般要短小精悍，不可篇幅太长，语言要简洁明了、准确流畅，态度要谦虚诚恳。

（4）聘书是以单位名义发出的，所以一定要加盖公章，方视为有效。

第二十二章 其他文书

扫一扫，获取本章例文

一、简报

（一）简报的用法

1. 简报的含义

简报，从字义上说，就是对相关情况的简明报道。它是党政机关、企事业单位、社会团体为及时反映情况、汇报工作、交流经验、揭示问题而编发的一种内部文件。

简报有很多种名称，可以叫"× × 简报"，也可以叫"× × 动态"、"× × 简讯"、"情况反映"、"× × 交流"、"× × 工作"、"内部参考"等等。

2. 简报的作用

简报的作用主要体现在以下几个方面：

（1）向上级汇报工作、反映情况。

（2）平级机关之间交流经验、沟通情况。

（3）向下级通报情况，传达上级意图。

3. 简报的种类

简报的种类繁多，按照不同的分类标准，可以划分为不同类型。按时间划分，可分为定期简报和不定期简报；按发送范围分，有供领导阅读的内部简报，也有发送较多、阅读范围较广的普发性简报；按内容划分，简报可以分为工作简报、生产简报、会议简报、信访简报、科技简报、教学简报、动态简报等等。

4. 简报的写法

（1）标题。简报的标题与新闻的标题有些类似，可分为单标题和双标题两种基本类型。

一是单标题，如《我校通过教育部专家审查验收》。标题中间可以用空格的方式表示间隔，也可以加用标点符号。

二是双标题，如《再展宏图创全国一流市场——××市场荣获省信誉市场称号》。前一个标题是正题，概括事实的性质，后一个标题是副题，补充叙述基本事实。

（2）正文。简报的正文一般由如下几方面构成：

一是导语。导语就是简报的开头语，要用简短的文字，准确地概括报道的内容，说明报道的宗旨，引导读者阅读全文。

二是主体。主体是简报的主要部分，它的任务是用足够的、典型的、富有说服力的材料将导语的内容具体化，用材料来说明观点。

三是结尾。事情比较单一，篇幅比较短小的，可以不再写结尾。事情比较复杂，内容较多的，可以通过结尾对全文作一个小结，以加深读者印象。

（二）简报实例简评

1. 工作简报

【例文】

宣传工作简报

第4期

（共青团中央宣传部编 2007年12月17日）

各地团组织扎实推进"我与祖国共奋进"主题教育实践活动

今年纪念建团85周年"青年月"活动以来，各地团组织围绕迎接、学习宣传贯彻党的十七大，以树立社会主义核心价值体系为根本，以理想信念教育为核心，面向基层，扎实推进"我与祖国共奋进"主题教育实践活动。

学理论，打牢与祖国共奋进的思想基础。江西团组织推行"井冈之星"优秀学生干部培训计划，组织全省大学生骨干集中进行理论学习、素质拓展、实践锻炼。河南团组织举办高校"双强双优"型学生干部培训班，对全省28所本科高校学生干部进行系统的理论培训和素质教育。中央企业团工委在中央企业青年网上开设理论交流专区，组织团员青年通过网络平台进行理论文章交流。安徽合肥举办第九期青年理论学习读书班，培训青年理论学习骨干170余名，推进全市青年学理论活动。辽宁铁岭举办全市乡（镇）、村团干部培训班和青年骨干培训班，邀请党政领导和专家为团干部和青年骨干做理论辅导。山西长治举办"我与祖国共奋进"党团知识竞赛活动。特别是党的十七大胜利闭幕后，各地各级团组织按照当地党组织的要求和全团的统一部署，普遍开展了形式多样、扎实有效的学习活动。

讲形势，坚定与祖国共奋进的信心。湖北举办"大学生就业创业服务月"，邀请党政领导等为大学生做100场"学习贯彻十七大、我与祖国共奋进"形势政策报告。上海举办"党育青年成长，青年跟党前进"上海青年城市发展寻访系列活动，首批推出了包括大型企业、重点工程、重点院校、新农村建设、创意产业等与城市发展密切相关、青年高度关注的9个板块16条线路，在全市基层团组织中开展50场寻访活动。黑龙江通过组织青少年观看改革开放成就展、收集网上祖国和黑龙江成就资料、制作合订本、海报、漫画、电脑小报等方式，启迪青少年认识改革开放以来特别是党的十六大以来黑龙江取得的巨大成就。贵州结合青年关注的热点问题，举办每月一次的系列知识讲座，邀请省委讲师团、省委党校教授举办讲座，教育引导青年客观认识贵州省情和发展状况，唱响热爱贵州、建设贵州的主旋律。铜仁团地委编印《知党恩、跟党走》宣讲册，印发到农村青年手中，帮助他们了解近年来党的农村政策。广西河池举办"我与祖国共奋进，我与河池同成长"系列主题活动，开展了河池青年风采图片巡回展、"青春城市之星"电视挑战赛、"辉煌河池、希望河池"青少年征文竞赛等活动，组织动员了全市30余万名青少年参与。三峡总公司举办青工技能节英语大赛，职工紧扣"我与祖国共奋进，我与企业同发展"主题，结合公司发展的现状和形势，畅述思考，表达心愿。

抓实践，引导青年投身与祖国共奋进的实际行动。各地团组织采取多种措施，积极引导广大团员青年立足本职岗位勤奋工作，开拓进取，为推动经济社会又好又快发展发挥生力军作用。各地青年志愿者开展"绿手帕行动"，向全社会普及节能减排知识，动员参与节能减排实践，仅在集中行动日的两天中就有全国40多个中心城市20万余名青年志愿者参与活动。辽宁丹东举办万名青年志愿者"我与丹东共奋进"志愿服务活动，组建"青年卫士服务队"，开展文明宣传、环保教育、行为劝导等活动。成都军区广泛开展"我与祖国共奋进，履行使命当尖兵"、"青春献打赢、岗位练精兵"、"爱军精武当标兵，当好'四个新一代'"等比武竞赛活动，今年全军区2500多名青年官兵被师以上单位表彰为训练尖子、技术能手和业务标兵。浙江三门县举行"弘扬革命优良传统，树立社会主义荣辱观"誓师大会和"知荣辱、树新风，我与祖国共奋进"千名青少年宣誓仪式。江苏丰县组织各级青年文明号单位开展"我与祖国共奋进、我与丰县同发展"主题宣传服务活动。青海举办"我与祖国共奋进、共建和谐新青海"慰问进城务工青年文艺演出。贵州都匀市开展关爱农村留守儿童的"我与祖国共奋进——观抗日纪念园、览匀城发展貌、立成才报国志"活动，组织农村留守儿童参观家乡面貌、体验现代生活、接受爱国教育。

树典型，宣传一批与祖国共奋进的青年榜样。江苏举办"我与祖国共奋进，'四大行动'我争先"苏州青年群英会，各界青年英模近百人出席了活动。河南树立并大力宣传李学生、魏青刚、张尚昀、洪战辉等优秀青年典型，在青少年中开展道德实践教育活动。四川成立优秀青年报告团，到全省各社区、企业、学校、部队进行宣讲。长沙举办"我与长沙共奋进——我身边的故事"电视征文大赛，评选出在全市各行业各层面默默无闻、无私奉献的感人青年典型。云南玉溪举行玉溪青年"我与祖国共奋进"主题晚会暨第四届"玉溪十大杰出青年"颁奖典礼，运用大型电视墙、现场访谈和文艺表演等形式，生动表现杰出青年的奋斗历程，在青年中引起强烈共鸣。

【简评】

这是一份由共青团中央宣传部编发的工作简报，格式规范，内容充实。

例文主体部分共分四个自然段，且每一自然段开篇便以主旨句交代了行文内容。"学理论……"、"讲形势……"、"抓实践……"、"树典型……"，四方面内容不仅符合各团组织开展"我与祖国共奋进"主题教育实践活动的要求，同时也符合从理论到实践的写作思路，便于把握。

例文虽未以序数结构标注正文层次，但上述写作手法已具有同样功效。例文有针对性地介绍了各地开展主题教育实践活动的主要内容，与主题吻合又言之有物，增强了简报的可阅读性。

2. 会议简报

【例文】

市政协五届三次会议简报

（第1期）

（政协××市五届三次会议秘书组　2019年1月18日）

市政协五届三次会议隆重开幕

1月7日上午，市政协五届三次会议在人民会堂隆重开幕。来自31个界别的335名市政协委员满怀豪情步入会场，认真履行职责，积极参政议政。中共××市委、市人大常委会、市人民政府、××军分区领导，市中级人民法院、市人民检察院领导，××学院、闽西职业技术学院领导，老同志代表，历届市政协领导和在××的省政协委员到会指导。大会由×××副主席主持。

受五届市政协常委会委托，×××主席向大会作工作报告。报告从学懂弄通新思想，"两个维护"更加坚定；紧扣发展高质量，建言献策更加精准；突出协商促和谐，议政平台更加完善；凝聚共识聚合力，团结民主更加彰显；狠抓队伍强素质，自身建设更加有力等五个方面回顾过去一年市政协工作所取得的成效。

报告指出，2019年，是新中国成立70周年、人民政协成立70周年，是××高质量发展落实赶超、决胜全面建成小康社会的关键一年。市政协要按照全国政协、省政协的部署和市委的要求，深入学习贯彻习近平新时代中国特色社会主义思想和习近平总书记关于加强和改进人民政协工作的重要思想，牢牢把握加强和改进政协工作的鲜明主题，牢牢把握加强政协系统党的建设的时代特征，牢牢把握建言出力高质量发展落实赶超的职责使命，牢牢把握加强政协自身建设的内在要求，着力在党的建设、协商议政、履职为民、自身建设等方面提质增效、创新发展。贯彻落实中共××市委五届八次全会和经济工作会议精神，聚焦构建"一市两区三组团"城乡发展格局、"五基地六产业七景区"产业发展布局，围绕打造闽粤赣边区域经济协同联动发展先行区、践行生态文明思想实验区、军民融合发展示范区、政治坚定作风优良模范区的目标任务，选择事关发展大局、事关民生突出问题开展调研视察、议政建言，为高质量发展落实赶超、全面开启我市新时代改革开放新征程献计出力。

受五届市政协常委会委托，×××副主席向大会作市政协常委会关于提案工作情况报告；市政协各专门委员会向大会书面报告一年来的工作情况。

参加政协五届三次会议的委员报到

1月6日下午，参加市政协五届三次会议的市政协委员陆续抵达驻地，向大会报到。委员们报到后，或修改完善提案，或阅读会议材料，为履行职责积极做好准备。

市政协领导分别来到驻地走访看望政协委员，对他们的到来表示热烈欢迎和亲切问候。希望委员们汇聚向心力、画大同心圆，为助推××高质量发展落实赶超、全面开启××新时代改革开放新征程献计出力。委员们纷纷表示，将不辱使命，不负众望，认真履职，积极为建设新××作贡献。

委员们还集中观看了《警钟》《镜鉴》警示教育片。

市政协五届三次会议各组召集人会议召开

1月6日下午，市政协五届三次会议各组召集人会议召开，市政协党组副书记、副主席、秘书长×××主持并讲话。

×××强调，一要统一思想，集中精力开好会议。各组召集人要切实负起召集职责，动员和引领各位委员进一步增强责任感和使命感，树牢"四个意识"，坚定"四个自信"，坚决做到"两个维护"，自觉同以习近平同志为核心的党中央保持高度一致，切实把党中央大政方针和决策部署不折不扣贯彻落实到会议中；牢牢把握团结和民主两大主题，聚焦发展、聚焦创新，围绕新目标新部署，围绕补齐民生事业短板，围绕群众关注的热点难点，认真履行职责，积极建言献策。全体委员一定要遵守选举纪律，与省委、市委的组织意图保持高度一致，依章依规做好选举工作。二要严守纪律，保持良好会风形象。严格遵守市"两会"会风会纪要求，准时参加大会和小组讨论，不迟到、不早退、不缺席，参会人员原则上不请假。分组讨论时要充分发扬民主、畅所欲言，充分反映情况，提出真知灼见。认真落实中央八项规定，倡导务实、高效、简朴、廉洁的良好会风。三要加强引领，确保会议圆满有序。各组召集人要组织好本组委员准时参加会议、活动和讨论，引导委员积极发言，小组秘书做好签到、记录、整理等工作。

政协委员参观"翰墨颂盛世——纪念改革开放40周年"书画展

1月7日上午，开幕式结束后，市政协五届三次会议全体出席人员到××市博物馆参观"翰墨颂盛世——纪念改革开放40周年"书画展。此次活动由市政协主办，市政协办公室、市政协龙津墨会、市博物馆承办，共收到各级政协委员和我市书画工作者的书画作品150余幅。参观者纷纷表示，此次书画展作品主题鲜明，品位高雅，匠心独具，全面展示了改革开放40周年来我市经济社会发展成就和政协参政议政成果。

【简评】

这份简报开篇介绍了政协××市第五届委员会第三次会议的主要内容，包括会议召开的时间、地点、主持人及与会人员。简报主体部分对会议期间的主要内容进行了概述性介绍，即不同日期的会议活动，何人作了何种内容的报告，报告的主体内容是什么。

例文以第三人称的笔触交代了会议的主要内容，这不仅符合简报的用语要求，同时也有利于阅文者客观地把握会议实况。

3. 科技简报

【例文】

××科技简报

2020年第7期（总308期）

（××市科技局、科协编　2020年7月31日）

市科技局系统召开纪念建党99周年党员大会

6月29日，市科技局召开纪念建党99周年党员大会，局系统全体干部职工、离退休党员代表、××科技党支部和×××党员代表共50余人参会。党组副书记、副局长×××主持。会议宣读了市直属机关工委《关于命名表彰市直机关基层党建示范单位、先进基层党组织、优秀共产党员和优秀党务工作者的决定》，先进基层党组织局机关二支部书记××同志和优秀共产党员×××同志发言；表彰了局系统2019年度优秀共产党员；××科技支部党员××同志进行了庄严入党宣誓；党组书记、局长×××传达了市委市政府有关会议精神，并以"不忘初心、牢记使命，全面推进××科技创新事业跨越发展"为主题，给大家上了一堂生动的党课。会议指出，要增强党性，找准差距不足，以"不忘初心、牢记使命"锤炼政治品质；要涵养德性，讲究职业操守，以"三表率一模范"提升服务水平；要提高悟性，做好结合文章，以"不忘初心、牢记使命"助推创新发展。会议要求，要进一步加强局系统党的思想建设、作风建设和组织建设，对于建设一支清正廉洁、令行禁止、蓬勃向上的党员干部队伍，保障××科技事业实现更好更快发展，具有十分重要的现实意义。我们一定要加强政治品格修养，更加讲究职业道德修为，扎实做好本职工作，以坚定的政治立场、过硬的工作作风、优质的科技服务，共创××科技事业发展的新辉煌。

紧盯争先创优目标不松劲

7月22日2020年全省科技创新推进会召开后，市科技局迅速召开局党组（扩大）会议予以传达部署，积极向党委政府报告推进会落实情况争取上级重视支持，力保全年省市各项科技创新绩效工作任务圆满完成。年初以来，市科技局围绕省定年度科技绩效指标落实，高规格召开全市科技创新大会，市政府办下发《县市区全社会研发投入指标完成情况通报》，市科技局下发《关于表彰2019年度全市科技工作先进单位的通报》；就2020年指标攻坚，早在4月份就面向县市区制定《年度科技创新工作任务分解和绩效考评方案》，并强化与省科技厅、市相关部门工作协同，加强县市区指标落实督导。后段，市科技局将全面增强真抓实干、争先创优工作责任，下大力气落实省政府办公厅《关于印发2020年真抓实干督查激励措施的通知》，按照省科技厅制定的科技投入产出考评办法和高新区考评办法，进一步压实责任，加强向上对接汇报和向下督导调度，落实分线包干联系负责制，抓紧落实科技创新综合指数指标、科技投入产出绩效评价指标、高新区绩效评价指标，进一步激发科技创新活力，提升区域创新实力，助力全市高质量发展，确保我市科技创新工作在省政府真抓实干督查激励中争先创优，争取更多县市区政府和高新区在督查中跻身全省先进行列。

市科技局积极响应防汛工作

为落实市委市政府倡议，7月26日，市科技局党组书记、局长×××带队慰问××区××镇一线防汛干群。接到防指应急响应命令后，市科技局坚决扛起防汛工作政治责任，迅速行动奔赴责任堤段，以高度的政治责任感对待防汛救灾工作。局党组书记、局长×××等党员领导干部克服酷暑、暴雨、蚊虫等困难，坚守××区×××长江大堤防汛责任段，了解当前汛情及防汛工作情况，现场查看××山电排处险工作情况。并召开党组会议专题传达市防汛形势，部署局防汛工作措施。大家表示防汛工作是当前一项重要任务，全局必须严格落实市防指工作要求，认真落实局领导每日轮值带队到责任堤段落实督查巡堤查险工作责任，与××区共同守护××百姓安宁。××换热公司负责人陪同慰问。

【简评】

这是××市科技局编发的科技简报，类似于新闻中的消息。这一期简报集合了全市一定时期内发生的科技事件。每一段简报都对主要内容进行了说明。例文没有任何冗余之处，简洁凝练地完成了传达信息的目的，这也是简报写作过程中"简"这一特点在现实行文中的真实体现。

4.动态简报

【例文】

××教育动态简报

（2007年第3期）

（××县教育局　2007年5月11日）

编者按：《关于提高中小学教学质量的调研报告》一文，主要是对今年以来开展"提高中小学教学质量"工作的回顾，值得一读。一段工作之后进行回顾反思，有利于进一步理清工作思路，用心做事，把事做好。今后，我局将在"××教育动态"刊发署名文章，请全县各学校领导和全体教师踊跃投稿。文章务求短小精悍，不求面面俱到，工作建议和建设性的意见都可以。

关于提高中小学教学质量的调研报告

今年以来，结合"提高中小学教学质量"这一主题，笔者通过多种形式，走访了有关学校，就有关情况进行调研。在调研中发现，开学以来，各中小学都能按照县教育局的统一部署，突出了"提高中小学教学质量"这一主题，认真学习贯彻新修订的《义务教育法》，积极部署并采取各项措施，扎实推进各项重点工作，全县基础教育教学呈现出良好的发展态势。

全县中小学在县教育局的周密部署下，精心准备，及时抓好"提高中小学教学质量"这一主题活动。如县教育局在新年开始，就立即进行了全县教学质量情况调研，深刻查找我县教学质量问题的根源。在分析客观原因的同时，更多地从主观上找原因，从管理的角度找原因。先后召开了局务会、校长会、初中教学分析会和小学教学分析会，用数据和事实分析我县教学工作状况，在此基础上要求大家认清形势，凝心聚力，狠抓教学质量，把教学质量作为衡量学校校长工作的主要标准。2月26日召开了××县教学质量管理责任书签订会，县委副书记、县长×××专场到会并作了重要讲话。×××局长对全县中小学教学质量情况作了具体分析，就"提高中小学教学质量"作了专题动员，并与各中小学校长签订了教学质量管理责任书，要求各校制定切合实际的目标和工作方案，知难而进，攻坚克难，恪尽职守，尽职尽责，上下联动，全面行动，不负重托，不辱使命，拼尽全力打一场教育质量的翻身仗。

在县教育局的统一部署下，各中小学积极主动响应，全员参与，狠抓落实。各学校都召开了全体行政人员会议和教师大会，认真传达贯彻县教学质量管理责任书签订会精神，组织学习吴县长的重要讲话，并结合工作实际，明确目标，落实责任，周密计划，制定措施，完善各项管理制度及奖教奖学制度，确保教学工作顺利、高效开展。

当前，在县教育局的有效领导下，"提高中小学教学质量"已经成为全县中小学领导、老师和学生中的中心工作。

县教育局和各中小学校领导都高度重视，"来真的，干实的"。县教育局成立了一把手亲任组长的"提高中小学教学质量"领导小组，并重新调整修订了挂钩联系学校制度，分片包校，负责对学校教学活动的组织、领导，并安排相关科室做好督查工作。同时，县教育局长、分管局长和其他领导，经常到基层学校指导和督查教学活动开展情况，同时走进课堂随机听课。

全县各中小学也成立了领导小组，校领导经常走进课堂听课，了解学校课堂教学效益状况；亲自主持或参加教情学情分析会等各类会议及教学研究活动，营造了"提高中小学教学质量"的行动氛围。

由于领导督查到位，示范到位，一线教师能够埋头教学工作，刻苦钻研业务，认真备教改辅，全县教育系统已经形成浓厚的狠抓教学质量的氛围。

县教育局和各级中小学都制定了比较切实可行的工作方案和活动计划。县教育局专门下发了《××县九年义务教育教学优秀奖奖励方案》、《关于中小学校长负责制的实施意见》、《关于切实加强学校管理提高中小学教育教学质量的意见》等文件。各中小学校也结合本校的实际情况制定了本学校的一系列规章制度，主要包括校长负责制、各成员职责、学校各年级及教师的奋斗目标、教学常规管理规定（包括课堂教学、备课、教研、作业批改、课外辅导等内容）、教学奖惩规定等内容。

通过调研，我们认为，以"提高中小学教学质量"为主题的活动开展以来，已经取得了如下明显的成效：

1. 进一步确立了质量意识，统一了思想认识。各学校及全体教师都有自己的教学目标任务，方向明确，并有效地解决了一些教师感觉教学负担过重，认为领导过分关注学生成绩，压力过大等问题，产生了更大的工作动力。

2. 进一步推进了课程改革。大力开展听课、研讨活动，不断增强教师课改意识，提高驾驭教材的能力；进一步加强集体备课，通过组织教师研讨，深刻领会教材编写意图，明确不同学段、不同学科的教学要求，有针对性地选择教法、指导学法；开展各种形式的观摩、研讨活动，促使教师将新的教学理念转化为教学行为。

3. 营造了"提高中小学教学质量"的宣传氛围。县广播电视台开设了"提高中小学教学质量系列报道"专题；县教育局《××教育动态》推出"提高中小学教学质量"专辑，分期介绍工作体会和具体做法。

4. 进一步加强了学校班子建设、骨干教师、青年教师培养和普通教师培训等工作。

5. 切实落实了常规管理，推动了高考、中考备考工作，促进了常规教学质量的提高。

调研中发现，我县"提高中小学教学质量"活动还存在一些共性的问题。这些问题突出表现在以下几方面：

1. 全面理解"提高中小学教学质量"这一主题。"提高中小学教学质量"的主题是提高教育教学效益，特别是提高课堂教学效益。而对课堂教学效益影响比较大的因素主要是教学管理、教师教学策略和方法、学生的学习兴趣和学习积极性。在调研中发现，个别学校的工作、措施并不都是紧紧围绕提高教学效益这个主题，或忽略了教师教学技能的提升，特别是课堂教学策略的选择、教师教学方法的改善；或忽略了学生学习精神状态的调动，特别是学生学习动机的激发和维持，学困生的教育转化等；或忽略了教学管理的科学性，特别是如何调动教师教学和研究的积极性和主动性，真正体现以人为本、以德治校等。

2. 进一步探索提高课堂教学效益的方法，向课堂要质量。提高课堂教学效益是"提高中小学教学质量"的关键。在调研中发现，虽然各个学校都十分重视课堂教学，但在探索提高课堂教学效益的方法上，仍然比较薄弱。如没有鼓励或激励教师积极主动探究新的高效的课堂教学模式，没有系统地帮助教师探索和推广高效的课堂教学模式或方法等，大多只是在备课、作业批改、上课基本行为规范及听评课上作文章，其教学管理的层次仍有进一步提升的空间。

3. 真正将"落实进行到底"，打好"提高中小学教学质量"的持久战。常规管理和教学管理措施落实到底，是提高教育教学效益的重要保证。调研中发现，狠抓落实在有些学校和有些方面仅限于口头，这使"提高中小学教学质量"给人以流于形式的感觉。将落实进行到底，首先管理理念和管理措施要科学有效；其次，这些管理措施要全面、细致，涉及到教师教育教学和学生学习行为的每一个角落；再次，让这些科学的管理措施扎根于每一个教师与学生，使之成为教师和学生的自觉行动；最后，要持之以恒，狠抓落实不是一朝一夕的任务，而是一个学校长期工作。

另外，在调研中还发现以下问题："提高中小学教学质量"的氛围还有待于进一步营造；课堂上教师一讲到底的现象还比较普遍的存在；教师对学生的作业还有选择性批改的现象；教师对学困生还有讽刺挖苦的现象；教师备课不充分就上课的现象还时有发生等。上述现象尽管是个别的，不具有普遍性，但直接反映了"提高中小学教学质量"的成败，各学校领导和教师应该以此为契机，深刻反思学校的教育教学行为，找出深层次的原因，对症下药，让全体教师、学生及家长、社会都深刻感受到"提高中小学教学质量"活动带来的巨大变化。

【简评】

例文之所以被称为动态简报，是因为正文内容仅是××县教育局"提高中小学教学质量"活动的一个部分，其前或其后都会有大量类似的简报出现。

这篇简报的编制较为规范，其报头、报核、报尾的格式安排符合简报文体的格局。正文标题采用了概述式写法，交代了简报的核心内容。主体部分首先介绍了"提高中小学教学质量"真正成为学校的中心工作以来，各级领导的实际行动对推进工作的影响力和感召力，进而明确了此项工作所取得的成效。正文最后以"直面现状，在反思和探索中推进"为题，激发人们去认识当前活动中仍存在的主要问题，并从宏观视角粗略地阐述了应对问题的对策。正文结构安排合理，层层深入，能够在动态中把握此项活动的发展态势。

（三）简报写作小结

1.内容要真实、新颖

简报所反映的内容、涉及的情况，必须严格遵循真实性原则，时间、地点、人物、事件、原因、结果，所有要素都要真实，所有的数据都要确凿。虚构编造不行，移花接木、添枝加叶也不行。

2.报道要快捷、简约

制发简报要简易迅速，尽量让读者在第一时间了解到最新的情况。"简约"是指简报的内容集中、篇幅短小、提纲挈领、不枝不蔓。

二、启事

（一）启事的用法

1.启事的含义、类别

启事是公开发布的旨在告知外界或寻求协办的一种简便文体。机关团体、企事业单位或是个人有什么事要提请公众注意，希望大家帮助的时候，可将其撰写成书面文字张贴出来或登载在报纸杂志上，或让新闻媒体公开发布。

启事的种类很多，根据启事内容的不同可分为招聘启事、招生启事、招考启事、开业启事、征文启事、寻物启事、征婚启事等等。

2.启事的写法

启事一般由三部分组成，即标题、正文、落款。

（1）标题。启事的标题由启事的内容决定，如内容是征文，则其标题写成"征文启事"。标题字体一般大于正文字体，居中排写。

（2）正文。正文要写明启事的具体内容，即要向大家说明的情况。

（3）落款。在正文结尾处右下方标注发布启事的机关、部门或个人的名称以及启事日期。

（二）启事实例简评

【例文】

征文启事

为全面总结贵州省二轮修志经验，进一步提升方志资源公共文化服务能力，展望贵州省"十四五"地方志事业发展，促进全省地方志事业持续健康发展，根据《关于举办"第五届哲学社会科学智库名家·贵州学术年会"的通知》（省社科通〔2020〕5号），贵州省地方志学会拟于2020年下半年举办贵州省二轮修志工作经验交流暨"十四五"地方志事业展望研讨会，研讨会采用以文参会的方式召开，现特向地方志工作者、地方志专家、地方志爱好者、社会各界人士征文。

一、文稿主题及内容

1.贵州省二轮修志工作成效与经验。

2.贵州省二轮修志工作问题与不足。

3.展望"十四五"贵州省地方志事业发展。

4.推进"十四五"贵州省地方志事业持续健康发展的对策和建议。

二、征文时间

即日起至 2020 年 7 月 30 日止。

三、征文要求

1. 应征论文须为未公开发表的原创性学术文章，力求体现时代性和创新性，题目自拟。

2.论文格式要求见附件。

3.稿件字数控制在 5000 字以内。

四、投稿方式及联系方式

1.来稿论文请以 word 版发送至贵州省地方志学会联系人邮箱。邮件以"作者姓名＋工作单位＋论文题目"为关键词命名，请勿重复投稿。

2.联系人：×××

联系电话：0851—86892×××　18188105×××

邮箱：64802×××@qq.com

五、其他

贵州省地方志办公室、贵州省地方志学会将组织有关专家对论文进行评选，颁发证书，并向通过评选的论文作者寄送参会邀请函，请各地方志工作机构按照通知要求积极组织人员撰稿。

贵州省地方志办公室

贵州省地方志学会

2020 年 5 月 15 日

【简评】

正文由发布启事的目的开篇，进而进入启事的主体内容，包括"文稿主题及内容"、"征文时间"、"征文要求"、"投稿方式及联系方式"和"其他"五个方面。

启事旨在引导有心参与相关活动的人在规定时间内做出反应并付诸行动，因此启事的事项必须明确、具体。只有如此，才能达到启事"知且行"的目的。

（三）启事写作小结

（1）语言准确。启事断不能用模糊、含混、模棱两可或可能产生歧义的语言，否则，受文者将难以洞悉启事的目的、内容。

（2）写法灵活。可以分段说明，也可标序列述，还可以分层次列小标题分述，但无论怎样的写法，都要注意以下三点：一是不同的启事，写法不尽相同，形式应该为内容服务；二是表述要简洁、明确、直截了当；三是要恰当使用礼貌用语。

三、喜报

（一）喜报的用法

1.喜报的含义、类型

喜报是报告喜讯的专用书信。它有两种类型：一是某个单位在工作中取得了显著成绩或重大创造发明，向上级单位或重要会议报喜；二是个人或集体在学习、工作中取得优异成绩，获得某种光荣称号，上级机关向有关方面或家属报喜。

2.喜报的写法

喜报在格式上主要由信件名称、受信者称谓、正文、结语、署名和日期五部分构成。

（1）信件名称。一般在第一行正中用较大字体写"喜报"字样。当然，在实际写作中，也有像例文那样，在"喜报"二字之后加冒号，写明所报喜讯涉及的具体事件。

（2）受信者称谓。另起一行，顶格书写受信者单位名称或个人职务、姓名。在个人姓名后加上"同志"、"先生"等恰当称呼。在称谓后加冒号。若是在单位内部使相关人员、部门知晓喜讯，为了简化行文内容，通常也会省略受信者称谓。

（3）正文。喜报的正文书写获得的成就、取得成就的原因、今后的设想打算等。

（4）结语。喜报的结语通常另起一行，空两格写"特此报喜"，后面不用标点符号。

（5）署名和日期。在信件的右下方标注发文单位名称、集体总称或个人职务、姓名等。在署名下书写发文的准确日期。

（二）喜报实例简评

【例文】

喜报：北大在"我心中的奥运"大型征文活动中获佳绩

2006年11月11日下午，由北京市奥运教育工作领导小组办公室主办的"我心中的奥运"大型征文活动获奖名单最终揭晓，北大共有28名同学的征文获得优秀奖，北大团委也获得"优秀组织奖"，总成绩在参赛的北京高校中名列前茅。

为引导北大学生体悟积极向上、顽强拼搏的奥林匹克精神内涵，促进身心的和谐发展，更好地实现"文明生活，健康成才"，今年上半年，校团委经过认真组织、广泛发动，组织北大数十名同学参加了这一首都百万大中小学生共同参与的大型征文活动。

该征文活动以"我心中的奥运"为主题，内容包涵绿色奥运、科技奥运、人文奥运三大理念及奥运梦想、为奥运做贡献、怎样当好东道主等对 2008 年奥运的理解、感悟、思考，鼓励参赛同学以征文主题为写作范围，写出发自内心的真情实感和对 2008 年奥运的独特感悟。

据悉，获得优秀奖的征文将被收录到即将出版的征文系列丛书中。

北京大学团委

北京大学党委宣传部

2006 年 11 月 13 日

【简评】

从例文可以看出，喜报一般由标题、正文、成文日期及发布喜报机关构成。喜报标题部分会直接给出发布喜报的缘由，即某机关、部门或某团队、个人在哪些方面取得了可喜可贺的成绩，或做出了哪些先进的事迹。这样就可以让阅文者知晓"喜从何来"。

正文第一部分一般会交代相关机关、部门或团队、个人何时何地参加了何种活动以及获得了何种佳绩，进而对参与相关活动的意义及活动主要内容进行凝练的介绍。这样就使阅文者对事件本身有全面的认识。同时，全面完整地撰拟文件也是公文写作最为基本的要求之一。

（三）喜报写作小结

（1）行文目的要明确。既然是喜报，就要在正文中显要位置概括性地交代行文背景、目的，使阅文者清楚地了解喜讯产生的经过。

（2）格式要素要齐备。喜报篇幅虽简短，但在格式要素方面须尽量完备。一则显示发文机关或部门对某成就的重视，二则也是进一步规范公文格式的要求在具体文种写作中的体现。

四、海报

（一）海报的用法

1. 海报的含义

海报一词源于戏剧招贴。旧时，上海人通常把职业性的戏剧演出称为"海"，而把从事职业性戏剧的表演称为"下海"。作为剧目演出信息的具有宣传性的招徕顾客性的张贴物，人们通常把它叫做"海报"。"海报"一词演变到现在，它的范围已不仅仅是职业性戏剧演出专用的张贴物了。它是当前极为常见的一种招贴形式，多用于电影、戏剧、比赛、文艺演出等活动。

2. 海报的特点

（1）广告宣传性。海报希望社会各界的参与，它是广告的一种。有的海报加以美术设计，以吸引更多的人加入活动。海报可以在媒体上刊登、播放，但大部分是张贴于人们易于见到的地方。其广告性色彩极其浓厚。

（2）商业性。海报是为某项活动作的前期广告和宣传，其目的是让人们参与其中，演出类海报占海报中的大部分，而演出类广告又往往着眼于商业性目的。当然，学术报告类的海报一般是不具有商业性的。

3.海报的写法

海报一般由标题、正文和落款三部分组成。

（1）标题。海报的标题写法较多，大体可以有以下一些形式：其一，单独由文种名构成。即在第一行中间写上"海报"字样；其二，直接由活动的内容承担题目。如"舞讯"、"影讯"、"球讯"等；其三，可以是一些描述性的文字。如"×××再显风采"。

（2）正文。海报的正文要求写清楚以下一些内容：第一，活动的目的和意义；第二，活动的主要项目、时间、地点等；第三，参加的具体方法及一些必要的注意事项等。

（3）落款。要求署上主办单位的名称及海报的发布日期。

（二）海报实例简评

【例文】

图书馆博学讲座海报

第289期

★题目：漫谈文化人类学——从历史学到社会科学再到人文学

★内容简介：没有哪一个学科像文化人类学那样在研究对象和研究方法上经历过如此大的变迁，以至于在不同的时段它曾属于不同的学科群。文化人类学的历史主要分三大阶段：古典人类学采用文献法，以重建人类历史（史前史）为目的，从属于历史学；现代人类学摒弃了这一目的，采用参与观察法（或称"民族志的方法"）进行平面式的实证研究，是社会科学的一个门类或分支；后现代人类学以解释（阐释）人类学为代表，以阐释（翻译）文化为目的，将文化人类学置于了人文学的行列。

★主讲嘉宾：××老师，中国人民大学毕业，×××大学副教授、硕士生导师、人类学学科带头人。从事人类学、民族学研究，研究方向为东北人类学、文化变迁。主持完成国家社科基金项目1项及省部级项目多项，出版著作4部，在《世界民族》、《世界宗教研究》、《民族文学研究》等刊物发表论文70余篇。

★时间：2019年11月23日（本周日，18:00—20:00）

★地点：阳光讲坛

欢迎全校师生届时光临！

【简评】

这是一篇短小精悍的学术讲座海报，由标题、正文等内容构成。正文极其清楚地阐释了讲座题目、讲座的主要内容、主讲人简历、讲座的确切时间及地点等，且每一要素之前均以"★"作提示，起到了澄清正文层次的作用。

（三）海报写作小结

（1）实事求是。海报一定要具体真实地写明活动的地点、时间及主要内容。文中可以用一些鼓动性的词语，但不可夸大事实。

（2）文字凝练。海报的文字要求简洁明了，篇幅要短小精悍。

（3）版式灵活。海报的版式可以做艺术性的处理，以吸引观众。

五、大事记

（一）大事记的用法

1.大事记的含义和作用

大事记是党政机关、社会团体、企事业单位记载重要工作活动或辖区所发生的重大事件的一种应用文体。

作为一种公务文书，大事记忠实地记载着一个地区、一个部门的重要工作活动和重大事件，因此，它首先可以为本地区、本部门的工作总结、工作检查、工作汇报、工作统计和上级机关掌握面上情况提供系统的、轮廓性的材料。大事记具有史料价值，可以起到录以备查的作用。

2.大事记的写法

大事记的格式单一、固定，由标题和主体组成。

（1）标题。主要有如下几种形式：一是由制文单位、事由和文种构成，二是由事由和文种构成，三是由制文单位、时间和文种构成。

（2）主体。其内容一般由时间和事件两部分组成。其中时间是按年、月、日的顺序依次排列；事件是指重要工作活动和重大事件。

大事记主体的写法一般是以时系事，或一日一事，或一日几事，每事一条，每条一记。

（二）大事记实例简评

【例文】

中华人民共和国大事记（节选）

（2019年1月—2019年9月）

中共中央党史和文献研究院

1月2日 《告台湾同胞书》发表40周年纪念会举行。习近平在纪念会上发表《为实现民族伟大复兴、推进祖国和平统一而共同奋斗》讲话，全面阐述立足新时代、在民族复兴伟大征程中推进祖国和平统一的五项重大政策主张：第一，携手推动民族复兴，实现和平统一目标；第二，探索"两制"台湾方案，丰富和平统一实践；第三，坚持一个中国原则，维护和平统一前景；第四，深化两岸融合发展，夯实和平统一基础；第五，实现同胞心灵契合，增进和平统一认同。

1月4日　中央军委军事工作会议在北京召开。习近平讲话指出，全军要深入贯彻新时代军事战略方针，在新的起点上做好军事斗争准备工作，坚决完成党和人民赋予的使命任务。

1月27日　国务院印发《关于在市场监管领域全面推行部门联合"双随机、一公开"监管的意见》。9月6日，国务院印发《关于加强和规范事中事后监管的指导意见》。

1月31日　中共中央印发《关于加强党的政治建设的意见》。

3月1日　2019年春季学期中央党校（国家行政学院）中青年干部培训班开班。习近平在开班式上发表讲话强调，培养选拔优秀年轻干部是一件大事，关乎党的命运、国家的命运、民族的命运、人民的福祉，是百年大计。

3月15日　十三届全国人大二次会议通过《中华人民共和国外商投资法》，自2020年1月1日起施行。

3月18日　习近平主持召开学校思想政治理论课教师座谈会时讲话强调，办好思想政治理论课，最根本的是要全面贯彻党的教育方针，解决好培养什么人、怎样培养人、为谁培养人这个根本问题。关键在发挥教师的积极性、主动性、创造性。推动思想政治理论课改革创新，要不断增强思政课的思想性、理论性和亲和力、针对性。

3月19日　中共中央办公厅印发《公务员职务与职级并行规定》，自6月1日起施行。

3月30日　中国首个行政区域5G网络在上海建成并开始试用。6月6日，工业和信息化部向4家运营商颁发5G牌照，中国通信行业进入5G时代。

4月23日　庆祝人民海军成立70周年海上阅兵活动在青岛举行。习近平出席并检阅舰队。来自61个国家的海军代表团、来自13个国家的18艘舰艇远涉重洋，汇聚黄海，共贺中国海军华诞。

4月28日　2019年中国北京世界园艺博览会开幕式举行，习近平出席并发表《共谋绿色生活，共建美丽家园》讲话。

4月30日　纪念五四运动100周年大会举行。习近平在大会上讲话指出，五四运动孕育了以爱国、进步、民主、科学为主要内容的伟大五四精神，其核心是爱国主义精神。新时代中国青年运动的主题，新时代中国青年运动的方向，新时代中国青年的使命，就是坚持中国共产党领导，同人民一道，为实现"两个一百年"奋斗目标、实现中华民族伟大复兴的中国梦而奋斗。

5月9日　中共中央、国务院印发《关于建立国土空间规划体系并监督实施的若干意见》。

5月15日—22日　首届亚洲文明对话大会在北京举行。习近平在开幕式上发表《深化文明交流互鉴，共建亚洲命运共同体》主旨演讲，呼吁坚持相互尊重、平等相待，美人之美、美美与共，开放包容、互学互鉴，与时俱进、创新发展，共同创造亚洲文明和世界文明的美好未来。

5月31日　"不忘初心、牢记使命"主题教育工作会议召开。习近平在会议上讲话指出，要牢牢把握守初心、担使命，找差距、抓落实的总要求，牢牢把握深入学习贯彻新时代中国特色社会主义思想、锤炼忠诚干净担当的政治品格、团结带领全国各族人民为实现伟大梦想共同奋斗的根本任务，努力实现理论学习有收获、思想政治受洗礼、干事创业敢担当、为民服务解难题、清正廉洁作表率的具体目标，确保这次主题教育取得扎扎实实的成效。

6月4日　中共中央发出关于印发《习近平新时代中国特色社会主义思想学习纲要》的通知。

6月20日—21日　习近平对朝鲜民主主义人民共和国进行国事访问。在平壤同朝鲜劳动党委员长、国务委员会委员长金正恩会谈，双方一致同意，在新的历史起点上，中朝双方愿不忘初心、携手前进，共同开创两党两国关系的美好未来。

6月30日　中央组织部最新党内统计数据显示，到2018年底，中国共产党党员总数为9059.4万名，比1949年新中国成立时的448.8万名增长约19倍。党的基层组织461.0万个。

7月9日　中央和国家机关党的建设工作会议召开。习近平在会议上讲话指出，新形势下，中央和国家机关要以党的政治建设为统领，着力深化理论武装，着力夯实基层基础，着力推进正风肃纪，全面提高中央和国家机关党的建设质量，在深入学习贯彻党的思想理论上作表率，在始终同党中央保持高度一致上作表率，在坚决贯彻落实党中央各项决策部署上作表率，建设让党中央放心、让人民群众满意的模范机关。

8月9日　中共中央、国务院印发《关于支持深圳建设中国特色社会主义先行示范区的意见》。

9月3日　2019年秋季学期中央党校（国家行政学院）中青年干部培训班开班。习近平在开班式上发表讲话指出，广大干部特别是年轻干部要经受严格的思想淬炼、政治历练、实践锻炼，发扬斗争精神，增强斗争本领。凡是危害中国共产党领导和我国社会主义制度的各种风险挑战，凡是危害我国主权、安全、发展利益的各种风险挑战，凡是危害我国核心利益和重大原则的各种风险挑战，凡是危害我国人民根本利益的各种风险挑战，凡是危害我国实现"两个一百年"奋斗目标、实现中华民族伟大复兴的各种风险挑战，只要来了，我们就必须进行坚决斗争，而且必须取得斗争胜利。

9月12日　习近平在视察中共中央北京香山革命纪念地时指出，我们缅怀这段历史，就是要继承和发扬老一辈革命家"宜将剩勇追穷寇，不可沽名学霸王"的革命到底精神，坚持立党为公、执政为民的革命情怀，谦虚谨慎、不骄不躁、艰苦奋斗的优良作风。历史充分证明，中国共产党和中国人民不仅善于打破一个旧世界，而且善于建设一个新世界。展望未来，中国的发展前景无限美好。

9月17日　习近平签署主席令，根据全国人大常委会关于授予国家勋章和国家荣誉称号的决定，授予42人国家勋章、国家荣誉称号。其中"共和国勋章"8人，"友谊勋章"6人，国家荣誉称号28人。

9月20日　中央政协工作会议暨庆祝中国人民政治协商会议成立70周年大会召开。习近平出席大会并发表讲话强调，人民政协是中国共产党把马克思列宁主义统一战线理论、政党理论、民主政治理论同中国实际相结合的伟大成果，是中国共产党领导各民主党派、无党派人士、人民团体和各族各界人士在政治制度上进行的伟大创造。新时代加强和改进人民政协工作，要把坚持和发展中国特色社会主义作为巩固共同思想政治基础的主轴，把服务实现"两个一百年"奋斗目标作为工作主线，把加强思想政治引领、广泛凝聚共识作为中心环节，坚持团结和民主两大主题，提高政治协商、民主监督、参政议政水平，更好凝聚共识，把人民政协制度坚持好、把人民政协事业发展好，担负起把党中央决策部署和对人民政协工作要求落实下去、把海内外中华儿女智慧和力量凝聚起来的政治责任，为决胜全面建成小康社会、进而全面建设社会主义现代化强国做出贡献。

【简评】

这份大事记记录了中华人民共和国2019年1月至9月的大事。既然文种的名字为大事记，所以能记录在案的所有事情当体现一个"大"字。换句话来讲，就是不能把零散的、细枝末节的小事记录在大事记中，否则就成了一本流水账。

大事记在写作过程中并不会因为事件重大、影响深远而作长篇累牍的记载。相反，在写作过程中要尽量压缩篇幅，当然也可适当做篇幅上的调整。

写作大事记一般遵循简约而不简单的原则，只有如此，才能做到张弛有度，提纲挈领。大事记一般用陈述语句记录已发生的事件，这也是写作大事记在语言方面的具体要求。

（三）大事记写作小结

由于大事记具有内容的史料性，记载的摘要性和表述的概括性等特点，因而其主体部分的写作应做到：

（1）准确无误。这主要是指时间准确，事件准确。时间应当按照事件顺序写清×××年×月×日；如果是每月大事记，则写清×月×日；如果是每日大事记，则写清上午或下午的几时几分。要准确地写明什么时间，什么地点发生了什么事情，或由谁组织，搞了一项什么活动，活动的主要内容和效果等。

（2）摘其大事，疏而不漏，要而不繁。有大事就记，无大事就不记，但却不能漏掉大事，要事。记事要力求言简意明，摘要记载，不要详叙其情。

大事记的记载应由专人负责，随时记载，每月整理。整理时可以删减补充，去

掉一般日常事务活动，核校、增补大事或事件要素。年终时再进行一次整理，最后
请领导审定、签字，装订成册存档。

六、声明

（一）声明的用法

1.声明的含义

声明是告启类文书的一种。它是作者就有关事项或问题向社会表明自己立场、
态度的应用文体。政党和国家的领导机关及其领导人可以发表声明，机关单位、社
会团体、企事业单位可以发表声明，其他组织或公民个人也可以发表声明。发表声
明是我国法律赋予上述主体参与国际事务和国内民事法律活动的权利。

2.声明的作用

（1）表明立场、观点、态度的作用。

（2）警告、警示的作用。

（3）保护自己合法权益的作用。

3.声明的写法

声明由标题、正文和结尾三部分组成。其各部分的格式、项目内容和写法要求
如下：

（1）标题。声明的标题一般只写文种"声明"二字；另一种由"事由＋文种"构
成，如《遗失声明》等；还有一种由"发文机关＋授权事由＋文种"三项式构成，如
《×××有限责任公司授权法律顾问×××律师声明》。

（2）正文。声明的正文一般简明扼要地写明发表声明的原因，表明对有关事件
的立场、态度。

（3）结尾。包括署名、时间和附项三项内容。完成正文写作后，于版面右下方
由声明单位署名，并于其下注明年、月、日期。若希望公众检举揭发侵权者，还应
在署名项目的左下方附注自己单位的地址、电传号码以及邮政编码，以便联系。

（二）声明实例简评

【例文】

中华人民共和国和俄罗斯联邦关于发展 新时代全面战略协作伙伴关系的联合声明

应俄罗斯联邦总统普京邀请，中华人民共和国主席习近平于2019年6月5日至
7日对俄罗斯进行国事访问并出席第二十三届圣彼得堡国际经济论坛。两国元首在莫
斯科举行会谈，习近平主席会见俄罗斯联邦政府总理德·阿·梅德韦杰夫。

中华人民共和国和俄罗斯联邦（以下称"双方"），声明如下：

一

2019 年是两国建交 70 周年，中俄双方均予以隆重庆祝。70 年来，两国关系走过不平凡的历程。双方汲取历史经验，立足两国和两国人民利益，致力于实现和平发展、合作共赢，推动中俄关系达到历史最好水平，树立了睦邻相处、合作共赢的典范。中俄关系牢固、稳定，不受外部环境干扰而改变，具有巨大的内生动力和广阔发展前景。

双方认为，当前中俄关系的主要特征是：

——高度的政治互信；

——完备的高层交往和各领域合作机制；

——内容丰富、具有战略意义的务实合作；

——坚实的世代友好民意基础；

——密切有效的国际协调。

双方确定了以下一系列指导两国关系的基本原则：

——相互尊重，平等信任；

——互帮互助，睦邻友好；

——相互支持，战略协作；

——互谅互让，合作共赢；

——不结盟、不对抗、不针对第三方。

双方将继续坚持上述原则，继续秉持 2001 年《中华人民共和国和俄罗斯联邦睦邻友好合作条约》宗旨以及其他双边关系文件精神，指导两国关系长远发展。

二

中俄关系进入新时代，迎来更大发展的新机遇。着眼世界形势变化，顺应两国人民共同愿望，为新形势下两国关系取得更大发展，双方宣布，将致力于发展中俄新时代全面战略协作伙伴关系。其内涵包括以下目标和方向：

——守望相助，相互给予更加坚定有力的战略支持，支持对方走自身发展道路和维护本国核心利益，保障两国各自安全、主权和领土完整。为此双方将进一步开展相关领域互信合作。

——深度融通，就国家发展战略对接进行密切协调和战略协作，拓展经贸和投资互利合作，民心更加友好相通，文化更加互鉴相融；

——开拓创新，不断丰富、完善双方合作理念、机制，开拓新的领域、项目、技术，更加全面挖掘两国关系潜力和发展动能；

——普惠共赢，进一步团结其他观点一致国家，维护以《联合国宪章》宗旨和原则为核心的国际秩序和国际体系，推动建设相互尊重、公平正义、合作共赢的新型国际关系，推动构建人类命运共同体，在各国平等参与全球治理、遵循国际法、保障平等和不可分割的安全、相互尊重和考虑彼此利益、摒弃对抗和冲突的基础上，秉持多边主义原则，解决国际和地区问题，在国际事务中主持公道，促进更加公正合理的多极世界的形成，惠及世界人民，实现合作共赢。

三

俄方支持"一带一路"倡议，中方支持在欧亚经济联盟框架内推动一体化进程。双方在推进"一带一路"建设与欧亚经济联盟对接方面加强协调行动。

中方支持建设大欧亚伙伴关系倡议。双方认为，"一带一路"倡议同大欧亚伙伴关系可以并行不悖，协调发展，共同促进区域组织、双多边一体化进程，造福欧亚大陆人民。

四

双方一致同意，将政治合作、安全合作、务实合作、人文交流、国际协作作为中俄全面战略协作伙伴关系的重点领域。为实现以上目标，双方将共同规划各领域合作原则、方向和具体举措，进一步充实中俄全面战略协作伙伴关系内涵。

政治合作

中俄关系将继续以牢固的政治信任为基石，发挥两国元首战略引领作用。双方将聚焦以下方面：

（一）通过年度互访、在重要多边场合举行双边会晤、元首热线、互致信函等方式，保持两国元首密切交往，对双边关系发展进行顶层设计和战略引领。

（二）充分发挥中俄总理定期会晤机制统筹和推动作用，保持经贸、投资、能源、人文、地方等领域政府间合作委员会高效运转。

（三）保持两国立法机构高层交往势头，用好议会间交流机制和友好小组对话平台，开展多层次、宽领域、全方位交往。

（四）支持中共中央办公厅与俄罗斯联邦总统办公厅作为双边交往的独特渠道，为保障两国元首交往、推动落实两国元首共识发挥更大作用。加强两办及相关部门全面合作。

（五）支持中国共产党与俄罗斯主要政党保持机制化友好往来，努力建立求同存异、相互尊重、互学互鉴的新型政党关系。

安全合作

中俄安全合作的目标是确保两国国家安全，为各自国家稳定发展创造有利条件，有效应对各类传统和新型安全威胁与挑战。

双方将采取以下措施：

（一）充分发挥战略安全磋商机制作用，巩固国家安全领域信任，绝不允许任何势力利用本国领土从事反对对方的活动；保持双方在重大国家安全问题上的密切沟通和协调配合；继续就发展道路和理念、治国理政经验、加强执政能力建设等开展对话。

（二）继续加强两国防务部门和军队战略沟通，深化军事互信，加强军技领域合作，开展联合军事演习，完善各层级各领域务实合作机制，推动两军关系提升至新水平。

（三）完善中俄执法安全合作机制，统筹协调、整体推进两国执法安全各领域合作。

（四）相互支持对方打击恐怖主义和极端主义的努力，加强在打击传播和宣传恐怖主义、极端主义思想及人员招募，切断恐怖组织物资、资金等来源等方面的合作，消除煽动恐怖主义行为，侦破各类威胁两国国家安全的恐怖活动。加强多边反恐领域的政策协调与建设性合作，推动国际社会建立以联合国为核心的全球反恐统一战线，反对在打击恐怖主义和极端主义问题上奉行"双重标准"，谴责利用恐怖和极端组织以及打击国际恐怖主义和极端主义实现地缘政治目的和干涉别国内政。

（五）加强禁毒领域立场协调、经验交流和务实合作，巩固双边禁毒合作机制，深化毒品减需减供情报交换、联合执法等领域交流合作。坚定维护基于联合国三大禁毒公约的现行国际禁毒体制，促进上海合作组织禁毒合作务实、可持续发展，推动金砖国家禁毒合作。

（六）扩大网络安全领域交流。进一步采取措施维护双方关键信息基础设施的安全和稳定。加强网络空间立法领域交流，共同推动遵照国际法和国内法规进行互联网治理的原则。反对以国家安全为借口，不必要地限制信息通信技术产品的市场准入，不必要地限制高新技术产品出口。在各国平等参与基础上维护网络空间和平与安全，推动构建全球信息网络空间治理秩序。继续开展工作，进一步推动在联合国框架下制定网络空间国家负责任行为准则，并推动制定具有普遍法律约束力的法律文件，打击将信息通信技术用于犯罪目的的行为。

（七）开展边境合作及边防部门协作，在进行不间断形势监控、信息交流以及开展边境地区务实联合行动实践的基础上，进一步强化两国边境主管部门间的务实合作，合力打击跨国犯罪和非法移民，保障国家边境稳定。同时遵守领土和边境不可侵犯的国际法原则，相互尊重主权和领土完整。

务实合作

中俄务实合作的目标是为双边关系奠定坚实的物质基础。双方将拓宽思路，创新模式，推动两国务实合作全面提质升级，实现利益深度交融、互利共赢。

双方商定落实下列任务：

（一）落实好双方《关于促进双边贸易高质量发展的备忘录》，持续提升双边贸易规模，优化贸易结构。深化电子商务、服务贸易领域合作，扩大投资和经济技术合作，推进战略性大项目实施，提高贸易和投资便利化水平，为双方经贸合作创造良好条件。双方支持中小企业扩大合作，为双边经贸合作注入新动力。

（二）继续深化上中下游全方位一体化能源合作，促进双方在节能技术、标准、人才、信息等方面交流与合作。支持中俄东线天然气管道项目年内举行投产及供气启动仪式。支持中俄能源商务论坛成为机制化活动。

落实好2018年6月8日达成的核领域一揽子合作项目。本着互利共赢的原则，在2016年11月7日签署的《中俄政府首脑关于深化和平利用核能领域战略合作的联合声明》基础上，继续深化和拓展和平利用核能领域合作，探讨可行的合作项目。

（三）持续深化两国投资合作，充分发挥中俄投资合作委员会统筹协调作用，进一步完善机制，加强两国经济领域发展战略、规划和政策对接。按照"企业主体、市场导向、商业运作、国际惯例"的原则共同推动更多投资合作项目落地。加强对中俄投资基金、中俄地区合作发展投资基金等双边合作基金的引导，提升金融支持和服务水平。加强对双方投资者合法权益的保护，营造更加公平、友好和稳定的营商环境。

（四）在中俄总理定期会晤委员会金融合作分委会框架内等开展两国政府部门和金融监管部门的合作。中俄金融监管部门将采取措施，提高外贸合同中使用本币结算的份额，开展支付系统、银行卡和保险领域合作，促进相互投资，欢迎两国发行人在双方金融市场发行债券。支持两国商业银行在机构互设、扩大代理行网络及金融产品创新方面的努力，鼓励双方金融机构积极参与两国债券市场交易。

（五）深化会计审计标准和审计监管合作，积极推进会计审计标准互认，为中俄企业跨境发债和两国金融市场互联互通提供制度保障。

（六）扩大科技创新合作深度和广度，决定2020年、2021年互办"中俄科技创新年"。继续定期举行中俄创新对话，推进中俄联合科技创新基金建设，推动中俄大科学合作，推动中国参与基于超导重离子加速器的离子对撞机装置项目实施，加强两国科技创新人才交流与合作。

（七）在实施中俄2018—2022年航天合作大纲的基础上拓展并深化两国航天领域长期互利合作，包括在运载火箭及发动机、月球与深空探测、对地观测、航天电子元器件、空间碎片监测、低轨卫星通信系统等重点领域的合作。

（八）加强信息通信技术、数字经济、无线电频率资源管理领域合作，深入开展北斗导航系统与俄罗斯格洛纳斯系统在轨位、频率方面的互换和合作。

积极落实民用航空、原材料、装备、无线电电子等领域合作项目，推动中俄工业务实合作再上新台阶。

（九）扩大并提升农业合作水平，深化农业投资合作。采取措施优化营商环境，支持两国企业开展大豆等农作物生产、加工、物流与贸易全产业链合作，落实好双方《中国东北地区和俄罗斯远东及贝加尔地区农业发展规划》《关于俄扩大大豆和豆制品输华的合作规划》。积极开展两国农产品食品相互市场准入合作，扩大双方优质农产品食品贸易。

（十）深化交通运输领域合作。坚持互利共赢原则，新建和改造现有跨境交通基础设施，推动铁路、界河桥梁等领域标志性重大合作项目落地实施。加强两国间跨境运输合作，推进运输通关便利化，提高运输服务质量效率。

（十一）加强海关检验检疫、口岸运行全方位务实合作，不断提升口岸基础设施同步配套建设水平，优化口岸通关环境，开展海关必要信息交换。

（十二）推动中俄北极可持续发展合作，在遵循沿岸国家权益基础上扩大北极航道开发利用以及北极地区基础设施、资源开发、旅游、生态环保等领域合作。支持继续开展极地科研合作，推动实施北极联合科考航次和北极联合研究项目。继续开展中俄在"北极——对话区域"国际北极论坛内的协作。

（十三）提升在自然灾害防治和紧急救灾领域，包括自然灾害和生产安全事故后续处理方面合作的水平和质量，促进在该领域的国际合作。加强跨界水体保护、环境灾害应急联络、生物多样性保护、应对气候变化、固废处理等领域合作。

（十四）本着睦邻友好合作精神继续发展中俄边界领域务实合作，加强协调，促进两国边境地区的经济社会发展。

（十五）扩大中俄地方交流，持续深化地方间经贸合作，落实好《中俄在俄罗斯远东地区合作发展规划（2018—2024 年）》，丰富中俄地方合作交流年成果。研究建立并运行新的地方合作平台。用好中国国际进口博览会、中俄博览会、中国—东北亚博览会、圣彼得堡国际经济论坛、东方经济论坛等重点展会平台，推动扩大合作。

（十六）积极推进"一带一路"建设与欧亚经济联盟对接。推动在中华人民共和国政府同欧亚经济委员会间建立有效对话机制。切实推动符合中国、欧亚经济联盟及其成员国利益的优先项目。

确保 2018 年 5 月 17 日签署的《中华人民共和国与欧亚经济联盟经贸合作协定》早日生效并启动实施。双方主张启动中俄《欧亚经济伙伴关系协定》谈判。

双方高度评价 2019 年 4 月 25 日至 27 日在北京举办的第二届"一带一路"国际合作高峰论坛。论坛期间各方就在对接现有国家及地区一体化战略和项目基础上进一步加强欧亚地区建设性合作达成重要共识。

（十七）继续深化双边领事合作，加强在该领域交流，积极推动中俄人员往来进一步便利化。

人文交流

中俄人文交流的目标是传承世代友好，巩固民间友好往来，促进文明互学互鉴。为进一步发展人文交流，双方将采取以下措施：

（一）发挥中俄人文合作委员会统筹作用，落实《中俄人文合作行动计划》。

（二）在以下人文交流合作领域加快实现突破：师生学术交流；利用远程教育技术等开展汉语、俄语教学；在基础教育、中等职业及补充教育、青少年交流领域共同举办活动。根据数量对等原则相互提供到对方国家高校公费留学的名额。互派优秀学生到对方国家就读优势专业，实现 2020 年相互留学交流 10 万人目标；完善在华俄语中心和在俄孔子学院等汉语学习中心运行模式。

打造青少年交流品牌。在中俄百名青年互访项目框架内继续开展双方交流实践，促进国际青少年运动，增加中俄青少年组织间交流活动及项目数量，落实《中俄青少年世代友好宣言》。

（三）加快推进深圳北理莫斯科大学建设，支持两国高校、大学联盟联合研究机构在科技优先领域开展科研联合攻关、优质资源共享和高水平人才联合培养。持续支持和推广"中俄青年创业孵化器"交流项目，促进落实两国青年创业计划，培养两国青年创新创业人才。

（四）在卫生领域积极协作，包括继续在应对自然、人为、防疫卫生领域突发情况及医疗后果消除等领域加强合作。实现人类健康基本目标，扩大卫生服务覆盖范围，在非传染性疾病和社会卫生领域开展协作。在中俄医科大学联盟和专业医学协会框架下加强科研合作，鼓励两国对口医学组织间的直接交流与合作。

继续拓展双方在传染性疾病诊治和防控领域合作。提高中俄相关组织机构在危险病毒性疾病和自然疫源性传染病研究监控、人类健康环境因素影响风险评估方面的学术协作水平。

（五）支持并促进两国专业艺术院团、剧院、图书馆、博物馆等文化机构建立直接联系并深化合作，进一步支持莫斯科中国文化中心和北京俄罗斯文化中心活动，加强地方文化交流合作，推动两国文化艺术领域人才培训和交流，就开展文化产业领域合作进行深入研究。

（六）深化体育交流与合作，办好中俄夏季青少年运动会和冬季青少年运动会、"丝绸之路"国际汽车拉力赛、"丝路杯"冰球联赛等品牌体育交流活动。在冬奥会备战方面加强合作，共同提高冬季运动水平。俄方支持中方举办2022年第二十四届冬奥会。中方将为俄罗斯运动员冬奥会前夕及举办期间在华停留提供良好条件。

（七）推动两国媒体机构合作，客观全面报道重大国际事件。支持两国媒体开展专业对话交流，举办相关主题活动。加强双方新媒体（网媒）之间的全方位、多形式合作，促进两国人民对中俄文化杰出成果认知，为发展中俄协作及伙伴关系营造良好社会氛围。

（八）促进两国国家旅游部门协作，采取措施简化旅行手续，推动落实扩大双向旅游交流的措施，提升旅游服务质量和安全性，鼓励拓展旅游新形式，包括北极旅游、汽车旅游、主题旅游等。重点推动两国主管部门合作，协调管理旅游市场，保护游客合法权益。

（九）推动两国林业和自然保护部门合作，继续深化东北虎、东北豹等珍稀濒危野生动植物和迁徙候鸟保护合作。加强自然保护区合作，特别是东北虎豹跨境自然保护区合作，联合开展巡护和东北虎豹监测，共同开展生态廊道建设，保障东北虎豹在中俄边界实现自由迁徙。为增进两国人民友谊，中方向俄方提供一对大熊猫，双方将在大熊猫保护、繁育等方面开展合作与联合研究。

（十）加强沟通，扩大合作，深入推进双方在彼此境内的烈士纪念设施修缮保护工作。

（十一）继续发挥中俄友好、和平与发展委员会作为两国民间交往主渠道的作用，以今年庆祝中俄建交70周年为中心，积极推动开展更多民间交流活动，巩固好两国社会和民意基础。

国际协作

中俄国际协作的宗旨是体现双方作为世界大国和安理会常任理事国的使命和担当，致力于维护世界和平稳定和国际公平，促进尊重国际法，推动国际关系民主化，推动国际秩序朝更加公正合理的方向发展。双方将在以下方面开展合作：

（一）本着多边主义的理念，坚定维护以联合国为核心的国际体系、以国际法为基础的国际秩序。坚持《联合国宪章》宗旨和原则，包括主权平等和不干涉内政，以广泛国际合作为依托，推进全球治理改革，支持多边贸易体制，推动构建更加公平均衡稳定的新型国际格局，为世界各国和人民进一步发展提供机遇。金砖国家对形成多极世界格局，构建更加公正、多边、民主、平等的国际体系所作的贡献日益凸显，要有效发挥金砖国家作用，包括金砖国家成员国驻联合国和其他主要多边平台代表举行定期对话。

（二）致力于提高联合国及其安理会运转效率，根据《联合国宪章》，支持对联合国及其安理会进行必要、合理的改革，以全面履行《联合国宪章》。安理会改革应优先增加发展中国家的代表性和发言权，使广大中小国家有更多机会轮流进入安理会并参与决策。各方应通过广泛、民主协商，继续就联合国及其安理会改革问题开展探讨，不人为设置时限，不强推不成熟的改革方案，寻求兼顾各方利益和关切的"一揽子"解决方案。

（三）致力于全面落实 2030 年可持续发展议程，平衡协调推进经济、社会和环境三大领域的公平、包容、开放、全面、创新和可持续发展。支持联合国在协调评估全球落实 2030 年议程方面发挥重要作用，认为有必要通过改革联合国发展系统等方式增强支持会员国落实 2030 年议程的能力。

（四）加强国际合作共同应对气候变化、生物多样性等全球性环境问题。双方欢迎《联合国气候变化框架公约》第 24 次缔约方会议如期达成《巴黎协定》实施细则，将进一步加强气候行动。中方欢迎俄方积极参与并支持中国将于 2020 年承办的《生物多样性公约》第 15 次缔约方大会。

（五）推动联合国人权机制平等对待各类人权，在发展中国家重视的经社文权利和发展权方面加大投入。继续共同致力于反对将国际人权议程政治化，反对采取"双重标准"政策，反对以人权为借口干涉主权国家内政，反对企图淡化联合国人权机构为政府间机构的属性，反对歪曲篡改历史，颠覆现行国际关系和国际法体系。

（六）坚定维护遵守国际人道法有关准则，以及联大第 46/182 号决议规定的危机情况下提供人道主义救援的基本原则。

（七）采取共同措施防止外空军备竞赛，防止外空演变成军事冲突疆域。在此背景下双方强调，禁止在外空部署任何武器有助于防止国际和平与安全受到严重威胁。强调首先应严格遵守关于和平利用外空的现行国际协定，维护世界和平与安全，发展国际合作，扩大共识。

制定具有法律约束力的多边文书，确保不在外空部署任何类型武器。双方强调，裁军谈判会议是举行多边裁军谈判的唯一场所，在全面防止外空军备竞赛国际协定谈判中发挥关键作用。

推动在联合国构建保障外空活动长期稳定和外空行动安全的多边机制。

采取共同措施推动做出关于"不首先在外空部署武器"政治承诺的国际倡议。双方相信，正在实践中的透明和信任措施有助于防止在外空部署武器，但不能取代外空国际法律文书谈判。

遵守并强化《禁止发展、生产及储存细菌（生物）及毒素武器和销毁此种武器公约》（《公约》），包括通过达成含有有效核查机制的议定书等方式，共同杜绝违反

《公约》活动。同时，任何针对《公约》的决定只能在各方普遍参与的情况下进行讨论、制定并通过。

推动裁军谈判会议尽快就通过"制止生化恐怖主义行为国际公约"开始多边谈判。

加强核不扩散领域合作。共同维护《不扩散核武器条约》作为核不扩散体系基础的有效性和权威性。

（八）加强反腐败国际治理，支持根据《联合国反腐败公约》开展预防和打击腐败方面的国际合作。

（九）反对包括单边贸易制裁在内的任何形式的保护主义，维护并巩固以世界贸易组织核心作用和规则为基础的开放、透明、包容、非歧视的多边贸易体制。积极参与世贸组织框架内工作，探索完善农业、投资便利化、服务领域国内规则、中小微企业活动、电子商务和贸易救济措施等领域现行规则并研究制定新的非歧视多边贸易规则，在世贸组织谈判中就符合各方利益的问题形成合力。为巩固世贸组织作用，使其适应当代经济现状和挑战，推动世贸组织进行必要改革，提高监督、谈判和争端解决三项关键职能的工作效率。改革过程中应着眼维护世贸组织核心价值和基本原则。

（十）反对国际经贸合作中的政治垄断和货币讹诈，谴责个别国家企图掌控别国开展正当合作的必要性和尺度，以及操纵全球不扩散制度，向不合其心意的国家施压。

（十一）合作保持国际货币金融体系改革动力，推动按照既定时间表完成国际货币基金组织第15轮份额总检查，提升新兴市场和发展中国家的代表性和发言权。

（十二）同上海合作组织各成员国继续共同努力，进一步发挥上海合作组织作为有影响力的现代国际关系体系参与者和保障地区安全、可持续发展、高效地区协作的积极因素作用，促进多极平衡世界的形成，维护平等、不可分割、综合、可持续的安全与稳定。

秉持"上海精神"所倡导的互信、互利、平等、协商、尊重多样文明、谋求共同发展，进一步深化上海合作组织成员国在政治、经济、安全和人文交流领域的合作。

在2019—2020年俄罗斯担任上海合作组织主席国期间重点协作解决上述任务。

（十三）从经贸财金、政治安全、人文交流三大相互联系的方面，推动深化金砖战略伙伴关系。不断巩固金砖国家在世界政治和经济事务中的重要地位，通过落实历届金砖国家领导人会晤达成的各项共识，保障金砖国家合作延续性和稳定性。加强在新开发银行等多边开发机构中的协作，为可持续发展和基础设施建设提供支持。继续落实金砖国家经济伙伴战略和经贸合作行动纲领。通过建设金砖国家新工业革命伙伴关系等方式深化创新技术合作。积极运用金砖对话会和"金砖+"模式，扩大金砖国家与其他发展中国家、新兴市场国家及相关组织的合作。共同支持巴西办好金砖国家领导人第十一次会晤。

（十四）为巩固亚太地区国家关系机制运行的多边基础，深化在东亚峰会、东盟地区论坛、东盟防长扩大会等平台中的协作，加强在亚欧会议、亚洲合作对话、亚信、大图们倡议及其他地区机制框架内的合作，推动"中俄印"机制发展。

以严格遵守国际法准则为基础，以和平解决争端、不使用武力或以武力相威胁为原则，在东亚峰会框架内推动构建共同、综合、合作、可持续、平等不可分割安全以及开放包容透明的亚太地区安全架构。

（十五）支持二十国集团在全球经济治理和国际经济合作中发挥引领作用。致力于落实二十国集团历届峰会成果，坚持多边主义，构建开放型世界经济，维护并推动以世贸组织为核心、以规则为基础的多边贸易体制，反对包括单边贸易制裁在内的单边主义和保护主义，推进结构改革、数字经济、新技术应用、电子商务、可持续发展、气候变化、基础设施互联互通、国际金融体系改革、支持中小微企业、巩固全球价值链等领域国际合作，推动世界经济强劲、可持续、平衡、包容增长。推动金砖国家进一步加强在二十国集团事务中的协调合作。

（十六）坚持构建开放型亚太经济的大方向，推动亚太经合组织各领域合作取得积极务实成果，以世贸组织准则和原则为基础，促进亚太地区国家开展自由贸易，发展主要区域一体化平台协作，全面实施互联互通蓝图，促进数字经济发展，建设亚太自由贸易区，共同规划好 2020 年后合作愿景。

（十七）坚持朝鲜半岛无核化目标，强调对话协商是解决半岛问题的唯一有效途径。双方欢迎 2018 年以来朝鲜半岛形势发生的重大积极变化，积极评价有关各方为此做出的努力。认为政治解决半岛问题应坚持无核化换安全与发展的目标，综合平衡解决各方关切，并行推进半岛无核化和建立半岛和平机制。支持朝美保持对话，相向而行，推动对话不断取得进展。支持朝韩改善关系，继续推进和解合作。中俄将继续为推动政治解决半岛问题及建立本地区和平与安全机制做出建设性努力，愿共同推动安理会发挥应有积极作用。

（十八）强调叙利亚问题只能通过政治和外交手段解决，根据安理会第 2254 号决议，重申支持叙利亚主权、独立、统一和领土完整。尽快启动宪法委员会工作，通过联合国推动的"叙人主导、叙人所有"的包容性政治进程，寻求兼顾各方合理关切的政治解决方案。中俄欢迎阿斯塔纳担保国在改善叙利亚局势方面所作努力，重申应打击叙利亚境内包括被联合国安理会列名恐怖组织在内的所有恐怖组织，强调叙利亚重建的迫切性，就排雷等向叙提供协助，并愿就此加强沟通协调，强调难民尽快回国和境内流离失所者重返家园的重要性。

（十九）伊朗核问题全面协议的意义重大、不可替代，根据联合国安理会第 2231 号决议和《联合国宪章》第 25 条规定，坚定支持稳步、全面落实有关协议。双方高度评价伊朗严格执行伊核问题全面协议所有相关要求并得到国际原子能机构多次确认，期待伊朗核问题全面协议参与方同样认真负责地对待自身义务，以如期全面达成协议的崇高目标。双方强调，必须维护对伊互利经贸合作，重申坚决反对任何国家以本国法律为由实施单边制裁和"长臂管辖"。

（二十）继续在双边和多边框架内密切协作，推动阿富汗民族和解与局势稳定。

（二十一）就拉美事务保持磋商，在各自发展同拉美和加勒比国家关系过程中重视加强沟通协作，进一步做出共同努力，促进该地区稳定繁荣。密切关注委内瑞拉局势发展，呼吁各方恪守《联合国宪章》、国际法和国际关系准则，坚持不干涉内政原则，推动有关问题通过包容政治对话和平解决，反对对委内瑞拉进行军事干涉。

（二十二）就非洲事务加强沟通协调，维护国际对非合作的积极、健康氛围，共同为非洲和平与发展做出更大贡献。在充分尊重非洲国家意愿和循序渐进基础上，继续探讨开展在非三方合作。

（二十三）强调巴勒斯坦问题是中东地区诸多问题的根源，支持建立以1967年边界为基础、以东耶路撒冷为首都、拥有完全主权的、独立、具有发展前景的巴勒斯坦国。呼吁有关各方避免采取有损"两国方案"前景的行动，在联合国有关决议、马德里原则、"阿拉伯和平倡议"等现行国际法基础上，通过政治和外交途径，推动早日恢复谈判，实现中东问题的全面、公正、持久解决。

中华人民共和国主席　　　　　　　　　俄罗斯联邦总统

习近平（签字）　　　　　　　　　　弗·弗·普京（签字）

二〇一九年六月五日于莫斯科

【简评】

这篇例文由标题、题注、正文三大部分组成。标题直指主题，即"中华人民共和国和俄罗斯联邦关于发展新时代全面战略协作伙伴关系的联合声明"一事。正文分条阐述了两国发展新时代全面战略协作伙伴关系的相关内容，且每一部分与主旨搭界的程度都非常高。

外事联合声明的写作中，大都使用"双方……"这种模式化词语。这样的写作方法在起到提纲挈领作用的同时，也比较深入地表明了两国在深化全面战略合作上所达成的共识。因此，规范的形式带来了内容表述到位的功效。

（三）声明写作小结

（1）用语要规范。撰拟和发表声明的时候，用语要郑重、严肃。有的单位出于对侵权行为的义愤之情，在发表声明时使用了"本单位一经发现仍有侵权行为发生，必将严惩不贷"等语句，实属不当。因为，被侵权单位有权依法起诉侵权者，但却无权对侵权方进行惩罚制裁。所以，在撰拟声明时，除应遵循公文写作一般用语要求外，还应考虑声明在用语方面的特殊要求。

（2）态度要鲜明。一般而言，声明的正文篇幅都比较短小。欲在较短篇幅内表明行文目的，就必须简洁、明了地表明发表声明主体的态度。否则，拖沓冗长必将削弱其郑重、警示之作用。

参考文献

［1］桂维民，岳海翔.公文写作［M］.西安：陕西人民出版社，2012.

［2］岳海翔，丁洪荣.新编公文写作一点通［M］.北京：中国文史出版社，2012.

［3］杨桐等.公文处理规范［M］.北京：中国人事出版社，2013.

［4］高永贵.公文写作与处理［M］.北京：北京大学出版社，2013.

［5］曾跃林.现代公文写作［M］.重庆：西南师范大学出版社，2013.

［6］冯惠玲.电子文件管理100问［M］.北京：中国人民大学出版社，2013.

［7］丁洪荣.公文语言与修辞［M］.北京：经济科学出版社，2014.

［8］倪丽娟.文书学［M］.3版.北京：高等教育出版社，2014.

［9］张晓青.中国公文史学［M］.北京：经济科学出版社，2014.

［10］王凯等.行政公文写作［M］.北京：中国纺织出版社，2014.

［11］张庆儒.公文处理学［M］.2版.北京：高等教育出版社，2014

［12］柳新华等.电子公文撰制［M］.北京：经济科学出版社，2014.

［13］张创新.机关公文写作［M］.2版.北京：中国人民大学出版社，2014.

［14］郭学利等.秘书文书档案管理［M］.北京：清华大学出版社，2015.

［15］冯春等.公文写作［M］.2版.北京：北京大学出版社，2015.

［16］张勇等.实用文书写作［M］.北京：中国人民大学出版社，2015.

［17］付传等，行政公文写作［M］.北京 & 哈尔滨：北京大学出版社；黑龙江大学出版社，2017.

附录一

党政机关公文处理工作条例

（2012年4月16日由中共中央办公厅和国务院办公厅
用中办发〔2012〕14号通知联合发布，自2012年7月1日起实施）

第一章　总则

为了适应中国共产党机关和国家行政机关（以下简称党政机关）工作需要，推进党政机关公文处理工作科学化、制度化、规范化，制定本条例。

本条例适用于各级党政机关公文处理工作。

党政机关公文是党政机关实施领导、履行职能、处理公务的具有特定效力和规范体式的文书，是传达贯彻党和国家的方针政策，公布法规和规章，指导、布置和商洽工作，请示和答复问题，报告、通报和交流情况等的重要工具。

公文处理工作是指公文拟制、办理、管理等一系列相互关联、衔接有序的工作。

公文处理工作应当坚持实事求是、准确规范、精简高效、安全保密的原则。

各级党政机关应当高度重视公文处理工作，加强组织领导，强化队伍建设，设立文秘部门或者由专人负责公文处理工作。

各级党政机关办公厅（室）主管本机关的公文处理工作，并对下级机关的公文处理工作进行业务指导和督促检查。

第二章　公文种类

公文种类主要有：

（一）决议。适用于会议讨论通过的重大决策事项。

（二）决定。适用于对重要事项做出决策和部署、奖惩有关单位和人员、变更或者撤销下级机关不适当的决定事项。

（三）命令（令）。适用于公布行政法规和规章、宣布施行重大强制性措施、批准授予和晋升衔级、嘉奖有关单位和人员。

（四）公报。适用于公布重要决定或者重大事项。

（五）公告。适用于向国内外宣布重要事项或者法定事项。

（六）通告。适用于在一定范围内公布应当遵守或者周知的事项。

（七）意见。适用于对重要问题提出见解和处理办法。

（八）通知。适用于发布、传达要求下级机关执行和有关单位周知或者执行的事项，批转、转发公文。

（九）通报。适用于表彰先进、批评错误、传达重要精神和告知重要情况。

（十）报告。适用于向上级机关汇报工作、反映情况，回复上级机关的询问。

（十一）请示。适用于向上级机关请求指示、批准。

（十二）批复。适用于答复下级机关请示事项。

（十三）议案。适用于各级人民政府按照法律程序向同级人民代表大会或者人民代表大会常务委员会提请审议事项。

（十四）函。适用于不相隶属机关之间商洽工作、询问和答复问题、请求批准和答复审批事项。

（十五）纪要。适用于记载会议主要情况和议定事项。

第三章　公文格式

公文一般由份号、密级和保密期限、紧急程度、发文机关标志、发文字号、签发人、标题、主送机关、正文、附件说明、发文机关署名、成文日期、印章、附注、附件、抄送机关、印发机关和印发日期、页码等组成。

（一）份号。公文印制份数的顺序号。涉密公文应当标注份号。

（二）密级和保密期限。公文的秘密等级和保密的期限。涉密公文应当根据涉密程度分别标注"绝密"、"机密"、"秘密"和保密期限。

（三）紧急程度。公文送达和办理的时限要求。根据紧急程度，紧急公文应当分别标注"特急"、"加急"，电报应当分别标注"特提"、"特急"、"加急"、"平急"。

（四）发文机关标志。由发文机关全称或者规范化简称加"文件"二字组成，也可以使用发文机关全称或者规范化简称。联合行文时，发文机关标志可以并用联合发文机关名称，也可以单独用主办机关名称。

（五）发文字号。由发文机关代字、年份、发文顺序号组成。联合行文时，使用主办机关的发文字号。

（六）签发人。上行文应当标注签发人姓名。

（七）标题。由发文机关名称、事由和文种组成。

（八）主送机关。公文的主要受理机关，应当使用机关全称、规范化简称或者同类型机关统称。

（九）正文。公文的主体，用来表述公文的内容。

（十）附件说明。公文附件的顺序号和名称。

（十一）发文机关署名。署发文机关全称或者规范化简称。

（十二）成文日期。署会议通过或者发文机关负责人签发的日期。联合行文时，署最后签发机关负责人签发的日期。

（十三）印章。公文中有发文机关署名的，应当加盖发文机关印章，并与署名机关相符。有特定发文机关标志的普发性公文和电报可以不加盖印章。

（十四）附注。公文印发传达范围等需要说明的事项。

（十五）附件。公文正文的说明、补充或者参考资料。

（十六）抄送机关。除主送机关外需要执行或者知晓公文内容的其他机关，应当使用机关全称、规范化简称或者同类型机关统称。

（十七）印发机关和印发日期。公文的送印机关和送印日期。

（十八）页码。公文页数顺序号。

公文的版式按照《党政机关公文格式》国家标准执行。

公文使用的汉字、数字、外文字符、计量单位和标点符号等，按照有关国家标准和规定执行。民族自治地方的公文，可以并用汉字和当地通用的少数民族文字。

公文用纸幅面采用国际标准 A4 型。特殊形式的公文用纸幅面，根据实际需要确定。

<h2 style="text-align:center">第四章　行文规则</h2>

行文应当确有必要，讲求实效，注重针对性和可操作性。

行文关系根据隶属关系和职权范围确定。一般不得越级行文，特殊情况需要越级行文的，应当同时抄送被越过的机关。

向上级机关行文，应当遵循以下规则：

（一）原则上主送一个上级机关，根据需要同时抄送相关上级机关和同级机关，不抄送下级机关。

（二）党委、政府的部门向上级主管部门请示、报告重大事项，应当经本级党委、政府同意或者授权；属于部门职权范围内的事项应当直接报送上级主管部门。

（三）下级机关的请示事项，如需以本机关名义向上级机关请示，应当提出倾向性意见后上报，不得原文转报上级机关。

（四）请示应当一文一事。不得在报告等非请示性公文中夹带请示事项。

（五）除上级机关负责人直接交办事项外，不得以本机关名义向上级机关负责人报送公文，不得以本机关负责人名义向上级机关报送公文。

（六）受双重领导的机关向一个上级机关行文，必要时抄送另一个上级机关。

向下级机关行文，应当遵循以下规则：

（一）主送受理机关，根据需要抄送相关机关。重要行文应当同时抄送发文机关的直接上级机关。

（二）党委、政府的办公厅（室）根据本级党委、政府授权，可以向下级党委、政府行文，其他部门和单位不得向下级党委、政府发布指令性公文或者在公文中向下级党委、政府提出指令性要求。需经政府审批的具体事项，经政府同意后可以由政府职能部门行文，文中须注明已经政府同意。

（三）党委、政府的部门在各自职权范围内可以向下级党委、政府的相关部门行文。

（四）涉及多个部门职权范围内的事务，部门之间未协商一致的，不得向下行文；擅自行文的，上级机关应当责令其纠正或者撤销。

（五）上级机关向受双重领导的下级机关行文，必要时抄送该下级机关的另一个上级机关。

同级党政机关、党政机关与其他同级机关必要时可以联合行文。属于党委、政府各自职权范围内的工作，不得联合行文。

党委、政府的部门依据职权可以相互行文。

部门内设机构除办公厅（室）外不得对外正式行文。

第五章　公文拟制

公文拟制包括公文的起草、审核、签发等程序。

公文起草应当做到：

（一）符合党的理论路线方针政策和国家法律法规，完整准确体现发文机关意图，并同现行有关公文相衔接。

（二）一切从实际出发，分析问题实事求是，所提政策措施和办法切实可行。

（三）内容简洁，主题突出，观点鲜明，结构严谨，表述准确，文字精练。

（四）文种正确，格式规范。

（五）深入调查研究，充分进行论证，广泛听取意见。

（六）公文涉及其他地区或者部门职权范围内的事项，起草单位必须征求相关地区或者部门意见，力求达成一致。

（七）机关负责人应当主持、指导重要公文起草工作。

公文文稿签发前，应当由发文机关办公厅（室）进行审核。审核的重点是：

（一）行文理由是否充分，行文依据是否准确。

（二）内容是否符合党的理论路线方针政策和国家法律法规；是否完整准确体现发文机关意图；是否同现行有关公文相衔接；所提政策措施和办法是否切实可行。

（三）涉及有关地区或者部门职权范围内的事项是否经过充分协商并达成一致意见。

（四）文种是否正确，格式是否规范；人名、地名、时间、数字、段落顺序、引文等是否准确；文字、数字、计量单位和标点符号等用法是否规范。

（五）其他内容是否符合公文起草的有关要求。

需要发文机关审议的重要公文文稿，审议前由发文机关办公厅（室）进行初核。

经审核不宜发文的公文文稿，应当退回起草单位并说明理由；符合发文条件但内容需作进一步研究和修改的，由起草单位修改后重新报送。

公文应当经本机关负责人审批签发。重要公文和上行文由机关主要负责人签发。党委、政府的办公厅（室）根据党委、政府授权制发的公文，由受权机关主要负责人签发或者按照有关规定签发。签发人签发公文，应当签署意见、姓名和完整日期；圈阅或者签名的，视为同意。联合发文由所有联署机关的负责人会签。

第六章　公文办理

公文办理包括收文办理、发文办理和整理归档。

收文办理主要程序是：

（一）签收。对收到的公文应当逐件清点，核对无误后签字或者盖章，并注明签收时间。

（二）登记。对公文的主要信息和办理情况应当详细记载。

（三）初审。对收到的公文应当进行初审。初审的重点是：是否应当由本机关办理，是否符合行文规则，文种、格式是否符合要求，涉及其他地区或者部门职权范围内的事项是否已经协商、会签，是否符合公文起草的其他要求。经初审不符合规定的公文，应当及时退回来文单位并说明理由。

（四）承办。阅知性公文应当根据公文内容、要求和工作需要确定范围后分送。批办性公文应当提出拟办意见报本机关负责人批示或者转有关部门办理；需要两个以上部门办理的，应当明确主办部门。紧急公文应当明确办理时限。承办部门对交办的公文应当及时办理，有明确办理时限要求的应当在规定时限内办理完毕。

（五）传阅。根据领导批示和工作需要将公文及时送传阅对象阅知或者批示。办理公文传阅应当随时掌握公文去向，不得漏传、误传、延误。

（六）催办。及时了解掌握公文的办理进展情况，督促承办部门按期办结。紧急公文或者重要公文应当由专人负责催办。

（七）答复。公文的办理结果应当及时答复来文单位，并根据需要告知相关单位。

发文办理主要程序是：

（一）复核。已经发文机关负责人签批的公文，印发前应当对公文的审批手续、内容、文种、格式等进行复核；需作实质性修改的，应当报原签批人复审。

（二）登记。对复核后的公文，应当确定发文字号、分送范围和印制份数并详细记载。

（三）印制。公文印制必须确保质量和时效。涉密公文应当在符合保密要求的场所印制。

（四）核发。公文印制完毕，应当对公文的文字、格式和印刷质量进行检查后分发。

涉密公文应当通过机要交通、邮政机要通信、城市机要文件交换站或者收发件机关机要收发人员进行传递，通过密码电报或者符合国家保密规定的计算机信息系统进行传输。

需要归档的公文及有关材料，应当根据有关档案法律法规以及机关档案管理规定，及时收集齐全、整理归档。两个以上机关联合办理的公文，原件由主办机关归档，相关机关保存复制件。机关负责人兼任其他机关职务的，在履行所兼职务过程中形成的公文，由其兼职机关归档。

第七章　公文管理

各级党政机关应当建立健全本机关公文管理制度，确保管理严格规范，充分发挥公文效用。

党政机关公文由文秘部门或者专人统一管理。设立党委（党组）的县级以上单位应当建立机要保密室和机要阅文室，并按照有关保密规定配备工作人员和必要的安全保密设施设备。

公文确定密级前，应当按照拟定的密级先行采取保密措施。确定密级后，应当按照所定密级严格管理。绝密级公文应当由专人管理。

公文的密级需要变更或者解除的，由原确定密级的机关或者其上级机关决定。

公文的印发传达范围应当按照发文机关的要求执行；需要变更的，应当经发文机关批准。

涉密公文公开发布前应当履行解密程序。公开发布的时间、形式和渠道，由发文机关确定。

经批准公开发布的公文，同发文机关正式印发的公文具有同等效力。

复制、汇编机密级、秘密级公文，应当符合有关规定并经本机关负责人批准。绝密级公文一般不得复制、汇编，确有工作需要的，应当经发文机关或者其上级机关批准。复制、汇编的公文视同原件管理。

复制件应当加盖复制机关戳记。翻印件应当注明翻印的机关名称、日期。汇编本的密级按照编入公文的最高密级标注。

公文的撤销和废止，由发文机关、上级机关或者权力机关根据职权范围和有关法律法规决定。公文被撤销的，视为自始无效；公文被废止的，视为自废止之日起失效。

涉密公文应当按照发文机关的要求和有关规定进行清退或者销毁。

不具备归档和保存价值的公文，经批准后可以销毁。销毁涉密公文必须严格按照有关规定履行审批登记手续，确保不丢失、不漏销。个人不得私自销毁、留存涉密公文。

机关合并时，全部公文应当随之合并管理；机关撤销时，需要归档的公文经整理后按照有关规定移交档案管理部门。

工作人员离岗离职时，所在机关应当督促其将暂存、借用的公文按照有关规定移交、清退。

新设立的机关应当向本级党委、政府的办公厅（室）提出发文立户申请。经审查符合条件的，列为发文单位，机关合并或者撤销时，相应进行调整。

第八章 附则

党政机关公文含电子公文。电子公文处理工作的具体办法另行制定。

法规、规章方面的公文，依照有关规定处理。外事方面的公文，依照外事主管部门的有关规定处理。

其他机关和单位的公文处理工作，可以参照本条例执行。

本条例由中共中央办公厅、国务院办公厅负责解释。

本条例自 2012 年 7 月 1 日起施行。1996 年 5 月 3 日中共中央办公厅发布的《中国共产党机关公文处理条例》和 2000 年 8 月 24 日国务院发布的《国家行政机关公文处理办法》停止执行。

附录二

党政机关公文格式

（中华人民共和国国家标准 GB/T 9704—2012）

本标准规定了党政机关公文通用的纸张要求、排版和印制装订要求、公文格式各要素的编排规则，并给出了公文的式样。

本标准适用于各级党政机关制发的公文。其他机关和单位的公文可以参照执行。

使用少数民族文字印制的公文，其用纸、幅面尺寸及版面、印制等要求按照本标准执行，其余可以参照本标准并按照有关规定执行。

下列文件对于本标准的应用是必不可少的。凡是注日期的引用文件，仅所注日期的版本适用于本标准。凡是不注日期的引用文件，其最新版本（包括所有的修改单）适用于本标准。

GB/T 148 印刷、书写和绘图纸幅面尺寸

GB 3100 国际单位制及其应用

GB 3101 有关量、单位和符号的一般原则

GB 3102 （所有部分）量和单位

GB/T 15834 标点符号用法

GB/T 15835 出版物上数字用法

下列术语和定义适用于本标准。

3.1 字

标示公文中横向距离的长度单位。在本标准中，一字指一个汉字宽度的距离。

3.2 行

标示公文中纵向距离的长度单位。在本标准中，一行指一个汉字的高度加 3 号汉字高度的 7/8 的距离。

公文用纸一般使用纸张定量为 60 g/m—80 g/m 的胶版印刷纸或复印纸。纸张白度 80%~90%，横向耐折度 ≥ 15 次，不透明度 ≥ 85%，pH 值为 7.5—9.5。

5.1 幅面尺寸

公文用纸采用 GB/T 148 中规定的 A4 型纸，其成品幅面尺寸为：210 mm × 297 mm。

GB/T 9704—2012 党政机关公文格式

5.2 版面

5.2.1 页边与版心尺寸

公文用纸天头（上白边）为 37 mm ± 1 mm，公文用纸订口（左白边）为

28 mm ± 1 mm，版心尺寸为 156 mm × 225 mm。

5.2.2 字体和字号

如无特殊说明，公文格式各要素一般用 3 号仿宋体字。特定情况可以作适当调整。

5.2.3 行数和字数

一般每面排 22 行，每行排 28 个字，并撑满版心。特定情况可以作适当调整。

5.2.4 文字的颜色

如无特殊说明，公文中文字的颜色均为黑色。

6.1 制版要求

版面干净无底灰，字迹清楚无断划，尺寸标准，版心不斜，误差不超过 1 mm。

6.2 印刷要求

双面印刷；页码套正，两面误差不超过 2 mm。黑色油墨应当达到色谱所标 BL100%，红色油墨应当达到色谱所标 Y80%、M80%。印品着墨实、均匀；字面不花、不白、无断划。

6.3 装订要求

公文应当左侧装订，不掉页，两页页码之间误差不超过 4 mm，裁切后的成品尺寸允许误差 ±2 mm，四角成 90°，无毛茬或缺损。

骑马订或平订的公文应当：

a）订位为两钉外订眼距版面上下边缘各 70 mm 处，允许误差 ±4 mm；

b）无坏钉、漏钉、重钉，钉脚平伏牢固；

c）骑马订钉锯均订在折缝线上，平订钉锯与书脊间的距离为 3 mm—5 mm。

包本装订公文的封皮（封面、书脊、封底）与书芯应吻合、包紧、包平、不脱落。

7.1 公文格式各要素的划分

本标准将版心内的公文格式各要素划分为版头、主体、版记三部分。公文首页红色分隔线以上的部分称为版头；公文首页红色分隔线（不含）以下、公文末页首条分隔线（不含）以上的部分称为主体；公文末页首条分隔线以下、末条分隔线以上的部分称为版记。

页码位于版心外。

7.2 版头

7.2.1 份号

如需标注份号，一般用 6 位 3 号阿拉伯数字，顶格编排在版心左上角第一行。

7.2.2 密级和保密期限

如需标注密级和保密期限，一般用 3 号黑体字，顶格编排在版心左上角第二行；保密期限中的数字用阿拉伯数字标注。

7.2.3 紧急程度

如需标注紧急程度，一般用 3 号黑体字，顶格编排在版心左上角；如需同时标注份号、密级和保密期限、紧急程度，按照份号、密级和保密期限、紧急程度的顺序自上而下分行排列。

7.2.4 发文机关标志

由发文机关全称或者规范化简称加"文件"二字组成，也可以使用发文机关全称或者规范化简称。

发文机关标志居中排布，上边缘至版心上边缘为 35 mm，推荐使用小标宋体字，颜色为红色，以醒目、美观、庄重为原则。

联合行文时，如需同时标注联署发文机关名称，一般应当将主办机关名称排列在前；如有"文件"二字，应当置于发文机关名称右侧，以联署发文机关名称为准上下居中排布。

7.2.5 发文字号

编排在发文机关标志下空二行位置，居中排布。年份、发文顺序号用阿拉伯数字标注；年份应标全称，用六角括号"〔〕"括入；发文顺序号不加"第"字，不编虚位（即 1 不编为 01），在阿拉伯数字后加"号"字。

上行文的发文字号居左空一字编排，与最后一个签发人姓名处在同一行。

7.2.6 签发人

由"签发人"三字加全角冒号和签发人姓名组成，居右空一字，编排在发文机关标志下空二行位置。"签发人"三字用 3 号仿宋体字，签发人姓名用 3 号楷体字。

如有多个签发人，签发人姓名按照发文机关的排列顺序从左到右、自上而下依次均匀编排，一般每行排两个姓名，回行时与上一行第一个签发人姓名对齐。

7.2.7 版头中的分隔线

发文字号之下 4 mm 处居中印一条与版心等宽的红色分隔线。

7.3 主体

7.3.1 标题

一般用 2 号小标宋体字，编排于红色分隔线下空二行位置，分一行或多行居中排布；回行时，要做到词意完整，排列对称，长短适宜，间距恰当，标题排列应当使用梯形或菱形。

7.3.2 主送机关

编排于标题下空一行位置，居左顶格，回行时仍顶格，最后一个机关名称后标全角冒号。如主送机关名称过多导致公文首页不能显示正文时，应当将主送机关名称移至版记，标注方法见 7.4.2。

7.3.3 正文

公文首页必须显示正文。一般用 3 号仿宋体字，编排于主送机关名称下一行，每个自然段左空两字，回行顶格。文中结构层次序数依次可以用"一、""（一）""1.""（1）"标注；一般第一层用黑体字、第二层用楷体字、第三层和第四层用仿宋体字标注。

7.3.4 附件说明

如有附件，在正文下空一行左空两字编排"附件"二字，后标全角冒号和附件名称。如有多个附件，使用阿拉伯数字标注附件顺序号（如"附件：1.××××"）；附件名称后不加标点符号。附件名称较长需回行时，应当与上一行附件名称的首字对齐。

7.3.5 发文机关署名、成文日期和印章

7.3.5.1 加盖印章的公文

成文日期一般右空四字编排，印章用红色，不得出现空白印章。

单一机关行文时，一般在成文日期之上、以成文日期为准居中编排发文机关署名，印章端正、居中下压发文机关署名和成文日期，使发文机关署名和成文日期居印章中心偏下位置，印章顶端应当上距正文（或附件说明）一行之内。

联合行文时，一般将各发文机关署名按照发文机关顺序整齐排列在相应位置，并将印章一一对应、端正、居中下压发文机关署名，最后一个印章端正、居中下压发文机关署名和成文日期，印章之间排列整齐、互不相交或相切，每排印章两端不得超出版心，首排印章顶端应当上距正文（或附件说明）一行之内。

7.3.5.2 不加盖印章的公文

单一机关行文时，在正文（或附件说明）下空一行右空两字编排发文机关署名，在发文机关署名下一行编排成文日期，首字比发文机关署名首字右移二字，如成文日期长于发文机关署名，应当使成文日期右空两字编排，并相应增加发文机关署名右空字数。

联合行文时，应当先编排主办机关署名，其余发文机关署名依次向下编排。

7.3.5.3 加盖签发人签名章的公文

单一机关制发的公文加盖签发人签名章时，在正文（或附件说明）下空二行右空四字加盖签发人签名章，签名章左空两字标注签发人职务，以签名章为准上下居中排布。在签发人签名章下空一行右空四字编排成文日期。

联合行文时，应当先编排主办机关签发人职务、签名章，其余机关签发人职务、签名章依次向下编排，与主办机关签发人职务、签名章上下对齐；每行只编排一个机关的签发人职务、签名章；签发人职务应当标注全称。

签名章一般用红色。

7.3.5.4 成文日期中的数字

用阿拉伯数字将年、月、日标全，年份应标全称，月、日不编虚位（即1不编为01）。

7.3.5.5 特殊情况说明

当公文排版后所剩空白处不能容下印章或签发人签名章、成文日期时，可以采取调整行距、字距的措施解决。

7.3.6 附注

如有附注，居左空两字加圆括号编排在成文日期下一行。

7.3.7 附件

附件应当另面编排，并在版记之前，与公文正文一起装订。"附件"二字及附件顺序号用 3 号黑体字顶格编排在版心左上角第一行。附件标题居中编排在版心第三行。附件顺序号和附件标题应当与附件说明的表述一致。附件格式要求同正文。

如附件与正文不能一起装订，应当在附件左上角第一行顶格编排公文的发文字号并在其后标注"附件"二字及附件顺序号。

7.4 版记

7.4.1 版记中的分隔线

版记中的分隔线与版心等宽，首条分隔线和末条分隔线用粗线（推荐高度为 0.35 mm），中间的分隔线用细线（推荐高度为 0.25 mm）。首条分隔线位于版记中第一个要素之上，末条分隔线与公文最后一面的版心下边缘重合。

7.4.2 抄送机关

如有抄送机关，一般用 4 号仿宋体字，在印发机关和印发日期之上一行、左右各空一字编排。"抄送"二字后加全角冒号和抄送机关名称，回行时与冒号后的首字对齐，最后一个抄送机关名称后标句号。

如需把主送机关移至版记，除将"抄送"二字改为"主送"外，编排方法同抄送机关。既有主送机关又有抄送机关时，应当将主送机关置于抄送机关之上一行，之间不加分隔线。

7.4.3 印发机关和印发日期

印发机关和印发日期一般用 4 号仿宋体字，编排在末条分隔线之上，印发机关左空一字，印发日期右空一字，用阿拉伯数字将年、月、日标全，年份应标全称，月、日不编虚位（即 1 不编为 01），后加"印发"二字。

版记中如有其他要素，应当将其与印发机关和印发日期用一条细分隔线隔开。

7.5 页码

一般用 4 号半角宋体阿拉伯数字，编排在公文版心下边缘之下，数字左右各放一条一字线；一字线上距版心下边缘 7 mm。单页码居右空一字，双页码居左空一字。公文的版记页前有空白页的，空白页和版记页均不编排页码。公文的附件与正文一起装订时，页码应当连续编排。

A4 纸型的表格横排时，页码位置与公文其他页码保持一致，单页码表头在订口一边，双页码表头在切口一边。

公文中计量单位的用法应当符合 GB 3100、GB 3101 和 GB 3102（所有部分），标点符号的用法应当符合 GB/T 15834，数字用法应当符合 GB/T 15835。

10.1 信函格式

发文机关标志使用发文机关全称或者规范化简称，居中排布，上边缘至上页边为 30mm，推荐使用红色小标宋体字。联合行文时，使用主办机关标志。

发文机关标志下 4 mm 处印一条红色双线（上粗下细），距下页边 20 mm 处印一条红色双线（上细下粗），线长均为 170 mm，居中排布。

如需标注份号、密级和保密期限、紧急程度，应当顶格居版心左边缘编排在第一条红色双线下，按照份号、密级和保密期限、紧急程度的顺序自上而下分行排列，第一个要素与该线的距离为 3 号汉字高度的 7/8。

发文字号顶格居版心右边缘编排在第一条红色双线下，与该线的距离为 3 号汉字高度的 7/8。

标题居中编排，与其上最后一个要素相距二行。

第二条红色双线上一行如有文字，与该线的距离为 3 号汉字高度的 7/8。

首页不显示页码。

版记不加印发机关和印发日期、分隔线，位于公文最后一面版心内最下方。

10.2 命令（令）格式

发文机关标志由发文机关全称加"命令"或"令"字组成，居中排布，上边缘至版心上边缘为 20 mm，推荐使用红色小标宋体字。

发文机关标志下空二行居中编排令号，令号下空二行编排正文。

签发人职务、签名章和成文日期的编排见 7.3.5.3。

10.3 纪要格式

纪要标志由"×××××纪要"组成，居中排布，上边缘至版心上边缘为 35 mm，推荐使用红色小标宋体字。

标注出席人员名单，一般用 3 号黑体字，在正文或附件说明下空一行左空两字编排"出席"二字，后标全角冒号，冒号后用 3 号仿宋体字标注出席人单位、姓名，回行时与冒号后的首字对齐。

标注请假和列席人员名单，除依次另起一行并将"出席"二字改为"请假"或"列席"外，编排方法同出席人员名单。

纪要格式可以根据实际制定。

后 记

我从 2005 年开始先后为学院公共事业管理专业、社会学专业、社会工作专业、政治学与行政学专业、土地资源管理专业、行政管理专业本科生以及公共管理硕士（MPA）讲授公文写作课程，算起来也有 16 年时间了。在这 16 年间，我得到了学院"行政公文写作与处理"省级精品课程团队的大力支持，得到了"文书学"国家级精品资源共享课程团队负责人倪丽娟教授的提携与关爱，也得到了中国写作学会公文写作专业委员会岳海翔教授的无私勉励，更得到了中国纺织出版社于磊岚老师的鼎力相助。在此，我真诚地向各位师长道一声"感谢"！

本书写作的具体分工是：林爽负责第二章、第十四章、第十六章、第十七章；王海成负责例文更新、范文评价；付传负责其余各章节并最后统稿。在本书写作过程中，2018 级行政管理专业本科生杨凡负责第一章——第十一章校稿工作；李建飞负责第十二章——第十五章、第十八章——第二十章校稿工作；马优悠负责第十六章校稿工作；陈思寒负责第十七章、第二十一章、第二十二章校稿工作，在此一并表示感谢。

黑龙江大学政府管理学院　付传

2021 年 5 月 29 日于哈尔滨